BANZHURENZHUANYEHUA
PEIXUNCONGSHU
班主任专业化
培训丛书

班主任专业化成长之路

班主任凭什么让学生亲其师信其道

BANZHUREN
ZHUANYEHUA CHENGZHANG ZHI LU

魏永田 主编

天津出版传媒集团
天津教育出版社
TIANJIN EDUCATION PRESS

图书在版编目(CIP)数据

班主任专业化成长之路 / 魏永田主编. — 天津：天津教育出版社，2017.1

ISBN 978-7-5309-7988-4

Ⅰ.①班… Ⅱ.①魏… Ⅲ.①中小学—班主任工作 Ⅳ.①G635.1

中国版本图书馆 CIP 数据核字(2016)第 307999 号

班主任专业化成长之路

出 版 人	刘志刚
主　　编	魏永田
选题策划	齐　力
责任编辑	齐　力
装帧设计	郭亚非
出版发行	天津出版传媒集团 天津教育出版社 天津市和平区西康路 35 号　邮政编码:300051 http://www.tjeph.com.cn
经　　销	新华书店
印　　刷	天津泰宇印务有限公司
版　　次	2017 年 2 月第 1 版
印　　次	2017 年 2 月第 1 次印刷
规　　格	16 开(787 毫米×1092 毫米)
字　　数	390 千字
印　　张	23
定　　价	35.00 元

开卷序语

面对多彩班级　快乐谱写新歌

摆在你面前的是一部最新、最精彩的教育故事集，也称教育案例集、教育叙事集。写的都是我们班主任自己日常身边的事，作者都是我们“老班”。每篇一两千字，很好看，满纸都是我们的喜怒哀乐，逐篇都挥洒着浓浓的爱与情，这里有我们熟悉的学生和丰富多彩的班级生活，记载着我们每时每刻遇到的矛盾，映现了我们高超的教育技艺，描述了我们成长的专业历程。每篇文章生动、活泼、智慧、开放，光彩夺目，不仅仅是过往生活的写真，还闪烁着创新的光芒。书写这样的故事，实则参与了教育科研，不妨称之为“叙事研究”，这是加速提高专业素养的最好选择。

我们赶上了新时代。社会飞速发展、瞬息万变，科技飞快进步、日新月异，文化多元多样、目不暇接。我们目睹和触摸的校园和班级的种种问题与矛盾，都是社会五光十色现象的折射，都可以从纷繁的社会现象中寻到根源。面对新时期，不少“老班”感到工作难了，事情烦了，身心累了，深不是、浅不是，严不行、松不行，进亦忧、退亦忧。为什么？静下心来，我们班主任用一个崭新视角俯瞰我们班级这个小天地，一下明白了，原来是社会发展出现了新变化，学生成长出现了新特点。这两个变化，既带来了无限春风，给教育赋予了大量益处；同时也刮来一些尘埃，给教育带来不少麻烦。这两个“变”，向我们下了战书、提出了挑战，告诉我们那些老观念、老思路、老办法不灵了，得研究新情况，解决新问题，得赶紧变更施教理念，开辟教育新路，创造新的奇迹，于是就有了这部书的种种记录。就是说，本书收集的故事都是新时期班主任创造性工作结出的颗颗硕果，新时期教育中涉及诸多问号，老师们在故事里基本上都用专业的理论艺术地回答了。

思一思，想一想，还是归纳成一个课题，就是：班主任凭什么让学生亲其师信其道？

凭什么,其实,这又回到了教育的原点:教育是干什么的?教师是干什么的?班主任是干什么的?教师和班主任作为立教之本、兴教之源,还是要研究古老而又崭新的格言,那就是韩愈在《师说》中所云:"师者,所以传道,受业,解惑也。"教师既当"经师"又当"人师",不光是"受业""解惑",那置于首位的是"传道"。何为"道"?如今,我们心中要装着民族的振兴、国家的强盛、人民的幸福,要紧跟中国共产党,要热爱伟大的祖国,要忠于人民;人民对美好生活的向往,就是我们的奋斗目标。要用中华民族优秀文化传统的丰厚营养浇灌我们的幼苗,要用社会主义核心价值观浸润学生们的心灵,潜移默化地引领我们的学生健康成长,这就是我们的根本任务——立德树人。"受业"要服从这个根本,"解惑"不光是"业"的,也包括"道"的,即为人生解扣,为做人答疑,为生活解忧;"道"为本,"道"为源,师之道深,弟子必尊。

我们在适应"新"变化的同时,一是我们要遵循教育规律办事,二是要遵循学生身心发展规律施教。规律即真理,它们会发展丰富,但一些基本原则始终都是要服从的,比如孩子就是孩子,大孩子小孩子不同,不能把孩子当作成人。

至于班主任凭什么让学生亲与信,我根据老师们的专业实践,根据班主任书写的教育故事,归纳了九条,比如爱的传播,微笑与和谐,教师的责任心及其教育智慧,对学生的了解、理解,宽容与尊重,教师的自诘以及刻苦学习的精神等。还可以列出十条八条,这些都是学生们渴求的,应该是为师磁石般的吸引力所在。

在这些故事的作者中,有全国模范教师,有各级先进班主任,他们都是教育的先行者,都是教育潮头的弄潮儿,都是有故事的人。望读者从每个教育故事中汲取营养,找寻自己对教育实践的回顾,对照他们的教育观念、教育艺术,思索我们的教育方向,让我们每个班级、每个学生都成长得更辉煌、更出彩。

目录

卷三　体谅学生感受　成就学生希望

卷四　宽容理解学生　开掘学生潜质

卷五　尽职又尽责　教师有担当

卷八　活动的引力　智慧的洋溢

卷九　学习面向未来　不断丰富自己

卷一　浓浓的爱心　播撒爱的种子

主编絮语

爱学生,这是我们班主任的心理特质和思想特质。各行各业的家长怀着殷切的希冀,将几十个孩子,款款地送到我们面前,这是一种莫大的信任。孩子们等待着我们去迎接去拥抱,等待着我们将一腔情怀通过爱的小船输送到他们心中,使他们像一颗颗小嫩苗一天天成长。

爱是一种十分珍贵的情感,教师之爱是我们职业所决定的,它高于如山的父爱,高于如水的母爱,它更宽更广更伟大。教师的劳动与任何劳动都不能相提并论,因为教师是教育的实施者,班主任更是学生最亲的人,他们承载着整个社会立德树人的重担,为了祖国为了民族造就最宝贵的财富——人。而教育恰恰是一种爱的工程、爱的事业,是一颗心感动另外一颗心的活动。正如诗人们所说,爱是春天的雨丝,是夏天的丽日,是沙漠中的清泉,是雨天的大伞,是笼罩在晨雾中的一颗星,是生命中夺目的火花,是打开心灵之锁的钥匙……总之,它是世界上最美、最好、最纯洁的珍品。

我们的教育家、作家以他们的经历与学养深深认识到这一点,用最精粹、最准确的箴言,反复告诫我们。

作家鲁迅说:"教育是植根于爱的。"

作家冰心说:"爱是教育的基础,是老师教育的根源。""有了爱,就有了一切。"

苏联作家高尔基说:"爱孩子,这是连母鸡都能做到的事情。"

教育家陶行知说:"捧着一颗心来,不带半根草去。""真教育是心心相印的活动。唯独从心里发出来的,才能达到心灵的深处。"

法国思想家卢梭说:"凡是缺乏师爱的地方,无论品格还是智慧都不能充分自由地发展,只有真心实意地去爱学生,才能精雕细刻地去塑造他的灵魂。"

苏联教育家苏霍姆林斯基说:"我生活中什么是最重要的呢?我可以不假思

索地回答说:爱孩子。""教育的全部奥秘在于如何爱护学生。""一个最简单最明智的真理:育人先育心。""只有当教师用心灵说话时,学生才会听到教师的心声。""教育者最可贵的品质之一就是人性,是对孩子深情的爱,兼有父母亲昵的温存和睿智的严厉与严格的要求相结合的那种爱。"

我们每天都和学生们在一起,处理无数大事小情,遇到来自不同家庭、不同环境、不同年龄、不同性别、不同个性的学生。他们千差万别、形形色色,每时每刻都向我们提出不一样的问题与挑战,有的如淙淙流水,有的似惊涛骇浪,都需要我们一一处理停当,把事情摆平,让心灵安详,于是,他们受到了启迪,满足了需要,收获了快乐,得到了成长。

殊不知,这当中花了我们多少心血,费了我们多少脑筋,有时饭吃得不香,觉睡得不稳,下了多大功夫,付出多少精力。这一切凝聚成一种神圣的东西,那便是爱。尤其是那问题多多的后进生,他们"颜色"各异,有的无心学习,有的自由散漫,有的欺人太甚,有的悉心早恋,有的胸无大志,有的破罐破摔,而我们伟大的"老班",都能察言观色,娓娓倾听,寻求契机,等待机遇,发现"闪光点",寻找突破点,而且用神奇的力量,三言五语或一两个动作,甚至一个含情脉脉的眼神、一个甜甜的微笑、一个默默无语的双拳相握,便击中要害,拨动心弦,竟让那"天不怕、地不怕"的"淘气包"淌下热泪,抱头痛哭,拨云见日,幡然悔悟。

岂止是后进生,那"优等生""中等生",也是各有各的状态,各有各的风光。每个学生都是"特殊的一个",各有各的"味道","老班"都需要用他的"神器"——或激励,或点播,或启迪,或肯定,让他们分别入自己的"流",教他们向上,指导他们扬长,传授他们知识,启发他们创新,让他们心中充满阳光,都装着祖国和人民;让他们懂得爱,懂得感恩,将爱的光辉播撒在每一朵渴望绽放的花蕾上。

师爱是教师的首要条件,这既是理论逻辑,更是实践常识。师爱是一种社会的爱,是代表社会向学生"施"爱,是联系社会与学生的桥梁,它不是私爱,所以神圣。师爱是全面的爱,不是片面的、狭隘的,它既有关心,也有要求;既有帮助,也有督促;既有保护,也有鞭策。同时,师爱指向的是学生全面、整体成长,不光是传授知识,还要包括健康与强壮、活泼与开朗、勇敢和坚毅、创新与想象、朴实与善良等等,所以它是科学的爱。师爱还是一种平等的爱,教师要爱每一个学生,爱各式各样的学生,师爱是有教无类的博爱。师爱还是一种不求回报的爱,没有算计成分,没有交换色彩,它的目的就是让学生健康成长,是纯粹的、纯洁的爱。

师爱是师德的灵魂，它是厚重的、无私的、无价的，是班主任的核心素养。它是一个动力源，辐射于每个工作日的时时刻刻，面对着每一个“独特”和“偶发”，都是一种创造性的杰作。所以，师爱是让学生“亲其师、信其道”之源，是教师一切行为的感情基础，浸润、感染着每一个学生，无论是润物无声的悉心教诲，还是坦诚直言的严格要求，都寄托了老师深厚的期望，它是一种巨大的力量，又是学生们的福音。

爱创造生命奇迹

那是12月10日早晨，我如往常一样来到学校，还未等我清点班里的人数，就有学生急切地报告：“刘老师，烨烨在上学途中遭遇了车祸，已送往第一中心医院了！”

惊闻这个消息，我心急如焚，以最快的速度赶往医院。隔着监护室的厚玻璃窗，我看到了因为脑干严重受损而昏迷不醒的烨烨，那个昨天还蹦蹦跳跳给我讲笑话的女孩儿，剃光了头发，身上插满各种交错的管子……我与烨烨的母亲相拥而泣。

转眼一个多月过去了，我一次又一次地去医院看望她，却一次又一次地带回来失望，我曾带领学生们送去可爱的玩具，我曾代表学校全体师生送去34000多元的捐款，我曾不止一次送去各种营养品……但是，那个可爱的学生回报给我的却永远是一幅安睡的模样。在家里，我六岁的女儿围着我说这说那时，我的思绪总是不经意地想到那个病床上昏迷的女孩。怎么办？怎么才能帮到那个可怜的学生？我抱着试一试的心态开始在网上搜索……

偶然间，我发现了一个可以尝试的方法。那就是与病人关系最密切的人，用话语刺激病人，可能有助于意识的恢复。我突然兴奋起来，恨不得赶紧到明天。

第二天，我匆匆买来一个小音箱，带领着全班41个学生，每人都饱含深情地为烨烨录下一句鼓励的话语：“烨子，老师想你了，快醒吧！”“烨子，早点儿醒过来，同学们都等着你呢！”“坚强的烨子，加油！要挺住！”……小音箱放在了烨烨的枕边，轻轻地响着，呼唤着，一遍又一遍，一天又一天……老师和同窗好友的真情呼唤，是一股无穷的力量，奇迹真的发生了。

就在我把录音送到烨烨身边的第三天，那是一个明朗的清晨，阳光从病房窗户微笑着射进来，带来了无限温馨，昏迷了55天的烨烨终于醒了。她醒来后的第一句话就是："妈妈，我想回学校上学！"

惊喜接踵而至。我在电话中终于听到了她那甜美的声音："刘老师，我是烨烨，我醒了，您高兴吗？"我太高兴了，赶忙把这个喜讯传给了全班同学，换回了一片经久不息的掌声！

过了几天，我收到了她的短信："刘老师，我是烨烨，我出院了，请您放心！""刘老师，告诉您一个好消息，我自己能吃饭了，而且吃得特别的多……"

学生们欢呼、跳跃，等待着小伙伴儿幸福归来！

天津电视台、《今晚报》和《城市快报》的记者也闻讯赶来了，对烨烨的事情进行了报道，也对我进行了专访。社会各界对于我和同学们用爱心唤醒烨烨的事给予了高度的赞美和评价。一位我教的上届学生特意发来了短信："刘老师，电视里看到烨烨醒来，我激动无比。作为您的嫡系学生，我真是骄傲而幸福，您永远是我的好老师！——您的亲学生。"

我把这条短信念给我现在的学生听，我想告诉他们，有很多很多的人关心、爱护着烨烨，我也希望我的学生们永远为我而骄傲和自豪……

著名教育家陶行知先生说过："没有爱，就没有教育。"是的，爱是解决一切难题的先决条件。我一直认为，做个有爱心有智慧的班主任可以更好地教育学生，可以帮助学生塑造高尚的灵魂，没想到，我还可以创造生命的奇迹。我愈发感觉到作为一名人民教师的骄傲，作为一名班主任的自豪！

（天津市西青区张家窝中学　刘红红）

我和小"女汉子"

话说小容，是个特别的小女孩儿。单看她的名字，就感觉到了一股活力——沛容，一个"沛"字把那股精神气画龙点睛。再看这小姑娘的外形：红扑扑的圆脸蛋，仿佛一个熟透的大苹果，冒着新鲜劲儿；圆溜溜的眼珠亮闪闪，闪动着倔强的光芒；微胖却壮实的小身板走起路来风风火火，大嗓门隔着老远就能听到，按现如今的话来说，标准的一个小"女汉子"，绝对可以"风风火火闯九州"了。

在我刚接班的时候，迅速领略了这个小姑娘的个性。上学第一天，她就遭到同学举报："老师，你们班的沛容用笤帚打我们！"我急忙赶到卫生区现场，看到这个小姑娘怒目圆睁，手抓笤帚，正指着几个男学生大声吵吵。

“怎么回事？”我制止住了他们的争吵，询问道。

“老师，他们故意把纸扫到咱们班的卫生区，还狡辩！”沛容余怒未消，指着那几个男生。

“是这样吗？”

被揭穿了的几个小男生灰溜溜的，无言以对。

“哼！老师来了你们就没话了吧！”看着他们窘迫的样子，小容不屑地喊了起来，扭身弯腰就扫起地来。刷刷刷的，干得可真麻利！

扫除结束后，我表扬了小容尽职尽责、勇于维护集体荣誉。“但是，用笤帚和他们打架，这样维护集体的方式，你觉得恰当吗？”我轻轻地问她。这小小“女汉子”眨眨眼睛，不好意思地笑了。

小容感到了我的友好，对我也颇有好感。她上语文课举手特别踊跃，大嗓门儿格外响亮，虽然答得不是很靠谱，但看到我鼓励的目光，她总是越挫越勇。她做作业不再丢三落四，虽然奔放的大字有些潦草，但能按时按量完成。她不是班干部，却一身正气，爱劳动，乐于助人，遇到不良现象毫不犹豫地制止。为了帮助她建立信心，我尽量在她不靠谱的发言中提炼亮色，在潦草日记中圈画有新意的语句；课下耐心辅导，屡次和她谈心，鼓励她不断上进。

小容在我的鼓励下，学习日渐认真，成绩不断提高，自我约束力不断加强。在一个时机成熟的时候，我提出了她代理班干部的想法，得到了全班同学的同意。

听到我宣布她代理班干部，小容惊讶极了，眼睛直勾勾地盯着我，仿佛是在梦中。一下课，她就跑到我的办公室，忽然抱住了我的肩膀说：“谢谢您，王老师！”眼泪居然从这小“女汉子”的眼里奔流出来。

我温和地拉着她的手，含笑对她说：“你有这个能力，老师相信你！”

她的眼泪又唰地一下流了下来，低声地说：“王老师，我奶奶要是知道这事，会高兴坏了！谢谢您！”

听她话里有话，仔细一问，才知道她因为父母离异，从小被寄养在农村奶奶家，所以养成天不怕地不怕的野性子，同时也有着农村孩子的质朴、率真。现在她和生父、继母生活在一起，因为她个性桀骜不驯，常常和父母发生“战争”。唉，我怜惜地拍了拍她的肩膀，觉得自己给予她的关爱还应更多。

上岗之后，小容尽心尽职，眼里容不得一点儿沙子，但她因为脾气急躁，往往被人误会,甚至遭到举报。此时,她总是特别气愤,火冒三丈地找我倾诉。每到此时,我都温婉和蔼、充满理解地和她沟通,理解她的愤怒,感谢她的付出,同时指出她工作方法的不足。“小皮球”冲到我这里就撒了气,对于我每一次的分析指点,她都心服口服,工作方法也日益改进。我时常和她闲聊,指导她如何做个好姑娘。

一次闲聊时,这丫头忽然直刺刺地抱住我说:“老师,您要是我妈妈该多好!”听到这话,我心里涌起一阵暖流。这傻丫头!她忽然讲起了自己的继母,谈起了如何在家里和他们抗争。

“小容,你为什么喜欢老师?”

“因为您对我好,喜欢我,所以我也喜欢您!”她脱口而出。

“是啊,我对你好,你就对我好。这就是人心换人心。你对现在的妈妈好,她会感受到,也会喜欢你……你试试看?”我慢慢讲给她听,她信任地看着我,点了点头。

“王老师!”

鬼丫头又箭一样射进我的办公室,热乎乎的小脸蛋儿凑到我耳边,悄悄地说:“昨晚妈妈给我买了一件新衣服,可好看呢!”

“是吗!”我也很惊喜,因为母女俩的关系改善了。

她羞涩地凑近我,继续小声地说:“我这几天帮妈妈干活儿,没和她吵架,她对我挺好的。前天晚上我帮妈妈洗了脚,昨天她就给我买了一件新衣服。”

我欣慰地笑了:“以心换心,你对妈妈好,妈妈也对你好,幸福吧!”

听了我的话,小容的脸上漾起了幸福的云朵。

这阵子,我参加“做课”比赛,忙得不亦乐乎,对班里的事情有点儿分身无术,学生们偷偷懈怠散漫起来。一天中午,我推开教室门,发现小容躲在门口。同学们望望我,又望望她,神情有点儿奇怪。询问怎么回事,小容涨红了脸,怎么也不肯说。我问了一个班干部,他看看小容,又看看我,迟疑了一下,但还是说了出来:“沛容刚才给我们讲道理,还说您最近工作特别忙,自己又带孩子,让我们多听话,多心疼您!”刹那间,感动的眼泪夺眶而出……

教育的源点,是不求回报地给予爱,以我心换你心。学生的成长,便是老师甜美的慰藉。此时的我,感受着小容给予我的温暖,我是如此幸福。

（天津市滨海新区大港第九小学　王倩）

老师爱你

去参加班主任学习研讨会，我第一次和学生远隔千里，心里总像有十五个吊桶打水——七上八下的，很惦念着他们的学习和生活。

返程的路上，我们刚好路过少林寺，路边小摊上姿态刚毅的少林小和尚造型的瓷器吸引了我。只见“小和尚”们一个个伸臂亮掌、压腿提膝，脸上挂着习武时的坚韧与刚毅、认真与执着。太好啦！我仿佛看到了我的学生，看到了千里之外的那一个个可爱的脸庞。如果我把这些瓷器小和尚作为礼物送给他们，以少林精神激励他们，定会让他们表现得更棒，甚至会受用一生。于是，经过一番讨价还价，我买下了50个“小和尚”。

我手捧着这一大盒子“小和尚”，心中顿时充满了希望，连走路都觉得有精神了。同行的老师们很纳闷：“郑老师，拿的什么啊？”

我笑笑说：“小和尚，送给学生的。”

一路上，我一直把“小和尚”抱在怀里，生怕一个闪失，把它们碰碎了。火车上，我把它们一个个摆放出来，轻轻地摸着，细细地瞧着，怎么也看不够，心想：学生们一定喜欢。忽然，一个念头涌上我的脑海：我要送给学生的是我独一无二的真心，可怎样才能体现呢？我想了想，若在瓷制小和尚底座下面刻上几个字——老师爱你！这份礼物就是世界上独一无二的了！

好，说干就干。我趴在上铺，借着车顶上昏暗的灯光，开始用一把小剪刀在小和尚的底座上刻上“老师爱你”四个字，然后用黑色水笔描黑。用小剪刀刻字本来就很不容易，再加上火车行驶时的颠簸，使这个过程更加艰难。但是，我的心中有一股强大的力量在支撑着我……继续，一个又一个。

第二天，学生早早地在学校大门口迎接我：“郑老师回来了！郑老师回来了！”我被他们簇拥着走进教室。

我把礼物摆放在讲台上。

“老师，这是什么呀！”他们惊喜地问。

我郑重地对学生们说：“同学们，这是老师从千里之外的少林寺带回来的，我一路上把它们抱在怀里，仿佛和你们簇拥在一起。它们所代表的不仅是老师对你们的惦念，更多的是希望你们能像少林小和尚一样勇敢坚强、刻苦勤奋、坚忍不拔，将来能成为堂堂中华好儿女！”

听了我的话，他们的眼睛中闪着亮光，一个个接过我的礼物，都兴奋不已——“看，我的在耍大刀，多神气！”“我的这个拿棍子的才威武！”“我的这个打拳的更厉害！”……

就在这纷纷的议论声中，忽然不知道谁大喊一声：“老师，李坤的‘小和尚’底座上有个洞。”

大家被这一声惊得安静下来，都纷纷把目光投向李坤。我赶忙走过去一看，果然，他的“小和尚”底座上有个洞。这时，李坤的脸上显然有些失望的神色。我的心也揪了一下：怎么偏偏把这个次品发到他的手里了呢！

李坤本是我们上一届的学生，因为受不了学习的压力，经常逃学到河边呆坐。家长看出孩子有心理问题，便给他办了休学，跟着我们这一届重上一年。他本来就自卑，偏偏这个次品又发给了他，这不更让他不快了吗？一瞬间，我为自己的疏忽而深深自责！我赶忙告诉自己：必须给学生们一个好的理由！

“你们知道为什么李坤的‘小和尚’底座上有个洞吗？”

同学们摇摇头，一脸疑惑。

我神秘地一笑，接着说：“你们知道少林和尚为什么英勇无敌吗？”

“因为他们天天练功！”小旺大声回答。

“对！由于他们常年的苦练，在练功的大殿中，把脚下的地面都踩出一个个大坑。”我解释说。

“是吗？”他们惊呼。

“是真的！”我把目光转向李坤，“李坤的‘小和尚’脚下的大洞，就是因为练功刻苦踩出来的啊！他的‘小和尚’是最用功的啊！”我提高了嗓门。

“真的啊！”听我这么一说，同学们都把羡慕的目光投向李坤。

李坤听了我的话，不由得抬起深埋的头，脸上现出几分得意，把自己的“小和尚”紧紧攥在手中，用温暖的目光看着我。从他的眼神中我看到了自信，看到了希望，更看到了六个字——老师，我也爱你！

（天津市津南区双桥河第二小学　郑兆会）

娟儿，我的女儿

如火的7月，学生们小鸟儿般地飞出了校园，飞向暑期的乐园。

我在校门外的角落里看到了娟儿。娟儿是我校七年级的学生,她瘦瘦小小的身上穿着一个稍肥的吊带衫,脚下一双夹趾拖鞋。此时她左手举着个小镜子,右手拿着小梳子,梳她的“刘海儿”。看见我,她赶紧把手里的梳子和镜子藏到了衣兜里,羞涩地冲我笑了笑。她那双涂了睫毛膏的灵动的双眸一直盯着我,眼神中充满了热切的渴望,小嘴儿动了动,终于沮丧地低下头,转身离去……

娟儿热切的目光,灼得我心里酸痛酸痛的。她柔弱的小身影很像我的女儿,我的心底总是涌上一种将她搂在怀里抱一抱的冲动……娟儿瘦弱的小背影终于消失在我模糊的视线里。

娟儿的班拆散了,学生们都分到了其他各个班里;可是娟儿,没有班愿意要她。原因很多:娟儿每天到校先要到老师的办公室“上班”,酸懒地坐到教师的椅子上休息,随便翻动老师的东西;老师批评她,她总是慢条斯理、细声细气地和老师犟嘴。遇上厉害点儿的老师轰她出去,她还要在镜子前左照右照,不停地梳她的“刘海儿”;实在没辙了,才懒懒地蹭出办公室,可是很快就又会被某位老师送回办公室或德育处。班里有了娟儿,就没法上课,她会不停地和同学说笑、打逗,故意捣乱,肆无忌惮。老师批评厉害了,她就会和老师顶嘴。唉,娟儿啊,你真令人头痛。

分班时,我静静地坐着,眼前一直挥之不去的是娟儿那充满热切渴望的双眸和那小小的、沮丧的女孩儿背影。当领导和老师们把期待的目光投向我的时候,我还是默默地点了点头。

暑假,我做了调查。原来娟儿未满周岁就失去了母亲,从此和父亲、奶奶一起生活。父亲和奶奶对她百般呵护溺爱,她根本不懂得生活中最起码的规矩和礼貌;经常被人欺负而又无处诉说,她只有用骂街、打架“武装”柔弱的自己。小学时,老师看不起她,她就蔑视老师的尊严,上课故意捣乱。

开学的第一天,娟儿早早就来到学校,躲在学校门口的角落里。看到我,就亲热地飞身走过来,依偎在我的怀里,奶声奶气地说:“张老师,我早就听说您倍儿好,早就盼着能到您班里了,谢谢您要了我。您放心,我一定听话,做一个乖孩子……”声音渐渐有些哽咽了。

那天娟儿帮我打扫办公室,打扫教室,而且还热情地帮助其他老师干这干那的,大家都说:“娟儿像变了一个人啊。”我和老师们说了娟儿的身世,希望大家和我一起去关爱她。老师们听了,无不对娟儿产生了同情之心。

开学的第一节课,我在班里郑重宣布:“娟儿已经是咱们班的小姐妹了,大家谁都不许欺负她,而且还要处处关爱她。”大家都向娟儿投去鼓励的目光,娟儿在热烈的掌声中眼睛湿润了……

这段时间里,娟儿的确是很乖的,办公室里,德育处再也没有见到娟儿的影子。班长无论做什么总是带着娟儿,同学们也欢迎她;老师们只要发现娟儿的进步,总是及时表扬、鼓励她;有一次周一早晨升旗,校长还在升旗讲话中表扬了娟儿。

娟儿有些飘飘然了,故态萌发了:上课开始说笑、打逗,还和老师顶嘴……同学和老师纷纷向我告状。

我找到了娟儿,她马上就意识到我找她的目的,赶忙表示一定改正。可是,上课时她又肆无忌惮地说话,还和老师顶嘴。老师气急了,就把我请了去。这一次我拍了她后背一巴掌,如同打我的一个不争气的女儿……娟儿忙喊:“老师,我错了,我错了,您别生气了,再让我一次吧,我一定改。”

娟儿哭了,我也哭了;娟儿心疼我,我心疼娟儿。

周六,天气很好,阳光普照大地,一派生机,树绿绿的,花红红的。我心情挺好,给娟儿的家里打电话,想带娟儿出去玩玩,她的父亲欣然同意了。

我拉着娟儿的手逛街,就像领着我的女儿一样。我给她买了女孩儿爱吃的零食。娟儿舍不得吃,都装在一个小塑料兜里,告诉我说拿回家慢慢吃。娟儿拎着兜儿,依偎在我的怀里,就像依偎在妈妈的怀里一样,和我诉说着她的快乐与烦恼。

中午,我们来到麦当劳,我给娟儿买了她最爱吃的食品,她很不好意思,只要了一点点。我们一边吃饭一边聊天,聊了她的奶奶、爸爸还有妈妈,从她儿时一直讲到现在,一件件、一年年……她好像要把她心里的话一股脑都倾诉给我。我耐心地听着,遇到她想不明白的事,我就给她解释。娟儿吃东西的样子很是天真,偶尔嘴角蹭上一些奶油……我看着娟儿,就如同看着我的女儿一样,不时用纸巾给她擦拭……感觉天地间只有我们母女二人,世上万物都在聆听我们的心声。

从那以后,娟儿再也没出现过纪律问题,每次背课文,娟儿准是第一个背诵下来。

娟儿是一个从小缺少母爱、内心孤独的小女孩儿。现在,她身上仍然存在很多这样或那样的缺点,就如同我们每个人身上都存在这样或那样的缺点一样。我们不要用圣人的眼光去打量她,而需要用真心去关爱她,发现她的优点,肯定她的优点,主要是让她克服心理上的自卑感,让她对人生充满自信和希望。

娟儿,不知道你今后的道路会怎样,但只要我教你一天,我都会如妈妈般管教你,帮助你。哦,娟儿,我的女儿,真心祝福你平安快乐!

(天津市东丽区大毕庄中学　张景颐)

请叫我“研姐”

无意间,看到了我班学生顾文的微博:

今天研姐上完上午的课就走了。不知道是怎么了,听谁说是不舒服。研姐对我们多好啊! 天天跟我们朋友一样的感觉,特好;上课时有板有眼,从不松懈,不放过任何一个不学习的人,真是‘严姐’啊! 可今天的她,坐下来讲课了,还是早上第一节课,这是从来没有过的……

在没有你的日子里,我们没人管了。

在没有你的日子里,总是怪怪的,少了什么似的,好不舒服……还是研姐在的日子好!

我突然感觉很幸福,被学生爱戴真的很幸福。不由得想起这“研姐”的由来。

记得那是一个周一的早上,我仍然按部就班地进班,收作业,核定人数,盯学生上自习。这时,课代表向我报告:“老师,小炜没交作业。”

我停下手里的工作,轻声地问:“小炜,你作业呢?”

“没写!”他没好气地说。

同学们的目光“刷”地射向我,我很惊讶。这是怎么了? 我追问了一句:“怎么没写呢?”

“没写就是没写!”这次基本上是吼出来的,表情异常,也很激动。

同学们都愣住了。我脸也涨红了:莫名其妙,这是怎么了? 从来没有学生和我这么说话呀。一直以来,他们和我很亲,非常尊重我,我和他们关系也非常好。

“没写作业,你还有理了?”我声音也提高了一些。

他“嚯”地一下站了起来。坐在他旁边的同学立刻也站了起来,说:“你怎么和张老师说话呢!”并把他按下来。他坐下,趴在桌子上不再抬头,肩膀也抽动了起来。其他同学过来安慰我,让我别和他生气。不过,我真的有点生气,这是为什么呢?

上课铃响过，我开始了我的教学。他一节课基本上都没敢抬头看我。我一直很困惑：这孩子平时挺可爱，虽然是高中生，但像个小孩子一样，总爱黏着我，让我给他讲题，讲道理，甚至有时我请他吃街边小吃。放学时特像小孩子似的大声喊："张老师，再见，拜拜！"逗得路人哈哈大笑。今天怎么突然这样了呢？

不曾想，下课后，他马上找我道歉。我一问，原来，昨天他和父母因为作业问题吵架了，所以故意不写作业。

原来不是因为我。我告诉他：第一，写作业是他的任务，必须完成。第二，和父母吵架是不礼貌的，应该改正。即便和父母观点不一致，也要耐心沟通，不应该以争吵的方式去解决。

他默默地点着头，我告诉他，今天他和我顶嘴，很让我伤心。

我以为事情就这样过去了。过了大约两周多，他的好朋友小勐和我聊天，突然对我说："张老师，你就原谅小炜吧，我都受不了他了"。

"怎么了？"

他告诉我，自从小炜和我顶嘴以后，每天放学后他都检讨自己："你说那天我哪根筋不对了，怎么就顶嘴，让张老师伤心呢？"每天都和他说几遍，像祥林嫂一样。其实，这件事情我早就忘了。

我把小炜叫到办公室，认真地告诉他，我原谅他了。他高兴得手舞足蹈，像是获得了天大的好消息一样。

他突然笑嘻嘻地问我："老师，我能叫你'研姐'吗？"

我很诧异，就问为什么。

他告诉我，因为同学们喜欢我，觉得我特别亲切，就偷偷地喊我"亲娘"，但是他们觉得我没有那么老，想喊我"研姐"。他还小心翼翼地说："老师，你不会生气吧？"

怎么会生气呢，感动还来不及呢，学生这么爱我，我怎么会生气呢？我微笑着对他说："叫吧。"

他雀跃着跑回班里，大声宣告："可以叫张老师'研姐'啦！"

同学们用疑惑的眼神看着我，我忙笑着说："可以叫我'研姐'，我还很年轻。"班里一片沸腾。

从此以后，你就会在楼道里听到，同学们亲切地向我打招呼："研姐好！"当班里喧闹的时候，我一出现就会听到："研姐来了。"班里瞬间安静下来。甚至，别的班的学生也开始叫我"研姐"了。

我很享受这个称呼，我会骄傲地对后来的学生说："请叫我'研姐'。"

（天津市第一〇二中学　张研）

"名嘴主持"成长记

周一早晨，培智学校惺忪在一片静谧。

"呜……啊……"一声声浑厚而凄怆的女中音的嚎哭洞穿了教学楼："爸爸——带我回家吧！呜……"

"啪——……"几声重重的击打声，伴着父亲严厉的恫吓声，整个培智学校仿佛都和着一对父女的"音频"在共振！

一段时间以来，周一此刻，新女生丁雨都以身体发育强壮、智力发育迟缓的力量死死抱住父亲，而父亲只有气急败坏地抽着丁雨，才能"逃之夭夭"。于是，每周一的白天就成了丁雨"用尽心机"哭号找爸爸的悲催时光，夜晚则成了丁雨"极尽所能"不住宿要回家的不眠之夜。

恰逢此周一是我当班。在经历了"早晨守护撒泼的雨""中午照顾尿湿污渍所有衣服的雨（她把所有衣服都尿湿，没衣服可换就可以回家找爸爸）"之后，她仍然体力充沛号声起伏。啊，"不眠夜"即将来临！

怎样矫正特殊学生抵触陌生环境的不良行为习惯？怎样帮助丁雨走出痛苦的"自我世界"？怎样让我的特殊教育"化腐朽为神奇"？我一边静静地接受着挑战，默默接纳着丁雨的各式"怪招"，一边极尽几十年的教育心智思考着对策。奇怪的是当我的大脑迅速地飞转思考时，丁雨的号哭声似乎也变得不那么刺耳了，仿佛演化成促我思考发挥教育想象力的"魔幻音乐"。

"呜——啊——"当她的号哭声又一次以强音频冲击我的耳朵，进而以一种强信号刺激传导至我的大脑中枢时，一天的"视""听""触""嗅""思"等信息积累，一下子在我大脑中飞速集聚，于是灵光一闪：

"丁雨的声音很好听！曾了解，她不是很会而且特爱唱歌吗！如果让学校住宿生活成为她彰显兴趣爱好的平台，那将会怎样？"

闪念间，我已经迫不及待地行动了："哭吧，看来咱住宿生音乐会开不成了！"语调淡然，投石问路，察言观色。

这句话重复了一遍，哭声戛然而止。她嗫嚅地问："老师你是说咱要开音乐会吗?”

我说:“对呀!”

“有我呢,没问题!”脸上仍一行鼻涕两行泪的她,神情与刚才大相径庭,两只先天斜视的小眼睛因为泪光和突然兴奋而变得灵光四溢,操着一口东丽腔儿清晰地回应我!

牛刀小试,初见希望,但我故作矜持:“唉,没有主持人啊!没有好歌手!”

“没问题!我当主持!我就是好歌手!”丁雨抢着举起双手,自信、笃定。丁雨俨然有了音乐会主持人的素质。

“音乐会得有个主题,还得想法让每个住宿同学都上台演唱,都得这个主持人来做。”

“没问题!”还没等我说完,丁雨已经急不可待,从被窝起身就要往住宿生活动室冲,“老师,主持不能光着,您给我找件别人的衣服穿,行吗?”

“你这块头,别的女生衣服穿不了。”

“没问题!老师,我穿那个大个男生的衣服,我认识他的柜子,我自己拿!”说时迟那时快,转眼间,身着男装的“音乐会主持人”已经大大方方站在我面前,然后她和我默契地步入住宿生活动室。

她马上张罗开了:“你把动画片关了!……你——回位坐好!……你用笤帚扫扫这擦擦这!……”

一切操持停当后,人高马大的丁雨登上了活动室讲台,瞬间展示了一个主持人标签式的动作——韵律性抖动挥手,从现场实效来看,很有号召力。观众静静地坐着等待。丁雨再次挥了挥那韵律抖动的手,并带出浑厚兴奋的吼声:“我宣布培智学校住宿生……大型歌舞演唱会……现在开始!你们高不高兴?”

“高兴!”

住宿生们被丁雨饱满的情绪、声音和动作感染着,不约而同和着她的声音也高了八度回应着。

“好,我先唱一段大家最爱听的!”歌喉绽放的丁雨伴着招牌动作尽情放歌。

“下面有请咱们的帅哥明星给大家来一段《父亲》,好不好?掌声有请!”

一曲方罢,丁雨马上转换角色,以主持人特有的号召性语言请一位男生上台歌唱,但还没唱完就被她大声叫停了。她颐指气使地走到观众队伍中,手指一名悄悄说话的同学道:“你会当观众吗?不许说话!一会儿就轮到你唱了……接着唱!”听到主持人命令,台上《父亲》重新唱起。

就这样，每个住宿生，也包括我在内，都被丁雨忽悠着、点评着、激励着、管束着，逐一上场歌唱了。因为没有谁能拒绝丁雨的“盛情邀请”。她嘴说得溜，体态邀请得诚，谁唱歌卡住了，她还及时补台带唱、伴唱。啊！丁雨真是有才！真是到了“名嘴主持”的境界！

一个小时的音乐会在丁雨的倾情主持，在丁雨的快乐激动、大汗淋漓状态中结束了。

谁也没想到，丁雨自己主动去洗漱了！她第一个躺在被窝里了！在住宿老师的惊诧中，她只和我说了一句：“老师，没问题！下次再开音乐会。”鼾声响起，好一幅“名嘴主持酣睡图”！

此后的“周一音乐会”好像成了丁雨的希望和期盼，更成为她的平台——“名嘴主持”成长的舞台，特殊孩子成长的舞台。

（天津市津南区培智学校　张兆芬）

爱的信任

2013年暑假里的一天，我接到了一个求助电话，寻求帮助的人是我的第一届毕业生大浩，他做搭建活动板房的生意，资金周转不开，需要一万元资金支持。“没问题，宋老师马上办！”我随即转账。当资金周转问题解决后，他立刻把一万元转汇到我的账户中。

八年分别，相距万里，是什么原因让我们彼此如此信任？

时间追溯到2004年，那是我在南湖小学工作的第二个年头，新任五年(2)班班主任，他来到我们班。

大浩，来自东北，单亲，母亲经营足疗店，把他寄放在托户家全托。他学习基础差，比同学们大三岁。我发现他待人热情，幽默大方，重情重义，很受同学们拥戴。但随着时间的推移，他暴露了问题——偷偷去网吧，考试作弊，学习成绩经常在及格线以下，尤其是英语和语文。面对这些问题，我不急不躁，用最简单也是最有效的方法逐一攻破，那就是付出我的爱与真诚。

一次周末，大浩带同学去上网。我发现了，严厉地批评了那几个孩子，却没看他一眼，一整天他都闷闷不乐，不敢和我对视。放学后，不出我所料，他来找我承认错误，低着头接受批评，希望我能原谅他。

我笑了笑说:“你不愧是个讲义气的男子汉,我肯定你会来找我,果真没让我失望。”

他惊讶万分,张大嘴看着我。

“孩子,光讲义气是不行的,你在做事情之前是否权衡利弊,考虑该做与不该做呢?肯定没有。但是你要记住,你是他们的大哥哥,他们很信任你,你的一言一行都会对他们产生影响,去网吧就是一个例子,这样不就把他们带入歧途了吗?你这个当哥哥的要成为他们的好榜样,记住,你有责任带好弟弟妹妹,责任重于泰山呀!”

他深深点头,“责任感”已经根植于他的内心,对我也产生了信任。

他转到天津上学,语文是薄弱科目,连“和”“都”这样简单的字都经常写错。我极力激起他的学习兴趣,利用课余时间给他补课,天天如此,我的执着换来了他的不懈进取。到后来,他干脆放学后买饭,然后在学校写作业,复习到很晚,成绩有了明显进步。

我经常抓住他身上的闪光点当众表扬,给予他鼓励和信心。很快,他成为同学们竞相学习的榜样,在每天中午的演讲展示中,他发挥自己的幽默天赋,把生活中的一些不良现象编成教育小品表演,震惊四座。

我和他商定:每周写三篇生活随笔,让它成为我们心灵沟通的桥梁。他在随笔里向我倾吐心声。他告诉我他爱母亲,可想不通为什么把他一个人丢在外人家,所以又记恨母亲……看到孩子发自内心的独白,我动容了,然后用洋洋洒洒数百字,告诉他母亲独自在异乡打拼的苦楚,无法兼顾工作和他的矛盾,鼓励他关心母亲,用优异成绩和健康成长来回报母亲。我还帮他化解了他和托户王阿姨的矛盾,坚持每周与她妈妈联系,经常“报喜不报忧”,除了交流孩子的情况外,更重要的是拉近母子之间的距离。

一次考试,他作弊了,我特别生气,含泪大声斥责了他。他赶忙在随笔里诚恳道歉:“宋老师,我对不起您,我作弊是因为您为我付出太多,对我期望太大,我压力很大,真的达不到您的要求,又怕您对我失望,所以……我知道错了,我伤害了您!”

看到他的忏悔,我泪如雨下,自责自己的冲动,也用笔道了歉,告诉他做人要诚实,更何况对如此信任他支持他的人,更要坦诚相待,努力了考不好没关系,我会一如既往地帮助他。

两年的生活随笔,心灵的沟通,不仅使他逐渐懂事成熟,还提高了写作水平。

刚接班时连一句话都表述不清的他，六年级时的习作竟然成为同学们竞相传阅的范文，这着实令我欣慰。

毕业前夕，他在随笔里写道：“宋老师，您说过，一个人一辈子遇见一个好老师就是最大的幸运。遇见您就是我的幸运。刚才我心血来潮，把所有的随笔本都找出来重新翻看了一遍，四个本好几百篇。我边看边掉眼泪，我能有今天，您花费了多少时间、精力和金钱啊！谢谢您，我一辈子都忘不了您！”

从大浩毕业之后到如今的11年间，他无论在哪里，每到教师节、春节我必收到他的电话祝福。他若回到天津，会在第一时间赶到学校，赶到我家看望我。这段深厚的师生情谊，是我教育生涯中最宝贵的财富，也是支持我十几年如一日坚守教育理想，善待每一个学生的精神原动力：爱，确实可以创造奇迹！

（天津市河西区南湖小学　宋学琛）

老师，我饿……

每个班主任在自己的“一亩三分地”里面对着形形色色的学生，每天都上演着各种各样的戏剧，我总在想，如果这些戏剧变成文字记录下来，会不会就能集成一本本厚厚的书？

这天早晨，我哼着小曲，高高兴兴地来到了学校，一眼就瞧见了小程的妈妈百无聊赖地坐在电动车上。我怕她在等我，赶紧跑过去询问，才知道人家等的另有其人——轩轩一家。

前一天小课间玩耍时，轩轩和小程因为一点口角而发生了争吵，两人情绪激动，争吵瞬间升级为大打出手，轩轩用圆滚滚的小拳头砸向小程，小程则使出浑身解数抵挡，顺手抄起课桌上了一支自动笔当做武器。轩轩猝不及防，脸上一下子划出一道深深的伤痕，血流不止。

等我赶到保健室时，血已经止住，轩轩坐在沙发上龇牙咧嘴，小程怯生生地站在一旁，嘴唇煞白。我一步抢上，仔细看了看伤口，轩轩担心地问我：“老师，用不用缝针？”我一下子乐了：“怎么？怕疼呀？”轩轩不好意思地点点头。“大小伙子怕啥，不过可能要留疤了。”轩轩又担心了：“那不是毁容了？”我狠狠地看了小程一眼，扭头宽慰轩轩：“就是一道印，没事！”轩轩这才松了口气。我把小程拽到一边了解事情的来龙去脉，这会儿功夫，轩轩的妈妈和小叔到了，两个家长很开明,没有特别责怪小程,只等着他的妈妈到来,一起去医院。

事情已经解决了,小程妈妈为什么要在学校门口等轩轩一家呢？原来轩轩的爸爸在得知这件事后非常生气,一定要跟小程妈妈谈一谈。

小程妈妈跟我解释着,越说越激动,她告诉我昨天把小程揍了一顿,饭也没让吃。我吃了一惊,忙问:“那早晨吃饭了吗?”

“没有！不给他吃饭,省得他有力气惹祸!”小程妈妈气哼哼地回答。

我一下子急了:“小程妈妈,这可不行,你打孩子骂孩子没关系,可不能饿着他,孩子正在长身体哪!”说完我风风火火地跑进了校园。

我一溜烟跑进食堂,抄起一只小碗,拿了两块饼,想了想,孩子昨天晚上就没吃,一下子不能吃这么多,胃口会受不了,于是放下一块,又夹了个煎鸡蛋,感觉差不多了,便端着去了办公室。

放好提包和早点,我走向教室,刚出现在门口,小程正眼巴巴地看着我,用沙哑的声音有气无力地说:“老师,我饿……”我一下子眼圈就红了,他可怜的样子就好像路边被人丢弃的小猫小狗,那无助而期盼的眼神让人不敢直视。我轻轻地问他:“带水了吗?”他拿出水瓶对我示意了一下,我招招手,让他跟我来到办公室。

我指着桌上的早点说:“快吃吧,一会儿就凉了。慢点儿吃,别噎着。”说完我转身出去了,因为发现他的水的是凉的。我快步走到一年级办公室,看见老师们桌子上放着很多牛奶,我忙找张晶老师要了一盒,又找杯子弄了点儿热水温上,端了回来。

小程见我回来了,好奇地问:“老师,你怎么知道我没吃饭?”我便跟他说了早上在学校门口碰见他妈妈的事,然后我语重心长地对他讲:“小程,以前老师告诉过你们,与同学说话时都不能手里拿着铅笔之类的东西,何况你俩还打起来了。这次幸好只是伤到轩轩的脸了,万一戳到了眼睛,那可怎么办？同学之间有了矛盾可不能用这样的方式解决。”

小程点点头说:“我就是太傻。”知道他已经明白了我的意思,也就不再多说什么,只督促他吃完早点要收拾好。

事后,跟老师们聊起此事,有位老师告诫我:“这事做得可能好,也可能不好。如果他领了情,懂事了,就是好的。如果他觉得老师总会给自己饭吃,不在乎了,就不好。”我对她说:“即使不好,也不能让他饿着,看着他那个样子我受不了。”

于是,我坚持了自己的“理念”,我愿意陪他,愿意相信他,我开始想方设法地挖掘他的潜力，发现他身上的闪光点。我无意中了解到他对唱歌十分感兴趣，似乎节奏感还非常强，正巧学校来了一位新的音乐老师，很希望培养一些爱唱歌的学生，我与他一拍即合。

他在歌唱的路上越走越远，越走越宽，参加的比赛越来越多，获得的奖项越堆越高……同学们再也想不起他曾经有多么调皮，老师们再也忆不起他曾经有多么捣蛋，他们现在看到的是一个“小歌神”，闪闪发光，那么耀眼，那么明亮！

我总觉得，一个老师，要先做学生的朋友，孩子的父母，才有资格做他真正的老师。也许这个学生长大了依然是个“惹祸精”，但是我相信，他会愿意听我跟他讲道理，他会愿意在我面前做个乖学生。只要他一天是我的学生，他需要，我都愿意为他提供一个心灵的港湾。

（天津市津南区咸水沽第六小学 张君）

“知心姐姐”的一天

又迎来了一个清爽的早晨，我满怀期待地走进我的“知心小屋”，照例取出“信箱”的钥匙，开启了我新的一天。

是啊！我有一个好听的名字——“知心姐姐”，我爱这个称呼！它让我像明星一样有了“粉丝团”！这不，一张维尼熊的信纸映入了我的眼帘。这是我的“铁杆粉丝”——小春写的。还记得，她向我哭诉父母间的争吵给她带来心灵伤害时的情景，还好，在我与她父母沟通后，在我与她促膝长谈之后，她已经能正确面对了。只不过现在这样的“交流”，已成了我们之间必做的功课。

我认真地阅读每一位学生的来信，并把它们归类，该谈话的谈话，该回信的回信。这时，铃声响了，我赶紧带上袖章去值勤。刚到操场，五年级的肖强跑了过来，让我看他科技比赛获奖的照片；四年级方蕊非让我欣赏她的新发卡……是啊，看着张张笑脸，我的心情好极了！

正在这时，一个身影从我眼前闪过——胳膊上戴着黑纱。我还没回过神来，她已消失在人群中了。这时只听一声“齐老师”，我赶忙迎声跑过去，只见两个男孩子厮打在一起……

下课了，眼前又一次闪过那个“黑纱”。这次我看清了，是一个披着长发的文静女孩。我站在楼口，一定要等到她！

“齐老师,有什么事吗?”我把她领进了“知心小屋”。我低声问:“孩子,谁去世了?”

话音刚落,她的眼里便泛起了泪花。她把头低下,小声道:“我爸爸……”

我静静地倾听着,眼泪也随着流淌。原来她是下岗工人的女儿,叫李红,从小父母离异,父亲是她最亲近的人。为了生活,父亲每天与叔叔起早贪黑以卖菜为生。年幼的她很早便学会了料理家务,还好,婶婶时常帮着她家。天有不测风云,就在除夕的晚上,一家人正等候父亲回来吃年夜饭,却传来了噩耗,父亲突发心脏病……

这时,我不假思索地从包里拿出一百元钱,放到她的手里,她死活不要。“孩子,听话。这是我的一点儿心意,就当是齐老师给的压岁钱吧。”

上课铃响了,我赶紧把她推出了门外,擦去眼角的泪水。

这时敲门声又响起。“齐老师,刚才我打架不对,别给我们班扣分呀!”原来是那打架的男孩。令我没想到的是,男孩临走时递给我一百元钱,说是刚出门的女孩让他转交的!

我怎么才能帮她呢?我一时犯了难!对呀!我突然想起了红十字会捐助工程。心里想着,我赶忙跑上楼,去找管这项工作的刘老师。

刘老师很为难。“小齐,我很理解你的心情,可是红十字会有规定,六年级的学生原则上不能申报,因为捐助款下来时,她已经毕业了。”

“要办什么手续我去跑,求您了!”刘老师看我着急的样子,只好取出了申报表。

下课,我立即把表交给李红,她手在颤抖,默默地流着眼泪。

“中午让你婶婶帮你把表填好,下午我去区里去办。要抓紧啊!这一百元钱你一定要收下,要不我真生气了!”

她一个劲地摇头:“齐老师,你对我太好了。”

我拭去她脸上的泪水:“孩子,你身边会有很多人关心你,爱你的。忘了我是‘知心姐姐’了?以后你毕业了,我也会帮你,真的!”

她不住地点头,挂满泪水的脸颊上露出了一丝笑容。

中午吃过饭,我赶着排练完慰问天安门国旗护卫队的节目,正想准备明天的红领巾广播,又是一阵敲门声。进来的是一位两鬓斑白、面容憔悴的中年妇女。

“您是齐老师吗?我是李红的婶婶。”

“哦!您叫李红把表带来不就行了!”

“不行啊,我要亲眼见见您这位好心人……”

我又回答了两封同学的来信,便匆匆骑车直奔区红十字会。事不凑巧,主管的陈主任出去开会了,说不好什么时候回来。

这时,手机响了,原来是天安门国旗护卫队王队长通知我们,已同意星期天的慰问活动。我十分高兴,赶紧打电话告诉小祥的母亲,希望带他去北京。小祥是一个性格特别狂躁的孩子,经常为一点儿小事与同学大打出手,令老师十分头疼。还好,他还比较喜欢我,在一次倾心沟通后,我了解到他有个最大的愿望就是当解放军,他认为只有军人才能体现出男子汉的气概,他尤其崇拜天安门国旗护卫队队员。正好,我借这次活动圆他的梦,也让他感受一下军队的生活,特别是铁的纪律。

时间一分一秒地滑过,我就像热锅上的蚂蚁……陈主任终于等来了。我赶紧冲上前去——

“您好！我是中心小学的老师,我急需您的帮助……”接着我介绍了李红的情况。

陈主任明确告诉我捐助不涉及六年级的学生。我听了心里凉了一大截,但是李红那娇弱的身躯和期盼的目光萦绕在我的眼前。我又一次申诉理由:“陈主任,我知道给您添麻烦了,但今天您一定要破个例,请您体谅我。如还需要办哪些手续,我去跑,我先代表李红谢谢您了!”我深深地鞠了一躬。

也许是被我感动了,陈主任露出了赞许的笑容。

“老师,你可真行！孩子的困难我理解,但是像你这样执着,还真不多见……它还需要办很多手续,很繁琐的……”

我高兴不已,连声说:“没关系,我能跑!”我变成了一只快乐的小鸟,跑出办公楼大门,虽然寒风刺骨,但我心里火热。

手续真的很繁琐。我跑了街道,跑了居委会,当我跑回学校盖章时,已经腰酸背疼。突然操场上一个嘹亮的声音叫住了我。

“齐老师,想死我了！您去哪儿了？满头大汗的?”

原来是已毕业的国旗班队员,一个曾经常与我谈心的女孩。她把一大束鲜花捧到了我的眼前。

“谢谢你！我的知心姐姐,没有你就没有今天快乐的我！是你,帮我一起背单词;是你,帮我渡过每一次难关。你是我一辈子的姐姐,我一辈子也忘不了你!”

她的话激励了我,使我信心倍增,一口气跑完了所有的部门。

当我再次站在陈主任面前时,他惊讶地问:"你怎么又回来了?"我把盖满公章的表格递到了他的手里。他感慨地说:"老师,你真让我刮目相看,每次别人办手续得办好几天!你的学生遇到了你,真有福气!"

我终于松了一口气,成就感冲走了所有的疲惫。回到静悄悄的学校,已是黄昏。走进我的"知心小屋",那束鲜花在向我招手,使我感觉到身上的责任还很重。作为学生的"知心姐姐",我要让每一位学生露出阳光般的笑脸……看看表,我猛然站起:五岁的孩子还在幼儿园等我呢!

(天津市和平区中心小学　齐倩)

难忘的那个生日

在亲情友情与爱情交织的情感世界中,在令人感动的诸多片断中,让我永生难忘的26岁生日的那一天,我懂得了什么叫师生情谊。

我是东北人,大学毕业后独自一人来到了天津,孤零零的我渴望得到别人的关爱。11月14日是我的生日,那天清晨,我像往常一样踏着晨曦的阳光,吸着清新的空气,来到了学校。

当我经过我们班级,随意扫视了一下,就隐约觉得教室里面有一点点神秘,静悄悄的,好像在酝酿着什么"不可告人"的计划。但我没多想,径直走进了办公室,准备着一天的工作。

"叮铃铃……"清脆的早自习铃打响了,我便匆匆地向教室走进去。

刚走到教室门口,就发现里面异常的安静,教室里暗暗的。我刚要下意识地伸手去开灯,霎时,教室里响起了整齐舒缓的《生日歌》,45双眼睛齐刷刷地面带笑容地看着我,像是要把他们所有的祝福都通过这首歌表达出来一样。在我还沉浸在情意浓厚的音乐声中时,眼泪已经在打转……

音乐停止了,我以为庆祝结束了,不想,从教室靠窗的第一个同学开始逐一地站起来,直到第45个人,大家一齐站好,又共同喊出:"祝张老师生日快乐!"

那声音足以使整个世界的人都听到。当我想回头擦一下眼泪的时候,猛然又发现黑板上画了一颗红红的心,上面有所有学生的签名,还写了很多祝福的话。此时,我真的想不起来用什么更恰当的语言表达我的感受,于是就哽咽着说了这样一句话:“谢谢大家,这是我成长26年以来最有意义的一次生日,尤其是我孤身一人在天津这个陌生的城市,你们带给我莫大的感动,使我找到了家的感觉,我一辈子都不会忘记!”

新的一天,新的一课,就在这隆重的氛围中起始了,它必定带着无尽的爱……

(天津市汇森中学 张雯雯)

临终嘱托

我班有一个特殊的女孩,母亲生下她不久就去世了,几年后厄运再次降临到她的头上,父亲在一次车祸中失去了双腿。

当我进行家访时,映入眼帘的那一幕让我触目惊心:凌乱不堪的屋子里弥漫着一股难闻的气味,在他那没来得及盖上的伤口上分明地看到有蛆虫在蠕动。

女孩蜷缩在角落里抹眼泪。看到我的到来她仿佛抓到了救命稻草,扑到我怀里放声大哭。她的父亲痛苦地捶打着自己的头。

望着这对孤苦无助的父女,我心如刀绞,此时我的心里只有一个念头:让她和其他孩子一样,享受快乐的童年。然而,厄运再次因他父亲的突然到校而改变。

一天,他父亲找到我,当时他情绪非常激动,几经挣扎想从轮椅上站起来,但都失败了,他哭了,央求我答应照顾他的女儿。他说:“孩子交给你,我最放心。”

我当时为了安慰他,没有过多思考就答应了。没想到,三天后传来他上吊自杀的消息,我惊呆了。回想那天他异常的举止,我终于明白他那是临终托付啊!我坚定地对女孩亲属说:“请相信我,从今天开始,孩子的问题我来帮助解决!”

从那天起我像呵护女儿一样照顾她。渐渐地,女孩脸上现出了久违的笑容。她对我是多么的信赖啊!我还有什么理由推却呢?为了这份信任,再大的困难又算得了什么?自从那时起,无论是从生活上还是学习上,我更加无微不至地关心她,并发动全班同学照顾她,让她无时不感到有人在关爱着她。

转眼她已升入高年级,另一个问题时刻困扰着我:升入中学后,孩子的命运又将如何呢?为此,我找到校领导,校领导立即与局领导联系她的助困基金问题。苍天也可怜这个女孩,她的助困基金马上获批了,并且从批准时起一直资助到她完成所有学业为止。得到通知的那一刻,我的眼泪止不住地流,一则是为她感到高兴,二则是感谢国家对这些风雨中的孩子的关爱。

我冒着酷暑为她领来助困基金申请表,表格中需要监护人签字,她的爷爷执意不肯签。他说:"孩子爸爸临走时一再叮嘱,孩子的事由陈老师做主。"望着老人诚恳的目光,我没有拒绝。

当我拿起笔在监护人一栏中签下自己的名字时,我感到肩上的担子更重了。在场的所有人眼中都注满了泪水。

孩子顺利地考入中学,可我们仍然保持着联系。每隔一段时间,她都会向我汇报她的学习和生活情况。那天她告诉我,本想母亲节给我买礼物的,可在"献爱心"捐款活动中,她把不吃早点省下的钱都捐了。她说:"我是跟您学的啊!"

六年过去了,我不光在学习上和生活上给了他们亲人般的关怀,我更用我的言传身教让他们懂得世界充满爱。

(天津市北辰区李咀小学　陈建禹)

会说话的小拇指

"孩子,你的小拇指怎么了?"

在三年(1)班的课堂上,同学们认真地做着习题,我边巡视边指导他们正确的写字姿势。当我走到小宇身边,看到他握笔的右手小拇指伸了出来,又红又肿。听到我问他,他停下笔,低声说:"在家里玩儿的时候被门挤的。"他边说边微微动了动红肿的小拇指,也没抬头。

是啊,小宇就是这么一个胆怯的学生。平日里话很少,声音也很小。"哦!别着急,慢慢写。"我轻抚了一下他的头,继续上课。

悦耳的下课铃声响起,随着我一声"下课!"许多快乐的小鸟飞出了教室。而小宇仍静静地坐在那里,继续吃力地写着。我走过去,轻轻地坐在他的身旁。

"小宇,别写了,歇会儿吧。"

他停下笔,却仍然没有放下。我托起他的小手,仔细地端详:手心汗渍渍的,那红肿的小拇指指甲下满是瘀紫。我心中一怔,这指甲大概是保不住了。

"爸爸妈妈知道你受伤了吗?"

他摇摇低垂的头,泪水也随即滴落在了作业本上。

我站起身，拍了拍他的肩："小宇，跟我来！"他随我来到了医务室。医务室老师看过，建议去医院诊治。我联系小宇的班主任，请她通知家长。没承想却得到了令我心酸的信息：小宇的爸爸妈妈在他三岁时就离婚了，妈妈离家去了很远的地方，一直没看过小宇。不知爸爸每天在忙些什么，经常联系不上。小宇是由爷爷奶奶带大的，而二位老人又都是聋哑人。此时，我明白了小宇为什么不爱说话，为什么总是怯生生的。

我们又拨打小宇爸爸的电话，无人接听。看着小宇痛苦的表情和无助的目光，我的心很疼。于是我和班主任商量："王老师，您还有课，我带小宇去医院吧！"小宇听到要去医院，顿时紧张起来，带着哭音说："老师，我不想去。"

"小宇别怕，老师陪你去，要坚强哦。"在我的安慰和鼓励下，他和我来到了医院。从医院出来，我心想：送小宇回家吧，也好和他的家人交代一下他的伤情和护理方法。一路上，小宇除了指路，依然默默无语，他用左手小心翼翼地扶着受伤的右手，眼睛紧紧地盯着裹着纱布的小拇指，脸上写满了不安。

来到家门前，他急忙跑上前去。当我走到门口，他已经牵着奶奶的手出来迎接我了，爷爷也紧随着走了出来。小宇用他与爷爷奶奶特有的交流方式把我介绍给老人："老师带我去医院看手了！"说着，高高举起他那受伤的小拇指，眼中流露出亲切和感激。我向老人打了招呼，请小宇当"翻译"和老人聊了一会儿。看着小宇连说带比划的样子，我的心隐隐作痛。这是怎样的一家人啊，年迈残疾的老人，幼小无助的孩子……

当我离开小宇家的那一刻，心中生出强烈的责任感。我感觉到了，他那高高举起的小拇指分明在呼唤着我对他的爱与关怀。

小宇受伤的小拇指渐渐恢复着。我经常捧起他的小手仔细地看，叮嘱他要好好保护。每次当我出现在小宇的面前，他总是主动伸出受伤的小拇指让我看，"老师，我的指甲长出芽儿来了！""您看，我的新指甲！""您快看，新指甲长得真漂亮！"

小宇的小拇指好了。但由于受伤期间写字不便，本来就写得不够漂亮的字，现在更糟了。我邀小宇来到书法教室，让他参观同学们的书法作品，欣赏名人字帖，给他讲书法家刻苦习字的故事。小宇手捧着一本字帖，一会儿看看我，一会儿又看看字帖。

"你喜欢这本字帖吗？"

"喜欢！"

“那你就照着这本字帖练字吧！”我又拉起他的小手，“小宇，你的小拇指多顽强啊，那他的小主人也一定是不怕困难的孩子喽！”

小宇使劲儿点点头。

“老师相信你一定能把字写好，但要保证每天坚持练习。”

小宇用坚定的目光看着我，他鼓足勇气用那长出新指甲的小拇指主动拉住我的小拇指。哦，原来他要与我拉钩约定。我笑了：“好孩子，老师相信你一定行！”我们的小拇指拉得紧紧的。

不久，小宇兴冲冲地跑到我的面前：“老师，我写的字张贴在书法作品展示栏里啦！我带您看看去！”

“啊！太好了！”他呵呵地笑了，眼中闪着自信的光彩。他激动地牵住我的手，向展示栏奔去。

（天津市滨海新区汉沽河西第一小学　高静）

小奇喊我妈妈了

母亲节的清晨，一阵急促的电话铃声把我从睡梦中惊醒。“王老师，王老师，小奇喊我妈妈了！小奇喊我妈妈了……”我听到小奇后母激动的声音，惊喜过后，感慨万分。

小奇是我特别关注的一个男孩，性格极其内向，不自信，胆小，不爱说话。几次，我都发现他呆呆地望着窗外，眼神中透露出忧郁。顺着他的视线看去，原来是一对母子正在对面居民楼的阳台上，很惬意地玩耍着。

有一天，小奇没有到校上课，我在家访中得知，小奇两岁时，妈妈就因癌症去世了。在他三年级的时候，爸爸再婚，现在由后母负责他的学习和生活。尽管都说后母难当，但她却倾注了全部心血，无微不至地照顾他、呵护他，不断地夸奖孩子懂事有礼貌。他学习成绩不稳定，后母看在眼里急在心里，想说又不敢说，因为一说孩子就沉默不语。她知道小奇很要强，很执着，为此心里很苦恼。

第二天，小奇像往常一样准时到学校上课，我的心也放下了。从此之后，我给予了小奇更多的关注：每当他独自发呆时，我总是寻找他喜欢的话题和他聊天；每当他学习上遇到挫折，我总是帮他找回信心；每当他与同学发生摩擦时，我总会帮助他化解矛盾，并鼓励他与同学多交朋友。我还暗地里发动同学多接近他，渐渐地，他脸上开始浮现出了笑容。

一次，有学生告诉我小奇不舒服，没法去上体育课。我赶忙走进教室，看到他趴在课桌上。我走过去，俯下身子，关心地问："小奇，你怎么了？哪儿不舒服？"

"老师，我感冒了，头好痛啊！"他无力地回答。

我赶忙把他扶到办公室，给他倒了一杯热水，又把椅子拼在一起，让他轻轻躺下，还把自己的外套给他盖上。我时不时摸他的额头，看他是不是发烧了。我对他心里很牵挂，眼泪忍不住流了下来，如同他是自己的孩子。而此时，我发现他的眼角也泛着泪水。

之后几天，他主动把他和后母的关系告诉了我，并坦白那天没来上学是因为后妈说他学习退步，突然想起亲妈了，所以就去姥姥家翻看妈妈的相册。

小奇的坦诚，让我决心帮小奇解决和他后母的隔阂。我经常和小奇的后母电话沟通，倾听她在对小奇的教育中所遇到的困惑，并给予适时的安慰和指导，还建议采用"奖惩表"来激励孩子的办法，果然他成绩稳步地提高。

我适时找小奇谈了一次话，当他列举后妈对他的好几条好处后，我语重心长地说："小奇，其实妈妈是很照顾你的，生怕你受伤害。人都是有感情的，不能因为她不是你亲生母亲就对她另眼相看，她对你学习不好的批评，其实就是对你的爱呀，另外她不只是你的后妈，还是你爸爸的妻子，一个长辈，你有责任去关心她、尊重她！"

后来，他妈妈来电话反映，孩子表现特乖，在家里话也多了，经常与父母讨论问题，而且还主动帮助她干家务。

转眼母亲节就要到了，我号召每一位同学给妈妈写一封信。在题为"感恩母亲"的主题班会上，小奇代表全班同学朗诵了诗歌《慈母颂》，当同学们的妈妈走入班会现场时，他愣住了，他万万没有想到他的后母也来了。在我和同学们的期待下，小奇终于把自己写的信，双手交给了她。

母亲节当日，小奇早早地起来，特意为母亲做了份爱心早餐，并热情地喊妈妈过来吃饭。当听到"妈妈"两字时，他后母的热泪夺眶而出，抓起手机立即拨通了我的电话。挂掉电话，我双眼满含热泪，顺手在日记本上写下了："爱是绽放的花朵，爱是心灵的对话。"是呀，爱的教育看似平凡，实则孕育着伟大。

（天津市铃铛阁外国语中学　王兴艳）

小树苗

小树长成参天大树需要经历风风雨雨,更需要精心养护的多个工序。小树是这样,小学生更是如此。

记得刚接新一年级的第一天,我就遇到了一件非常棘手的事情。一个小男孩躲在教室放满卫生用具的角落,睁着一双惊恐的眼睛,两只小手捂着沾满鼻涕的脸,嘴里还发出怪叫声。开始,我不以为是新生,因为他个子很小,举止又不太正常。

我走到他跟前,小声地说:“孩子,谁带你来的?你跟父母回家吧!”听见我的说话声,小男孩斜看着我,浑身哆哆嗦嗦的,不理睬我,还把身子藏到笤帚堆里,任凭我说什么也不出来。

“老师,他就是咱们班的小同学。”

旁边的同学说了一句让我为之一震的话。我心想:天啊!不会吧?当时,我心里很不好受。我既为有这样的学生感到不快,又觉得眼前这个学生让人心疼。复杂的心情让我难以去找学校领导……

等把迎新各项工作做完,我又悄悄地走到那个学生的跟前,轻轻地去拉他的小手。他以为是他妈妈,马上就从笤帚堆里站起来。大概因为蹲的时间太长的缘故,他马上又弯下了腰,用小手拄着膝盖。

当他抬起头,看到是我在拉他的时候,他的眼里有一种亮光一闪而过。接下来,我几乎是边拉边拽地把他领到了办公室,给他洗干净小脸和小手,把他皱褶的衣领整理好,又倒了一杯水让他喝。他边喝水边斜看着我,还不时地裂开嘴,给我一个难为情的笑。

见到他的家长,本想从家长那知道他的一些情况,可是家长支支吾吾地不肯说,看得出一定有难言之隐。我不便再细问,心想:这回你算是遇到大事了!

更让我哭笑不得的是,他上课不是躲到桌子下面,就是在教室安静的时候发出一种可怕的怪叫声;不是把书本用蜡笔涂得看不清上面的字,就是把鼻涕抹在本子上;不是把小水壶使劲往墙上磕,磕得“遍体鳞伤”,就是下课后无节制地在操场上狂奔,谁喊也无用……

我不能在家长那里得到答案,只好上网查找,请教心理专家。我这才发现,我遇到了一个心理有障碍的学生,而且状况很严重。

他毕竟是我的学生，为了让这个“受伤”的学生尽快“康复”，为了把这棵“小树苗”扶正，我成天思索着办法“对症下药”。上课时，由于他控制不住自己，无法集中精力听课，我就轻轻地走到他跟前，用手握住他的小手。刚开始时他不配合，只要我触及他的手，他会很快缩回去，然后用恐慌的目光看着我。时间久了，他似乎渐渐懂得了我的用意，再去握他的小手时，他会马上抬头看我，眼睛随着我的眼神走，似乎知道这是我在无声地告诉他：“要学会听课。”如果发现他藏到桌子下面，我会用转移话题的方法，或者带同学一起做拍手操，或者做一个脑筋急转弯题等。这时，他会很快从桌子下面出来，坐到座位上，也学着做。虽然动作不协调，但他的注意力日渐集中了。

下课时，我拉住他的小手，把他送到学生中间，让他看同学活动，然后让同学也拉着他做游戏。开始，他总是往后躲。而且我还发现他不愿意接近男同学，眼睛总是看女同学做游戏。时间长了，我观察他的确是和几个个子小的女同学一起玩儿。他吞吞吐吐地说：“和高个子的同学在一起，怕他们伤着我。”我就嘱咐男同学注意保护好他，别让他受到伤害。

与这个特殊的学生交流，最让我费心。平时，只要一有时间我就走近他。刚开始，他根本就是“聋哑人”的表情；后来，在他遇到困难，我给予他很多帮助时，他渐渐地用一种放心的目光注视我；再后来，还能慢慢地说几句话。而且我发现他对讲新课很感兴趣，并且敢于举手回答问题。让我惊奇的是，他回答问题时，说话完整，吐字清楚，音质好，于是，我就让他领读，当同学报以热烈的掌声时，他终于有了笑容。我还细心地发现他在上完音乐课后，嘴里总唱着刚学会的新歌，而且音很准。

我突发奇想，让他在“六一”儿童节时，为全校师生表演节目。学校领导、老师和家长都担心，但我依旧坚持。真没有想到，在庆祝“六一”儿童节时，这个学生站在舞台上，当着全校1000余名师生和家长的面，用他那动听的歌声领唱《同一首歌》，全场的人都为他热烈鼓掌。他的家长用摄像机给他录像时，手颤抖着，眼里流下激动的眼泪。

渐渐的，这个学生终于能和大家用语言交流了。下课时，他不再躲到角落里，而是勇敢地走出教室，和同学一起活动，和同学也有了共同的语言。当老师走近他时，他不再害怕了；我和他交谈时，他也会说一些心里话。每次上学在学校门口遇到老师，他会很远就把小手伸出去，和老师手拉手走进教室。

一次，在课间活动时，高年级的同学不小心撞倒了他，他站起来，拍拍身上的土，然后对撞他的同学说："没关系，哥哥不是故意的。"有时，他想和别的班的同学玩，但他不会像别的学生那样伶牙俐齿地表白，而是用一种常人不能理解的方式去往别人身上扑，拽别人的衣领。别人就以为他在打人家，由此就有不愉快的事情发生。当我知道后，要去找那个同学时，他却是一副无所谓的样子，说："别去找人家，这事怨我。"还有一次奶奶病了，妈妈要去医院，留下孩子一个人又不放心，孩子却说："妈妈，您走吧。"妈妈听了很感动：孩子长大了，懂事了。

他的自理能力渐渐提高。以前的小脏孩儿变得干净利索了，虽然书桌上有时还会有画痕，但不凌乱。他学习成绩也有进步，期末考试，语文和数学竟然都考了100分。

让这个特殊的学生和其他正常学生一样地生活、学习，老师付出的太多太多。我想：如果等待医疗技术带来福音，这将是漫长的过程。当我责无旁贷地接纳他，就会发现，其实患病的学生和正常学生一样，他们只是有些特殊。让他们走出自我封闭的境地，勇敢地面对一切，使他们能够在周围环境下找到自信，共同把"小树苗"扶正，这就是我们的目的。让我们做老师的都来关注他们吧。

（天津市滨海新区大港二号院小学　刘清）

牵手一起走

"您放心，我会待她如自己女儿一样，牵着她的手，陪她一起走。"这是我对一位学生的爷爷在他临终的承诺。

那年9月，我的班里迎来了一个特殊的学生，她名叫芳芳，双耳戴着助听器。入学的第一天，这个学生的爷爷把她的小手牵到我的手上，告诉我，她是一个被医生诊断为三级听力残疾的孩子。说她特殊，还因为，从我见她的第一面开始，她就没有同龄孩子第一次走进学校的兴奋、第一次来到教室的好奇。

她总是安安静静地坐在座位上。第一天放学后，在和她爷爷的交流中，我进一步了解到她生活在一个特殊的家庭中，父母都是聋哑人，奶奶体弱多病，只有爷爷教她说话。她的交流能力差，口齿不清，语速比较慢。听了爷爷的介绍，我告诉爷爷："您放心，既然把她放在我们班，我一定会牵着她的手，陪她一起走。"

为了让芳芳能听清楚老师的讲课内容，我把高高大大的她安排在第一排。一周过去了，我发现芳芳无论何时总是喜欢趴在桌子上。

我走过去，摸着她的头问："芳芳，你怎么了？身体不舒服？"

芳芳摇着脑袋说："没有。"

"那你为什么总是趴在桌子上？"我继续追问道。

"爷爷说，我个子太高了，容易挡着后面的同学。"

听了芳芳的话，我恍然大悟，反思自己太注重芳芳耳朵的问题，忽视了她的心理。爷爷把她送进我们普通小学，就是想让她与其他学生一样，正常地学习和生活。

于是我问芳芳："你想坐到后面去吗？"

芳芳使劲点头。看到这种情况，我重新调整了她的座位。她终于和大家一样，一起"手背后，身坐直"地和大家一起上课。

随着座位的调整，新的问题随之出现了：老师如果用正常的音量讲课，芳芳总是眉头紧锁，几次都因为没有听清楚老师的要求而写错作业。

一天，她告诉我："老师，您刚才说的我听不见。"为了让她能听清楚我的讲课内容，每天我都用尽量大的声音；遇到重点难点的地方，总是问："芳芳，听清楚了吗？"一个月下来，第一次月考，芳芳得了双百的好成绩。她的爷爷捧着孩子的试卷，激动地对校领导说："我从没想过，孩子能够和正常的孩子在一起学习！"

学期末的校园文化节要进行班级合唱比赛，为了让芳芳能和大家一起演唱，我把歌曲下载到 MP3，利用课间反复地让她听；还把歌词写在纸上，一句一句地指导。在元旦的汇报演出中，她和全班同学一起站在舞台上，大声地演唱着那支好听的歌——《左手右手》。演出结束后，她拉着我的手很久也不撒手。看着芳芳脸上灿烂的笑容我心里有说不出的喜悦。

我对芳芳的关爱，影响着班内的每一个学生，他们学着我的样子，在芳芳听不见老师招呼的时候，用自己的小手拍拍她的肩膀给她做提示。课余时间，我鼓励芳芳参加学校的剪纸社团，参与学校的小型多样运动会，让她可以多交朋友，多与同龄的小伙伴儿交流，并安排了距离她比较近的同学和她一起活动、学习。

由于嗓子过度使用，一个学期下来，本就有慢性咽炎的我，出现了高烧、咽喉肿痛、吞咽困难，被诊断为双侧声带水肿。经过一段治疗，虽有好转，但医生建议恢复期内不要用嗓过度。可是这个建议，对于又迎来新学期的我来说的确有些困难。

寒假过后第一天上课，我就收到了一份特别的礼物——蓝牙扩音器。这是芳芳的爷爷了解我的情况后，利用寒假找了好几个地方买来的。爷爷对我说：

“知道您为了我的孩子,嗓子都哑了。有了它,只要您用正常的音量,芳芳也可以听见您的声音。”手中拿着这份沉甸甸的礼物,我的眼眶红了。我握着爷爷的手说:“爷爷,您放心,有您的支持和理解,我会永远牵着芳芳的手,陪她一起成长。”

天有不测风云,芳芳的爷爷心脏病突发去世了,这对这个家庭来说无疑是雪上加霜。学校领导、班里其他学生的家长都前去慰问。

由于爷爷的去世,芳芳更加心事重重。随着芳芳年龄的增长,她的听力一直在减退。为了她今后能够更好的生活,2013 年 3 月,校长、教导主任与聋人学校领导商议建立了手拉手关系,每周都有聋人学校的老师来班里给她教授手语,即使今后失聪,她也能在这个社会生存,会生活得有尊严,有质量。

放学了,班里的学生看见芳芳的妈妈来接她,纷纷用手语和芳芳的妈妈打招呼,她觉得自己在这个社会是被尊重的,回到家后抱着孩子留下了喜悦的泪水。

渐渐地,芳芳脸上的笑容多了,开始和同学们一起玩,一起笑了。随着芳芳慢慢长大,也许今后还会出现一些问题,但我心中始终记得对她爷爷的承诺:“我会牵着她的手,陪她一起走!”

(天津市河北区育婴里第二小学　黄晓丽)

偷自行车的孩子

故事中的新民是一个优秀的五年级男生,经常在学校活动中获奖。他父母是东北人,在蓟州区城西定居,以开货车跑运输为生。

一天晚上,我在学校值班,突然接到某单位警卫打来的电话,让我过去认一个学生,说那个学生涉嫌偷自行车。我的心“砰砰”猛跳了几下,心想:“是不是弄错了,凭我们百年老校的教育,不会出现这种事吧?”我拨回了电话,说:“师傅,不会是我们的学生吧?”显然,对方很生气,说:“看在咱们是邻居,我才让你们自己处理。你们不来,我就报警了!”我心想:不管是不是,都要去看看。

当我跑到那个单位警卫室,看到一个又瘦又小的小男孩低着头站在墙角,警卫大爷和那位领导气得来回走动还不停地数落着。我刚一推门,他俩就劈头盖脸地向我告状。

我一点儿都没注意听,只想看看是不是我校的学生。我走到学生跟前,用手抬起他快要缩进脖子里的头,看到了一张非常熟悉的脸,是我校一个各方面表现都不错的学生，名叫新民。他不敢看我，但我看到了他强忍着的泪。我觉得事情蹊跷，但在铁证面前我又不得不承认，我带着一种又丢脸又不甘心又心疼学生的复杂心理，连忙拉着学生向两位当事人道歉，请求这事由我处理，明天给他们满意答复。

一路上我俩谁都没说话。回到学校办公室，同样是默默地坐着，我不知道和他说什么，我也相信他想好了会和我说。过了好一阵子，他含着眼泪说："老师，对不起，为了我让您受委屈了。"

我们谈了很久，得知他偷自行车是为了给妈妈治病。他央求我不要告诉他家人，并表示他会想办法用钱补偿失主。已经晚上 10 点了，我不放心，就执意要送他回家。他刚开始坚决反对，后来在我一再坚持下，答应就送到家门口。

西关是一条胡同连着一条胡同，七拐八拐，终于在一排低矮的旧宿舍房前停下了。他示意我可以走了，我不情愿地点了点头。当他刚推开院门，里面就传出谩骂声："你又死哪儿去了，想饿死我俩呀？"

我觉得不太对劲，这个家庭不像这个学生和我说的那样。我要为学生负责，我要进去看看。于是顺着半开的院门侧身进了院。这是只有两间房子的小院，年久失修又缺乏收拾，一片狼藉。屋里继续传出指责声："你说，你放学换下校服就跑了，你死哪儿去了你？"

我一直没有听到新民的回答声，只看到新民来回走动的身影。我再也忍不住了，一边喊新民一边推门走进了屋。我被眼前的一幕惊呆了。屋子北侧破破烂烂的一个双人床上，一个男人双腿截肢半坐半靠在东北墙角，一个女人瘫卧在被窝里，新民手里拿着锅正准备做饭。看到我的闯入，大家都惊呆了，连空气都突然凝固了。我结结巴巴地说："大姐，对不起，我和新民商量学校的事晚了，把他送回来就放心了。我，我走了。"

我不知是怎样从这个家出来的，我一夜未眠，学生被抓和学生家境的一幕幕，缠绕着我，心像刀扎的一样痛，有自责有纠结：明天怎么面对学生？怎样做才不会伤害他而且还能帮他？家庭的变故，让举目无亲的孩子承受不了这种压力，应急出现的问题，他缺少的不是道理的教诲，而是心灵上的理解、贴近和对其家庭困难的帮助。

第二天，我偷偷在教室外看了看新民，见他正安静地上课。然后我揣着 2000 元钱到了那个单位，把这件事了结了。课间操我找到新民，了解到新民的父母是一年前在一次偶然的车祸中受伤的。他父母都是东北人，到现在肇事者一分钱未给,为了保命,家里的积蓄都用于做手术了。孩子为了瘫痪在床父母的生活,不得已做了错事。

我拉着新民的手,说:“咱们天天在一起,你有这么大的困难,为什么不告诉老师呢?不管为了什么都不应该去做触犯法律的事,要学会求助,要相信老师。”

新民哭了,把心中的委屈、悔恨都呜呜地哭诉出来……

我没有把这件事交给学校处理,也没告诉新民的班主任,我相信新民以后不会再做糊涂事了。我选择了宽容,就是给他以信任;我默默地帮助他,就是传递爱和教师的责任;我静静地等待,就是让他自勉自强。我先为新民申请了助学金,然后又在我的协助下,父母得到了有关部门的补偿,相继安了假肢。半年后,他的妈妈戴着假肢一瘸一拐地走进了我的办公室,向我表示感谢。

好多年过去了。2015 年 7 月,我接到一份 2000 元的汇款单,是新民一年大学勤工俭学攒下来的,我看着单子上那行刚劲有力的字,泪眼模糊。

“老师,谢谢您当年的宽容!”

我想,当初如果我按照一贯的做法,学生从此就贴上了“坏学生”“贼”等标签,他的人生就会走上另一条路。今天的新民,同样会宽容别人的过失,善待一切,把爱传递下去!

(天津市蓟州区倾城小学　霍玉梅)

续写爱的童话

雨欣,是我们班的文艺委员,她学习成绩优秀,开朗活泼,外向大方,特别是她的拉丁舞潇洒灵动。运动会上她热情奔放的开场展示,是我们班、我们年级的骄傲。她是我们班名副其实的“公主”,我们都爱她。

然而,就是这样一个天使般的女孩,却仿佛在瞬间折断了翅膀。事情是这样的:一天下班,当我疲惫不堪地踏出校门的时候,远远看见两个学生扭打在一起。我疾步向前,急忙将她们分开,然而令我万分震惊的是,其中一个竟是我最引以为豪的“公主”,她的脸上布满了红红的抓痕。来不及等我反应过来,她头也不回地跑掉了,其他学生也一哄而散。拉着她跑的是一个染着头发的男学生,我不禁深深地担忧起来……很明显,她和校外人打架,作为班主任,我必须彻查此事。

一夜辗转未眠,我心中疑虑重重。转天一大早,开校门之前我就赶到学校,我在等待,我在等她,我在等着她给我解开谜团……她来了,不再是快乐礼貌地和我打招呼,而是漠然地从我身边走过……

我心中的疑惑更大了。究竟是什么原因使这个学生在这么短的时间内发生这么大的突变呢?课间,我叫住了她,我希望她能与我坦诚相待。然而,这个学生什么也不肯说。被我问急了,她涨红了脸,不耐烦地说:"真没什么事,您快别问了。"说完头也不回地走了。不仅如此,就在这一天中,我接收到的全是任课教师对她的"讨伐"——"上课睡觉,无精打采""作业潦草凌乱""课间在班里大呼小叫,嚣张跋扈"……通过这些侧面反映,我认识到这是个很严重的问题,必须沉着应对,冷静处理。

既然从她的口中已经问不出什么,那我就要找寻其他渠道来处理问题了。先是联系家长,奇怪的是她父母电话均停机。我决定家访。下了班,我径直找到她家,多次敲门,无人应答,包括已经放了学的"公主"也不知所踪。我只好悻悻而归。

我又试图与她沟通,但是一切努力均无结果,事情毫无进展。我不死心,再次来到她家。令我不解的是,她家依然没有人。这时她家的邻居走了过来,在问清我的身份及我此行的目的后,把我拉到一边,悄悄告诉我:"您还不知道吧,她的爸妈都被抓起来了!不知犯了什么事儿,孩子现在跟姑姑过,这里没人住了!"听闻此言,我震惊不已,虽然真相大白,但我认为,要想妥善地处理好这个问题并非易事。

不要说是 14 岁的孩子,就是成年人,面对这样突如其来的家庭变故,恐怕也要绝望崩溃了吧!那骄傲的"公主",那个被捧在手心的掌上明珠,似乎一夜间成了没爹没妈的孤儿,不仅如此,她还要承受着家庭的分崩离析、周围人异样的眼光甚至是指指点点……

放学后我留下了她,在空无一人的办公室里,我轻轻拥她入怀,对她低语:"宝贝,我都知道了,如果你愿意,我就是你最亲的亲人。"她先是低着头,继而错愕地看着我,最后是一大颗一大颗的眼泪滑落脸颊……

我说:"你不要哭,每个人一生当中都会遇到挫折,只有坚强面对,才会变得强大。你的厌学,对同学的嚣张跋扈,甚至打架,是不是都是为了向他人证明,在家里出了事之后,在没有父母的庇护下,你依然不受人欺负,甚至在校外找了个'护花使者'?这样的想法是偏激的、不成熟的。在我心里,你一直就是美丽的公主。父母的过错不代表你也有错,相反,你要用你的坚强和优秀来反击那些看低你的人。你记住，我就是你在学校的妈妈，我会尽我最大的努力去帮助你，不管是学习还是生活。而你也要答应我，好好学习，认真生活。”

通过这次深入的思想交流，雨欣的行为表现有了很大的改观。我乘胜追击，每天坚持一小步，争取尽快把她转变过来。在学校里，我用心关注她的一举一动，放了学每天坚持送她回家。在我的陪伴下，“公主”脸上的笑容多了起来，和我说了好多心里话。

为了让她快乐起来，重拾自信，我要想办法，帮助她重新恢复她原来的生活轨迹。对了，她是一个热爱舞蹈，热爱舞台的学生！通过四处打听，我辗转找到了教她跳舞的李老师。我知道，在她家经历了此次变故后，她再没有去练舞。我把雨欣的情况告诉了李老师，希望能减免一部分学费，继续培养这个学生。多次沟通后，李老师同意雨欣每周六日继续学舞，并且不收取任何费用！当我把这个消息告诉“公主”时，她瞬间泪流满面。

一年一度的班级文艺技能比赛马上就要开始了。我买了一件非常漂亮的舞衣，放学后把她叫到身边。“老师知道你的生日快到了，我美丽的公主，这个送给你！另外，能否帮我个忙？”

“我？您需要我做什么？”她有些不太自信。

“文艺技能大赛就要开始了，你舞跳得那么棒，给咱班编排一个舞蹈，拿奖可就靠你啦！”

她用力点了点头。我分明看到，她闪烁的眼睛里，有欢喜，有感动……

与此同时，我召开了班委会并召集了一部分同学做他们的思想工作，我对他们说：“雨欣父母的错不代表她的错，你们要互助互爱，团结向上……”

在听到我们班得了大赛第一名的时候，我看到“公主”欢呼着和同学们抱在一起！学生们的欢欣雀跃和雨欣快乐自信的笑容，是我见过的最动人的场面。

我想，在这世上千千万万的职业中，可能只有老师，只有师爱最无私，我们是真真正正像爱自己的孩子一样爱着我们的学生！我为自己是一名班主任而感到无上的光荣！

（天津市第九十三中学　张晓玉）

一次爱的家访

冰心老人对爱和责任的诠释是："爱在左，责任在右，走在生命之路的两旁，随时撒种，随时开花，将这一径长途点缀得花香弥漫，使穿枝拂叶的莘莘学子，踏着荆棘，不觉得痛苦，有泪可流，却觉得幸福。"从教 34 年的我，虽然不是冰心老人笔下的那个随时播种便能开花的人，但我会在学生不同的学段，从不同的角度，运用不同的方式，采取有效的行动，去诠释做一名有心的教师的情怀，陪着我的学生在爱和责任的路上走过一程又一程。

记得 2015 年 9 月 2 日下午 13 时 45 分，我依照惯例来到教室，和学生们一起做课前准备。这时，一个瘦小的身影从我眼前闪过。总觉得哪里与平日不同，我定睛一看，原来小奥宇同学穿着一双齐膝高的大雨鞋，"趿拉趿拉"地走到我跟前："刘老师，这是我昨天的作业，给您。"说着，她双手把作业本恭敬地递给我。

揽着她的肩膀，我好奇地问："小奥宇，已经不下雨了，你怎么还穿着这么双大雨鞋啊？你的脚不累、不闷得慌吗？"在等待她给出我答案的那一刹那，我发现她的眼里顿时涌出串串泪水。她泪眼婆娑地看着我，我一下子懵了，这是怎么了？她为什么这么委屈？她的这份神情突然揪得我心疼。

小奥宇一下子搂住我的腰，背对着其他学生，悄悄地告诉我："刘老师，昨天的一场大雨把我家给淹了，到现在，水还没有退下去，从我家出来必须得穿雨鞋……"她抽抽搭搭地向我讲述着她家的境况。望着她委屈的表情，我使劲地抱了抱她，并转过头，抑制住我将要夺眶而出的眼泪，又摸了摸她的头，让她回到座位。

第二天，由于突如其来的暴雨，油区低洼地段积水，加之排涝不畅，给学生出行带来了极大的困难，因此油区中小学停课一天。因为心里一直惦记着昨天伤心的小奥宇，所以一大早我就怀着急迫的心情，特意给小奥宇买了些水果，冒雨直奔小奥宇居住的小区——这也是我新学期刚接班后的第一次入户家访，了解小奥宇的生活、学习环境。

来到小奥宇居住的小区，我惊呆了。眼前的场景震撼着我的心，锥刺一般的生疼。如果说这是我从电视上看到过的"棚户区"，一点儿也不过分，甚至更糟。无论如何，我都无法想象在大港油田这片土地上还有这样的"棚户区"——一排排裸露出墙砖的低矮房子，透风的门窗、四处堆积着杂物的庭院……苍蝇直往脸上扑！就是这样的一幅景象，就是这样的一片房舍，居然整个都在水面上飘着。这简直成了名副其实的“水上村”。要想出“村”，必须得划着用床板做成的小“船”才能“上岸”。我的小奥宇是怎么出来的呀？她需要克服多大的困难才能去到学校啊？

正当我傻傻地呆立着，不知所措的时候，小奥宇远远地便一眼认出了我，大声呼喊着我，然后急忙和小伙伴“划船”把我接到她的家。还没进家门，她懂事地在门口“拦”住了我，因为她担心我穿的雨鞋被倒灌——屋里的水比外面还深。

我们俩手牵手，深一脚浅一脚地向屋里走去。当我看到她家里齐床深的水，到处都漂着盆、衣物等家庭用品的“惨不忍睹”的场面后，我的泪水连同哭声一起喷涌而出，我一下子紧紧地抱住站在床板上的她，贴着她的耳朵告诉她：“奥宇，坚强起来，困难是暂时的，一切都会过去的。”小奥宇趴在我的肩上，喃喃地说：“刘老师，我爱您！”她很懂事，她不想让父母看到她的眼泪。

走到小奥宇的父母跟前，了解了目前她家的窘况，送上我对一家人的问候之后，我心情沉重地离开了“水上村”。一路上我都在想：这些从祖国各地来油田打拼的工人太不容易了，面对困境，他们不怨天、不怨地，表现出的吃苦精神、坚强意志和对生活的勇气影响着他们的孩子。作为班主任，我想我平日里更应该多倾注心血，去关注这些孩子，去教育他们自强不息，做生活的强者。我不仅要给孩子悉心的关爱，更要把这份爱转化为动力，把责任付诸行动。

于是，我有了一个大胆的决定：到河北献县——小奥宇的家乡，做一次家访活动的延伸，更多地了解她的成长环境，鼓励她努力学习，长大后，用所学的知识去建设家乡，创造美好生活。

做了精心的安排之后，我和小奥宇的家人一起奔赴她的老家。一路上，小奥宇激动地靠在我的身上，一会儿指指窗外那片片金灿灿的油菜花地，自豪地告诉我：“这就是我们家乡的油菜花，可香呢！”一会儿又唱起欢快的歌给我听。看着小奥宇满足的笑脸，我心里想：奥宇，能做你的班主任是我最快乐的事，因为你有骨气，你让老师佩服！

当小奥宇的爷爷奶奶知道我要来的消息后，老远就迎上来，拉着我的手，用他们家乡最朴实的行动——握着手、不肯松开把我迎进屋里。闻讯赶来的一大家子亲戚一下子把我围住，小奥宇在亲人中间穿来穿去，抱抱这个，搂搂那个。看着小奥宇一大家人其乐融融的场景，我被感动了。我心里又想：孩子的爱不仅仅是亲情的挚爱，也应该是师生的真爱。

在得知我的来意后，小奥宇的奶奶向我讲述了孩子从出生到和父母离开家乡去油田这些年的故事。小奥宇的父母也述说着他们离开家乡外出打拼，就是为了给孩子一个良好的学习环境，让孩子有一个美好的未来……小奥宇坐在我身边，默默地听着亲人的讲述，不时地抬起头给我一个自豪的微笑，那表情分明是在告诉我："我有这么多疼爱我的亲人，有爱我的刘老师，我什么都不怕，我会战胜一切困难，我会健康快乐地长大！"接下来，我向小奥宇的爷爷奶奶介绍了小奥宇在学校的学习情况、学校的环境、老师对小奥宇的关心以及小奥宇突出的表现。两位老人笑得合不拢嘴，嘱咐小奥宇一定要好好学习，虚心听老师的教诲，将来做个有出息的人。

在返程的路上，我陷入了深深的沉思，我在想：小奥宇只是同样家庭中的一个代表。像她这样的学生，在我们班还有二十多个，也许我倾注给他们的爱，均分给他们每个人只有一小部分，但是他们的感受却是百分之百。由此而言，我肩上的担子不轻啊！我当然要倾尽自己所有，去感受这份任重而道远的责任。既然我选择了当班主任，我就有责任、有义务给学生最好的教育，让每个学生都学知识，学本领，学做人，将来长大了做对国家、对社会、对家庭有用之人。

一次爱的家访，一次长途的感受，让我的班主任生涯又多了一笔浓墨重彩的印记，同时也更让我感悟到：爱不仅仅是一句简短的话语，爱更是一种不可推卸的责任。我们做班主任的，要珍惜自己和学生们相处的缘分，用行动书写爱和责任的乐章。

（天津市滨海新区大港二号院小学　刘清）

妈妈，多来看我一次吧

小雨是一个很有个性的小女孩，虽然年龄不大，但是她想得总是比同龄人多。比如，我们第一次选班委采取自荐的方式，小雨一直是跃跃欲试的样子，可是我问了三次"还有没有同学想自荐"，她却始终没能走到前面来。事后，她的姥姥告诉我，在家时她说："我才不愿意当班委呢。"其实，我知道，她是怕自己选不上丢面子。

小雨平时是个挺"厉害"的小女孩，别人不小心碰到她，她会马上还手，绝不吃亏。老师们都为她很头疼，因为无论他们说什么，她都好像满不在乎，尤其是批评她的时候，总是一副不服气的样子。

这些，都与小雨的生长环境有关系。开学初我了解到，小雨从小是和姥姥一起长大的。爸妈离婚后，爸爸就从未露过面，妈妈再婚又有了小弟弟，一周也只能来看她一次。姥姥经常教育她："小女孩要厉害些，不然会被别人欺负的。"就是因为这些原因，小雨才会"不吃亏"，才会故意做出与老师要求相反的举动，其实那都是她渴望别人关注的表现。

有一天，小雨站队时动来动去，下课后在教室里大喊大叫。我把她叫到一旁，问她："妈妈最近多长时间来一次？"

"一周来一次，周三来看我。"

"那妈妈喜欢什么样的女孩子？是特别听话、乖巧的？还是整天大喊大叫的？"

"喜欢听话的。"小雨一边说一边低下了头。

"妈妈每周来，你若特别不听话，那妈妈下次还愿意来吗？"我尽量用七岁孩子能听懂的语言来引导她。

小雨轻轻地摇了摇头。

"那你想不想让妈妈多来看你几次？"

说到这里，小雨的眼泪"唰"地一下流了下来，小声地说："想。"

我自己也觉得十分心疼。我给她擦了擦眼泪，说："这样吧，老师一会儿给你妈妈打个电话，我替你和妈妈约定，只要这周的表现有进步，就让妈妈多来一次，好吗？"

小雨一边流着眼泪，一边点了点头。

放学后，正好碰到了小雨的妈妈，于是我跟她讲了。我对她妈妈说："我了解到了您的家庭情况，但是我想母爱是谁都不能代替的，小雨已经缺失了很多母爱了，如果条件允许，您能多弥补她一些。"我看到了她妈妈的眼睛湿润了。

从这天开始，我几乎每天都会发短信告诉小雨妈妈小雨的表现。

有了老师和妈妈的密切沟通，小雨得到了妈妈的鼓励，小雨上课时会认真地完成写字练习，下课也不再大喊大叫了。但是七岁的小孩子是有反复的，要想养成好习惯，不是一朝一夕就能达成的，所以我只要看到她的一点进步，就会很热情地表扬她。我还让她帮助老师做一些事情，比如中午维持纪律、下课擦黑板等。特别令人高兴的是，在今年校运动会前，我们请来了武警战士为我们的运动会入场式训练仪仗队，小雨在训练中动作十分标准，而且从来没有喊累，丝毫没有懈怠，成了训练小明星。

前几天，她走到我面前来说："老师，刚才小豪拿铅笔盒打了我一下。"

我说："那你还手了吗？小豪是故意的吗？"

她急切地说："老师，我没有还手，我也不知道他是不是故意的。"要是平常，不管别人是不是故意的，她会马上还手的。

我欣喜地说："你做得好！我相信小豪也不是故意的，你去告诉他不要在教室里拿着铅笔盒乱挥舞，那样很危险，好吗？"

从那以后，就经常听到小雨告诉我："老师，我妈妈这周来了两次，还带着小弟弟来的呢！"

"老师，昨天我妈妈又来了。"

"老师，小弟弟今天把我的零食都给吃了。"脸上带着喜悦的表情。

一个孩子的成长过程是不可逆的，错过了就永远找不回来了。孩子对母亲有着天生的渴望。作为一名教师，虽然不能替代母亲，但是能够用自己的大爱来感染这些学生，有爱的地方就有花开！

（天津市河西区纯真小学　孔妍）

最幸福的少先队员

阳光明媚的6月，柔风吹过，初夏微风轻抚的感觉。操场上正在举行一年级小学生的入队仪式，老师们和家长们都在见证着这个令孩子们感到无比兴奋、无限光荣的时刻。

我班有四位家长代表协助我一起为孩子们佩戴鲜艳的红领巾。在仪式即将结束的时候，我发现小祥同学的脸上流露出一种失落，还挂着一丝生气的神情。我正思考着什么原因，恰好小祥的妈妈走过来和我道别，顺便说明了小祥不开心的原因。原来，小祥的妈妈一直忙着给孩子戴红领巾、拍照留念，没有过多地关注小祥，甚至于还没有来得及跟他拍照，小祥觉得妈妈不爱他，不理他，只顾着其他的同学。他妈妈说跟他拍照，他也不拍了，要脾气，头也不回地进教室了。

在这个特殊的时刻，每个孩子都希望自己能拍到一张戴着鲜艳红领巾的照片，尤其对于一个七岁的孩子来说，是一件十分重要的事，更何况小祥亲眼看到自己的妈妈给很多同学戴上红领巾，拍摄了照片，却没有给他拍照，心里一定很难过。我十分理解小祥的心情。

在刚才的仪式上,我留意到小祥的妈妈和其他三位家长确实不同。小祥的妈妈把别人的孩子摆在前,把自己的孩子摆在后;穿梭在孩子中间,始终没有围着自己的孩子转。我想,身为母亲,最希望能在这个神圣的时刻,给自己心爱的宝贝留下一张照片作为永久的纪念,可是她没有。那个时候的她,是小祥的妈妈,更是我的助手,还是孩子们可敬的阿姨!因为她知道自己身为家长代表。

回到班内,我觉得这是一个教育小祥和全班学生的机会。我站到讲台上,笑着说:"同学们,祝贺你们成了光荣的少先队员!"我接着说:"我们班有一位少先队员,他是最幸福的少先队员。"学生们很好奇这位最幸福的少先队员是谁。我接着说:"我之所以说这位少先队员最幸福,是因为他有一位特别无私的妈妈。"学生们听我这么说,就更加好奇。我继续说道:"你们还记得红领巾为什么是红色的吗?"

学生们异口同声地说红领巾是国旗的一角,寓意着红领巾是用无私的战士们的鲜血染成的。

我向学生们解释道:"对,战士们是无私的,他们为了我们今天的美好生活献出了自己宝贵的生命,我们为了纪念这些无私的战士,才佩戴上鲜艳的红领巾。我们应时刻谨记:做无私奉献的人,做舍己为人的人。你们说对吗?"

学生们齐声答道:"对!"

学生们听得认真,在一双双清澈的眼神中,我发现一个学生的眼神变得特别严肃郑重、若有所思。这个学生就是小祥。

"无私奉献,舍己为人,距离我们并不遥远。刚才我们班小祥同学的妈妈给谁戴了红领巾,并且拍了照片,请举手。"

班里很多的学生举起了手,我随后说道:"你们看,这么多位同学的红领巾都是小祥的妈妈给戴的,还照了照片。但是,你们发现了吗?小祥并没有举手。"

"小祥,请转告你的妈妈,我替全班同学谢谢她!"

小祥开心地笑了。

我走到小祥的身边,拉起他的手,走上讲台。他有些受宠若惊,有些兴奋好奇,我笑着对他说:"小祥,不仅仅你妈妈是个无私的人,你也是个无私的人,你把拍照的机会留给了别人。刚才你没有拍照,来,老师现在给你拍一张。好不好?"

"好!"他笑得很开心。我帮他整理了下红领巾,他敬了一个标准的队礼,我为小祥拍了一张非常成功的照片。

下课后,小祥走到我的身边,悄悄地和我说:"常老师,刚才我有点儿生气,不理我妈妈，我回家以后一定找妈妈道歉。”

看着小祥天真的样子，眼神里满是悔意，我感到特别欣慰，笑着对他说：“太好了，你妈妈一定很开心！”

后来，我看到班级微信群里有小祥妈妈发了很多其他孩子戴红领巾的照片；家长们纷纷对小祥妈妈表示感谢，我则发送了三个竖起大拇指的符号。我想这样的家长，就是我们应该学习的榜样。

（天津市南开区中心小学　常晶）

一名“优秀后进生”

青阳是我班内成绩最突出的一名学生，她聪明过人、接受能力和理解能力都很强。别的学生思考一二，她就已经琢磨三四了。多科老师都很看好她，在常规教学任务之外，会根据她的情况，给她“量身定做”学习任务，不辞辛苦地用心栽培，这让我这个班主任很受感动。

在对青阳不断观察和沟通中，我发现，她很少表现出对老师辛勤耕耘的感恩、感谢之意，也很少与同学探讨功课。后来，有一次，部分学生一起找到我，表示对她的不满，甚至表示抗议。老师眼里的好学生也出问题了？一名老班主任的职业敏感告诉我，这里边肯定有必须要解决的问题！

抗议事件发生后，我找一些学生了解情况。一位学生说：“老师，我们真的不是无事生非。青阳也太瞧不起人了，今天我问青阳一道数学题，她题都没看一眼就走了。我问她能不能给我讲讲，她说这是在浪费她的时间。其他的同学们也都遇到过这种现象，我们对她很不满意。”

学生的话让我吃惊不已。我万万没想到，成绩优异的青阳会说出这么不近人情的话。我赶忙和青阳确认，她不屑地承认了，还一脸傲气地说：“我的成绩是我自己努力得来的，凭什么要和她们共享。成绩好比和她们搞好关系重要多了。”她的话深深地触动了我，我眼前浮现出她每次问完题后那没有一句“谢谢”的背影。我马上意识到问题的严重性。青阳把好分数的取得看成是“一个人努力的成果”，对老师没有感恩，对同学没有互帮互助的意识，这是我教育的盲点啊。因为她的成绩好，我习惯性地将她定义为“好学生”。成绩上的“好学生”也会是思想和行为上的“差学生”，难怪学生们会如此愤慨。

当天放学，我试着跟她沟通，她的头歪着，任凭我苦口婆心地开导，她都无动于衷，依旧认为自己是正确的。最后，她说了一句令我难忘的话："知识是不会变的，没有谁我都能学会。"听到这句话，我已经完全崩溃了，我和科任教师在她身上付出的努力在她看来那么一文不值，班级良好的学习氛围更是与她无关。经过两个多小时的谈话，我败下阵来。但是，这次谈话坚定了我转化这名"优秀后进生"的决心。

我知道，想要做好她的思想工作，必须在了解她的基础上，找到合适的契机，进行有针对性的引导。

在接下来的日子里，我翻看青阳的学籍档案，发现她从小失去父亲，由母亲一手拉扯大，母亲刚毅的性格对她产生了巨大的影响。我几次组织班干部会议，引导班干部对青阳正确评价；我经常与科任教师交流青阳的表现，统一转变她的办法；同时，我和青阳的母亲联系，说明了我了解到的情况，共同确定了对青阳教育的方案——抓住契机、家校合作。

几个星期后，机会来了。青阳因为急性阑尾炎发作突然在课堂上疼得晕了过去。上次和青阳起冲突的同学，二话没说，背起青阳就去了医院。手术之后，青阳在家静养。在这期间，按照我和家长事先商量好的计划，由她的母亲从同学对青阳的帮助入手，在情感上对青阳进行教育，强调大家都要有互帮互助的意识。

青阳在学习上很要强，生怕成绩落下，躺在病床上还坚持看书。我去医院看她，问她学习上需不需要帮助，青阳还固执地说不用："学习上我自己努力一下就行。"凭前期对青阳的了解，我没有太过坚持。我知道，这个时候的青阳是最脆弱的，也最需要冷静下来想问题。我想还是给她时间去碰碰壁吧。

几天后，青阳终于主动给我打来电话，有些不好意思地说："老师，有道物理题，我研究了好几遍课本和参考书，还是搞不懂。您能给我讲讲吗？"我耐心地从不同的角度讲了几种不同的解题思路。青阳恍然大悟，禁不住一个劲地说："看来，只靠自己生啃课本还真是不行啊，多亏了老师指导，谢谢老师，占用您休息时间了，不好意思。"青阳刚说完这句话，电话那头突然沉默了。过了好一会儿，青阳忽然哭了，"老师，我终于明白以前的我是多么不识好歹了，老师们帮我那么多，我竟然一直没有意识到，没有老师的指导，哪儿有我的成绩呢？我太拿自己当回事儿了。"

听了青阳这发自肺腑的话，我知道青阳开始明白，以自我为中心的浅薄认知是多么不可取。我想，我们的"教育居心"起作用了。

十多天以后，青阳回到了学校。在走进教室的那一瞬间，同学们鼓起热烈的掌声表示对她的欢迎，那一刻，她的眼里再次泛起了泪花。三天后，我安排她准备并主持了"感恩的心"主题班会。班会课上我们都感觉到，她不再是那个清冷孤傲、唯我独尊的"好学生"了，她连连说："我对不起老师和同学们……"

在以后的日子里，她积极主动给同学们讲题，不厌其烦；每次从老师办公室出来，都会给老师深深地鞠上一躬，表示感谢。她还常常跟我说："老师，给同学讲题过程中我又发现了很多新思路，对自己也很有帮助。每次看见老师欣慰的笑脸，我都觉得自己变得懂事了。"

（天津市第八十二中学　孙健）

燕子来了

第一节课下课的铃声响过之后，师生们陆续走出了教室或办公室，一边小声说笑着，一边快速地下楼到操场集合，刚才还是安静的校园，顿时变得热闹起来。

今天是星期一，是学校举行升旗仪式的日子。

5 月的学校格外美丽，煦暖的阳光洒满了校园，空气中弥漫着沁人心脾的槐花香，操场四周的垂柳舞动着自己修长而翠绿的枝条，树上的几只小鸟欢快地唱着跳着。操场上学生们一张张天真的笑脸，他们像是一只只快乐的小鸟，充满了希望，校园因他们而充满了生机。

雄壮的《义勇军进行曲》响了起来，升旗仪式开始了。学生们笔直地站立，整齐地抬起右手，向国旗敬礼，注视着鲜艳的五星红旗冉冉升起。每次升旗，我心里就会涌起一阵感动，责任感和使命意识油然而生。作为一名校长，引领学生成人、成才、成功，不正是我的职责和使命所在吗？

升旗仪式结束后，接下来就是国旗下讲话，今天进行国旗下讲话的不是学生，而是我，因为有一个特殊而重要的决定需要征求全体学生的意见。

我快步走到升旗台前，拿起话筒，环视了一下四周，大声说道："同学们，今天有一个重要的事情要征求大家的意见！"话音未落，所有同学的目光都齐刷刷地向我投来，大家有些吃惊地看着我。

事情是这样的。"五一"假期结束后，学校突然来了两个"稀客"——精灵般可爱的小燕子。它们每天在学校上空盘旋，课间十分钟，学生们在操场上做游戏，它们则在空中时上时下地来回穿梭，似乎是和学生们默契地互动，有时还会趁机飞进楼内。经验告诉我，燕子夫妻是在寻找安家的场所；但常识又告诉我，燕子在学校安家不当，因为学校人太多，没有适合它们筑巢的地方。然而出乎我意料的是，两只燕子真的准备把家安在学校，它们竟然把巢搭在了教学楼一楼大门上面的暖气管道之上，等我们发现，它们已经完成了总工程量的四分之一。小燕子这种貌似糊涂的选择进一步说明了他们生存环境的恶化。

看着燕子夫妻辛辛苦苦即将建好的家和掉在地上的泥土，我陷入了深思，一个想法在我的脑海里慢慢形成了。

就在这时，苏主任找我，问我怎么处理这个燕子窝。对负责学校卫生工作的他来说，小燕子给他出了一道不小的难题。

我笑着反问他怎么处理。他迟疑了一会儿，回答说："应该留下！"看着他有些犹豫的样子，我知道他心里还有顾虑。

于是我就说："召集全体老师讨论一下吧。"苏主任有些不解地看着我，似乎觉得有些小题大做，其实我的想法就是要用小燕子做一篇教育大文章。

早晨，全体教师到校后，我立刻召开了一个简短的讨论会。会上，绝大多数教师都表示应当把小燕子留下来，只有少数教师觉得留下小燕子会给学校卫生管理带来不便，不是很赞同。

面对老师们不是很统一的意见，我对大家说："众所周知，燕子是益鸟，近些年由于多种原因燕子的数量急剧减少。作为教育工作者，我们有义务去保护他们，更有责任教育我们的学生爱护鸟类等野生动物。今天如果我们把小燕子赶走，小燕子带走的将是他们的无助与悲伤，而留给我们的则是遗憾和伤痛，我们失去的将不仅仅是两只燕子，还有燕子给我们提供的绝佳教育契机。升旗仪式结束后，学校将组织全体同学就此事表决，进一步增强学生爱鸟护鸟的环保意识。"

接下来，我向全体同学说出了燕子去与留的重要性，讲了我小时候父母和老师教育我爱护燕子的故事，讲了那时燕子成群结队捕食的壮观场景，讲了燕子数量减少的现状和原因，还讲了最近两个在校大学生因捉鸟被判刑的案例。

最后，我有些激动地说："同学们，下面我们表决！同意让小燕子留下来成为我们其中一员的，请举起你的右手！"

学生们不约而同地高高地举起了自己的手臂。

"学生们，我为你们今天做出的正确选择感到骄傲和自豪！我替小燕子谢谢大家!”

顿时,整个操场响起了热烈的掌声,我的眼睛突然有些湿润。

表决结束了,我继续“小题大做”。下午,我安排人做了以下工作,一是把燕子窝上面的电源插座用绝缘胶布封死停用,以确保安全;二是找来小纸箱悬挂在鸟巢的下面,避免泥土粪便掉在地上。为了使纸箱美观,细心的老师还用红纸裱糊起来,并在上面写下了“请不要打扰小燕子”的提示语;三是各班召开以“燕子来了”为主题的班会,进一步巩固和扩大教育效果,同时让学生收集有关燕子的诗词和儿歌;四是向各班征集“观燕护燕”方案,由最佳方案班级组建“观燕护燕”小组,用笔和相机记录燕子每天的活动情况;五是要求一楼中厅大门昼夜不关,以方便燕子出入,师生尽可能走北门和东西侧门,减少对燕子的干扰,为燕子养儿育女创造相对安静的环境。

做完这一切,放学时间不知不觉就到了,学生们排着整齐的队伍离开了校园。小燕子放心吧,学校永远是你们的乐园,因为你们把家安在了学生们的心里和梦里。

这时,远处的空中飞来了两个熟悉而矫健的身影,燕子回来了!

（天津市蓟州区四百户中心小学　王国义　梅桂全）

卷二　微笑的面容　和谐的氛围

主编絮语

微笑，蒙娜丽莎那嘴角上翅的自然笑意，赢得了世界称赞。那年的高考作文《假如记忆可以移植》，一个考生这样写道："假如记忆可以移植，我要把蒙娜丽莎的微笑，移植给我的班主任，让她铁板的脸露出微笑。"

微笑是春天里的风，是和煦的阳光，是沙漠里的一眼清泉；是黑夜中的航标灯，是心灵之间的桥梁；如纱如娟般的扑面、轻柔、温存、亲和，是人们心中美好情感的外显或献给别人的一种亲切的感受。

班主任老师那微笑的脸、和谐的面容，是学生心中的太阳，它面对几十双学生明眸，是美好心灵的自然流露，是爱学生的充分展现。不管何时何地，当学生看到那张温柔的面庞，总会感到和谐的生态环境、友好的氛围，那是无尽美好的象征，那是亲人般的样式。它告诉你那里有爱，那里有温暖，那里有友善，那里可以依靠，那里可以信赖。于是微笑便像磁石一般产生着巨大吸引力，学生愿意向它靠拢，愿意向它跑去，愿意和它亲近，愿意扑向它的怀抱，愿意得到它的帮助，愿意聆听它的教诲，愿意向它倾吐心里的秘密。

学生的成长多么需要这种微笑与和谐啊！

一个学生趴在书桌上做题，百思不得其解，抓耳挠腮地打不开思路，放弃吧，抬头一望恰恰是那老师微笑的容颜，顿时似如加油器启动，给了他无穷的智慧；他重新又拿起了笔，继续埋头苦思。一个学生站在起跑线上，心中忐忑，像揣了个小兔子，在一片加油呐喊声中，他还是信心不足。不知怎的，在那一刹那，他扭头眺望，看见了人群中老师的那张微笑的脸，那么清晰动人，他的心立即安稳了，随着一声发令枪声，身如飞箭向着冠军的方向冲去。一个刚进校门的学生，怯生生的，不时向窗外张望，寻求妈妈的身影，却失望了；猛抬头，老师向他招手，是一副微笑的面容，跟妈妈一样慈善；他踏实了，心里笑了。那是他第一次读课文，声小如蚊叫，老师鼓励他大胆放声；他动动口，抬头看见了老师的微笑，噢，那里有信任,有期待,有激励,他放开胆子大声读开来……

正如一位老师赠送给同事们的一段话:幸福的诠释是微笑,快乐的意义是微笑,温暖的真谛是微笑,挫折的鼓励是微笑,坚强的象征仍然是微笑!微笑是信任,微笑是赞同,微笑是援助,微笑是抹不掉的情怀,微笑是无穷尽的力量!

所以我们班主任不管遇到什么艰难困苦,无论心中有多少烦恼,饱含了多少不快,来到学生面前,不要横眉立目,不要怒发冲冠,一定要保持着那教师特有的微笑!这是我们的招牌,是我们崇高的专业素养,是我们吸引学生最有利的武器!

微笑是一种表情,也是一种肢体语言,更是一种平和的心态。不用言辞、不用张口的教育形式确实不少。比如学生无助时送去鼓励的拥抱,比如点点头以示赞同和肯定,比如挥挥手以示“跟我来”,比如四手相握表示深切的祝福,等等。但是,最美妙的、最好用的还是那内涵丰富的微笑,那是盛开在我们脸上的一朵朵美丽的花,时时刻刻散发着迷人的芬芳,那是一首首隽永深沉的诗,每一个笑纹都流露、荡漾出真诚和智慧。让我们为学生时时处处都创造微笑的和谐的磁场吧。

“优点单”的故事

开学第一天,当我夹着书本走向教室的时候,耳畔又响起了老师们的话:“子健,这个班可不好带呀!你得充分做好心理准备……”“这个班有个学生脾气可暴躁了,因为他妈妈不让他玩游戏机,他就要动刀……”再想想他们考试的成绩,一个个不尽如人意的分数……我的心格外沉重,脚步也格外沉重。

新老师的出现,使原本躁动的教室立即安静下来,几个女生怯生生地望着我,眼神中流露出几分畏惧,好像暴风雨就要来临似的;“淘气包”们,溜回座位,互相窥视着,从他们的举动中我分明读出了一丝不安。我认真地注视着每一个学生,他们或调皮机灵,或沉稳安静,尽管有些学生是装出来的,但是我知道他们正注意我的感受,他们在乎我——一个新老师对他们的评价。

我微笑着对大家说:“你们是一群非常可爱的孩子,虽说是第一次见面,我已经深深喜欢上你们了。”

我的话音刚落,教室里一阵骚动,一些学生相互窥视着笑了,另一些学生却把头埋得更深了。

课下我找来班干部聊天，学生们说："李老师，我们知道我们班最差，不管怎么努力也不行！"

"为什么这样没自信呢？你们聪明活泼，热情诚恳，是个很不错的班级。"

"您真的这样认为吗？"

"当然，只要我们共同努力，我们班一定会取得非常好的成绩。对吗？"

"嗯！"

"你们可得做我的小助手！"

"没问题！"我们击掌为誓，欢快的笑语在教室回荡。

为了帮助学生们树立自信心，迎接六年级的学习生活，我左思右想，想出了一个好主意，召集班委来商量，得到了大家一致赞许。

我们的计划开始实施了。

辅导课上，还剩下一些时间，我发给每个学生两页纸，让他们写下除自己之外其他同学的名字，后面留出空白。

"同学们，注意！请你在名字后面写下每个同学的优点。"重音在"优点"上。

"优点？"

"对，就写优点！"

一阵骚动过后，教室迅速安静下来。每个学生都若有所思，然后笔尖游动，都默默地在空白处列出每个同学的优点，一条又一条。下课了，每个学生离开教室时，都把各自对全班同学的最好评语交给我。"调皮鬼"小强笑着跑出了教室，胆小的芳芳看了看手中的纸笺，又看了看我，说："老师，我从来没有这样去赞赏过别人，也从来没有这样快乐过。"她脸上挂满了迷人的微笑……

那个星期六，我和班干部一起来到学校，用35张纸，分别写下每个学生的名字，然后在每个名字后面分别抄下这个学生的优点。班干部们惊讶极了，兴奋极了，因为他们从来也没发现他们有这么多优点。他们边抄边笑，乐此不疲。

星期一，我郑重其事地把这些"优点单"发给每个学生。不一会儿，整个教室都是笑声。

"真的？"

"我有这么多优点？"

"没想到有人会这么喜欢我！"……

听着学生们的窃窃私语，我欣慰极了。

此后，没有人再在课堂上提及此事，我也不知道他们下课后互相之间，或跟父母在一起时讨论过没有，总之，这些独生子女们能发现别人的长处，并有意识地学习他人的长处，进而感到生活的美好，增强了进取心。这是值得称赞的。

通过阅读别人给自己写的“优点单”，他们发现了被自己忽视的优点，增强了自信心。刹那间，同学们似乎都长大了。小强上课听讲认真了，作业能按时完成，学习成绩也提高了；芳芳多次参加作文竞赛都获得了好成绩，她拿着获奖证书与我分享成功的喜悦；好动的小松也在体育节比赛中获得了第一名的好成绩……看着他们一点一滴的进步，我由衷的高兴，可见“优点单”的魔力十分神奇。

一年后，升学考试前，我发现学生们不约而同地将“优点单”拿出来，默默地阅读着，微笑着。走向考场前，我与他们一一拥抱，他们说得最多的一句话就是：“李老师，相信我能行！”此时，我为他们骄傲，只为他们胸中满怀的自信。

后来，他们都以优异的成绩升入了理想的中学。家长感激地说：“感谢李老师，是你给了孩子们自信，那张‘优点单’，我家孩子一直压在字台的玻璃板下，不许我们动一下……”

曾经胆小的芳芳走到我面前，热情地告诉我：“那份‘优点单’我们都视若珍宝，它将使我们受用一生。我们有理由相信我们会做得更好，请您期待着我们的进步！”

最没想到的是，毕业前夕，同学们也郑重其事地给我也写了一篇“优点单”，字写得格外工整：“慈爱，有时像严厉的家长，有时又像可亲的朋友；公平，无论是谁犯错误您会一视同仁，在您眼里我们没有好坏之分；风趣，您会把枯燥的课文讲得栩栩如生……”

读着读着，我笑了，眼里含着泪。

（天津市红桥区实验小学　李子健）

别怕，牵着老师的手上学去

那是一年级刚入学不久，有一个学生说什么也不进教室，非要和奶奶回家。奶奶很无奈，只好把学生带走了。当时我没有在意，以为第二天就好了。

转天早晨上课的铃声响过后，这个学生还没有来。下课后，我接到了学生奶奶的短信：“尚老师，您好，我是文文的奶奶，今天家里有些事，没有送他去，特向您请个假,给您添麻烦了。"后来我了解到文文家是一个单亲家庭,他从小没有母爱,奶奶觉得孩子可怜,就对他百依百顺,结果造成这孩子没有规矩,任性,很难管教。

今天早晨,我听同事说,校门口有一个小男孩哇哇大哭,说什么也不进学校,足足哭了半个小时,听同事描述的样子,好像就是我班的学生——文文。好不容易进了校门,可他说什么也不进班级,他的奶奶怎样努力也没有用,最后没办法,只好匆匆和我说了几句话就逃也似的离开了。说实话,当时的我特像拿着一块烫手山芋,没有地方搁置的感觉,可是又不能不管他。

面对这个蹲在我眼前的小男孩,我想,既然他来到我的身边,我就应该努力试试。于是我蹲下身子,和他交流起来:"文文,今天的你特别出色,已经来到班级门口了。昨天没有来上学,尚老师想,你功课要被同学落下怎么办呢?"

"我才不怕,我奶奶在家教我了。"

"你奶奶只能教你语文和数学,你知道吗?上学还有音乐课、体育课,还有很多在家学不到的知识呢。"我接着又说:"不走进班级当然不知道啦,和尚老师一起走进班级,好吗?这样你就知道了。"

"我不去,我就在这蹲着。"

"蹲在这里可以,可是你一直蹲着腿就难受了。"

"我不进班,我肚子疼。"说完话,他就向走廊墙壁靠过去,似乎要远离我的样子。

虽然我的话语在他面前显得那样苍白无力,但是我却感到一丝庆幸:这个学生至少能和我进行言语交流。我发现他蹲的地方上面是墙报,中间有一张大大的中国地图。

为了能让他多和我聊聊,我指着中国地图问他:"文文,尚老师问问你,你知道我们在哪个城市生活吗?"

"天津。"

"对,尚老师请你找找看,地图中的天津在哪里呢?"

这个时候,文文竟很意外地站了起来,努力地在地图上寻找。我一边扶着他的肩膀一边观察他的一举一动,很快,他用小手指找到了。看着他微笑的样子,我庆幸找到解决问题的办法了。

"非常好!"我赶忙肯定他,"地图中还藏着很多秘密呢,你和尚老师一起来班级学习,我慢慢地告诉你,好不好?"

文文的态度变得有些迟疑，不像最初那么抵触了。我觉得第二回合好像见了点儿成效。

接着，我牵起了他的手。“来，咱们比比手，你的手比我的小，现在老师牵着你的手，以后啊，你的手就会慢慢长大了，你就该牵着尚老师的手了。”

这样，文文胆怯地和我慢慢地走进了教室，我给他安排了座位。

因为我的第一节课是另外一个班级的，我转身要去那个班级上课，就在我往外走的时候，我听到班里的学生们发出一阵笑声，回头一看，原来文文又跟着我出来了。我送他回去，他就又跟着我出来……

眼看着上课时间就要到了，我知道我要是心急，刚才的努力就都白费了。此时，文文又蹲在了教室的门口。语文老师走过来和他交流，他也不进教室，校长过来了，他还是不进教室。

我又重新蹲下身子，耐心地说：“我知道文文是个好孩子，今天你所以不进教室，是不是担心尚老师不管你啊？”

文文点了点头。

“你看这样好不好，我和你一起上语文课，尚老师是不会丢下你的。”

文文重重地点了点头。之前，校长示意去给我代课。

就这样，我陪他上了前两节课，他就像鸡宝宝跟着鸡妈妈那样，寸步不离我的身边。第三节是我的数学课，他的情绪好像也平复了许多，我一边讲课一边用余光观察着他，发现他听得特别认真，做题速度也很快。

下课了，我走到他身边，对他说：“文文，看你刚才上课听得多认真，题做得也很快，真是个好孩子。”我拿出一枚鲜艳的小红花递到他跟前。“这朵小红花想和你交朋友，你愿意吗？”

他欣喜地、用力地点点头：“愿意。”他极其小心地用手指捏着这朵小红花。

我接着说：“老师告诉你，每一节课小红花都要寻找好朋友，老师相信你会交到很多小红花朋友的。”

听了我的话，他的眼中闪现出兴奋的、又带有一丝惊奇的光亮。第四节英语课，我站在教室外面偷偷地观察他，整堂课下来他表现良好，还得了两朵小红花，他很兴奋。中午，他主动留在班里帮我打扫卫生、发作业。看到他的进步，我长舒了一口气，大手终于牵住了小手！

看到文文的转变，他的奶奶激动得不知说什么好，见到我就一个劲儿地感谢。帮助一个学生走过一段特殊的心理时期，得到学生与家长的信赖，这让我无比欣慰。

（天津师范大学附属小学　尚子茹）

我为什么是女孩子

新生入学一个多月了，我们利用班会课民主改选班委，原本一切都很顺利地进行。

“啪！”“我不干，我什么都不干！”

下课铃刚响，突然一个身影蹿到讲桌前，拍着桌子冲我大喊。她面色通红，五官几近扭曲，不等我说话，她转身跑回自己的座位，趴在桌子上。

我真是丈二和尚摸不着头脑，一时目瞪口呆。班内静得能听到学生们的呼吸声。这时传来极不和谐的哭泣声，我腾地站起来，刚要发火，突然我发现全班同学的目光都惊诧地投向我。

“不，不能发火，我是老师。”心里一个声音告诉自己，“冷静、冷静。”于是我站在原地深深地吸了口气，然后走下讲台，走到李童身边，抚摸着她的头，柔声问道：“怎么啦？”

“你们都瞧不起我，你们都欺负我，我为什么是个女孩子？”她抬起头，失神地望着前方，目光没有焦点，但声音却是歇斯底里的。她浑身发抖，泪水像断了线的珠子，顺着面颊滚落下来。

我又一次被惊呆了。一个16岁的女孩子到底经历了什么，脸上的神情尽是痛苦与无奈？是什么让她在全班同学面前情绪失控呢？一连串的疑问迅速在我头脑中闪过。

当务之急是先稳定她的情绪，我抱住她，轻轻地拍着她的背，柔声说：“好了，咱班60个同学是一个大家庭，彼此就像兄弟姐妹。你们都是老师的孩子，哪一个老师都喜欢。你的独立，你的勤奋，你的优异成绩都是老师欣赏的……”我抱着她，不停地安慰着，足足有五分钟，她激动的情绪终于渐渐平息了。

感觉到她情绪稳定，我搂着她来到了办公室，但是不管怎么问，她就是一句话也不说。英语老师陪着她，我趁机出去给她妈妈打电话，确认孩子的身体和心理都没有问题，只是性格比较固执，各方面都要求自己做得比别人好。

我又找到李童同宿舍的同学，同学反映，有人把校服放她床上了，或在她没在的时候用了她的东西……她都认为是故意欺负她。一个同学告诉我:“她和二班王新关系特别好,您找她了解一下吧。”我在王新那里得到了重要信息:李童的家重男轻女,她爷爷奶奶这种思想尤为严重,叔叔家的弟弟是全家的掌中宝,她享受不到家庭的温暖。随着年龄的增长,逐渐形成了一种因为自己是女孩子,所以人们都不喜欢她的想法,因此她要求自己各方面都比别人优秀。

我终于找到“病”因了。今天班委改选,李童本来是班长,但这次选举一个更出色的男生代替了她班长的位置,她被选为宣传委员。

我知道她只是想证明自己,得到别人的认可。这时早已经放学了,办公室里只剩下我们两人。我笑着说:“你是个个性非常强的孩子,有上进心,刻苦勤奋,有礼貌,愿意帮助身边学习差的同学。你身上很多优点是别人缺少的,你非常优秀。”

她看了看我:“那你们为什么选那个男生当班长,如果我是男生,这班长的职位是不是还是我的?就因为我是女生,就要撤了我吗?”她表情冷淡,语气中充满了敌意。

我握着她的手,笑着说:“这和性别没有关系,同学们只是把你放到更适合的位置,你不觉得宣传委员更适合你吗?你才思敏捷,能写会画。听同学们说,上期的板报是你设计并撰稿的,这期的内容也大多出自你手,这一点同学们佩服得五体投地,都很羡慕你。”

“羡慕一个女孩子?佩服一个女生?”她眼神呆滞,语气僵硬且充满了怀疑与不屑,“我从生下来就是个错误。我奶奶说,女孩子生下来就注定是给别人家养的,是个赔钱货。我有时真想死了算了,活着有什么用啊……”她终于敞开心扉,给我讲了她成长中的故事。

我被这个坚强的女孩子深深地打动了,伤心处不禁陪着她一同落泪。我感觉到她严重缺乏自信与安全感。我给她讲了好几个伟大女性的故事,让她知道女生不比男生差,有很多比男生更强。

第二天,我悄悄来到了她的家,见到了她的爷爷、奶奶和妈妈,一番交谈之后,她们终于释怀了。她妈妈和奶奶还特意从家里来到学校看她,给她带来了很多好吃的。孩子再一次哭了——喜极而泣。

周末返校回来,李童忽然跑到办公室,脸上有掩饰不住的喜悦:“老师,我奶奶说我是老李家第一个学习这么好、这么聪明的人,说我将来一定有出息;我爸爸说我懂事,真幸运生了我这么个好闺女;我爷爷说……”

看着她的笑脸，听着她滔滔不绝的话语，我笑了。

班里成绩最好的依然是她，班里宣传工作做得最好的依然是她，阳光、自信、坚强都属于她。

（天津市静海区瀛海学校　王丽）

“闷葫芦”变“楚王”

“闷葫芦”叫小齐。他长着一张黑黝黝、肉嘟嘟、苹果似的大脸，身体高大且有些胖，远远望去活脱脱一名彪形大汉。与他那粗犷的外形形成巨大反差的是其内向、少言寡语、谨小慎微的性格。由于他平时不爱说话，不爱与他人交往，大家经常在暗地里叫他“闷葫芦”。

小齐的学习成绩好，是我们班同学无人能及的，历届的校级学习标兵，都不可避免地被他收入囊中。即使是在他上台领取奖状时，他的表情最多也就是嘴角微微上翘一下。他课上很少举手回答问题，即使是回答，也是声音小得像蚊子。“孤家寡人”的他，像躲避世间凡事的隐者，整日里悄无声息地坐在自己的座位上。

看到整日里孤独寂寞、郁郁寡欢的他，我很心疼，努力尝试着各种方法，想将他从他的世界里带出来，却收效甚微。

5月初，学校组织“春华秋实杯暨我的中国梦”经典诵读大赛。我班的参赛作品是由十名同学朗诵梁启超的《少年中国说》。借此机会我特意安排小齐为三名主角之一。在排练初期，小齐的声音很小，却非常富有磁性，十分好听。我启发他，这篇文章的朗诵基调应该是雄浑有力，声音要抑扬顿挫，有一定的力度，要读出作者描写的那声势浩大、气势恢宏的场面来。

聪慧的小齐一点就透，经过不断练习，他朗诵时声音开始放开，铿锵洪亮，慷慨激昂，而且感情饱满。结果，我们班取得了中高年级组第一名的好成绩。当小齐代表我们班站在领奖台上时，他那大苹果似的脸庞上绽放出前所未有的灿烂笑容。此次朗诵比赛过后，小齐比以前爱举手了，尽管声音还是不大。我仿佛寻求到了带领小齐走出他那内向小屋的道路。

时间的脚步眼看就走到了花红的6月，儿童节要来了，我们班用什么节目庆祝孩子们自己的节日呢？最终和同学们商定演出由课本剧改编版的《晏子使楚》。在演出人员的挑选中,其他成员没费什么力气就定下来了,最后就剩下灵魂人物楚王了。这个身材高大、大肚翩翩、骄傲自大、盛气凌人的楚王该由谁扮演呢?当我问题一出,同学们异口同声地喊出了小齐的名字。

此时的小齐坐在自己的角落里,低着头用眼睛偷偷地瞄着我,仿佛在问我:"老师,我行吗?"

我故意大声问同学们:"他,行吗?"

"行!"声音如雷声般震耳欲聋地传过来,小齐听到大家都这么说,慢慢地抬起头来,眼睛里充斥着惊喜与不安。

"行,大家说你行,老师觉得你行,你一定行!"我用坚定的眼神望着他说。他的头又低下了,然后微微地点了点。

人员选定好了,开始排练。有了上次朗诵的基础,小齐在这次排练中,声音洪亮了很多,但表演动作过于拘谨,幅度小,总是放不开。我从网上找了一些有关《晏子使楚》的视频给他看,让他领会楚王的人物特征,加上我手把手地耐心指导,他的表演进步很快。

儿童节那天,舞台上那位善于使用心计、目中无人、骄傲狂妄的楚王被小齐演得活灵活现,全校师生赞扬的掌声此起彼伏。

此后,我课上总能看到小齐那双胖乎乎的大手高高地举起,听到那富有磁性不十分洪亮的声音;课下他和同学坐在一起,听着别人叽叽喳喳说笑,他脸上的笑容灿烂如花。

性格内向的学生,一般不善于与人交往,不善于语言表达,内心想象丰富但没有勇气付诸行动。著名心理学家詹姆斯说:"人性最深切的本质就是被人赏识。"学生们渴望被赏识,赏识能化成一种巨大的动力,使学生产生积极、强烈的心里冲动。小齐就是这样,通过参与活动,他的自信心增强了,体验到了参与活动、与别人交往和共同协作的乐趣。

(天津市宁河区潘庄镇西塘坨小学 刘乃双)

雪天的课间

进入青春期的中学生,他们的内心世界丰富多彩,但是情感表露却越来越少,他们渴望交到平等的朋友。

冬季的一天,一场大雪纷纷扬扬下起来,整个小镇覆上了一层厚厚的棉絮,校园里一片银白。课间休息,那些顽皮的学生在雪地里翻滚着,打闹着,嬉笑着,欢快地笑声充满了校园。我望着这些学生,同样心生向往。打雪仗是一个多么遥远的故事啊！教室里,一双双热盼的眼睛不时地望着我。我知道,他们也想到那个银装素裹的世界里尽情地嬉戏……

上课铃声响起,整个校园又恢复了安静。学生们收回羡慕的目光,一股失落的情绪在心头滋生。整个课堂都显得无精打采,同学们的眼神时不时飘向窗外,望着那飘落的雪花。我知道,这节课的效果肯定要大打折扣。

第二节课大课间,广播声响起:“由于下雪的原因,今天的课间操停止,由班主任老师自行安排。”声音刚落,一道道目光“刷”地一下便落到了我的身上,我感受到了那股沸腾而热烈的气息。

我微笑着对学生们说道:“同学们,外面的世界美不美啊?”

“美!”

心灵仿佛在那一刻瞬间相通,他们已经知道我所要表达的含义,一句话仿佛点燃了一堆爆竹,一个高昂的声音响彻整个教室。我迅速地安排学生分组行动,一场雪仗便在下一刻从操场发起。

雪地里,雪团纷飞,空中再次弥漫起一片雪雾。欢快地笑声在操场上回荡。冰凉的雪团在孩子们身上一片片炸开,散落的雪片灌进了学生的衣领里。凉凉的寒意并没有让学生们有一丝丝的畏缩,他们竞相追逐着、欢笑着,仿佛一个个英勇的斗士,坚守着自己的阵地……

那个文静的小男孩,他学习好,爱看书,是我班的“小书呆子”,可是,在这里,我惊奇地发现,他那瘦弱的身板里绽放出惊人的能量,一个个雪团从他的手里飞射而出,仿佛积压了多年的郁闷在这一刻彻底宣泄出来。这才是他们的真性情。

我举着手机,蜷缩在防寒服里,感受着学生们的欢乐,自己的思绪又回到了童年,银铃般的笑声在脑海中不断响起……在那一刻,我想当然地认为,我走进了学生们的心灵世界,我让欢笑充满了校园……

我正在拍摄学生们打雪仗的情景,哪想到他们竟然向我发起了袭击。突然,一大团雪结结实实地砸在了我的脸上,瞬间爆开的雪花灌进了我的衣领里。冬天的冰凉再也遮挡不住:“是谁?”迅即弯腰拢起一团雪,向着那几个调皮的学生砸去。谁知道,这团雪竟然引来一大片雪团的回应,然后就是无尽的爽朗的笑声……

班里的女生看到我被几个调皮的男生“欺负”，自发地站到了我的阵营内。雪雾弥漫中，竞相追逐，一个个馒头大的雪团飞舞，到处是跑动的人影，到处是欢乐的海洋。我已经从高高的神坛上走下来，我和学生们之间再也没有了年龄的隔阂。学生们围绕在我的身边，我真正地成为他们中间的一员，全身心地投入到了属于孩子们的游戏当中，成了一个真正的“孩子王”。

欢快的时光永远是短暂的。我们用欢乐搭建起一道美丽的友谊之桥。在那短暂的时光里，师生之间的沟壑化作通途，我真正地走进了学生们的心灵深处。建立平等的师生关系是心灵沟通的法宝。

（天津市宁河区芦台第三中学　张立）

爱的雨露

每天午休，组织学生睡觉的时候，我都会招呼他来到我的身边，让他趴在桌子上，我轻轻地拍着他入睡，就像当初拍着自己的儿子一样。听着他那香甜的鼾声，我又多了一次做母亲的感觉。

他就是我们班性格暴躁、凡事总爱钻牛角尖的学生小荣。他是一个从小缺少母爱的孩子。在他四岁时父母离异，他便跟着奶奶生活。每周父亲会来奶奶家看望他一至两次，如果工作忙起来，也许一个月才来一次。所以他的情绪很不稳定，有时同学不小心碰了他，他都会跟同学大声吵闹，认为同学成心欺负他。有时他还会突然间无缘无故地发脾气。通过对他的观察，我发现，因为缺少正常的母爱、父爱，暴躁脾气的背后是隐藏很深的自卑，他总像个受惊的小野兽，缺乏安全感。

我认为，只有周围人与亲人加倍地关心，才会让他重拾自信，消除他那种不切实际的不安全感。后来发生的一件事印证了我的推断。

一天上午的第四节课间，几个学生急匆匆地跑来报告：“小荣无缘无故地用跳绳勒自己的脖子。”我听了，心里就如同被谁揪了一下：这次他为什么会做出这么过激的行为？我急步走进教室，看到他的脸涨得红红的，怒气冲冲地坐在座位上，手中的跳绳已经被同学们抢过去了。

我先制止同学们诉说，以免哪句话又刺激了他。同学们慢慢地散开了。

我把小荣领到一边，让他坐下，接着看了看他的颈部，发现有一条明显的勒痕。我用手轻抚着他的头,关心地问:“疼不疼?”

“不疼!”他满不在乎地说。

我拿过他的水壶先让他喝了口水,以便让他安静下来。渐渐地,他的情绪平静了许多。于是,我关切地问他:“你为什么要这样做呢?”

他不说话。

“你一定心里很着急、生气,或者受了什么委屈才会这样的,对吧?”

他的眼圈红了,眼泪在眼睛里打转转,但仍然强忍着。他说:“我今天英语默写的单词不会,错了许多。”他说着说着,就用手擦拭那不听话的、已经流下来的泪水。

我拿纸巾给他擦着眼泪,把他搂在自己的怀里,安慰他:“你是个上进心强的孩子,单词不会,再下些功夫好好读就是了。可千万不要伤害自己呀!你看你这样做,会让爱你的同学、老师和亲人多么心疼啊!其实,事情很好解决,爸爸、老师和同学们都会帮助你的!”

他低声地说:“爸爸很久没来看我了!”从他的眼神中我读出了他对父爱的渴望。

于是我向他承诺:“我今天就给你的父亲打电话,让爸爸抽时间来看你,好吗?”

听了这些,他眼中流露出喜悦。

课间时,我给小荣的父亲打了电话,建议他今天亲自来接孩子,表达对孩子的关心,让孩子感受到父爱。

放学后,他的父亲果然来了。当孩子看到父亲时,兴奋得有些不知所措。我拉着他的小手对他说:“看,老师没有失言吧!爸爸是很爱你的,最近工作太忙才没顾上来看你。今天爸爸特意赶来接你回家。”

他一下子扑到爸爸怀里,高兴地笑了。

此刻,我深深感到,对于这个从小缺少关爱的孩子来说,跟父亲在一起是一份多么奢侈的幸福大餐啊!

从那件事以后,我每天都会和他聊聊天,他也会主动地跟我说说心里话。后来,他告许我,爸爸要买一处大房子,会搬过来和他一起住了。听到这个消息,我真为他感到高兴。我相信:在爱的雨露的滋润下,他一定会健康、快乐地成长。

（天津市河西区闽侯路小学　张华）

爱发脾气的小胜

刚下课，我还没有走进教室，执勤班长满脸涨红地来到我面前报告："郑老师，您快点儿吧，小胜又犯脾气了！"

我赶紧几步跨进教室，只见小胜正坐在位子上气呼呼地喘着粗气，地上摆着被扔下的铅笔盒。我一边招呼学生们各自回座位，一边走到小胜身边，用询问的目光静静地看着他。我知道，在这种情况下，我说什么他都不会回应我，只有耐心地等待。

"做三个深呼吸。"我轻轻地说。他眼睛没有看我，但看他起伏的胸脯，我知道他在听我说，并正按我说的去做。

"快上课了，把下节课的学习用品摆放好。"我一边帮他捡起铅笔盒，一边又轻轻地对他提出要求。他的眼睛虽然还不看我，但他扭身把书包中的英语书拿了出来，摆放在桌面上。

我马上夸奖道："小胜，这才对呀！有不满，一会儿找郑老师说说，现在最重要的是先上好课，对吗？"

他使劲点了两下头。

我接班时就发现，小胜是一个与众不同的学生。其他学生在操场上一起活动，他却独自一人沿墙边捡小树枝、小石子玩；别的学生嫌脏、躲着走的脏土堆，他却总在上面毫无顾忌地走来走去；其他学生叽叽喳喳，他却可以一天沉默不语。我发现他还常常无缘无故地发脾气：作业本上的字写不好，他会把笔一扔，闷坐在座位上好半天；别人不小心碰了他的东西，他会过去把别人桌上的东西都扔到地上；午饭时，也不知什么原因，他不吃饭……一开始，我都会把他叫过来，询问原因，后来我发现有很多次是无原因的，而且过一会儿他气消了，他自己会把东西捡起来……

与家长一交谈，我才知道小胜小时候还没学会叫"妈妈"，妈妈就因病故去了，奶奶和几个亲戚帮着爸爸把他拉扯大。大家事事宠着他、顺着他，但他平时与家人表现得并不亲昵，还会经常发脾气，有事也很少和家人诉说。家访时，他爸爸——一个四十几岁的汉子，没说几句，已是眼含泪花："郑老师，孩子没妈，您就当自己的孩子管他吧！"

我被家长的话深深感动了:“您的话让我感到担子太重了。我虽然代替不了孩子的妈妈,但我保证,我会努力帮助孩子快乐起来!”虽然只有这么一句话的承诺,对于家长来说却重逾千斤。

和小胜父亲谈话后,我每天认真观察他。我发现他脾气一犯,就不吃饭、不听课,如果我强制他如何如何,不仅收效甚微,有时还会适得其反。我决定对他实行冷处理,他每次一犯脾气,我都不着急解决问题,而是耐心地等他情绪缓和下来再与他交流,并且教他深呼吸,让自己平静平静,效果一直不错。

英语课下课了,没等我叫他,小胜就主动来到我的面前。我还是用轻柔的声音问道:“气顺了吗?”他不好意思地点点头。“那现在可以告诉我为什么了吧?”

一听我问,他的声音马上提了起来:“您让我擦窗台,张明却给擦了。”

我一听,马上笑着夸道:“看看我们小胜,多负责任啊!自从接手擦窗台,咱班从来没因此减过分。郑老师早就应该表扬你了!”他不好意思地抬起右手摸了摸自己的头,小嘴忍不住咧开笑了。

我看他情绪好了,接着说:“张明擦窗台,是不是也在为大家服务啊?”

他用惯有的动作使劲地点了点头。

“那你刚才那样发脾气,对吗?”

他摸着自己的脑袋,摇了摇头。

我看他知道自己错了,继续教育道:“你愿意为大家服务,老师心里特别清楚。你每天负责任地干好分配给自己的事,老师也看在眼里,非常开心!大家都有一颗爱集体的心,做好事我们又何必分清你我他呢?如果你有空儿,也可以帮别人多做些什么,是吧?”

他低头想了想,再次使劲点了点头。

两个星期过去了,小胜再没有犯过脾气。课间我常有意找寻他的身影,看到他在帮张明擦黑板,帮刘芳扫地,帮同学拖地……

我看着他充满童真的脸,欣慰地笑了:只要老师付出真诚与爱心,终会看到学生的进步与成长。

(天津市河西区梧桐小学　郑颖)

那些花儿

你对自闭症了解多少？

在我的班中，就有一个患自闭症的女生——宁宁。一年级的时候，她每节课都会哭——哭着找妈妈，所有任课老师都要用很多精力安抚她。有时早上来了，一节课还没有结束，就只能让家长把她接走。不是老师不负责任，而是她哭得太厉害，浑身抽搐，见到妈妈才会停止。因为刚走上工作岗位，缺乏经验，说实话，我遇到这样的学生很犯怵。

宁宁大大的眼睛、长长的睫毛、红红的小嘴和一双肉嘟嘟的小手，真的太可爱了。上课后，我就发现了这个孩子无论用眼神示意，还是用手轻轻拍拍她的肩膀，或是用言语提醒她，她的注意力没有一分钟是在我身上。她做得最多的事情便是用手托着腮愣神儿。课间，她坐在自己的座位上，和同学、老师没有任何交流。只要一有人靠近，她就马上躲开，连眼神交流都没有。

拒绝和我交流，怎么办？为此，我上网查阅了很多有关自闭症的资料。一位对治疗自闭症颇有建树的心理学专家的博客中有这么一句话："玩着玩着就醒了！"这句话点醒了迷茫、困惑的我，我顿时有了信心。

课间的时候，我悄悄地观察她。当我发现这个从不主动写作业的学生能够坐在桌前认真地画出一幅完整的画时，我看到了希望。我小心翼翼地走到离她书桌一米左右远的地方，耐心地看她画画。整张纸被一朵黄色的花朵占据着，不规则的线条，大小不一的花瓣儿，被涂得里出外进的颜色，在我眼里是那么美好。我轻轻地说："你画得真好看，这个是花，对吗？"

她望着我，眼神中闪烁着不确定的神色，头又立刻低下。

我心中充满惊喜：这是她第一次主动和我对视。我不放弃，接着问："我看你画得这么好看，也想学，你能再画一朵让我看看吗？"

她不回答我，低下头，一秒，两秒……她用胖胖的小手拿起彩笔，在纸上剩余不多的空白地方又认真地画了一朵花，然后迅速抬头看了我一眼，又低下了头。我生怕自己一走近，刚刚和她建立起的一点点信任又被破坏了，只好假装看懂了似的说："我看明白了，谢谢你！"

这第一次成功的交流实在让我高兴坏了。这方法很管用，所以我坚持在她每天画画的时候尝试着和她说上几句话。

一节语文课上，当我和往常一样，请学生当小老师教大家学生字时，我意外又惊喜地发现她也举起了手。我马上请她来当小老师，出乎意料的是，她竟然将全部生字的字音读对了。我兴奋极了，同学们也很惊讶，大家都为她鼓掌。面对大家的目光，她依然怯生生地低着头，可我分明看到了走下讲台时她嘴角弯起的细微弧度。也许是受到了鼓励，在以后的语文课上她经常举手当小老师。虽然注意力还是非常不集中，但是至少她能认真地听讲五分钟了，这对于她来说是太大的进步了。我真为她高兴！

我想，宁宁虽然身患疾病，但是该学习的知识不能落下。我要让她学会读书，享受读书的快乐。一有时间，我就走到她身边，教她读课文，鼓励她读给我听。

一天中午吃完饭，她拿着自己的生字本走过来，放到我的桌上，我知道她想让我给她判。但是当我圈出第一个错字时，她就要把本子从我手里抢走。这是怎么了？让我判，又不让我圈出错字？我停下来问："张老师给你圈出错字是想帮助你呀！"

"你别圈，你别……"

"那错了的字怎么办？老师不圈出来，你没法儿改呀？"

"我不喜欢。"她撅起了嘴，"我不喜欢圈。"

不喜欢，那喜欢什么？我突然改了招儿。"那我在错字旁画一朵小花，行吗？有小花的地方就代表这个字需要改。"

她瞪大了眼睛，用力地点点头。不出我所料，用她最喜欢的小花儿果然管用。一会儿的功夫，她拿着改好的本子过来找我。

"全都改对了！宁宁，真棒！张老师给你的这些小花加上笑脸吧！代表你全都改对了！"

看着本上一朵朵绽放着笑脸的小花，她开心地笑了。

就这样，那一朵朵小花成了我和宁宁沟通的特殊符号。

日子一天天地过去，所有人都看到了宁宁一点一点地变化，我兴奋得不得了。她的父亲在教师节的时候送上他自己写的书法作品，以示谢意。我告诉家长，让他们和老师一起努力，不要放弃孩子。他们有权利获得读书的快乐，绽放属于自己的光彩。

（天津市河西区南湖小学　张晶美）

我的班长

我们高二(8)班的班长叫刘沛,被大家称为“万能沛”。第一次见到他是开学第一天,一位帅气的男孩,主动过来跟我说:“张老师,有什么活儿交给我,我很乐意为这个班级做点儿事。”诧异的我随声应和,以前从没遇到过这么热心的学生。

在个人信息问卷调查之后,我发现他在初中都是班长,爱好机器人拼装、设计程序,为人开朗大方。在接下来的自荐环节,他也选择做班长并做了演讲。同学们投给他的票数很高,作为班主任的我,为何不顺水推舟呢?

做了几年的班主任,我感觉能让学生做的,就应尽量让他们去干,我给予指导和支持,这样培养出来的学生才能适应社会的要求。所以上任之初,我对每位班干部的职责分工都非常明确,对不同的活动,先听取他们的意见,然后给出自己的看法。

上任之后的沛沛,可谓尽职尽责,班里大到三好班级评比,小到摆车、做操的监督,事无巨细,有条不紊。经过一学期的锻炼,沛沛赢得了老师和同学们的认可,并以全票通过被选为三好学生,而且代表学校参加了全市、全国乃至代表中国参加了在澳大利亚举办的机器人比赛,并取得了非常好的成绩。他高一的生活丰富多彩,风生水起。

我们的班长恋爱了,而且是公开的,对象是本班女生,两人在机器人社团接触时间长,有共同语言,彼此爱慕。记得有一次正执勤的女友因为低血糖晕倒在校门口,沛沛得知了,立刻向我请假,拿着巧克力跑下楼,搀扶女友。说实话,这么贴心的“暖男”真不错,可是当时正上早自习,全班同学都看在眼里,唏嘘不已。我也感到很尴尬。

作为班长,他的学习成绩一直不理想,也许是班里工作繁忙,抑或是每天中午和周六的社团活动和比赛牵扯精力,我也和他以及他的家长交流过,他否认以上两种原因,说自己会分配好时间的。家长则希望社团活动少些,我有意减少了他在班里所负责事情的范围,现在他的成绩是班里中下游。

高二上学期的文明学生又开始评选了,结果出乎意料,以前几乎以全票通过的沛沛,这次 42 人只获得了 29 票。我观察到在唱票过程中以及宣布结果时,沛沛一脸茫然沮丧的表情。一直打胜仗的他俨然成了一个受了重创的士兵,垂头丧气,信心全无。

看在眼里,急在心上,我决定帮他好好分析一下失败的原因,还特地花功夫查资料,写谈话思路,准备从活动、恋爱、学习等几方面入手,和他交心聊天。通过沛沛选举失利,我也有很多想法,决定跟进教育,搞一次班会,主题就定为"高中的终极七问"。

沛沛一如既往地和宣传委员一起策划,我则给出了自己的建议。班会正式开始之前,沛沛找到我说:"丽丽老师,班会末尾能否给我几分钟时间?"

"有啥事?"

"这是个秘密!"一头雾水的我怔在那里。

作为主持人的班长,引领我们从问卷调查"你认为在高中需要锻炼哪些能力"到小组讨论,到组员代表发言总结,到个人谈高中生活遇到的困惑等。班会进展顺利,进入白热化阶段时,同学们各抒己见,畅所欲言。

我和沛沛眼神交流了一下,然后他站到台上,很感慨地说:"同学们,最后我说几句。原来我以为多为班级服务,为老师解忧,多拿荣誉,大家就会支持你,但我发现,这是不够的,如果没有过硬的学习基本功,同学们是不会认同你的;对于早恋(他看看我,又看看那位女生),我认为,还是远远地祝福或埋藏于心底更好,给自己目标和动力,不要让它过早开放。你若盛开,蝴蝶自来;你若精彩,天自安排。"

说完了这席话,他如释重负地呼了口气,看看我,傻傻地笑;看看大家,鞠了一躬。默契的掌声此时响起,我们彼此释然。

那次班会之后,高二(8)班就有了自己新的奋斗目标,大家一起在努力着……我们的班长咋样啦?正专心准备会考呢!至于那个女生嘛,大家还是好同学。

(天津市第十四中学　张丽丽)

每朵花都有结果的心

曾经在《意林》读过这样一个故事:有位父亲在院子里种了一棵苹果树,第二年春天,苹果树开花了,一树的花朵,开得缤纷而热烈。等到繁花落尽,一树的花朵,竟然只有稀稀落落的几个果子,每年春天,苹果树的花依然开得热烈。父亲说，因为每一朵花都有结果的心啊！纵然结不了果，它还是要开花的。只要开花，就还有结果的希望。如果连花都不开，那就一点儿希望都没有了。

是啊，每朵花都有结果的心！我们的每个学生不也是这样的吗？

班上有个叫浩浩的男孩，他在老师眼里是个不听话的学生，在同学眼里是个令人讨厌的同伴，在家长眼里是个不懂事的孩子。他不懂得如何说话和交友，不懂得如何调整自己的负面情绪；他和同学吵架乃至打架犹如家常便饭，他甚至敢公然挑衅体育老师。他的价值观存在着严重的偏差：别人骂我一句，我还别人一耳光；别人给我一耳光，我还别人一顿拳打脚踢。

对于他，凡是教过他的老师都跟我说："放弃。"但是我不能接受这样的观点。我不仅是母亲，还是老师，职责和良心都不允许我放弃这个学生。他是我看护的一朵花，我相信，只要用心培育，他的人生迟早会开出一路的芬芳，最后结出属于他的果实。

我首先通过调查和家访获得了有关浩浩的详细资料，然后调动我所有的脑细胞，运用各种教育手段，发动班上所有的学生一起帮助浩浩成长。

我先召开女生会，把我的苦恼和浩浩的现状一股脑儿地告诉了班上的女生，请求她们帮助。语文课代表然然深知我心，又跟浩浩的关系较好，她讲了浩浩内心对友谊的渴望以及不被同学接纳的痛苦。女生们听完，都表示要对浩浩态度友好。女同学的善解人意和热心帮助，使浩浩的心态阳光了许多。

我又把男生召集起来，用非常诚恳的语气跟他们谈了浩浩的情况，然后提出几个要求：不论当面还是背后，不要对浩浩进行负面的评价，不要激怒他，尤其不能用过激的语言去刺激他，以免他情绪失控，如果浩浩有行为问题或有挑衅的语言，不能与他争锋，而应面对面交流，帮他构建正确的信念……男生们都保证一定做到，并且也确实做到了。

针对浩浩的父亲经常打骂他，使他体验不到爱，我经常到他家家访，与家长多交流，教给家长一些新的教育孩子的方法。浩浩的父亲表示，以后再也不打孩子了。我还找到他的妈妈，让她一定对孩子多倾注爱。我及时将浩浩的点滴进步告知家长，让家长分享浩浩成功的喜悦并给予鼓励。浩浩家家庭气氛变得和睦温馨，他也更开朗自信了。

有一次，我把"父亲种苹果树"的故事讲给他听。我要让他明白，每一朵花都有结果的心，只要肯开花，就有结果的希望！

从此以后，浩浩的心情一直很好，既没有再乱发脾气，也没有再在课堂上捣乱。他变了,变得上课认真听讲,作业也能按时上交,各科测试成绩都能达到及格;与同学之间的关系也改善了,各科任老师都夸奖他。

趁着良好势头,我有意安排班长和学习委员与他促膝谈心,使其融入温暖的集体之中。奇迹终于出现了:早自习、午休及课间,他不仅自己遵守纪律,还管起那些不遵守纪律的同学。于是,我大胆让他当值日班长。果然,在他值日那天全班纪律特别好。在良好的纪律保证下,他的学习成绩得到迅速的提高,人也变得越来越懂事了。

调皮的浩浩不正是那位父亲院子里种的苹果树吗?也许这是他的第一个春天,第一次开出美丽的花儿。我们有理由相信,明年、后年,乃至以后的每一个春天,他一定会热烈地开花!开满一树的花!

(天津市滨海新区北塘学校　宫宝翠)

"许大侠"变形记

新接手班级,有个学生叫许大杰,他脑子灵活,但十分懒惰,学习成绩不理想;虽然不用功,但语文成绩还跟得上。为了帮他,我就像个爱唠叨的老妈妈,每天千叮咛万嘱咐。他不但不领情,还给我起外号叫"年轻的事儿妈"。

有一天,我和一位有经验的老教师谈话,她说有些学生不能"呛",得投其所好,那样他才能接受,比如我们班的某某。这段话触动了我,我说,对许大杰大道理都讲过,他不但不见好,有时还更"疯狂"。正说着,语文老师又来告状了:"看,许大杰课上又看小说了!"一边抱怨一边将一本武侠书递给了我。

说起许大杰,一二三年级学习成绩还不错,只是到了四年级迷上了武侠,再加上父母上班太忙,经常将他搁在离学校近的奶奶家,老人又比较溺爱孩子,有求必应。就这样,他家里攒了不少的武侠书,他成了"武侠迷"。今天语文老师没收了他的一本金庸的书,这倒给我了一个启示,我一下子觉得有办法了。

一下课,我叫来许大杰,他好像知道我为什么叫他,低着头不说话。我突然拿出了一张纸,上面写着他没学过的几个字。我微笑着问他:"听老师说,你是咱们班上识字量最大的学生,才四年级就能超过五年级学生的识字量,我想看看是真的吗。"

他一听,等来的不是我的指责,一下子来了精神,仔细看看这几个字,果然都答对了。我异常兴奋,脸上洋溢着骄傲的神色。

“名不虚传!这几个字有五年级学的,也有六年级学的!”我当着办公室中其他老师的面夸赞了他,好像在显示:“看,这就是我们班的‘识字大王’。”

许大杰脸上也浮出自豪的神情。

我继续问:“你怎么认识这么多字?”

“我经常看小说,一遇到不认识的字,我就查字典。不知怎么回事,认一遍就记住了;看多了,就巩固了。”他依然很兴奋地说。

“那你都看什么小说?”

他好像意识到这才是我要问的主题,声音立刻变小:“金庸、古龙……”

我高兴地说:“我也很爱看他们的小说,而且我最喜欢看金庸的。”

他抢着说:“我也是。在他的书里,就好像自己就是那个主人公,虽然经历坎坷,却总能逢凶化吉,而且还有奇遇……”可以看出他真的很喜欢武侠小说。

我切入主题:“看武侠书给你带来了好处,也带来了坏处,比如在语文课上看,课上的知识你学会了吗?”

他低下了头。

我继续说:“这个坏处其实你是可以避免的,课上认真听课,作业就会完成得更快更好,节省的时间就可以用来读书,你说呢?”

他赞同地点了点头。

我接着笑着说:“我打算在全班开展读书活动,让每个同学都读书。想让你给介绍介绍读书有什么好处,怎么样?我听说你很想自己也写小说,我打算在每周一报上连载你写的武侠小说或小故事,你愿意吗?”

许大杰喜出望外,按捺不住地跳起来,忙说:“我太愿意了,老师你真好!”

班会课上,他郑重其事地讲述了自己读书的体会和收获,同学们听得很认真,也很羡慕。我补充道:“读书是知识的源泉,但不一定只看武侠小说之类的书,还可以看看励志故事、爱心故事、历史人物、传奇人物等方面的书。从明天开始,我就找图书室老师借书,每月换一次,让我们班每个人都有书可读,让我们的教室充满书香。每个月举行一次读书有感活动,谈谈你都学到了什么,也可以把自己认为好的书介绍给大家。”

同学们不约而同地鼓起掌来,我问大家:“看书属于课外阅读,什么时间看最合适?”

“课余时间。”同学们异口同声。

“还有一件高兴的事告诉大家，许大杰同学要在每周一报上刊登连载小说，希望大家有时间阅读并提意见。”

班会课在笑声中结束了。

从此以后，全班学生把读书当成一件乐事，每个同学都跟书交上了朋友。每月举行的读书有感活动进行得也不错，同学们的阅读量和识字量都大大上升，作文也越写越好，语文成绩明显提高。同学们每周都期待着许大杰的连载小说，大伙儿都叫他“小作家”。

几期小说连载受到学生们的好评，我也表扬了许大杰有写小说的天赋，还鼓励他投稿。他越来越爱学语文。

“许大杰，你看你语文学得那么好，可是数学、英语呢？”

“老师，我也正想这事呢，可我有些题不会做啊！”

我装作若无其事，轻轻拍着他的肩膀说：“不是有我吗？我数语外都会呀！”

我们都笑了。

就这样，每天大课间、上课前、放学后在办公室给他补习，我发现他真的很聪明，一点就透，数学和英语成绩正在逐步上升。

许大杰的“变形”告诉我，一定要保护好学生的兴趣，不能硬性地加以制止和限制，那是一技之长呀。

（天津市滨海新区大港第一小学　石梅）

耐心等待孩子进步

新学期伊始，我将迎来一群活泼可爱的小班孩子，其中有一个令我印象深刻的小男孩——轩轩。那是开学前两天的一个早上，轩轩的爸爸、妈妈、爷爷、奶奶一家四口，一起走进了教室，我上前问明来意，原来他们是不放心孩子，提前来“打探”。通过了解，我知道了轩轩的爷爷奶奶都是大学教授，爸爸妈妈则都是研究生学历，在外企工作，是知识分子家庭。但孩子有一些“特殊”，智力发展相对缓慢，家长眼中充满了牵挂和渴求。

刚开学的时候，轩轩总是找不到自己的水杯格和座位，每次上课都有小朋友告状：“陈老师，轩轩坐到我的座位上了！”“陈老师，轩轩又用我的水杯喝水了！”“陈老师，他怎么这么笨呀。”小朋友们都开始对他有反感，有的叫他“笨蛋”，但是想到轩轩家长的期盼,我觉得应该对轩轩备加关爱,不能让他感到一点点的自卑与胆怯。我抓住他身上的闪光点帮助他建立自信。“小朋友们,今天陈老师要特别表扬一位小朋友,他今天来园最早,还帮助老师为小朋友们发碗筷,你们猜猜他是谁? 是轩轩,我们一起为他鼓掌,好不好!”听到周围传来的掌声,轩轩开心地笑了。

随着课程的进行,轩轩反应迟缓,明显跟不上教学进度。当我进行《三只小猪盖房子》的看图讲述时,经过前期的提问和故事讲述,小朋友们基本都能复述了。“娃娃,你先试试吧。”

“三只小猪和妈妈一起住在林边的小屋里。妈妈看到小猪们都已长大,便决定让他们独立生活。于是她要三兄弟分别造一间房子。猪妈妈警告说:‘你们以后一个人住了,要小心大灰狼哦! 他专门挑小肥猪吃。’说完,就让小猪们立即动手干活。”

“娃娃讲得真棒,我们为她鼓鼓掌!”

“下面谁还可以讲?”小朋友们都争先恐后地举手,可是轩轩却一直在躲闪我的眼神。“轩轩,你愿意试试吗?”

伴随着下面的一阵嗤嗤笑声,传来轩轩“我不会”的声音。

我鼓励他,说:“轩轩,那你选一张喜欢的图片讲一讲,好不好?”

沉默了半晌,他站起来说:“那我讲第三张。”

他讲得还挺精彩,等他讲完,我邀请其他小朋友接着完成后面的图片复述,大家都很高兴。

家长开放日那天,当轩轩大声在全班小朋友面前背诵诗文时,她的爸爸妈妈、爷爷奶奶都激动得流下了眼泪。演出结束后,他们激动地握着我的手说:“陈老师,孩子让你费心了。”我也热泪盈眶。

有一天下午,我正在卫生间看着孩子们洗手,这时传来雅雅的告状声:“陈老师,轩轩偷偷进里屋了!”由于脱不开身,我只得在卫生间喊:“轩轩,赶快过来洗手!”不一会儿又传来浩浩的告状:“陈老师,他还不出来。”我提高了嗓门喊他,本以为听话的轩轩肯定会出来,没想到又有人告状:“陈老师,他不出来,还翻您的书包。”

轩轩居然这么淘气,我真有点儿生气了。我走进里屋,批评他:“轩轩,别的小朋友都在洗手,你跑到里屋来干什么?”就在这时,轩轩默默地从我的书包里掏出一张小卡片,塞到了我手里。当我打开卡片的一瞬间,我的眼睛湿润了:那居然是一张画有生日蛋糕的祝福卡片。

我走过去抱住他,问道:“轩轩,这是送给老师的吗?”

轩轩红着小脸羞涩地点了点头。

“你怎么知道陈老师的生日呀?”

“我,我 ,我昨天中午没睡着,听见你和王老师说的。”原来是轩轩回家特意为我制作了生日礼物,今天想给我一个惊喜。

我很激动,平时沉默寡言,总是“慢半拍”的轩轩,居然有如此心思细腻的一面。

如今轩轩顺利升上了小学,还当上了小队长 。每到我的生日他都特意亲手制作一张生日贺卡送给我。

“教不在深,善导就行。师不在威,爱生则灵。教书育人,惟吾钟情。”看着孩子们从幼稚的“牙牙学语”到能朗诵一首首美妙的诗歌,他们一天天长大,一天天进步,我深切地感悟到了作为一名教师的光荣和自豪。我愿用自己的双手默默耕耘,托起明天的太阳!

(天津市河西区第二十六幼儿园　陈晨)

那一刻,我流泪了

多年的班主任工作,我已将严厉变为“习惯”。面对学生的调皮,我不再宽容;面对学生的违纪,我不再手软;面对学生各种刁钻的“挑战”,我不再心悸。我总能在最短的时间内拿出解决的办法,雷厉风行、踏雪无痕。不知从何时起,我就有了一个绰号——“铁面老班”。

那年冬天,校领导找到我:“小刘,2 班这群‘活猴’太难管了,换了几个班主任都被气跑了,现在只能让你出马来降服这座‘花果山’了。”

“请领导放心,我一定不辱使命。”我信心满满,带着一贯雷厉风行的作风走马上任了。

“花果山”真是名不虚传,刚到教室门口,就听见里面“热火朝天”:“哎,听说张老师不带咱班了!”“不知这次又来了一个什么样的角色?”“管他呢,任他是谁都得败在咱们手里。哈哈哈……”

我轻轻推开门,只见他们三一群、俩一伙儿正聊得不亦乐乎,根本没把我这

“铁面老班”放在眼里。“哼，老虎不发威你们当我是病猫呀！叫你们知道知道我的手段。”我不动声色，淡定地站到讲台上，笑眯眯地看着他们。

过了许久，当放学的铃声响起，有人收拾书包想离开教室时，我暗想机会来了！“同学们请等一等，我还有话说。”说完我就闭上嘴一言不发了。他们开始还嘻嘻哈哈，后来慢慢觉得不对劲了，他们都不知道我这葫芦里卖的什么药。最后“花果山”终于变得静悄悄的。第一回合的较量初见分晓，我内心窃喜。

“大家好，我是你们的新班主任……”

从此，我和2班的“较量”正式开始。他们不断给我制造着“麻烦”：有人上学迟到，有人沉迷网络，有人不爱学习，有人自由散漫，凡此种种，我一概照单全收。我渐渐发现，这个班之所以成为让老师和学校领导头疼的“乱班”，是因为这些学生都曾经受到过老师严厉的斥责、奚落，他们的内心比同龄人更脆弱，严重的自卑心理导致其行为的异化，他们只有用“犯错”来引起老师的关注，其实在他们内心也渴望得到尊重和关爱。

人非圣贤，孰能无过，他们还是孩子，在成长过程中有待于教师去培养造就。作为班主任，一定要善待学生的失误，善待犯错误的学生，给他们改正的机会。我故意忽视他们带来的“麻烦”，开始和他们“打成一片”。我还建立了2班QQ群，和他们倾心相谈。慢慢地，他们开始接受我了。为了重建2班学生的信心，我一直在激励着他们，告诉他们“你能行”。

在学校合唱节比赛前夕，我带着学生们反复练习，嗓子都哑了，还坚持训练。我告诉他们“集体荣誉要当仁不让”，他们被我这“拼命三郎”的劲头惊呆了，也被震撼了，因为从没有人那么在乎他们。最后，2班在比赛中第一次赢得了冠军。当校长宣布比赛结果的时候，2班沸腾了，学生们围着我，脸上露出了从未有过的笑容，眼里不少晶莹的东西在闪亮。

合唱节夺冠之后，我和2班有了默契。我相信班主任的身教胜于言教，其道德修养、言行举止、行事处事等对学生都起着耳濡目染、潜移默化的作用。正如我们老师常说的，“累坏嗓子，不如做出样子”，“有什么样的班主任就会带出什么样的班级”。我要求学生不迟到，自己每天都在预备铃响前进教室；要求学生不着奇装异服，自己总是穿着大方朴素。在我的影响和熏陶下，学生们渐渐变了……

长期超负荷的工作终于摧垮了我。在我住院期间，我心中最惦记、最牵挂的还是2班的学生们。

当我回到学校时,脚步自然而然地走向2班。学生们这些天怎么样了?犯错了吗?心中不免一阵紧张。教室门前静悄悄的。我伸手推开教室的门,那一瞬间,我呆住了:讲台上堆满了康乃馨和幸运星,黑板上画着一颗大大的心。看到我的出现,2班的学生们齐刷刷地站起来:"祝贺刘老师康复,欢迎刘老师回家!"听着他们异口同声的问候,看着那灿烂绽放的康乃馨,我泪如泉涌。那一刻,我不再"铁面"。

如今,2班的学生早就带着各种荣誉离开了学校,但是那段和他们朝夕相处的日子却深深镌刻在我的心里。一个教师的心中如果充满对学生的爱,她的教育生涯必将活力无限。

(天津市复兴中学　刘学艳)

"毒舌"也有爱

"李老师,这一班啊,就刘洋最难管,爱说话,自私,大嘴还损,你一定要多关注!"接班伊始,我便从老班主任那里听说了刘洋的"鼎鼎大名"。

刘洋的表现的确"突出",一次自习课,安静的教室只有他坐在后面自说自话,其他同学也不搭理他,他依然能陶醉在自己的"单口相声"中。我批评他,他晃着脑袋打着手势辩解:"李老师,我说的都是做题方面的心得,免费提供给大家,您应该表扬我才对啊!"这番歪理说得我哭笑不得。

一天清晨,我刚走出办公室,便听到教室方向传来了喧闹声。我循声过去,在楼道我问送作业的同学:"教室里怎么这么乱?""还不是刘洋。"他无奈地耸耸肩。

我快步走到教室门口,只见刘洋眉飞色舞说得唾沫星子四溅:"新诗出炉,新诗出炉——'老宋本是一团泥,张牙舞爪把我欺。还敢自称身体棒……'"他正在兴头上,浑然不觉我已在门口站了许久:"停!刘洋,老宋是谁?"他的表情僵住了,不知如何作答。"他在说体育宋老师。""昨天体育课他不好好跳绳,宋老师说他了。"大家三言两语,指责他曲解老师管理、挖苦讽刺老师。我对他进行了严肃的批评……这一桩桩一件件,印证着前任班主任的负面评价。

初夏的校园,树木葱茏,鲜花绽放,一派生机盎然。红五月合唱比赛开始了,我班的同学们热情高涨,认真排练,可是不和谐的音符出现了:刘洋唱歌很卖力,但是严重跑调;唱歌时身体不由自主乱晃,加之身宽体胖,这一晃导致周围同学也站不稳。因此,每次排练都不太顺利,指挥总要停下来进行纠正。

刘洋知道自身的问题,也在努力调整,可是正如“邯郸学步”,结果却更差。“李老师,您能允许我不上场吗？我努力了,可我不是这块料!”刘洋带着哭腔恳求,周围同学也跟着帮腔:“是啊,老师,别让他上了。”

虽然我不想让任何一个学生游离于集体活动之外,但比赛迫在眉睫,刘洋的音乐水准短期很难提高,我稍一作犹豫便同意了,同时一丝隐忧浮上心头:以他的个性,闲下来保不齐又要惹事了。

他长舒一口气,如释重负:“李老师,那同学们练歌时我干什么呢?”

他这一问,正中我下怀。“对呀,你也不能闲着,就做咱班合唱团的‘后勤部长’吧!”

还别说,当上“后勤部长”,这个饶舌的男孩子还真有眼力见儿:天气炎热,两首曲子下来,指挥的额头沁出汗珠,他急忙拿出纸巾帮助擦拭;领唱的同学边讲解边示唱,声音变得嘶哑,他调好水温匆匆送上水壶;谁的衬衫没系好,谁的姿势不准确,他态度诚恳地提醒。这一切,大家都看在眼里,对他有了新的认识,“后勤部长”的称号也叫响了。我连声夸赞他细心周到,他不改嘴碎本色:“其实你们都不了解我,我可关心别人了!”

歌咏比赛结束了,我班取得了优异的成绩。为了犒劳同学们平日练习的辛苦,我想到了“后勤部长”。

“刘洋,明天中午我出钱,跟我去超市买冰淇淋。”

“好啊!”他清脆地应答着。

第二天,我在校门口等了好一会儿,刘洋才气喘吁吁地跑来,我正要责备他不守时,他扬着手里的一包东西说道:“老师,我都出来了,忘记拿这个宝贝,又折回去了。”

“什么宝贝?”

“保温袋呀！我昨天翻箱倒柜才把它找出来。天太热,要不冰淇淋该化了。”刘洋边说边用胖手抹汗,气喘吁吁。

“还真是,我都没想到,你真有头脑。”

“那是。您别买太贵的,我知道几种又好吃又便宜的。”

“行,听你的。”

“嘻嘻,老师,还是你了解我。”

回到学校，刘洋跑前忙后地给大家分发冰淇淋，有的同学没在，刘洋就把冰淇淋装在保温袋里，双手举着尽量贴近空调的送风口。发完后，刘洋到办公室找我：“李老师，富余一个，我能把它吃了吗？”他坦诚热切的表情，真是憨态可掬，令我忍俊不禁。

丰富多彩的校园活动与紧张的学习交织在一起，日子过得忙碌而有序。合唱节后接下来的排球比赛，刘洋的表现更令我刮目相看。

场上运动员奋力搏杀，场外拉拉队喊声震天。刘洋充分发挥嗓门大的优势，不惜力气地喊“加油”。突然，一记扣出界的球把我班队员澜澜砸个正着，人没事，但眼镜摔飞了出去，场内外一阵惊呼。但见刘洋反应迅速，一个跃身冲进球场：“别慌，先把零件找齐了。”幸好镜片没事，只是镜架和镜腿分了家。他仔细地在地上搜寻，终于找到了起连接作用的小螺丝。接着他迅即跑回教室拿了裁纸刀，用刀刃做改锥将螺丝拧紧，然后轻轻晃动镜腿，确认连接完好，这才把眼镜递给澜澜。这一切都在“说时迟，那时快”中完成，不知所措的澜澜惊喜得连声道谢，周围同学则都夸刘洋利索冷静、聪明手巧。刘洋挠着后脑勺，按捺着心中的成就感，连说：“小事一桩，不足挂齿。”

我看在眼里，喜上心头：曾经以损人为乐事的“毒舌”刘洋，终于在集体活动中将自身的优点展露出来，并逐渐懂得尊重他人，坚守责任，乐于付出。这完全出乎我的意料。

刘洋就要毕业了，临别时他送给我一个笔记本，扉页上写着：“李老师，我知道我的坏毛病没少让您操心，但您一直信任我鼓励我，非常感谢您。”我非常感叹，暗想：不要过早地给学生贴上“标签”，所谓“问题学生”就像是未经雕琢的璞玉，顽劣的外表下蕴藏着不可估量的美好价值，值得我们去发掘、去认识。

（天津市汇森中学　李宁）

一场恶作剧

夜深人静，我手中拿着那个学生的来信，信中告诉我他现在的成就，无不透露出当年我对他的呵护，表达对我的思念与感激。看着这洋溢着自信的笔迹，思绪带着我回到了十几年前。

“铃铃铃……”上课预备铃响了，跟往常一样，伴着清脆的铃声，我迈着自信的步伐向教室走去。

“哎约!”不知是哪个学生偷偷地将墩布横在了教室门后边,毫无准备的我被绊了几个趔趄之后,重重地栽倒在了讲台旁。

当时,我心里又气又恨,心想:谁这么大胆?竟敢把玩笑开到了我头上,让我出丑,让我难堪!当时我恨不得马上大喊“谁干的”,然后揪出肇事者,痛痛快快地训斥一通,让他知道这样做的后果和老师的厉害。“要冷静,要冷静,弄清楚再说!”我一遍一遍地告诫自己,咬紧牙关忍着疼痛,闭上双眼,止住了将要涌出眼眶的泪水,一瘸一拐地走上讲台。这时我听到了许多同学在气愤地议论:“谁干的?不要饶过他。”“谁干的?这么坏!”“真缺德,肯定是他干的。平时欺侮同学,今天又和老师来劲了。”

学生们在座位上七嘴八舌,议论纷纷。作为班主任,我非常了解自己的学生,从他们议论的口气中,从他们的表情中,循着大家的视线,我已经知道此事是谁所为。

当我两眼盯着这个学生时,他的脸红红的,头垂得很低,还不时地用胆怯的目光偷看我,好像生怕我当众把他揪出来。全班四十多张表情各异地小脸静静地看着我,气氛显得十分紧张,好像等着我来裁决。

“要冷静,要冷静!”我再次抑制住了自己心中的火气。我是一名教师,我的言行就是学生的榜样;淘气捣蛋的学生已使我当众出丑,我自己不能再损害教师的形象了。

我平静地说:“今天是谁和老师开了一个这么大的玩笑,差点儿让老师在同学面前起不来。好在老师坚强,又勇敢地站起来了,你们说是不是?”

课堂气氛立刻和缓了,我没有立即批评他,而是像往常一样,微笑着站在讲台前安然上课。

离下课仅五分钟的时候,我对学生们讲道:“明天咱班社会实践活动要到实践基地去搞卫生,请大家一定要注意安全,不要打逗,更不要开今天这样的玩笑。”

同学们又一次把目光移到那个学生身上。

第二天要前往实践基地了,我一瘸一拐地挪动着双腿走出教学楼。在展示牌后,那个学生正探头看我。当我走过那里时,他扯着衣角、低着头,怯生生地走到我面前说:“老师,我用自行车推您去,好吗?”

“推我?不用了,老师能自己去。不过,老师想,你以后不会再开这种玩笑了,是吗?"

他悔恨地低下头说:"老师,您真能原谅我吗?"

我摸着他的头说:"老师原谅你,但你一定要记住,开玩笑要有尺度,不论和谁,千万不能胡来。"

他羞愧地点点头说:"老师,我再也不乱来了。"劳动的时候,他比谁干得都带劲,我颇感欣慰。

从实践基地归来,回到办公室,我惊喜地发现桌上放着两袋膏药和一张纸条,上面写道:"裴老师,我太浑了,恶作剧使您在学生面前出了丑。我本以为您会当众把我揪出来,然后请我的家长,回家反省,可是您没有这样做,我良心不安,也认识到自己错了。腿摔疼了吧?请您贴上膏药。"落款是"一个不懂事的学生"。

读着小字条,我的心久久不能平静。我庆幸自己做出了正确的反应:该冷静时冷静,该宽容时宽容。或许这对于教师算不了什么,却能使淘气的学生幡然醒悟,让他自觉进行自我教育。

从此以后,这个学生一改过去懒散、不求上进的毛病,还总是抢着帮老师擦黑板、发作业等,学习成绩也突飞猛进。经过一段时间的努力,他光荣地加入了少先队。

(天津市蓟州区第六小学　裴丽媛)

青春的"烙印"

印象中第一次见到菁菁,觉得她像很多同龄的女孩子一样,含蓄可爱。经常看到她和身边三三两两的姐妹围在一起说说笑笑,她不时地拨弄一下头发,微微露出笑意。

后来不知道发生了什么,她就像是变了一个人,似乎陷入自己的世界里,拒绝别人靠近,经常独来独往。学校有一次例行检查发型,原本她头发长短正好,却剪成了长短不一的样子,细一看,还有一两撮头发被染成紫色,在阳光下尤其显眼。我找她谈话,希望她将头发恢复原状,她特别痛快地答应下来。然而转天,她戴着一头长长的假发招摇过市,一脸满不在乎的表情。

当时我刚刚入职,接手这个班时间不长,算是不折不扣的新手班主任。但管理班级我一直认真细致,勤进班,多观察,状态一直还算稳定。年龄是我的优势,这使我和学生们的关系不仅仅是师生,更像是大姐姐带着弟弟妹妹,让我们亲近,从而使管理轻松自如。

我神情依旧,走过去,很真诚地对她说:“菁菁,长发飘飘的你,美丽动人。”

她眼中闪过一丝敌意,昂着头看着我,似乎想要看看我的葫芦里究竟卖的是什么药。

我继续说:“短发的你,青春洋溢,活泼可爱。你可以慢慢把头发留起来,有一头真正属于你的长发,我相信那一定会更美。”

我温和地看着她,她特别惊讶。我管理班级一向严格,也许她没想到我竟然会如此“网开一面,高抬贵手”。她想了想,把假发摘掉,悻悻地坐下。“假发”事件似乎就这样平息下来。

期末考试了。我在办公室与学生同步做着试卷,突然接到年级组长打来的电话,语气严肃:“小崔,来我办公室一下。”我瞬间紧张万分,心一下子提到了嗓子眼。

我心情忐忑地找到年级组长,他看着我说:“菁菁是你们班的吗?”我连忙点头。“在我巡考的过程中,看见她一直拿右手遮挡着左手手臂,神情有点儿反常。我就走过去示意她把手拿开,想看看是否有与考试相关的字迹,结果看到她左臂上有个烟头烫伤的痕迹!她抽烟吗?”

女生抽烟?在我们的学校里,这样的事情是不可想象的。十五六岁,正是最青春美好的时候,该是什么样的伤痛让一个曾经美丽可爱的女孩子如此沉沦……

我思绪万千,几次拿起电话想打给她妈妈却又放下:我不想贸然惊动家长,使事情放大;毕竟现在的孩子非常反感老师“告状”,我不希望一颗已经受伤的心再受到任何伤害了。我翻找出菁菁的档案,想从中找到一些答案,可从中没有发现任何关于“叛逆”的迹象。我想了想,解铃还需系铃人,要想寻求答案,恐怕还要问问菁菁自己。

考试结束后,我找到菁菁,看到她黯淡的神情使她平素美丽的大眼睛有点儿失色,眼睛浮肿得像是哭过。我轻轻拍了下她的肩膀,提议道:“菁菁,今天阳光很好,想不想和老师在操场散散步,溜达一圈?”

菁菁勉强地笑了笑,说“好”。操场上,阳光下打篮球的少年,足球场挥汗如雨的少年,菁菁看得有些失神。

“当我还是学生的时候，每当心情不佳，总喜欢去操场走几圈；走着走着，心结也就解开了。”

菁菁动了动嘴唇，想说些什么，但最终还是没有开口。

我定了定神，心想：既然菁菁肯答应和我来到操场散心，说明这孩子还是非常信任我的。我打算从自己聊起，打开话题。“我中考发挥失常，到了高中总是郁郁寡欢，不愿意和同学们交往，学习上也总是无法投入，看小说和在操场散步发呆成了我高中最常做的事情，以至于这个习惯保持到了现在。”

菁菁惊讶地看着我说：“后来呢？”

“后来，对于我来说，高考是唯一可以改变我人生的机会，我需要好好把握，对自己负责。我很幸运，当年的班主任是个善解人意又很有智慧的老师，她总是不厌其烦地鼓励我、引导我，让我相信自己。我很信任她，也很感激她。”

“老师，我也很信任您！您平时对我们的好，一点一滴我都知道。”菁菁语气坚定，认真地看着我。

我很感动，同时也看到了一丝契机。“那你愿意和老师说说到底发生了什么吗？老师很担心你。”

菁菁再次低下了头，我的话像是戳中了她最敏感脆弱的内心深处，她的眼泪扑簌簌地掉了下来。我走过去抱住她，温暖着眼前这个让人心疼的学生。安抚了她一会，我告诉她深呼吸几次，以便让她平静下来。她终于开口：“老师，我失恋了……我很喜欢他，他也曾经特别喜欢我。可是，可是，为什么会这样呢？”

我轻抚她的背部，递了张纸巾给她，等她继续说下去。

“其实他是个不良少年，但我不知道为什么就是喜欢他。分手以后没几天，他就交了新女友。我买了他平时抽的那种烟，等在他家楼下，看着他俩笑得很开心，我点了烟就烫在自己手臂上了。”菁菁说话时眼中满是恨意。

“可怜的孩子，为什么要拿别人的错误来惩罚自己呢？爱，从来不是一件让人痛苦的事，哪怕最后没有在一起，也应该是满怀感激能够认识彼此。让你受尽折磨和伤害的人，不是真正爱你的人。老师也是女孩，也经历过失恋，也曾爱错过人，这都没什么。生活教会我们成长，我们总该为此付出一点儿代价，但我们不能伤害自己啊，傻孩子。”我摸摸她的头，“你那么青春美好，不施粉黛都可以光彩照人。这样弄伤自己，被留下‘烙印’的青春是不美的。你现在还年轻，不想你以后长大了，真正遇到那个值得你与之牵手、托付终身的人，后悔没能将自己最美好的一面展示给他啊！身体发肤受之父母，他们含辛茹苦将你抚养大，又怎能辜负他们对你的期望呢？对自己负责是最起码的责任感所在。”

菁菁慢慢抬起头，眼中还带着点点泪光。她重重点了点头，说：“嗯！老师，我以后不会这么傻了。我想像你一样，不服输，不投降，努力拼搏奋斗，以后让爸爸妈妈过得幸福！”

我拿开她遮在左臂上的纸巾，温柔地问她：“还疼吗？”

她摇摇头。

我带她去了医院，所幸没有感染，只是这“烙印”会永远留在她的左臂了，希望随着时间的流逝能渐渐变淡吧。

这之后的几个月，菁菁又像最初那样，认真学习，乐观向上。我任命她做我的课代表，她高兴得不得了。她每天忙前忙后的，认真负责，同学们都很喜欢她。我看着懂事的菁菁逐渐成长，明白了自己人生的责任所在，备感欣慰。后来她考取了一所重点大学，相信她未来的路一定会走得更好！

（天津市第二中学　崔莹）

“小爆竹”变了

刘冲是我班的一名男生，脾气暴躁，连他爸爸妈妈都叫他“小爆竹”。因为他的脾气不好，小学时几乎没有朋友。升入初中后，同学们都不喜欢他，老师们提起他也都直摇头。

“老师，您快去咱班看看，刘冲把同学的课桌都推翻了！”正准备下班的我心一紧，赶紧拉着气喘吁吁的班长快步赶到教室。只见教室一片狼藉，同学张春的课桌倒在地上，书和作业本散落一地。站在课桌旁的刘冲满脸通红，情绪激动，不远处的张春委屈地哭着……

我一手拉着张春，轻声说：“别哭，有老师呢。”另一手拉着刘冲，说：“深呼吸，冷静一下，然后和老师去办公室。”

到了办公室，我先让刘冲调整自己的情绪，然后向张春了解情况，张春说：“老师，我也不知道怎么回事，他一下就把我的桌子掀翻了，还说不许扶起来。”“谁让你给她们几个改英语成绩的？我的英语成绩也不高，为什么不给我改？”刘冲情绪激动地插话。张春解释道：“不是改成绩，是英语老师忘了给她们几个加上答题卡的分数了，让我给补上。”“我不知道，就看见你给她们改成绩了。”意识到错了的刘冲声音见小。

了解了事情的经过,情绪已经平复下来的刘冲向张春道了歉,得到了张春的谅解,并主动把教室打扫干净。

第二天,刘冲交给我一份检查,其中有一句话我印象很深:“李老师,我知道做错了,遇事应该先了解情况,不该推倒课桌,损坏公物,但我就是控制不住自己的坏脾气。”

我仔细查看了刘冲的成绩,发现他的英语成绩在所有科目里是最高的。于是我又找到他,和蔼地问他:“你很在乎英语成绩,是喜欢英语吗?”

他用力地点点头,说:“是的,老师,我从小就喜欢英语,就爱背单词。老师,您不知道,我拿起英语书啊,就好像看见一个个字母都变成可爱的小脸蛋,都在对着我笑。”

我看见刘冲的脸上满是纯真的笑意。我说:“如果老师把你推荐给英语老师,让你当英语课代表,你觉得你能胜任吗?”

“真的吗,老师? 我能!”刘冲迫不及待地说。

我又说:“可是,你要控制好自己的情绪噢,同学们可不希望有一个脾气像爆竹一样的英语课代表。”

刘冲低下了头,说:“老师,我也很讨厌我的坏脾气,可我就是控制不住。”

“老师教你一招,生气的时候做深呼吸,然后对自己说——‘生活很美好,我不能这么暴躁’。”

“老师,行吗?”

我说:“试试吧。”

几周后,刘冲兴冲冲地来找我:“老师,您教的办法真管用,我能控制住自己不发脾气了。今天,小郭把我的笔弄断了,我本来想对他大喊,可想到您说的话,我深吸了一口气,把坏脾气咽下去了;还有,小姜不小心把我的饭弄脏了,我也控制住没发脾气;还有我……”他一口气说了六七件事情,我马上肯定了他的做法。

离开办公室的时候,刘冲在我耳边轻声说:“老师,您多喝水,要不,您嗓子哑了,声音就不好听了。”

我看着他的背影笑了。

我在同学们那里了解到,大家都越来越喜欢刘冲了,喜欢和他聊天,喜欢和他一起踢足球,喜欢和他一起背单词;和家长沟通后,家长也反映,他在家里和父母说话也平和了,有什么事情能很好地和父母沟通了;英语老师也向我反馈:刘冲是非常负责的课代表，按时收作业查作业，向学习英语有困难的同学传授经验。在他的带动下，我班形成了良好的学习氛围，整体成绩也得到了提高。

刘冲的脸上整天带着笑容，“小爆竹”变了！

（天津市第四十八中学　李晓静）

生日

2015年8月底，我迎接了第一批学生。学生刚从初中毕业，还不熟悉高中生活，对老师也是非常陌生。这时候，第一印象很重要，我就想：何不从生日入手，走进学生的心灵呢？

我利用学生登记的基本信息将学生的生日记录下来，然后与家长进行沟通，确定学生过生日的具体时间。因为传统不同，有的学生过的是农历生日，有的过的是公历生日。

开学第二周，正好赶上一个学生的生日，我在这个学生的周记上郑重地写下这样的话：“首先，祝你生日快乐，希望你能更快地适应高中生活。因为我们才认识，我希望能在你生日的这个特殊时刻送上最美好的祝福；也希望从今天开始，我们互相了解，一起进步，一起提高。最后，希望你以后能够快乐成长！”

不想，这个学生在下一周的周记里写了很多，从初中的同学，到初中的老师，然后又谈了他对新学校、新老师的看法，也说到了自己对未来的想法。一次小小的祝福，却得到学生这么大的信任和积极的回应，是我万万没想到的。

通过这种生日祝福的小事，让学生体会老师对他们的爱，很多学生从刚开始对我感觉陌生到后来充分信任，都是从这些小事开始转变的。

有一个学生平时不爱说话，因为父母在外地上班，他一个人租房住。他生日的时候，我给他打电话，说去看看他。在他开门的时候，我举起了蛋糕，说了一句：“生日快乐！”当时，他的眼泪一下子流了出来，他紧紧地抱住了我。后来他的母亲给我打电话，说孩子很感动，认为自己平时不爱表现，以为老师忽略了他，没想到老师这么关注自己。

得到学生与家长的认可，也许就是作为老师最大的追求了。后来这位学生在班里表现得很积极，合唱节时自告奋勇当指挥，指导其他同学学歌，与同学的关系更加融洽了。

印象最深刻的一次给学生过生日，是为了艺术节排练节目，排练之后几个人在班里吃饭。因为是周末，食堂没人，所以从外面订的餐。我跟学生们一起吃，吃到一半的时候，我对大家说："今天同学们辛苦了，为了艺术节牺牲自己的休息时间，在这里我谢谢大家；同时呢，我还想在这里祝福几个同学……"

学生们面面相觑，有个学生开玩笑说："老师，是祝福我们节目顺利通过验收吗?"

我笑了笑说："下周四是李颖同学的生日，下周六是李凤的生日，在这里我预祝你们生日快乐!"

两个学生很诧异，其他同学也跟着一起祝福。之后，学生就开始"考"我，问："我的生日是哪一天?"问完自己的，又开始问班里其他同学的，我都对答如流，一一说出所有人的生日。大家都很惊讶，热烈地鼓掌。

第二天收上来的周记里，一个学生热情地写道："没想到老师记得我们每个人的生日，我不知道您是用多长时间背下来的，反正我感觉我做不到。我想，同学们跟我的感觉应该是一样的，感觉您很伟大、很厉害，对我们很用心，我们很感谢您！我也很幸福，能做您的学生，真希望一直做您的小跟班。"

通过这件事情，很多学生不再对我严厉的管班作风有异议，开始理解我的良苦用心，班里的抱怨渐渐少了，学习氛围也浓厚了；学生参加班级活动更加积极了，在学校的各项活动中都表现非常突出，不管是艺术节还是运动会、合唱节等，都取得了非常优异的成绩。其他班的老师调侃道："只要有你们班参加的活动，我们就别想得第一。"班里同学们互帮互助，从来没有指定谁走的时候关窗户、关电扇，但几乎每个学生出门的时候，都会回头看一眼教室，确认一下关好没有。

很多家长给我打电话，感谢我给他们孩子过生日。哈，一个生日，让我收获了学生的理解，收获了家长的认可。在我看来，教师就是呵护学生梦想的角色。

（天津市静海区独流中学　王瑞）

送我一个微笑

小常今年10岁了，高高的个子，瘦瘦的身材，是一个非常内向的小男生。我渐渐发现，上课时他看上去是在认真听讲，实际上却是在"神游太空"，因为，每当我点到他回答问题时，他总是默默地站起，一句话也不说。我再重复问两遍问题,他的脸腾地一下就红了,浑身局促不安,仍然一言不发。“安静”的他常常被大家忽略,学习成绩始终得不到提高。

经过深入了解,我发现小常的父亲在油田钻井队工作,总是值班,没有太多的时间管孩子。小常的妈妈是商场的销售人员,工作也很忙。两位家长对孩子的教育问题不以为然,孩子总是放在爷爷奶奶家,奶奶十分溺爱这唯一的孙子。

我再也坐不住了,于是找小常谈心,鼓励他努力进步,争取“做最好的自己”,成为“家长的好孩子,老师的好学生,同学的好伙伴”。我费尽了口舌,小常依然我行我素。对此,我感到无能为力,但是又不甘心！身为班主任,要对每一位学生负责。我细心观察,终于“抓到”了一个机会!

学校对全体教师由学生进行测评,当问到“你最喜欢的老师是谁？为什么”时,小常的答案是:“我最喜欢张老师,因为张老师像姐姐一样。”好,孩子在与老师、家长等长辈交流时,会有一定的压力,但对同辈的姐姐交流不会有压力啊!

平等就是师生交流坚实的基石。爱是教育好学生的前提,对于小常这样的学生,我放下教师的架子,像一个大姐姐一样主动亲近他,和他交流、与他玩耍,用师爱去温暖他,用真情去感化他,用道理去说服他,促使他愿意与我像姐弟一样交流。

微笑是潺潺的溪流,滋润幼苗成长;微笑是薄发的力量,给予生命自信。为了帮助小常树立自信心,我们特意约定,他每天都要“送我一个微笑”,同时我也以微笑回报。一开始他很羞涩,我就为他创造机会。例如:新学期发书了,我会点小常的名字去帮助搬书,我借故和他一起走在大家的后面,悄悄地问他:“你今天忘了点儿什么吧?”他不好意思地“送我一个微笑”。上语文课时,我都会挑一些简单的问题来提问他,他答对后我大声地表扬:“真棒!”他会欢喜地“送我一个微笑”。班干部换届选举,品德与社会课代表还没有合适的人选,我问谁愿意主动担当。我用期待、鼓励的目光看着小常,当他小心翼翼地举起小手时,我马上高兴地说:“好！课代表就是你了!”他会兴奋地“送我一个微笑”。当他将一本书写得工工整整的作业交给我时,我会批上一个大大的“优”后再发给他,同时送他一个微笑,他也会快乐地“送我一个微笑”……就这样一点一滴积累,他送我的微笑越来越多。

我还与小常的父母积极进行了多次沟通,希望家长能相互协调好,共同教育孩子,抽出时间带孩子,不管多忙也要与孩子交流,用关爱唤起他的自信心、进取心,引导并激励他成为品学兼优的学生。

渐渐地我发现小常有进步了,他学习更努力了,上课认真听讲,主动发言,积极参加班级活动。通过一年的潜心努力,我对小常的转化工作终于取得了可喜的成果!在该学期的期末检测中,小常进步显著,取得了品德与社会100分、数学99.5分、英语99分、科学96分、语文92分的好成绩。我在全班学生面前将鲜艳的奖状发给他时,他开心地笑着对我说:"谢谢老师!"现在他无论在哪里见到我,都会亲切叫上一声:"老师好!"并甜甜地"送我一个微笑"。

(天津市滨海新区大港西苑小学　张瑾)

合不拢的嘴

"我刚才严肃地给全班明确了行为规范,你为什么一直在下面笑?"

"我,我没有。"他咧嘴笑着说。

"知道韩老师看见你这态度很生气吗?为什么还在笑呢?"

"我……"他边笑边挠头。

他叫梦琪,个子高高的,脸圆圆的、胖胖的。为什么对他印象深刻呢?因为可爱的外貌?不,是他那永远"合不拢的嘴"。无论你什么时候看到他,他准是笑呵呵的。

因为梦琪的特点突出,上课的时候我会经常关注他,他总是很认真地微笑着看着你。我想梦琪一定是听懂了我讲的内容,可把他叫起来回答问题,他却支支吾吾答不上来。几次下来。我发现微笑不代表他听明白了。那他为什么笑呢?询问其他任课老师,也反映他总是笑嘻嘻的,可问他问题他却糊里糊涂。有一次,校园广播交通安全知识,观看交通事故的视频,班里的学生都表现出了担心、害怕和恐慌,梦琪呢?依然在笑。刹那间,我意识到了问题的严重性。

一个课间,梦琪跑着上厕所时,把班里的小排头撞倒了。梦琪见状,也慌了神,停住了脚步,看着我,又露出了那笑呵呵的表情。此刻,梦琪看着我严厉的表情有些不知所措。我示意他回位,面对全班学生再次强调了课间行为规范,也希望梦琪能意识到我在批评他。然而,他依旧在傻笑。我把他叫到前面,对他说:"韩老师说的就是你,你知道吗?"

"知道。"

"那你为什么要笑?"

“我也不知道!”

我厉声道:“你不知道为什么笑,你控制不了自己吗?”

“我……我不知道我在笑,我也不知道我为什么会笑……”

听到这个答案,我更加生气,但我克制住了自己的情绪。我看到了梦琪的眼神,还有脸上的汗,我觉得他没有说谎。他也许真的没有办法控制自己呢。我让自己平静下来,慢慢地说:“梦琪,你的微笑很好;但是,你要知道,如果老师批评你的时候,你不自主地微笑,可能会让老师误会你,觉得你是个分不清对错的孩子,可是你不是这样的孩子,对吗?”

梦琪点了点头,说:“韩老师,我也不知道怎么办,我真的不知道我在笑,您不要生气了。我真的错了。”听到这样一番话,我庆幸自己刚才的平静。

“没事,孩子,韩老师知道你不是故意的,那么记住,要尽量收拢一下你的嘴角呦;如果还是记不得,当老师和你对视的时候,你一定要配合老师,抿一下嘴唇,这样老师就不会以为你在和老师对抗了。好吗?”

“嗯。”他笑着答道。

“我现在可看着你呢,你要怎么做?”

“哦——”梦琪抿了一下嘴。

“这样好多了!记得回去和同学赔礼道歉,说明你不是故意的,下次一定要轻声慢步。如果想不起来的话,就想想和我的约定吧。”

晚上回到家,梦琪妈妈发来了微信:“韩老师,谢谢您,谢谢您没有直接批评他,而是给了他解释的机会。他不是和您作对,他确实不知道他在笑。孩子生下来有残疾,属于轻度幻觉妄想……感谢您没把他放在后进生一列,与他心平气和地沟通。谢谢您!”

欣慰,开心……没有盲目地给梦琪贴上一个“差生”或者“坏学生”的标签。

事后的几周,我得了感冒,嗓子沙哑,回到家,又看到梦琪妈妈的微信:“韩老师,梦琪回家说韩老师病了,感冒了,说明天中午让姥爷接他的时候给您带一碗热面汤,让您喝……”

感动,幸福……让一个小男孩关心着、关爱着、关注着的老师;梦琪他什么都懂,心如明镜。他是一朵花,因为你的呵护,含苞待放。

（天津市河西区闽侯路小学 韩春莉）

卷三　体谅学生感受　成就学生希望

主编絮语

经常换位思考,理解学生的感受,设身处地为学生着想,是我们“老班”一个优良的品格。学生也是人,也有他的喜怒哀乐,也会有他的困惑、忧愁、难处、苦衷和不解,犹如天气,阴晴无常。老师的心中都怀揣一个敏感的测量计,学生情绪有什么变化了,心理有什么波动了,老师立即会知晓,会体量,会关心,会变换手法,会开出不同药方。特别是在学生情绪变化时,在课上学生脸上出现疑虑、欣喜等不同表情时,在发生偶然事件,如遇到挫折、生病或发生家庭变故时,都要采取不同措施及时应对,以抚平、以慰藉、以化解、以顺应。

关注学生的感受是一种爱,是老师受学生欢迎的重要因素,站在学生的角度想问题看事情,是教育的基础,也是班主任必备的基本素养。有时解决矛盾,教师坚持己见,学生不服,教师不了解学生究竟想的什么;有时弄明白了,恍然大悟,原来就是很简单的问题。所以教师要多接触学生,从各个角度了解他们,亲近他们,摸准脉搏,掌握他们所思所想,这样事情就好办了。了解学生,千万不要忽视他们是孩子,孩子的心理是浪漫的,思维是直观的,生活是游戏的。孩子的特点与成年人是不一样的,用我们的想法代替孩子的思绪,往往会碰壁。

一天中午,老师们正在批改作业,门突然被重重地撞开了,老师们吓了一跳,抬头一看,是张老师班上的小明,笑嘻嘻地站在门口。张老师生气地说:“为什么不敲门?有什么要紧的事?”小明很尴尬,支吾着说:“也没什么大事。”“没什么大事还这么冒失,退回去敲门重进!”小明乖乖地照办,张老师没好气地说:“说吧,什么事?”小明挠着头说:“我上午二三节课都没看见您,以为您又病了,现在看到您我放心了。老师再见!”说完,小明带上门跑了。老师们面面相觑,都愣住了。

有一天,家长们带着孩子参加电视台的节目,主持人问孩子们:“一架满载乘客的飞机,途中没油了,飞机上只有一个降落伞,这个降落伞该给谁用?”一个孩子未加思索便答:“给我!”在众人面前,父母感到羞愧,指责孩子太自私了。孩子委屈地辩解,说:“我要跳下去找到油,再回来救飞机上所有的人!”

有一个成绩很差的学生,老师提问,他经常举手,老师叫他又答不上来。老师好奇地问他,他说:“同学都会,我若不举手,多让人笑话。”老师点头,理解了,私下告诉他,以后如果不会答,就举左手;会答就高举右手,老师就多给他机会。结果他很快进步起来。老师从细微末节中体谅了学生,这便是尊重的力量、老师的魅力所在。

老师的观念影响着学生。比如,什么是好学生?光功课好分数高就是好学生吗?如何培养学生?光抓功课行吗?不问品德、不顾身体、过量留作业、扼杀学生爱好,这对吗?这些方面引起的学生心理的变化是多种多样的,我们切切不可粗心大意。

让学生愉快地成长,必须知道他们的感受,了解他们的所思所想,把学生的心理调整到最佳状态,让他们积极向上地对待周围的一切。学生同样生活在当今社会,一切社会现象都会在他们心中有所映现。学生的世界像一面镜子,投射着成人世界的影子。他们有这样那样的想法,不仅是正常的,而且要予以关注、把握和调整。焦虑是一种较普遍存在的“传染病”,在当前社会转型期,部分人的心理容易失衡,一些偏激情绪有一定市场,不仅大人有,学生也会有。因而,我们“老班”在关注学生感受,想他们所想的同时,不仅要关注小事小情、小思绪小想法,也要关注社会上的“大想法”“大情况”,时常问问学生:“你快乐吗?你开心吗?”引导他们成为有健康身心而又能抵御各种不良心态、不良情绪的人。

珍贵的纪念

我校学生进入高中后都要住宿,为了不影响休息和学习,学校要求学生一律不许带收录机、收音机。

往常熄灯后,宿舍内一片安静,学生的鼾声可以让教师放心休息了。可是,今天晚上熄灯铃响过之后,我在巡查中隐约听见宿舍内有收音机里传来的解说的声音。哦?还有学生听收音机?明显违规!班会上我三令五申,这分明是拿我的话当耳旁风,更意味着量化考核时会被扣分!我再侧耳一听,没错,于是伸出手,敲响了宿舍的门。

“谁在听收音机？”

说出这话，我突然想起一位老师曾对我说：“今天你运气不好，要是不值班多好！今晚的世界杯预选赛是中国队很关键的一场比赛！”

宿舍长把门打开时，我问：“刚才都有谁在听收音机？”三名男生从床上起来，下了床，站在了地上。望着这三个人，我心中的火气更大了：一个长期上课时最晚到教室，一个成绩一再下滑，还有一个上课经常说话。我喝令：“你们三人，拿着收音机跟我走！”

来到办公室，打开灯，我气呼呼地坐在椅子上，拿出班主任工作手册。突然，我又想起了那位老师的话，于是问道：“你们刚才听什么了？”

“世界杯预选赛。”

心中的火气虽还没消，但我已冷静了许多，我深深呼了两口气，说：“宿舍是休息的地方……你们在这里听吧！”

我的语气和缓了许多。老师态度180度大转弯，三个人有些不知所措：“老师，我们错了，我们不听了。”我的心此时已平静了下来，又重复了一句：“你们就在这里听，一会儿回去时小点儿声，别把其他人闹醒。”

我说完就走出办公室，关上了门。一小时后，当我又回到办公室时，发现三个人还站在那儿，收音机平躺在办公桌上。

“怎么没听？”我问，

“刚踢完。”

“结果怎么样？”

“中国队赢了。”话语中带着好大的欣喜。

“有什么想法？”

沉默了一会儿，三个人兴奋地打开了话匣子：“中国队能赢下这场球太不容易了。”其中一个学生说。“中国队其实有好多机会，如果在关键时刻队员信心再足一点儿，再多一点儿拼劲，上半时就能进球……”说完又低下了头。

“这样吧，今天时间也不早了，你们先回去休息，明天抽时间写一下今晚听球的感想和有什么启发，写完交给我。”他们三个人都十分兴奋，但还是蹑手蹑脚地出了办公室。

过了一会儿，我来到宿舍门口，里面静极了。

第二天，课间操后，三个人把各自所写的感想交给了我。“我们知道，老师当时很生气。您能让我们在办公室听球，我们深深感到一种尊重。”“老师，我身上也寄托着几代人的希望，我会在关键时刻再多一点儿拼劲的。我也知道，现在的分分秒秒都很关键。”“老师，其实我很努力了，但基础太差，我要向中国足球队队员们学习，我不想放弃。”看着他们所写的感想，我感觉到足球与学习是有关系的。

当天下午，我让班长主持了一节题目为“收音机到底该怎样用”的主题班会。会上，同学们畅所欲言。会后，我召集八名班干部共同讨论同学们的意见，最后决定：新闻节目、科技知识、健康向上的歌曲可以利用早餐和晚饭后的时间听；国内外大事及重大赛事，集体组织听（当时教室还没有电视）；宿舍休息时间一律不许听收音机。当我宣布完这些新规定后，教室里一片掌声。

从这次主题班会以后，很多学生主动找我，表达有关班级建设的意见或建议。那年高考，学生取得了优异成绩，我们班的48名学生中，有29人考取了普通本科院校、12人考出了重点本科的成绩。

时间过去了15年，今天之所以以《珍贵的纪念》为题写这篇故事，是因为这三位同学在今年寒假同学聚会时，把那个收音机真诚地送给了我，并满怀深情地说：“老师，在我们的心目中，您一向以严格影响着我们，但我们体会，我们三人的变化，甚至咱班的飞跃和转折，是从‘收音机事件’开始的。如今，我们都已经大学毕业了，有了自己的工作和家庭，这个收音机不值几个钱，希望您留作纪念。”

看着我这些学生们，我眼睛有些热……

（天津市蓟州区桑梓镇中心学校　叶福元）

那堂课那场雨

窗外烟雨蒙蒙，我的心情格外好，因为这场久违的雨，因为班里的一些学生。

下了一夜的雨，清晨仍在断断续续地下。上班的路上积满了水，低洼的地方成了河，来来往往的车辆似乎是在水波里穿梭的小船。班里的学生全部都按时到了，没有一个人因为这场恼人的雨而懈怠。上课铃响的时候，天有些亮了，外面的雨也渐渐停了。

第一节课上语文。期末将至，学生们进入了紧张的复习阶段。雨季的凉爽驱走了炎炎烈日，教室里学生们专心致志地做着习题。窗外的白蜡树疲惫地抖落着头上的水滴。天越来越暗了,学生们不约而同地抬起了头,望了望窗外,又看了看正在批改作业的我,见我没反应,就又低下头做题。我知道,这群机灵的小鬼是想看看我对天气突变的反应,我窃喜:哼,我就是不买账。

第二节课井然有序地继续着,教室里安静极了,笔尖触在纸上发出的"沙沙"声像蚕宝宝在啃桑叶,像滋润着大地的雨声。忽然,"沙沙"声变大了,我下意识地抬起头发现四十多双眼睛齐刷刷地望着窗外,眼睛里闪着兴奋的光。学生们还不时地窃窃私语。我皱着眉头看了看表,离下课还有十多分钟。我清了清嗓子说:"继续写!"学生们没反应,似乎没有听见我的话,一双双眼睛还在好奇地瞧着外面的雨……

恍然间,我想起了自己上小学时的那一幕幕,那时我也正上三年级。那天,天空出现日偏食,上午我们根本无心听课,眼睛不时地瞄向窗外。班主任老师干脆停下课,帮我们将玻璃用蜡烛熏黑,带领我们一起去看日偏食。五年级时,数学课上,外面下起了冰雹,窗台上霎时间堆积了好多小冰粒,冰雹打得玻璃啪啪响。从未见过冰雹的我们早已坐不住了,数学老师见状,立即停止讲课,让我们尽情地看冰雹。大家贴着玻璃争先恐后地向外看,鼻头都挤"扁"了。

"同学们停下笔,"我突然抬起头,对全班说,"什么也不写了,痛痛快快地看窗外的雨吧!"他们眨巴着眼睛望了望我,当确定这是真的时,有点儿喜出望外,于是就津津有味地赏起雨来。而我也被他们感染了,出神地望着窗外的雨。此时的我也愿成为雨滴——快乐的雨滴,在广袤的天地间跳舞,为爱雨的学生们奏出一串快乐的音符,让学生们去聆听,去感受这美丽的天籁之音。

随后,我在黑板上写下了这样一句话:"雨滴吮着铁丝,闪烁着晶莹的光,若即若离。"我微笑着对大家说:"同学们,这是我赏雨的感受,你们能将你的感受写出来吗? 篇幅长短不限,少则一句话亦可。"学生们对此极有兴趣。几分钟后,学生们写的小条收上来了,我一张一张地品读,感受这雨给学生们带来的快乐,聆听"雨"撞击学生心灵的"声音"。

在学生们眼中,雨富有个性。"雨点打在玻璃上,七扭八歪的,像个还在上幼儿园的小孩子往玻璃上涂鸦。"——调皮的雨;"雨水滴在树叶上,打着欢快的鼓点,唱着动听的歌。"——快乐的小雨;"小雨像落叶一样轻,像花针一样细,飞飞洒洒地来到大地上。"——潇洒的雨;"雨滴就像泪,乌云滴落的泪。"——忧伤的雨;"雨哗哗地下着,沐浴着花草树木,让干枯的禾苗喝个痛快,流进了农民伯伯的心坎里。"——慷慨的雨。

在学生们的眼中，雨富有童趣。“雨滴落在叶子上，叶子张开笑脸喝雨水，好像在对雨说：‘我很渴，雨姐姐，再给我一点儿水好吗？’”“雨丝细细地落，小水滴们蹦到了树叶上，欢快地跳着舞，树叶是它们的舞伴，发出的啪啪声在为它们伴奏。”“小水滴像个顽皮的男孩子，在水洼里跳来跳去。”“下雨了，它们欢快地落到大地上，亲吻土地妈妈。”“雨像一串串珍珠，滴到河里的同时叫醒了一朵朵水花。”

在学生们眼中，雨是一幅画。“雨滴落到树叶上，树叶盛开了水花，落到水坑里的雨滴有如鱼儿般打着挺。”“地上的雨水汇成小溪，弯弯曲曲地向远处流去。”“细如牛毛的雨落在树叶上，犹如一颗颗撒落在荷叶上的珍珠。”

在学生们眼中，雨怪怪的。“雨像从空中飞下来的软软的、透明的细铁丝。”“雨像无数根银针，可这些银针怎么也刺不透树叶这面盾牌。”“天上似乎有无数条蚕宝宝正向着大地吐丝。”“一颗颗雨滴就是一个个小豆豆。”“我知道，天上银河的水太大，冲坏了堤岸，流到人间来了。”

……

雨停了，太阳出来了，整个世界焕然一新，远处树叶上如钻石般晶莹闪烁的不仅仅是雨滴，那也是一颗颗灿烂的童心。

祝福你们，这雨中可爱的精灵们。

这堂课，我没有按原计划进行。在我们教育教学中会有很多不确定，会有很多随机的生成，尊重学生，尊重学生的认知规律，在条件允许的前提下让学生的个性得以展现，这样，尊重，也是一种教育，于无形中润物细无声。

（天津市和平区万全小学　罗雨杰）

拥抱

每年教师节我都会收到一张来自远方的贺卡，上面写着：“老师妈妈，节日快乐！我很好，勿念！”寥寥几个字，那个纤弱而又坚定的身影又清晰地浮现在我的脑海里。

记得那天新学期刚开学，我站在门前盼望着转学来的新生。当时我正在想：领导说的“特殊”是什么意思？……嘿，不想了！先留个好印象。我轻轻捋了一下刘海，挺直了腰身。

当看到这转学学生的一家人,我愣住了。父亲是一位容貌看起来几近耄耋之年的盲人,母亲是一位痴呆的中年妇女,她蓬头垢面,嘴里呼呼地吐着口水,敞着怀,腰间系着一根麻绳,绳子的另一头拴在丈夫左手的长竹竿上。男人的右手拉着一个好像刚从煤堆中爬出来的瘦弱小人儿。这孩子紧紧地拽着男人的手,整个身子躲在父亲身后,只露出那双茫然的大眼睛。

我定了定神:"请问您……"

"我找韩老师,我们刚转到这里。学校领导说,韩老师能像照看自己的孩子一样照看他……"粗糙的大手轻轻地抚摸着孩子。

看着孩子单薄的身体、消瘦的面庞,一股怜爱之情陡然涌上我的心头。我轻轻地把孩子拉入怀中。

"他叫刘坚吧,我就是韩老师,我会照顾好他的,您放心吧!"

令我惊讶的是,孩子如同受惊的兔子挣开我的臂膀,匆匆又躲到父亲的身后。他的父亲一边拽他一边无奈地说:"你这孩子!韩老师,您别介意啊,他跟人接触得少,您千万别介意啊。"

在父亲的再三劝说下,他才跟我走进了教室。

面对他家的实际困难,我和班长在班里组织了一次"小募捐",很多学生积极捐赠了书包、文具盒、削笔器等物品,甚至还有零花钱。当我带着学生们兴高采烈地把这些钱和物品交给他时,他的脸上竟没有流露出任何一点儿高兴和激动,表情木木的脸上似乎还有一些阴郁。

在我的暗示下,他勉强地说了声:"谢谢!"我暗想:无动于衷,表现冷漠,唉,刘坚到底是个怎样的孩子?

第二天一早,班长突然带着小东来找我,小东气呼呼地说:"舅舅送给我一个新的削笔器,我自己都没舍得用,送给了刘坚,他却把它给拆了。"

我心中一愣:这是为什么?放学后,我找刘坚谈心。任凭我怎么说,他只是低着头,一言不发。我没有控制住自己的情绪,大声对他说:"这些都是老师和同学们的一片心啊!你怎么这么不懂事呢?"

他竟哭喊起来:"谁用你们可怜我?"

我拉住他的手,想搂住他,跟他谈心,他却使劲地甩开我的手,扯起书包飞快地跑了。我呆住了……

星期六,按照刘坚办转学手续留下的地址,我带着疑惑走进了他家。尽管有心理准备,但眼前看到的景象还是令我震惊:阴暗潮湿的屋子,破烂不堪的摆设,屋内散发着刺鼻的异味。这就是刘坚的生活环境？刘坚看见我，愣住了。

“老师，你怎么来了？”

刘坚的父亲听见我的说话声，热情地招呼我坐下。我说了这几天的情况，刘坚的父亲长叹一口气，说：“唉，这孩子真不懂事！快过来，跟韩老师道歉！”刘坚低着头没动，他爸爸连忙解释道：“原来的那个学校，也组织师生给我们捐过钱物。不过，孩子一不听话，老师就拿这件事‘揭短’。有时同学发生点儿小矛盾，有的同学就把送给他的学习用品再要回去。为这事儿孩子哭过好多次，说永远不要别人送的东西！”

终于找到原因啦，我长舒了一口气。

我轻轻地把刘坚揽在怀里，抚摸着他的头，真诚地对他的父亲说：“你们放心吧！我不会这么想，不会这么说，更不会这么做，我教的学生也不会这样。”我又转过头对刘坚说：“咱们这个班是最团结、最和谐的大家庭。请相信老师和同学们，请相信我们真诚的心意！”

刘坚眼含着泪水温柔地靠在我的怀里，静静地听着我跟他父亲说话。临走的时候，我拉着刘坚的手，对他说：“你和其他同学都是一样的，都是老师的宝贝儿！”刘坚红着小脸儿高兴地点点头。

家访的作用真不小，第二天，我来到教室的时候，看见刘坚正在和小东一起重新组装那个削笔器。下午，我给班委开了个会，让他们带动全班同学主动去和刘坚交朋友，真心帮助他。

我也时时把爱的阳光播撒进刘坚幼小的心灵。上课时，我常常用语言鼓励他：“你读得真棒！你进步真快……”每天放学，我都辅导他在校完成家庭作业。我常常和他谈心，拉他和同学一起游戏。看到刘坚因缺乏营养而面黄肌瘦，我就给他买来营养品；看到他头发长了，就带他去理发；看他校服破了，我就给他定制了新校服；看到他如饥似渴地看着别的同学读课外书，我就买了十几本课外书送给他。我们师生给他过了他有生以来第一个生日；当他吹蜡烛时，眼睛里噙着幸福的泪水。渐渐地，他被我们的真情所感动，脸上时常洋溢出自信与快乐的微笑。

正在我们憧憬美好未来的时候，厄运再一次降临到这个不幸的家庭。因为煤气中毒，刘坚的父亲去世了，刘坚只好转到甘肃姥姥家去上学。

临走那一天，我来送他。目送着刘坚牵着母亲的背影，我的心紧紧地揪了起来。我默默转身，擦去眼中的泪水。突然，一双温暖颤抖的小手搂住了我，我们拥抱在一起，刘坚低声地说：“老师妈妈，谢谢，我会好好的！”两个身影贴在一起，两颗心灵相互交融，这成为了我一生中最难忘的记忆！

每当我想起那个牵着母亲，纤弱而又坚定的身影，我脸上总会露出一丝微笑，心中升起一丝惦念："一定要好好地啊！"

从此，书信成了我们师生交流感情的最好方式。每隔一段时间他都会向我汇报他的学习和生活情况。

（天津市静海区静海镇第三小学　韩悦）

有了小弟弟之后

"我不幸福，弟弟把爱抢走了……"这是我们班乐学向上的学优生小牛的心声。

我刚接这个班的时候，发现了一个怪现象，那就是学生们的嫉妒心很强，老师表扬谁谁了，一些学生都会呈现出不屑的表情。我还发现学生大多都是独生子女，没有弟弟妹妹做伴……

小牛就是表现最为强烈的一个，他以往做事情很用心，与同学关系也和睦，是班上出了名的性格好的学生。但是最近，他不论做什么事情，都不喜欢和别人合作，也不喜欢和人分享，甚至出现魂不守舍、心不在焉的反常举动。我几次尝试和他交谈，他都支支吾吾。谈到他的家庭，他更是默不作声。直觉告诉我，小牛绝对有心事。

我带着疑惑，拨通了小牛妈妈的电话，这才得知：小牛的妈妈最近又给他添了一个小弟弟。家长提及小牛，就满脸无奈地说："没想到小牛这么大了，还不能接受手足情，让我们着实不理解。孩子越大越应该懂事的！"小牛妈妈说，小牛只要看到弟弟就会反感，甚至会把妈妈手中的奶瓶夺过来扔到地上。妈妈直叹气，对他束手无策。

挂掉电话，我陷入了沉思：小牛当初众星捧月般地备受家人呵护，突然有新的家庭成员和他分享父母的爱，便出现了"不良反应"。我觉得应该让这些学生感受拥有亲情的幸福与快乐！

我把小牛叫到身边，和他聊了聊近期在家里发生的令他开心的事。他回避，默不作答。于是，我开门见山："小牛，听说家中多了一个新成员，是你的亲弟弟！这是一件多么值得开心的事呀！"

他撇撇嘴，不动声色。我顺势拉着他的手，给他布置了一项特殊的任务："小牛，从今天起，你回家好好观察弟弟，每天用一句话记录弟弟的成长变化。"

他听后，觉得挺新鲜，也并没有反对。当今，家庭中添二孩儿的情况越来越普遍，尤其是一些独生子女和弟弟妹妹年龄差距较大，一时间不能接受多一个人和他们分享爱的事实，导致心理障碍，以致影响健全人格的形成。我们班主任，应该及时调节他们的心态，引导他们正确理解手足情谊，这样不但能促进家庭的和睦，更能使学生们幸福成长。

转天，我询问小牛第一天的记录情况，他没有做过多的解释，直接把本子递给我。我打开一看，真是太有意思了！他笔下的弟弟活脱脱一个丑孩子，不过丑得可爱。

课下，我不经意地问小牛："小牛，当哥哥了，幸福吗？"

他张口便道："不幸福。一家人都围着他转，他把爱给抢走了！"

我将他搂到怀里，语重心长地说："傻孩子，爱是不会被抢走的。家人还是会像以前一样爱你，现在又多了一个弟弟爱你，多好啊！你想想，有个小弟弟当你的小跟班，哥哥长哥哥短甜甜地叫，是不是比你一个人玩儿有意思？"

听到这，小牛的嘴角微微上扬，大概也忍不住地遐想起那温馨的场面了。

后来，我和小牛的妈妈协调好，让他每天抽出时间和小弟弟玩儿。时间一天天过去，从他的日记中我看到了他对弟弟态度的转变，日记中写道："今天，弟弟对我笑了，看到他没有牙，样子真好笑。妈妈说，我小时候也是这样的。""弟弟居然用小手抓住我的手，他的年龄虽然小，但是劲头还挺大！""今天，弟弟生病了，家里人忙成一团。看着弟弟难受的样子，我觉得好难过。""我发现妈妈还是像以前一样爱我，同样也爱弟弟！""我越来越喜欢我的弟弟了，我都迫不及待地盼望着他能快快长大，和我分享快乐！"……

那个乐观、向上、好学的小牛又回来了。现在的他可是三句话离不开弟弟，还时不时地将弟弟的照片带到学校，和同学们分享，看到他提起弟弟时那眉飞色舞的样子，我的情绪也被感染了。

不知不觉中，班上独生子女有了弟弟妹妹后不适应的心理问题迎刃而解。在那次"我是哥哥姐姐"主题班会上，学生们懂得了哥哥、姐姐是榜样，学会了分享爱就是一种幸福。后来，我们班流行起一句话："同学，你幸福了吗？"在之后的班级活动中，我再也看不见那一张张敌视的面孔和一个个嫉妒的眼神了。

（天津市河北区育婴里小学　王周丽）

追星的孩子

周末的深夜，我被电话铃声惊醒。班里那对双胞胎姐妹的家长打来电话：她们喜欢的一个韩国明星要来天津搞活动，她们要去“追星”，因为家长不同意，所以爆发了家庭战争。

我感动于家长的明理，但也明白，对于这两个孩子来说，家长的极力阻拦根本无济于事。

考虑再三，我告诉家长，同意她们的要求。家长很诧异：“您同意她们不去上学？”我耐心地给家长解释：“这两个孩子与其他听力障碍的孩子不同，思维活跃但是又过于自我。如果马上否定她们的想法，她们肯定会逃课前去，后果可想而知；即使听从了家长的话，她们或者会魂不守舍，或许会心事重重，说不定还要整出些别的事来。”

家长似乎还在担心什么。我继续说：“我知道您担心她俩出事，我也一样担心，所以，我想请您随同前往。回来后，让她们短信告知我。”

我又给两个孩子发了个信息：“父母已经同意你俩的请求，但是为了安全，他们要跟你们一起去。你们的作业是把明天的经历和感想写成日记交给我。”

一场“家庭战争”得到了平息，但事情却不能就此结束，我开始思考着后续工作……

转天她俩兴奋地来到学校，却因得不到其他同学好奇的追问而略显尴尬和失落。课间休息时，我把她们叫到了办公室，问起了前一天的经历，她们兴致勃勃地告诉我那明星有多帅，自己在寒风中手捧鲜花的激动，以及因为没能拿到明星亲笔签名的失落。那一刻，在她们年轻的面容上我看到了久违的青春灵动……

待她们兴奋劲儿稍减，我打出了自己惯用的“亲情牌”：“当你们执着地想去追星时，父母是什么态度？”

“他们不同意。”

“他们为什么不同意？”

“怕耽误我们学习、怕我们出事……”

“当时你们想过这些吗？”

两个学生都摇了摇头。

我把这两天和她们妈妈通话的内容告诉了她们:身患高血压的妈妈要边带外孙边照顾她俩,每天早晨四点多起床,给外孙冲完奶粉之后不敢再睡,生怕睡过头,不能按时叫醒她俩……说到这儿,她俩的眼泪夺眶而出。

此时什么话都是多余的,只有她们用心灵去品味、去感悟,才能真正明白自己的任性带给父母的是怎样的伤害……

十几分钟后,受到亲情洗礼的她们,心情渐渐平静。

我转入正题:"你们所崇拜的这个明星肯定很帅吧?"两个小姑娘使劲儿地点点头,目光中满是兴奋。

我继续说:"我上中学时,也喜欢过明星,所以我觉得'追星'是正常的,但绝不能像你们这样疯狂而任性。"两双明亮的眼睛里充满了好奇和疑惑。

"我觉得,你们崇拜的明星不仅仅吸引你们的目光,更应该能震撼你们的心灵。有的人说自己很了解自己的偶像,并搜集了许多关于偶像的资料。其实,他们所谓的了解就是知道明星的爱好、喜欢的颜色、喜欢吃什么等。他们以为了解了这些就称得上是一个超级'粉丝'了。你们是这样吗?"

"老师,我们就是喜欢这个明星演的电视剧,也经常在网上搜集他的资料。"她们的手语看起来弱弱的,似乎没有了先前的兴奋。

"搜集这些好像只能满足好奇心,但对你们有什么用呢? 这样是不是也浪费了大量的时间呢?"她们若有所思地点着头。

"昨天活动的门票也不便宜吧?"

她俩说,是花光了自己的压岁钱买的。

我说:"有些人更是疯狂,为了自己的偶像居然可以放弃自己的生命。曾经有这样一则报道:一个女孩因为没买到自己偶像的演唱会门票而起了自杀的念头。这样做值得吗?"

她俩没有再说话,但是离开办公室时,她们的脚步声中似乎多了几层心事。

第二天,她们在日记里写道:"听了老师讲'追星'女孩的故事,我觉得这样的人太无知了:为了一个和自己不相干的人,居然可以舍弃自己的生命。她的父母该多么伤心! 这样的人也太傻了。"

看到她们发自肺腑的话,我觉得自己也好像再一次经历了那段朝气蓬勃的青春岁月。面对着眼前这些生活在无声世界中的少年,身为教师,我们要帮助他们看清青春的跑道,纠正跑偏的方向。

听力障碍的孩子的家长大多不懂手语,他们对孩子的关爱仅仅体现在衣食等方面的供给上。听力障碍的孩子更不理解父母,那是因为他们彼此都把自己做的一切事情当作了"应该做的",而恰恰是这个"应该"导致了父母与孩子之间一次又一次的"战火硝烟"。在家长与孩子之间架起一座心灵的长桥,让家长洞悉孩子成长的脚步,让孩子感悟家长无私的关爱,是我们的任务,责无旁贷。作为一名教师,我愿带领我的听力障碍的孩子漫步在充满阳光、充满诱惑的成长道路上,同时向教育的更深处求索——那里芳草鲜美,落英缤纷,阡陌交错,所有人怡然自乐……

(天津市聋人学校　侯建霞)

让学生自主留作业

教师给学生留作业,学生无条件地完成,天经地义。不知是从哪朝哪代什么时候传下来的规矩,我上学时老师们就是这样要求的。这种思维已经根深蒂固,我当老师后,依然传承了这个理念。

然而现实中,并非那么回事。学生对于作业有胡乱应付的,有抄袭别人的,有干脆就不完成或忘记的。刚一开始,我十分生气:"连作业都不做,你们还配做学生吗?""不写作业,上课有什么意义?"

一顿暴风骤雨般的训斥果然有效果,我本以为找到了制胜法宝,可好景不长,一段时间过后问题又出现了。于是我就加大训斥的力度,改请家长,可谓绞尽脑汁。请教其他老师,也是如此这般,办公室里天天弥漫着对受罚的学生的训斥声。

一件事对我的触动犹如晴天霹雳,又如醍醐灌顶。我校一位很优秀、很认真的化学老师,每天都大量地批改作业,而且不厌其烦地给每个学生一对一地讲解错题。一次,我突然发现这位老师讲得津津有味,可学生却是东张西望,心不在焉,根本就不买账,这是多么可悲的事情呀!由此我想到了自己:我每天逼着学生完成作业,一厢情愿地认为这是对学生好,可学生呢?老师受累,学生受罪,时间浪费。

不能再这样下去了!痛定思痛,我要改变!本来学习的主角是学生,主角闲起来怎么行?我要彻底让学生动起来!

一天放学前，我对全班同学说："同学们，我今天忘了什么吗？"

"没留作业！"全班异口同声。

我笑了出来："看样子，同学们还是很喜欢老师留作业的。"

"不喜欢！"几乎又是异口同声，学生们发出一阵欢笑。

"好吧，既然大家都不喜欢，那我以后就不管了。"

全班愕然，鸦雀无声。之后就又响起一片哀求声："老师您还是留作业吧！""我们以后不吵吵了！""您别生气了。"

我笑了："大家不要误会，以前是我太武断，没有去想你们的感受。我在这里向大家道个歉。我想从今天开始把作业形式改变一下，你们自己给自己留作业。"

同学们木然了："这怎么留呀？""我们哪儿会呀。""老师，您快说说。"

"我想，以后的作业将分成四种。"

"啊？这么多呀？"

"先别着急，等老师说完咱们再商讨，如果大家觉得不行再想其他办法。"

"第一种：每人准备两个作业本，分为'新知本'和'回顾本'。'新知本'主要是复习本学期内容，循环复习，温故知新。'回顾本'主要是复习上学期及以前的内容，为了总复习时不会感到知识生疏。'新知本'和'回顾本'的内容主要依据老师给的题库。'新知'与'回顾'作业的内容，难易程度由本组商定，要求每个同学必须会做，遇到不会的，组内其他人帮助。每周每本须完成两次作业，每次作业至少一题，多者不限。大家看看这项作业怎样？"

"太好了！""作业这么少呀！""每天还不到一道题呀！""我们同意了！"同学们的兴奋点被激发起来了，"那第二种作业呢？"

"第二种作业叫综合复习本。它用来复习各科内容。这项作业由自己独立完成，要求每天抽出一定的时间，有计划、系统地进行复习，内容、多少、难易程度自己掌控；可每天换科复习，也可连续复习一科。如果遇到作业多、生病、有事等可不复习。大家看看，这个作业可以接受吗？"

"可以！不就是自己想怎么复习就怎么复习吗。""那您快说说第三种作业吧！"那迫不及待的眼神，充满着好奇。

"那第三种作业叫'静心回忆'，放学前抽出五分钟时间，全班静神闭目，回忆当天各科所学内容。睡觉前也如此，周有周回忆，月有月回忆。"

"太简单了！"说着，同学们都闭上了眼睛。

“同学们，这个可不是那么简单呀！它不像前两项作业那样有据可查，你是否能静下心来，是否回忆知识，是否在家也能做到，是否回忆知识全面，完全都是自己掌握。如果我们真的做到了，其效果不是其他作业能比的，那样的话知识就真正装在你的心里了。”

“最后一项作业是对能力的综合考查，取名叫‘动手实践’，看一看谁心灵手巧。这项作业你们可以尽情地施展。”同学们都瞪大了眼睛。“动手实践就是每个小组或个人在自我预习的同时根据书本内容自行制作相应的辅助教具，配合老师教学。”

“啊！这些作业都这么简单呀！”“刚开始说四项作业，把我都吓坏了！”“这不小菜一碟吗！”“我们从没听说过有这样的作业！”同学们喜悦的心情早已掩饰不住，他们相互交流着，教室内充满着一片祥和的气氛。

对于自主作业，同学们都欣然接受；对于其是否能够成功，我心里一点儿底都没有。别的老师都不曾尝试，我能行吗？同学们是否真的喜欢呢？是否能长期坚持？是否有实效呢？有的老师，还有家长，都提出了疑问：老师强压都不行，何况让学生自主呢？弄不好成绩会打滑梯呢。

说也怪，自主作业盘活了整个班级。办公室再也找不到我班因作业被批评的学生了，再也听不到我的大吼大叫了。学生们都积极参与到学习中来，主动寻找属于自己的作业题，把好自己的作业关。学生没有了课业负担，学习兴趣反而大增，同学之间形成了竞争与合作的良好局面。

我班的小段同学，就是自主作业的一个有力见证者。他父母不在身边，与大伯一起生活，学习不知努力，经常不完成作业，考试成绩很低，数学一般在40～50分之间，办公室里时常能看到他挨批的身影。自从实行了自主作业，在组员不断督促下，他开始慢慢转变。他们小组规定作业题组员轮流出，出题者必须自己要会做。轮到小段出题时，他就提前向其他班同学问会了。他的题一出，没想到全组同学都不太会，纷纷要求他给讲一下，这一来他感到从未有过的兴奋与激动。当其他组判作业时，也请他去讲明白。自己出题让小段彻底找回了自信，学习兴趣迅速提升，现在他已经不满足老师布置的学习范围，开始找其他班同学要题做，追着老师问问题，形成了一套适合自己的学习方法，成为本组的优秀成员，成绩已跃居全年级前列，成为我们班的骄傲。

我班由原来没有几个真学的，到现在没有不学的，成绩、班风飞速上扬，老师们都认为是个奇迹。家长也发自内心地认可：以前作业太多了，孩子吃完饭一直写到十一二点,成绩仍没有提高。现在可好了,老师真正地替孩子着想了。“有您这样的老师,我们孩子有福啊!”家长们真挚的话语是对我最大的褒奖,是对自主作业的最大肯定。

看着家长的笑容、学生快乐的笑脸,我发自内心地笑了。

(天津市津南区八里台第二中学　张同影)

飞机在翱翔

不知从什么时候起,校园里的男生迷上了纸飞机;他们一下课就忙着折纸飞机,折好后就迫不及待地试飞,于是教室里成了飞机试飞场。一架架“小飞机”在教室上空飞翔,在灯管中间穿行,有的淘气的“飞机”竟然插在灯管的缝隙里。还有些学生上课偷着折,真是上了瘾,还有的甚至把书本撕开折。有些学生在楼道里,楼梯上玩儿,很危险,若只顾了玩儿而从楼梯上摔下来,后果不堪设想。

学校三令五申,不允许带纸飞机来学校,我们班主任也给学生们讲玩儿纸飞机的危害,可就是抑制不住学生们玩儿纸飞机的热情。有的学生明着不玩儿暗着玩儿。老师越是不让做的事情,学生们越有兴趣。怎么办呢?

面对一群似懂事非懂事的学生,要想强迫他们把玩儿性控制住,是不可能的。“大禹治水”的典故给了我很好的启示。既然学生们想玩儿,就让他们玩儿个够,玩儿出点儿名堂来。于是,我对学生们说:“咱们班的同学迷上了玩儿纸飞机。听老师们反映,有的同学上课不听讲,把作业本都撕了折纸飞机;还有的同学为此争吵,楼道、教室到处都是纸飞机。今天这节课,我们就来讨论一下纸飞机该不该玩儿。”

我的话音刚落,就有学生发言了:“老师,我认为玩儿纸飞机害处多,不该玩儿。”

“都有哪些害处呢?”我问。

“第一,玩儿纸飞机不安全,大家都在楼道里跑,会发生碰撞;第二,只顾想着下课玩儿的事情,影响了学习;第三,破坏了环境卫生……”学生一口气列出了四五条害处。

“既然有这么多的危害,你玩儿了吗?”

“玩儿了。”他不好意思地低下了头。

“还有谁想说一说。”

学生们七嘴八舌,你一言我一语的,说了一大堆玩儿纸飞机的危害,竟然没有一个人说玩儿纸飞机带来的快乐。

“既然大家都认为害处多,那为什么还有那么多的人不分地点、不分上课下课地玩儿呢?”

这时没有人再回答,班里安静极了。学生们你看看我、我看看你,不知怎样回答好。平时玩儿得最欢的几个男生,都快把头低到课桌里了。

我觉得时机到了,便说:“我认为玩儿纸飞机能给大家带来快乐,能缓解疲劳,所以有那么多同学不顾一切地玩儿。对吗?”

一听我这么说,学生来了精神。

我接着说:“玩儿可以,但要选择好时间——上课不能玩儿,在不耽误学习的前提下,下课可以玩儿;要选择好地点——楼道和教室里不能玩儿,在判断没有危险的前提下,可以到操场上去玩儿;还要注意环保——玩儿后不能把纸飞机丢在操场上,要把它带回来。如果大家能做到以上几点,我支持大家玩儿。你们还可以请家长帮忙,在网上查一查纸飞机有哪儿种折法,比较一下哪种飞得高、哪种飞得远,想一想其中的科学道理是什么。”

听了我的一番话,大家兴奋地议论起来。

最后我宣布:“两周以后在班里开展一次折纸飞机比赛,看谁能得冠军。老师不反对大家玩儿,但要玩儿出名堂,玩儿出道理,有很多发明都是玩儿出来的。放大镜和显微镜不就是列文虎克在玩儿中发明的吗?牛顿小时候喜欢做风车,但不懂其中的道理,被同学取笑,后来发愤学习,成为科学家。也许十几年后,咱们班还可能出一位了不起的科学家呢。”

听我这么一说,学生们眼中闪着兴奋的光芒。

从那以后,学生们一下课就往操场上跑,在操场上尽情地玩儿纸飞机。上课铃一响,就迅速带着纸飞机回到教室。因为玩儿纸飞机而不听课的现象在班里消失了。

比赛如期进行,不同形状的纸飞机在空中自由翱翔,为天空增添了色彩。学生们欢呼雀跃,无比快乐。

比赛结束后,我问学生们:“怎样才能让纸飞机飞得高、飞得远呢?”学生们争先恐后地议论起来。

“要尽量折得两边对称,翅膀和机身的比例要恰当,注意前后的平衡。”

“重心在靠前三分之一处比较好。”

“飞机要有一定的重量，这样惯性会大一些，所以用厚一点儿的纸比较好。”

“如果要飞得远的话，可以折成像‘协和’那样的大三角翼。”

“重心位置应该靠前，防止摇摆。”

“机翼角度应该向上，从前面看飞机成‘Y’型。”

……

因此可见，这次活动学生真的用心准备了，玩儿纸飞机激发了他们学科学的兴趣，增强了班级凝聚力，这难道不是一举多得的好事吗？

（天津市滨海新区大港远景学校　黄绍荷）

优秀章最多的作业

一月一次的作业评比又开始了。

作业本上的姓名已被遮盖，一本本作业整整齐齐地摆放在几张小桌子上。学生们按组有序地翻看着，认真地在手中纸条上写下自己中意的作业序号。

“这是谁的作业本？”

“还不如我写得好呢，老师给他盖这么多优秀章，却不给我盖！”

“老师偏心！”

议论声断断续续地传进我的耳中，我只听了两句心里就明白了，但我没有出声。学生们看完写完，陆陆续续地回到自己的座位上。我微笑着环顾一下所有的学生，有的学生脸上还带着一丝愤愤不平。我装作不解地问：“刚才我听见好多同学在议论，能告诉我你们在议论什么吗？”

霎时，教室里安静下来。学生们你看我、我看你，都希望有谁能站出来，但一时都没有这个勇气。

“刘老师，”班长站了起来，过于洪亮的声音能让我感觉到他心里肯定经过了一番斗争，“您不公平！我们都看到有一个作业本上您给盖了好多个优秀章，可那本上的字写得并没有那么好，有的地方还有错，这样的作业怎能算优秀呢？”

班长的话音还没落，同学们附和的声音就响了起来。

“是呀，您不公平！”

“他的字写得还不如我呢！”……

在众人一片埋怨声中,有一个学生没说一句话,头悄悄低下了。

我轻轻地叫了他一声:“李小龙,你怎么不说话?”

他慢吞吞地站了起来,抬起头,眼中有泪光闪现。好一会儿,他才说道:“老师,我知道那个作业本是我的。”他的声音虽然很小,但是在教室中让学生们听起来却犹如炸雷一样。大家的议论声戛然而止,所有人的目光都不约而同地投向他那个座位。

我继续问李小龙:“你知道刘老师为什么给你盖了那么多优秀章吗?”

他犹豫了一下,慢慢地摇了摇头。

我走到他身边,从他书桌的书箱中拿出一个作业本,然后回到讲台前把它展开放在了投影仪上。我一页一页地翻起来,边翻边悄悄观察李小龙和同学们。

果不其然,低低的议论声又响了起来。

“怎么又一本作业?”

“难道交的那本是老师让他重写的?”

“这是我发现的一个秘密。”看到时机已经成熟,我用手势制止了大家的议论,有些感慨地说,“有一天,李小龙的作业交得最慢,可我知道他确实一直在认真地写,不应该这么慢,于是我就暗暗观察了两天,发现了这个秘密。”

我故意停了一下,转向李小龙,鼓励他说:“还是你到前面来,亲自跟大家说说吧!”

李小龙的脸红红的,用他惯有的慢吞吞的语速向大家说:“上次我被老师指名帮助大家整理组词,大家批评我的字太难看了,我心里很不是滋味。虽然刘老师说我的字进步很大,但我知道和大家比起来我还有很大差距。我不想让大家再这么说我,所以我每次作业都比你们多写一份,这个本是我练习用的!”

教室里鸦雀无声。突然,不知谁带头鼓起掌来。李小龙望着我,我一直看着他,灿烂的笑容顿时绽开在他的脸上。

掌声渐渐停了,我望着这群可爱的学生,问道:“你们要说些什么吗?”

还是班长先站了起来,说:“李小龙,对不起,我们误会你和刘老师了!我们不知道上次对你的伤害那么大,以后我不再随意批评同学了,要多看同学的进步!”有几个学生边听边使劲点头,还有的学生对小龙说:“我也要像你一样,有比别人差的地方,自己要努力赶上去。”

李小龙一直没说什么,只是两手相互揉搓着害羞地笑着,还不时向我这边投来兴奋的目光。

我也一直没有说话，一边望着这些带给我幸福的学生们，一边回应着李小龙投向我的目光。

（天津市河西区中心小学　刘轩语）

给妈妈打电话

开学一星期了，班里有个位置空着——那是我们班小明的座位。

就在这个暑假，他的妈妈因为一场车祸导致大腿骨折，高额的医药费迫使这个外来务工的家庭不得不选择回老家医治。小明，这个有着“齐天大圣”响亮外号的小捣蛋鬼，也就跟着一起回了老家。

第二周，小明垂头丧气地来到了教室，闷闷不乐地坐到自己的座位上。上课时他呆呆地看着黑板，若有所思；下课后干脆就趴在了课桌上，不言不语，完全没有了“大闹天宫”的气势。

一天，数学课上，小班长跑到我办公室说：“马老师，快去看，小明突然哭了。”我连忙把他叫到办公室。他手里正拿着一张纸，上面写的是：“妈妈，我想你。”看到小明哭得如此伤心，我不禁也难过起来。

“孩子，老师知道你难过，你要是想哭就哭吧。”小明一听，便号啕大哭，我紧紧地抱着他，任由他宣泄。

几分钟过后，我帮他擦干眼泪，问他：“小明，想妈妈了？”

他点点头，眼泪充盈了眼睛。

“不要哭。要是想妈妈了，老师可以帮你给妈妈打电话，但是现在不行。”

“为什么？”他奇怪地看着我。

“你想啊，妈妈远在老家，她也一定很想你，如果现在你哭着给妈妈打电话，妈妈不是更担心你吗？”

他若有所思地点点头，又问我：“那我怎样才能给妈妈打电话呢？”

“这个电话打过去，得让妈妈知道你在学校很乖、很听话并且上课认真听讲、天天进步才行。”

“哦。”小明听完后点点头。我说：“如果刚才这几点你能做到的话，那我们就可以打这个电话了。不过有一点，可不许再哭鼻子。”

他不好意思地笑笑。

我帮他拨通了妈妈的电话,他按照我教他的跟妈妈聊着天。挂掉电话后,小明兴奋地对我说:“马老师,妈妈说我真懂事!”

我看着破涕为笑的小明,心里暖暖的。第二天,他果然按照我们约定的,上课时认真听讲,积极举手回答问题,数学课上还得了三颗小红星。下课后,他高兴地跑到办公室告诉了我。

我听完马上说:“今天的优异表现,就可以打电话告诉妈妈了。”

“真的?”小明一蹦三尺高,从我手中接过电话就给妈妈打了过去。打完电话,他告诉我,妈妈非常非常高兴。

我借机跟他谈心:“孩子,人的一生很长,在这过程中,我们会遇到很多高兴的事情,也会遇到很多困难。但是无论遇到什么事情,记住要过好每一天。一定要相信,困难是暂时的,生活是美好的。就像妈妈的病,一定会一天一天地好起来,要有信心,懂吗?况且老师和同学们也都很关心你。”

“嗯,马老师,我懂。”小明认真地点了点头,“马老师,我要好好学习,只要我表现好,我就可以给妈妈打电话;只要妈妈高兴,病就好得快。”

“说得好,”我高兴地说,“小明,你真是越来越懂事了。其实你很聪明,只要你能坚持住,就一定会有进步的。”

以后的很长一段时间里,小明在语文、数学上都有了很大的进步,尤其是在纪律方面,这位曾经“无法无天”的“齐天大圣”,竟能规规矩矩地上课、吃饭、站队了。他似乎真的长大了,懂事了,同学们都说他变样了。而他每次有所进步,我都会帮他给妈妈打电话报喜,也让小明感受千里之外的母爱。

最近的小测验中,小明语文、数学又取得了好成绩,我当着全班学生的面拨通了他妈妈的电话,并且打开了手机的免提,让同学们七嘴八舌地说小明的优点。

“阿姨,小明考了双百。”

“阿姨,小明进步可大了!”

“阿姨,祝您早日康复!”

电话那头,小明的妈妈哽咽了;电话这头,小明掉下了眼泪。

（天津市北辰区普育学校　马洪喜）

亲亲我的宝贝

这几年一直带高年级的学生，这学期我被分配到一年级某班担任班主任。要和那么小的学生接触，我心里有些惴惴不安。

第一天上班，我是怀着一颗忐忑的心来迎接学生们的。他们个子不高，小小的，好可爱，而且有几个小宝宝长得那么漂亮，我开始喜欢他们了。我也知道这些什么都不懂的小家伙儿，不只可爱，还有麻烦。

瞧，我正反反复复地讲怎样才能做一个合格的小学生，那最后一排的一个小男孩就哭了起来。我连忙跑过去问怎么了，人家理都不理我，只管张着大嘴扯着嗓子哭。

“别哭了，告诉老师，老师才能帮助你啊！”

“我想妈妈。我要我妈妈！”

“妈妈就在外面，你下课就能看到！”

“我就要现在看！啊……”

不管他，哭累了就不哭了……这样想着，我又和其他学生说起了在校的要求。出乎我的预料，那小男孩还是一直扯着嗓子哭，尽管已经没有眼泪了，而且还闭着眼睛。我心里有点儿担心了，这么热的天气，别哭出毛病来呀！小孩子任性，还是应该安慰，就是这由心底升起的“心疼”的感觉又驱使我走了过去。

“好孩子，不哭了，你可是男子汉，长得这么帅，一哭就不好看了。”我边说边给他擦汗。

他哭声小了，可还是闭着眼睛。

“你看，学校多好啊！有这么多的小朋友。一会儿咱们还要去做游戏呢！”

似乎有点儿效果，哭声没有了，他只是在那里抽泣。

“你真棒，为了祝贺你今天成为小学生，老师奖励你一个小笑脸！”说着我将桌子上的一个红红的笑脸贴纸送到了他的手上，他乖乖地接了过去，不哭了。“宝贝儿，你太棒了！”说着，便将他搂在怀中，在他小花猫似的小脸蛋儿上亲了一口。自己都惊讶，这是平时对儿子的举动。更惊讶的是，我怀里的小家伙儿，他居然笑了。

安抚成功，下课铃响了，于是我宣布下课。我还没走出教室，便有几个学生走了过来，围着我充满渴望地说：“老师，我也要亲亲！”多可爱的孩子啊！我不忍心拒绝他们,一个一个的亲,于是更多的学生围了上来……

这时候,刚刚那个小男孩也走了过来,用他那哭得肿肿的眼睛瞅着我:“老师,我能亲亲你吗?”

这个平常得不能再平常的“亲亲”,在这个新一年级的教室里绽放出与众不同的光彩。学生们都去操场了,刚刚的那一幕浮现在我的眼前,那种暖暖的感动还回荡在心间。这是我班主任工作的又一个历程,在其中我知道了如何去爱学生。这一刻,也许会影响他们的一生,最起码在许多年以后,他们会记得那个曾经给他们“亲亲”的老师。

(天津市滨海新区大港第四小学　张长虹)

那个用左手写字的男孩

那天早晨来到班里,突然发现男生小滔的右手上裹满了白色的纱布。他是个比较中庸的学生,既不出色到让老师关注,也不捣乱惹老师讨厌。虽然刚开学两周,接触时间不长,但据我观察,他应该是一个老实、厚道的学生。我走过去,关切地询问,小滔说他手背骨折了。

我一听说他右手受伤了,心咯噔一下:伤筋动骨一百天呀,他得好几个月写不了字……我走到小滔身边,悄悄跟他说:“孩子,做笔记和写作业尝试用左手吧,要不然会落下很多功课。我怕你追不上呀！其他作业尽量写完,语文作业可以适当少写一些,语文老师说了算,没事。”

那节课的笔记,我注意观察了一下,他记得很好,虽然慢。显然他在努力用左手写。

第二天上午,课代表收作业时,跟我说有两个同学没交。学生们不交作业和晚交作业的现象由来已久,我还不想这么早就打电话通知家长,往往到了通知家长配合监督的那一步,学生的学习都已经太糟糕。碰上负责任的家长还好,能一起把孩子的毛病扳过来;碰见不负责任的家长,一旦家长不配合,班主任再怎么管也很难起作用。我正在冥思苦想不得要领的时候,猛然间抬头,正好望见右手受伤的小滔。

我灵机一动,把他的作业翻出来,仔细检查了一遍,一个字儿都没有少写。课上,我打开多媒体设备,按下投影仪按钮,把他的作业用投影仪清晰地展示在全班同学面前：字迹有些许凌乱，看得出是左手写的，但是很完整，都完成了。同学们都睁大了眼睛，疑惑地看着大屏幕上有点儿歪歪扭扭的字，不明就里。

我语重心长地说："同学们，上周日，咱们班的小滔同学的右手不小心受伤了，手背骨折很严重，打了石膏，估计要很长时间不能写字。昨天老师建议他尝试用左手写作业，大家瞧，他用左手把作业一个字不差地写下来了。"

同学们的眼神由疑惑转为惊讶，我接着说："同学们，今天咱们班有个别同学没交作业，我不知道和小滔同学相比，他们有多么大的困难可以不写？"

我夸奖了一番小滔的勇敢和坚持不懈，然后还讲了一个故事：我初中的一个老师，因为骑摩托车把右手小手指弄伤，每年的冬天都要发炎，不能用右手写字。他为了不耽误给同学们上课，坚持用左手写字、判作业，后来他左右手写出来的字根本就没有什么区别了。

同学们认真地听着，我看得出来，很多同学是听进了心里，记在了心上。那个用左手写字的男孩小滔，请你坚持住，我相信这次受伤后的坚持对你以后的人生也会很有意义。我暗暗地祝福。

（天津市宁河区芦台第五中学　王宏婧）

泪水中深沉的爱

记得三年级上学期的一天，小贾头上缠着绷带来到教室，

"头怎么受伤了？"我连忙问他，他的表哥也在我们班，在我身旁喊道："胡老师，他的爸妈离婚了。"看着小贾难过却又强装无所谓的眼神，我连忙制止他表哥的话语：我想淡化这件事情的影响。

原来小贾的父母正在闹离婚，双方起了争执，大打出手，在混乱中失手把他推下了楼梯，孩子的头被磕破了。我听着小贾平静地阐述，看着他那冷漠的眼神，我的心揪得发疼。从那时起，一个乖巧懂事、成绩优秀、活泼开朗的男孩子变得沉默寡言、性格孤僻起来，学习成绩也与日俱下。

看在眼中，疼在心里，我要帮他从阴影中走出来。我关心他的冷暖、关心他的衣食、关心他的学习。我语气特别肯定地告诉他："你的爸妈还是爱你的，虽然他们之间产生了问题，但不会影响他们对你的关心。"我不厌其烦，费尽口舌，可他始终是闭口不言，不动声色，一脸的漠然，除了简单的"嗯啊"之外，别无其他回

应。如此反复交流,他的内心似乎有了转变。课上不再趴在课桌上,课下他也开始与同学有了交流。

好景不长,他爸妈的举动又破坏了这美好的变化,他的父母把他像皮球一样推来推去。孩子在父母那里完全感受不到关爱,虽然我也跟他的父母进行过多次沟通,却怎么也改变不了现状。我再对他说"爸妈还是爱你的",他把头转向一边,不再相信。

他的性格变得叛逆起来,与同学打闹,和老师顶嘴、耍性子。温柔的谈话、严厉的批评,用在他身上显得如此苍白无力。他紧闭着心门,不相信人与人之间还有爱。

我心急如焚而又束手无策,不由得有些迷茫。又一次课间,一位同学来报告:"胡老师,小贾又和别人打起来了。"我把他叫到了办公室。看着他满不在乎的样子、倔强的眼神,想想自己近一年一系列艰难的付出,眼泪不由自主地淌下来……

在泪水蒙眬中,我看到他愣住了,手足无措。

我强忍着不让自己哭出声来,一字一句地对他说:"小贾,在胡老师心里,你一直是个好孩子,你为什么要这样作践自己?胡老师那么喜欢你,为什么,你为什么不听胡老师的话?"

在我哽咽的话语中,这块仿佛经过千百次锤炼的钢铁变得柔软了,看我的眼神也慢慢有了温度。他喃喃地对我说:"胡老师,这世界上只有你和我奶奶为了我而掉眼泪。"

谁说七八岁的孩子什么都不懂?每个孩子都有自己的世界,都有打开他们心扉的钥匙。我居然用眼泪打开了小贾的心门,用爱叩响了心灵之窗。

从这以后,他看我的眼神不再那么冷漠,我决定乘胜追击,用柔情来融化他、温暖他。我留意他的生活,嘘寒问暖;放学路上送上一句细声的叮咛;在他生病时,端上一杯热茶……渐渐地,他的叛逆表现收敛了,成绩也在回升。我发动同学有意走近他,与他交流,给予他帮助,让他重新融入温暖的集体。

寒冷的冬天来临了。一天下班后我正要骑车回家,看到他依然在校门口等着家人来接。看他在冷风中瑟瑟发抖的样子,我不禁心疼极了。我连忙停下来给他爸爸打电话,他爸爸推说有事,还没等我说话就把电话给挂断了。

我气急了,世界上怎么会有这样不负责任的父亲?

"我送你回家吧。"

我把他抱上车座，他双手插在我的衣服兜里，脸靠在我的背上。寒风中，我骑着电动车把他送回了家。

后来在一次日记中他写道：“胡老师的背虽然瘦弱，但很温暖。”我不禁感叹，爱的力量是无穷的，它让一块坚固、冰冷的钢铁化为绕指轻柔的金色阳光。

作为一名教师，应时时提醒自己：不要吝惜每一句爱的语言，不要计较每一个善意的微笑，不要忽略为学生做的每一件微不足道的小事……

（天津市滨海新区大港西苑小学　胡立敏）

太阳村来的孩子

教师的爱不同于一般的爱，她高于母爱、大于友爱、胜于情爱。不是吗？母爱容易出现溺爱，友爱需要回报，情爱是专一、自私的爱，而师爱是严与爱的结合，这种爱包含了崇高的使命感和责任感。这强烈的意识不断激励我以真诚去拥抱每一个学生，但这真诚也有遇到挫折的时候。

这挫折来自一个“特殊”的学生——小政。之所以说他特殊，是因为他来自太阳村。太阳村是一个民间慈善机构，以无偿代养代教的形式，扶助一群特殊的弱势群体——中国监狱里正在服刑的在押犯子女。大概是家庭的磨难和特殊的生长环境所致，小政与别的学生有很大的不同，他非常敏感，不愿意敞开心扉与人交谈，更不愿意接受任何人的帮助。

这发现源于一次运动会。我带来一些小零食和糖果分给学生们作为奖励，而小政始终不肯接受，我固执地塞给他一块棒棒糖，他马上就转手送给了别人。

大概就是从那一刻起，我对他产生了浓厚的兴趣。我开始利用课余时间找机会与他聊天，但不幸的是，他要不回答“我得上厕所……”，要不马上捂着腹部说“肚子疼”，或者说：“老师，我要写练习啦。”到后来，我一走近他，他干脆就逃开。

我备感挫折。但教育总是要讲究方法的，既然他不愿意与我交流，我也不希望他因此而对我有所反感，于是我决定“欲擒故纵”。

我从小政的同学、老师和太阳村工作人员的口中逐渐知道了他的一些事情。原来小政的妈妈精神上不太正常，有一次她目睹小政的妹妹受到同学欺负，狂性大发，居然将女儿的同学殴打致死。而小政的妹妹也因为看到这一幕深受刺激，精神失常。小政兄妹两人只得投靠在天津打工的父亲。可好景不长,父亲因胃癌去世,在多方协调下兄妹才进入了太阳村,从此小政性情大变,不交朋友,不爱说话,用所有时间陪伴妹妹。听闻这一切的我,不禁热泪盈眶,我下定决心一定要好好教育他,帮助他。

可此时小政却消失了。

一连两周小政都没来上课,多方打探寻找,我才知道,他犯了很多同龄人都会犯的错误——逃课上网。他终于露面了,我真想大骂他一顿,告诉他事情的严重性。但走到他面前,我却忍住了,小声对他说:"小政,放学后留一下好吗?我想和你聊聊。"他看着我,微微地点点头。我转身走出教室,心里却涌上一丝苦涩。

放学后学生们渐渐走光了,我看着小政一言不发,时间一分一秒地过去。他的眼神由敌对到纳闷,最后红着脸低下了头。我试探着问他:"你有什么话要对我说吗?"他摇了摇头。唉,我在心里不由得叹了口气。

"吴老师,你出来一下。"正在这时,教导主任的声音响了起来,我暗叫不好,硬着头皮出了门。

"你们班的小政连续两周不来你为什么瞒着不上报?学校有规定,无故旷课连续三天就要上报,一周以上就要给予警告处分,甚至考虑开除,难道你不知道吗?一个新老师怎么这么不拿学校的规定当回事呢?"

连珠炮似的责问,使我再没有心情与小政交谈,我只好回头低声提醒他可以回家了。但不知是否是错觉,我看到小政的眼睛里居然含着泪花。

事后我没有与小政谈话,说实话,我不知道该和他说些什么,更怕说错话伤害了他。但可喜的是,从那天起小政再也没缺过课。

好景不长,新的事件又发生了。一天中午,教导主任拉着小政来到我的办公室:"吴老师,你快来教育教育你们班学生吧。"

原来中午吃饭时,一个同学不慎将汤洒在小政身上,小政怒了,不仅将饭泼向那个同学,还对前来阻止的教导主任破口大骂,之后就"徐庶进曹营——一言不发了"。无奈之下,教导主任拉着他来找我。

我走近他,摸了摸他那被烫红的胳膊,问道:"还疼吗?没事吧?"谁知这简单的一句话刚刚脱口,他竟一滴滴豆大的眼泪落了下来。我不禁心疼地抱住了他。他微微一怔,随之大哭起来。感受着他的颤抖,我的眼泪也涌了出来。这个年仅11岁的孩子经历了太多,承受了太多,就让他哭一会儿吧。

事后我了解到，原来洒汤的同学之前曾在学生中间大肆宣传小政是孤儿，因此小政才会做出泼饭之举。事情虽在教导主任的帮助下圆满地解决了，但这件事却使我和小政的感情有了突飞猛进的发展，他开始喜欢和我谈天说地，还帮我批改作业，甚至主动替我分担辅导学困生的任务。在我的劝说下，他加入了班里的学习小组，与小组内的同学们迅速打成一片，而勤劳、好学的他也受到班里所有同学的喜爱。

（天津市北辰区韩家墅小学　吴琼）

守候尊严

“老师，我发工资了！想去看望您……”

手机上收到的这则短信，来自一个已经毕业四年的学生——小哈。当年那个一脸稚气的小姑娘，如今已经成为一名光荣的小学老师，我的同行。

小哈是家里的“老来女”，可偏偏在她没几岁时，母亲就去世了。第一次开家长会时，看到小哈爸爸满头的白发，我一时误以为是她祖父。当然，从她爸爸简朴的着装上也可以看出她家的日子过得很艰难。后来通过了解得知，小哈的爸爸是一名下岗工人，因为年纪大，又没有什么特殊的技能，父女俩只能靠他给仓库值夜班得到的一点儿微薄的薪水过活。

人们常说，穷人的孩子早当家。小哈学习上表现出了超乎人们想象的刻苦和努力，在班里一直名列前茅，其他方面也表现得非常好。她很快被同学们选为班干部，成了各科老师都喜欢的好学生。

可就是这样一个学生，每次缴费对她来说都是难关。开学初，小哈爸爸就向学校申请了减免学费，可是他们家还没达到全免的标准。于是，这剩下的费用就常常会引来这样的场景：小哈用沮丧的含着泪水的眼睛望着我，用低沉的几乎听不清的声音跟我说：“老师，那个钱，我过几天交行吗？”

“行，当然行。”我用很轻松的语气告诉她。然后，我把那笔学费用自己的钱先给她垫上。

这样的场景发生得多了，小哈便背上了贫困生的标签。可是虽旧但整洁干净的衣服，虽然简朴却格外规整的书皮……这一切都告诉我，这个正值花季的小姑娘并不喜欢贫困生这个符号。每每看到她无奈而又倔犟的眼神，我都明显地感觉到,小姑娘希望能和其他同学一样坦然地在这所中学里学习。

就在我为小哈的问题苦苦思考,却怎么也找不到好的解决办法时,我做出了一个决定。一次收学费,负责收费的学生干部到我这来发牢骚:“小哈又没交费,可是,前两天我还看她买了本新书呢。”我安抚了几句,又一次替小哈垫上了钱。

转过天,我找了个机会和“有钱买书,没钱缴费”的小哈聊天。在看似漫不经心的闲聊中,我得知,那是一本叶嘉莹教授关于古诗词的书。这种书,高中生很少有人去看。我没有多说什么,随后找到了那位负责收费的班干部,悄悄对他说:“从此以后,小哈的所有费用由我来交,而且你还要帮我保守秘密。”

小干部的脸上露出了惊讶的表情,但最终他还是认真地做出了保守秘密的承诺。直到高中毕业,小哈还以为他们家突然达到了学费全部免除的标准。从而在余下的两年里一分钱都没有交过。没有学习费用的困扰,小哈的学习生活平静了许多。

高考结束了,小哈如愿考上了天津师范大学。除了当老师的理想,上师大的费用较低,这也是她报考这所大学的一个重要理由。

就在这个分手的季节,那位小干部把保守了两年的秘密当作临别赠言告诉了小哈。当小哈来到我面前的时候,我们俩谁都没说什么,这个小姑娘只是深深地向我鞠了一躬。

已经上了大学的小哈,在信中说:“老师,我知道这两年您替我缴纳的费用不是一个小数字,可是比这笔钱更可贵的是您为我保留了一份尊严,尽管在别人看来这份尊严有些牵强,甚至认为是一个不懂事的孩子的过分要求。是您为我遮风挡雨,让我在高中时代远离了窘境。”

小哈大学毕业了。懂事的她,放弃了考研的机会。她决定早一点儿参加工作,让已经年迈的父亲过上安稳的生活。当她拿到了她作为小学老师的第一个月的工资后,她给他的父亲和我都买了礼物。她还几次表示要把中学时代我代交的那些费用还给我,都被我拒绝了。能够为学生的青春记忆遮风挡雨,是传授知识、教导做人之余,老师最为可贵的职业经历。对师生双方来说,那都是不能用金钱来衡量的人生体验。

(天津市第五中学　王冬)

字条

一天,教历史课的刘老师拿着一张字条气冲冲地来找我说:“你们班学生有偷偷传字条的,让我没收了。学生们谁也不承认,纸条上净是些情啊爱的。这些学生真是的,你得好好处理处理。”

我看了一下纸条上的内容,上头写着:“某某说喜欢我,天天等我一块儿上学。现在我也不知道该怎么办,我也不知道自己是不是喜欢他。我现在没有心思学习,总喜欢胡思乱想,我该怎么办呢?”

看完纸条,我立刻意识到:学生传字条并不是什么大事,真正严重的是我一直当孩子看待的他们,都已经到了情窦初开的年纪,心境如梦,情感如丝。孩子们长大是不可避免的,早恋也是不可避免的,他们的心并不像老师想象的那么平静;他们有很多苦恼,想找聆听之人,但又不敢与家人说,想找班主任又羞于开口,所以找同龄人来诉说,于是就采取了传递字条的方法。

早恋是很敏感的问题,既然发生了,那就宜疏不宜堵,对症下药方能有效。我想,是该加强青春期教育,引导中学生正确对待性成熟的时候了。

我首先以“花季雨季,青春无悔”为题开了一次别开生面的主题班会,教育学生们正确面对青春期的困扰,珍惜大好光阴。但我知道中学生早恋问题不是一时半刻就能解决的,教育工作者应该具有足够的耐心与宽容。那么,面对早恋问题,作为教育工作者更应具有这方面的修养。而要成为一个倾听者的先决条件是必须将自己与学生放在同一个高度上,把自己当成他们的朋友,乐意听他们诉说,帮助他们解决问题,并对他们有针对性地加以引导。引导得好,学生的心门就会轻易打开;引导得不好,他们就会守口如瓶。

关于字条事件,我没有批评任何人,而是诚恳地对学生说:“老师很高兴大家长大了,长大就会遇到长大的烦恼。老师愿意成为同学们苦恼的‘倾听者’,我以人格担保做最好的倾听者,决不告诉你们的父母,决不让第三个人知道。如果不好意思直接跟我谈,那就把你的心事诉诸字条,让它成为咱们师生之间沟通的桥梁。大家看怎么样?”

没想到学生们都鼓掌赞成。

“字条”制度实行后,我变得更加忙碌而快乐。忙碌是因为每天要花更多时间认真地给学生回复字条,对于问题严重的,还要及时抽时间谈心、开导。我和学生谈人生、理想等，师生之间显得非常和谐。

写字条的那个女生终于将她的苦恼告诉了我，我在给她的字条中写道："老师也经历过你现在的年龄。在青春的道路上有许多艳丽的玫瑰，但每朵玫瑰都有刺，要远远地看，别摘它。要知道，你在享受它芬芳馥郁的同时，它的刺也会深深地伤害到你。当你长大到有足够的智慧和能力来保护自己的时候，再去采摘属于自己的那朵玫瑰。"

后来，好几个星期，她一直沉默，没提这件事；再后来，有一张未署名的字条放在我桌上，上面写着："老师，我们俩谈过了，都觉得现在不合适。"

当看到这张字条的时候，我真的很开心。我深深体会到，我快乐是因为可以与学生分享他们的喜怒哀乐，感受他们处于花季雨季的心灵撞击。

一张张字条就是学生的一颗颗心！学生的心是稚嫩的，你在乎它，它就会长大；你忽视它，它就会枯萎。一张张纸条就是一座座沟通的桥梁，架在师生之间，让师生情传递得更畅顺！

（天津市滨海新区大港第四中学　丁玲）

春天的故事

阳春三月，正是万物复苏的时节，杏花红了，桃花粉了，迎春花露出了灿烂的笑脸。人们纷纷脱下冬装，换上俏丽的春装，感受春的气息、春的生机。

一个春日的周末，我领着孩子在大港公园玩，迎面走来一对手牵手的小情侣，女孩穿着玫瑰红的毛衣，男孩穿着牛仔服，真是女的俏男的帅。忽然间觉得怎么这么眼熟，我定睛一看——我的学生！

这对小情侣一见到我就如同老鼠见到猫眨眼就跑掉了。过了一会儿，我的电话响了——是那个男孩打来的，他很忐忑地要和我谈谈。

怎么解决这件事才能达到最好的效果？我扪心自问。我决定让两个学生明天找我。霎时，眼前公园的春景也无心欣赏了，唉，真是"多事之春"啊。

转天是一个难得的艳阳天，课间时两个学生紧张兮兮地一起来找我。见他们手足无措的样子我就笑了，说："干吗这个表情啊？"

男生说："这不是犯错误了吗。"

我一笑，心说这俩孩子什么都清楚，看来关于早恋的问题可以先不急着谈。

于是我又笑着说:“既然知道,怎么还出手啊。”

他俩低头不吱声了,我趁机说:“恋爱本身没有错,你们相互吸引说明你们的心理和生理发育是同步成长的,这是健康的表现,同时也说明你俩学会欣赏别人了。从这两点来看,你们没错啊。”两个学生诧异地看着我,他们没有想到我会这么理解他们。

“但是时间不对,荷花在春天开是结不了莲子的,反倒是荷花有可能冻死。明白我的意思吗?”我笑着说。

他俩点点头,就是不说话。

“理都明白,但是情舍不得,是吗?”我轻声问。男生轻轻点点头说“舍不得”,女生则红着脸低头不语。我的心柔软起来,十六七岁正值花季,再碰上花样的人,能不像少年维特吗? 不能伤害两个孩子,我暗想。

“你们说这事该怎么办?”我问。

男生说:“老师你说吧,就是求你别找家长,他们要是知道了就出大事了。”

“可是家长是有知情权的。不过关于这件事,我想给你们出一道选择题,A项是马上告诉家长,B项是达到某些要求,可暂不告诉家长,你们选哪个?”

两个学生立刻抬起头,异口同声地说:“B。”

“既然这样,找家长的时间我们暂定为期中考试之后,要求是:一,谈恋爱不能耽误学习,你们要进步。二,不能在学校、班级有出格的行为和语言,要做到‘发乎情,止乎礼’,尤其要注重班级影响。三,放学准时回家。要求达到了,我可以考虑暂时不通知家长,在班内保密,最大限度保护你们的隐私。”

“没问题,老师你就看着吧。”他们向我发誓说,脸上露出笑容,然后神情轻松地走出办公室。

春天还真不错啊! 望着窗外的艳阳天,我心情愉悦地想。

他们果然说到做到,而我会不定期地打电话回访家长,询问学生在家的情况,同时观察他们在班内的表现。这件事就这样在我们三人之间和平解决了。

期中考试了——就在春天将要过去时。女生由原来的年级36名进步到年级21名,男生则由原来的年级148名进步到66名。女生特意跑到我面前拉着我的手说:“老师,我们进步了,咱们的约定还有效吗?”

“有效,期末考试继续努力! 注意影响,以后上大学再牵手。”

她笑脸如花,做了一个OK的手势:“谢谢老师,你放心吧。”

伴随着春天发生的故事,我真切地感受到早恋其实只是学生成长的一面镜子，一面照着学生的精神和情感需求，一面照着家长与老师对早恋的心态。我们用什么样的心态照镜子，就能照出什么样的画面。如果我们怀着尊重理解、关怀引导的心照镜子，就会发现青春的绽放如同春天的花儿一样灿烂夺目。

（天津市滨海新区大港第八中学　王晓亮）

一支口红

像往常一样，我又开始了一天的工作。与以往不同的是办公桌上放了一个信封，里面装了一支口红并附着一张字条："赵老师，这支口红是我最喜欢的，我想它一定更适合您，因为在我心中您是最美丽的。赵老师，我爱您！"

记忆不禁把我带回到几个月前……

那是深冬的一个晚上，电话铃急促地响起。"赵老师您好，我是小萍的母亲，很抱歉打扰您，请问学校今晚是准时放学的吗？小萍到现在还未回来，外面还下着雪，真急死我了……"

"您先不要担心，不会有事的，我先帮您联系一下。"我极力安慰家长道。

放下电话，一丝不安袭上我的心头，一连串的场景很自然地串联在了一起：邻班的班主任告诉我，最近小萍和她班上的李桐走得很近，一向踏实的小萍竟然化起了淡妆；我在她的书箱里发现了一些化妆品和饰物。这似乎是"早恋"的证据，可是我始终认为，那两个字是大人强加于学生的，我宁愿认为那是男女同学之间的"相互欣赏"。可这个节骨眼上，我必须立即解决这个棘手的问题。

我拨通了小琳的电话，她是小萍在班里唯一的好友。在我再三追问下，她讲述了小萍的愿望："如果在一个下着雪的晚上和自己喜欢的人在一起漫步，就可以和他永远在一起。"小琳再三请求我帮她保守秘密，否则小萍会被她爸爸打死的！

挂上电话我一直在责任感和良心之间游荡，不得归属。终于我做出了一个令我自己也感到惊讶的决定——"替学生撒谎"。

第二天一早，小萍的父亲怒气冲冲地来到学校，想从我口中验证昨天的事，这位父亲显然是一位传统教育方法的拥护者。他见小萍晚回家一个多小时，且从孩子的书包里发现了与学习无关的口红，于是没给孩子任何解释的机会，便是一顿拳打脚踢……

此时，小萍捂着被爸爸打伤的眼角，用眼睛的余光向我乞求。我已经没有别的选择。

我把小萍揽到身边，面对满脸愤怒神色的小萍爸爸说："是的，小萍昨天和几个班委为班级出板报耽误了时间。虽然是为班级服务，但是没有顾及家长的心情，这种做法是欠妥的。"

说话的时候我竟然没敢看家长的眼睛，怕他读出我眼中的尴尬。小萍似乎不相信一向不苟言笑的我竟会为了她而说谎。她的眼中已噙满了泪水，我相信那是悔恨与感激的泪。

自己判断错误得到证实的父亲仿佛一块石头落了地，满意地走了。一场轩然大波就此得到缓解。

恋爱是人生的大事，也是极其正常的事情，只是在"恋"字前加上一个"早"字，便成为老师、家长最揪心的问题。晚自习前，正当我一个人为今天的事情进行是非褒贬评判的时候，小萍走了进来。

"赵老师……"

见到周围没人，小萍便大胆问了我一个意想不到的问题："赵老师，您相信爱情吗？"

"当然！"我不假思索地回答道。

我的回答似乎增加了她的信心，她提高音量说道："给您讲个故事吧！一只蝴蝶因受伤而落进一片水洼，她的爱侣为了不使它受到行人的践踏和惊扰，就一次次疯狂地往行人身上撞，试图以它的力量掀翻鲁莽的行人，您觉得这只蝴蝶愚蠢吗？"

"这不是愚蠢，是心灵冲动使然。美丽的冲动源于心灵的良性感应，就像你我一样，为你撒谎不是愚蠢，更不是冲动。我想，你不会让我失望的，不是吗？"

言语中，我发现我的某些语句触动了她心灵最深处的单纯和善良，于是我抓住时机，也给她讲了一个故事："我们大家坐上了一列开往幸福未来的列车。在这个过程中你会发现一个自己心目中的'白马王子'，于是你不假思索地和他交往起来，可是等列车又到了一站的时候，上来的乘客中，有一位更加优秀、更适合你的，而这时候你已经没有了选择的权利。所以说，恋爱这件人生大事，选择的时候不能太早，因为没有了比较你会失去最终的幸福。而人生是不容许我们犯这样的错误的，它会用失去一生的幸福来惩罚我们的一时性急。"

小萍此时已经卸下了所有防备，我们俩四目相视，眼神里满是真诚。

从那天开始，小萍变成了一个积极向上的学生。一向腼腆的她，总是在老师提问后第一个高高举起手。所有的科任老师都感觉到了小萍的进步，月考中小萍考出了入学以来的最好成绩。家长会上，小萍的母亲激动地握住我的手，她眼中闪烁的泪光是对小萍进步最大的肯定。

关上抽屉，我带着莫大的欣慰走进教室，迎接我的依旧是一张张花儿一样美丽的面孔，其中“一朵”笑得最灿烂。我们四目相视，依然还是那份真诚……

（天津市第五十一中学　赵静）

静候花开

“刘老师，我给您送结婚请柬来了。我代表我的父母邀请您，并希望您在我的婚礼上讲话……”一个突然打来的电话打破了我心中的平静。思绪回到那年，想起了那个叫小悦的女孩。

那年秋季，我接任高三(1)班班主任。同事纷纷告诉我，这个班的小悦，别看是女同学，绝对拥有超能量：正事别提，闲事一大摞；课间十分钟，楼道里飞翔着她的身影，和各班“问题男生”打成一片的绝对是她；保媒拉纤的事对她来说不在话下，违规违纪准保有她；她串联各班学生和某个老师作对，谋划怎么在考试中愚弄老师，不费力气就得高分；她更是德育处的常客，且屡教不改……而上课时，她却没了能量——睡觉。任课老师对她的要求也只是上课不捣乱就行。对她，我也很是头疼，对于常规的训斥说教或者鼓励，她早就具备浑身的免疫力了。

开学第一天我和她的父母通了电话，了解到父母长期忙于工作，在学习和生活上对她疏于照顾。她自己自由惯了，不想被约束和管教。但是父母强迫她必须完成高中学业，她就以在学校犯错误回报他们。从其父母的话中，我读出小悦在家里自主能力特别强，并且对班里同学的困难她绝对是两肋插刀鼎力相助。

我没有拿着“已经高三”的大帽子压制她，也没有用校规中的“不允许”教育她。楼道里，我假装无意地走过她的身边，微笑着看她一眼，她稍微停顿了几秒，继续和其他学生进行她的“工作”。上课时，我仔细留意她的表现：不知是否为了给我这个“新官”一个好印象，一周六节英语课，她竟然有五节没有睡觉！尽管半节课她都在走神，我已很知足。第二周英语课时我开始有意地多提问她，并有意走到她们组，参与她们的课堂讨论。我发现，这样一个天不怕地不怕的女孩，居然还挺有团队意识。她为了避免抢答环节答错使本组被扣分，楼道里有时会听到她大声斥责着同学："快点儿，给我讲明白这道英语题！姑奶奶我回答不对，你也别想好过！"听，多么霸道！但是已经靠拢学习内容了。

我继续耐心等待着，我坚信小悦如同"初春的花蕾"，她自有自己的花期和美丽。她也需要老师的耐心保护，等待机会展示自我，发现并实现自我价值。如果当时对她不分场合地当众批评、挖苦、讽刺，就如同"盲目地拔掉那些未开的花蕾一样"，让其受到伤害。耐心等待对她也是一种尊重。我相信，小悦会改变，但要有足够的时间。这么多年的习惯，怎能靠我的三寸不烂之舌一下子扭转呢？

开学第四周，我班要做一个题为"青春·梦想"的主题班会录像课。课间，我把她找到办公室说："老师请你帮我一个忙，听说你唱歌特别好听，班会课你能为大家唱一首吗？"

"什么？老师，您疯了吧！"她自知失言，红着脸露出那女孩子特有的羞涩。

我马上说："我希望你在班会课上唱一首玛利亚·凯莉的《HERO》"

"不行不行，我五音虽全，英语不好，您最好找个学习好的唱吧。"

"我只想找你，我相信你行。"

看着我坚定的表情，她有些勉为其难地说："我试试，但是您就别抱太大希望了。"

接下来，我把下载的歌曲视频和歌词打印好给她，还带着她去找音乐老师进行练习。班会课上，她歌曲唱毕，全班掌声雷动。掌声中，她真的像英雄一样走回自己的座位！课间，一帮同学围着她赞扬："够有才的，还会唱英语歌呀，够温柔哦。"

她立即回答道："滚犊子，姑奶奶我是'天生丽音'。"那霸气的声音中我分明听到了一丝自豪。

我多次和她聊天，但绝口不谈学习，话题从英语歌曲、爱好到父母、朋友和社会上的热点问题。接着，楼道里她霸道的身影减少了，她的声音也不那样刺耳了，她把更多的精力逐渐放在了班级活动上——班级墙报每日"凡人凡语"、《英语工场》英语剧的排演以及每月一次的英语歌曲大赛。在此期间，我坚持每天送给她一句英文名言和一个"心灵鸡汤"小故事，直至高三毕业。

毕业前夕，小悦给我写了一封信："老师，我多希望像您一样做个英语老师。但是我学习基础真的很差，虽然我最后半年很努力，但我还是担心……"我把《阿甘正传》中的一句经典台词送给她：Life was like a box of chocolates, you never know what you're going to get.

高考结束,她考上了本市的一所专科学校,选择了自己喜欢的英语专业。我第一时间发给她祝贺的短信,附带一句:Nothing just happens, it's all part of a plan. 小悦和父母欢天喜地地拿着录取通知书,我为之深深地感动着。

老师的成功与否,不在于有几个学生考上重点大学。我在学生人生最关键的时刻,用自己的言行感染她,耐心等待她的成长。对于学生来说,成长的过程需要足够的时间。这需要我们放慢爱的脚步,用我们的真诚、宽容、耐心、期待、信任和尊重对待学生。让我们学会等待,在等待中守候花开。

小悦上了大学,我依然做着她的"班主任":大专三年我们一直保持联系,交流探讨和议论她的学习,她的苦恼,她的大学英语四级考试,她的男朋友,她的教师资格考试……一路走来,有苦有乐,有放弃有坚守,最终她真的靠着自己的勤奋努力实现了自己当一名幼儿园英语教师的梦想。教师节,我收到了小悦的一大束鲜花,那一刻我真切感受到作为一名班主任的幸福。

在她的婚礼上,我深情地祝福相爱又懂爱的一对新人珍惜爱、享受爱!

(天津市第九十八中学　刘凤娟)

借　花

这天下班前,我与最后一位家长交流完学生的情况,正准备离开办公室,一个小脑袋从门外探了进来。原来是"调皮大王"涛涛。

平时,他性格孤僻、倔强、暴躁,每次老师和他谈心,他可以一个多小时不看老师一眼,也不和老师说一句话,颇有些让老师下不了台的意味。而这时,他的脸涨得通红,眼神里流露出一种渴望,并夹杂着一丝怯意,看上去很着急。

"还没有回家? 找我有事吗?"我假装没有看见他的窘态,淡淡地问道。

"嗯!"他怯怯地回答。

我抬起头看看表,已经6点30分了。他竟然在门外等了一个半小时! 显然是遇到了难题,否则,以他的个性,是不会轻易求助于人的。

只见他低头想了一会儿,又猛地抬起头,不错眼珠地盯了我一会儿,好像鼓起很大勇气,艰难地对我说出了他的"请求":"老师,我想要一朵大红花。"他的声音小得像蚊子,话还没说完,他就不好意思地低下了头。

我想起来了，他第一周只获得一颗五角星，第二周获得三颗五角星，而班级规定，必须在纪律、学习、卫生等各个方面表现有进步，累计获得五颗星的学生才能发给一朵大红花。他还差一颗星。我故意问他："到现在你累计获得几颗星了？"

"我上周答应过妈妈，要拿一朵大红花回去。"他抬起头来，用恳切的目光望着我。"老师，我已经答应妈妈了。"

这朵大红花，给不给？

我的心似乎被什么东西猛地撞了一下，心中不自觉地涌起一份感动。涛涛这么在乎一朵大红花，可见他对进步的渴望，他又是多么看重妈妈对他进步的肯定呀！这不正是他追求上进的表现吗？我突发奇想：破例奖给他一朵大红花——以"借"的形式。

我压住心底的感动，语气温柔地说："一朵大红花我可以借你，这样你就欠我一颗五角星。如果你下周还我一颗五角星并保证还能得一朵大红花，我就答应你。"

涛涛抬起了头，眼睛闪着亮亮的光。他先是有点儿迟疑，继而用坚定的语气吐出三个字："我答应！"

我乘势"激将"："看得出你是一个男子汉，你能遵守和妈妈的约定，也一定能兑现对老师的承诺，老师相信你！"

他捧着一朵鲜艳的大红花蹦蹦跳跳地跑了。

第三周，涛涛以他的实际行动赢得了大家的认可，共获得七颗五角星，还给我一颗后还剩六颗。我利用这个"伟大"的转机因势利导，在班会课上大力表扬了涛涛。不想在以后的每一周里，涛涛都获得了各式各样的大红花，期末还被评为了学校的"三好学生"。

这是一件很不起眼的小事，没有过多的说教，也没有轰动的场面。然而，一个恰当的契机，一次真诚的指引，却让"调皮大王"的心灵敞亮了。看似偶然，实则必然，当信任的光辉把学生的心灵照亮时，学生的眼里就必然透射出光芒。一位学者说得好："教育是什么？就是给受教育者留下希望和信心！"

（天津市滨海新区大港滨湖学校　王连芝）

一分钟的倾听

我班有一个男生，名叫小磊，他头脑机灵、行动敏捷。学校老师和学生没有不认识他的，因为他擅长除了学习之外的任何事情。例如，随意打乱的魔方，他能在一分钟内复原；高难度的相声《报菜名》，他能一气呵成倒背如流；他的手工制作，栩栩如生……

但是他始终对学习无动于衷。作为班主任的我和小磊的家长，用尽浑身解数都无法使他的精力集中到学习上，哪怕只有十分钟。而让他按时交作业、上课集中精力听讲，对我们来说更是"妄想"。

两周前的一节课后，教物理课的刘老师气冲冲地把小磊送到我面前，原因是他课上扔粉笔头，还扔到了讲台上，并且振振有词地说是给老师送弹药。听完物理老师的描述，我简直怒发冲冠，怒是因为初三这么紧张的复习课上还出现这种问题。我先把小磊叫到一边反省，按照我以前的做法，接下来就要立即给家长打电话，然后让这个令人头疼的学生写检查。

这时，小磊往前迈了几步，一本正经地对我说："李老师，我是犯错了，但您先不要给我家长打电话，否则我回家就得挨打。您先听听我犯错的原因是什么，行吗？只一分钟！"

我强压怒火，心想：听听也无妨，看他能编出什么花样来。

"咱们班上现在一提到数字8，就有同学在下面答应，占便宜，今天班长小宇、学习委员小龙和宣传委员小绪，就因为这事一直互扔粉笔头，直到上了物理课还没完。好几次他们掷得不准，都扔到了我的身上，我实在忍无可忍了，才进行'还击'……"小磊认真地说。

听过了小磊的叙述之后，我心中好像打翻了五味瓶一样不是滋味。据他所说，这件事的起因不在他，而是班干部没有以身作则。我沉思了一会儿，对小磊说："看来这件事的起因不在你，我先不给你的家长打电话，一会儿下课我会找同学了解一下，就算给我们一个彼此信任的机会。你认识到自己的错在哪了吗？"

让我没想到的是，小磊向我深深地鞠了一躬，很严肃地说："李老师，我知道自己确实做错了，谢谢您的信任，下了课我就给物理老师道歉！"

后经了解，小磊反映的情况属实。我对这件事所涉及的班干部进行了严厉的批评，从此与小磊同学建立起了一种相互之间的信任。

出乎意料的是，初三数学结课考后，小磊一溜儿小跑到我这，兴奋地说："李老师，我刚刚对过了数学考试的答案，我估计这次我能考到70分以上！"我笑着鼓励他，不管他是不是真的考到了这个分数，毕竟他对学习上心了。后来在中考数学考试中，小磊取得了88分的好成绩。我想，这就是上次"一分钟倾听"的成就。

作为教育工作者，其实一直以来我们对教育后进生的理解存在着偏差。我们总认为自己的教育就是为了学生好，对任何事的判断自己都是准确的。当我们举着爱的幌子，用不当的方法去处理学生的"错"时，那往往不是在教育，而是在伤害。对于学生的错误，我们应少些怒气，多些耐心；少些激情澎湃，多些理性思考；少些急躁，多些宽容。我们不能用成人的标准去衡量一个学生，当学生犯了错，先给他们一分钟解释，我们先做一分钟倾听。

（天津市卓群中学　李晔晖）

孩子的作文

一个周六下午下班回家的路上，在一座桥上被一个老者亲切的呼唤声叫住了。一阵简短的寒暄后，知道他是我班一个学生的爷爷，是来桥上特意等我的。

原来，他的儿媳与宝贝孙子正为学习的事在家中争吵不休。见到我，像见到了救星，希望我能帮上忙，眼中满是期盼。我欣然答应前往。

不多远就是他家，走进去，只见孩子的母亲正怒气冲冲教训着孩子；孩子低着头，无声地对抗着。我的到来，使得孩子的母亲有点儿局促不安，一面让孩子打招呼，一面责怪孩子作文内容写得混乱不堪，埋怨孩子看书不过是装装样子；孩子抬起满是泪痕的脸，轻声打过招呼后和她狡辩。

事情是由我周末布置的一篇写作练笔引起的：练笔的题目是《难忘那件事》，母亲检查作业时发现孩子写得不行，责令重做；孩子不从，母亲一怒之下把作业本撕了。孩子哭，死活不重做，因为在他印象中根本就没有让他难忘的事。

我知道光安慰肯定是不行了，得打消学生惧怕练笔的心理。笛福说得好——"害怕危险的心理，比危险还要可怕一万倍"。只有为孩子指条道，让他有信心，知道笔往哪儿下才行。

我有了主意，对孩子说："来，今天老师和你合作一件事，让你难忘。"

孩子抬起头半信半疑。

我们来到一条小河边，找来一个竹篮用绳绑上，我叫孩子打水。孩子嘟囔一句："竹篮打水一场空。"我笑着问他试过没有，他摇头。我告诉他，没试过的事没有发言权。竹篮下水了，又提上来，篮子只是被水浸湿了，湿漉漉的，没打上水来。孩子带着骄傲的神情看着我。

一旁，孩子的母亲吩咐孩子再来一次并且要他快点儿。孩子依命再打。一眨眼，竹篮上来了，除了滴滴答答滴着水，还是打不上水来。孩子得意了，原先的不快荡然无存。

我又让他找来两个塑料袋，把它们分别用线绑在篮子的两边，吩咐孩子再试试。篮子又下去了，孩子要提，我让他慢慢地提。等了会儿，篮子上来了，依然如故，可一旁的塑料袋里有半袋的水。孩子大叫："有水，有水！"

看着竹篮和半袋水，我和孩子谈起了课外阅读。聊着聊着，孩子告诉我，他明白老师叫他用竹篮打水的原因了：读课外书时，不动笔墨不读书，要写读书笔记，不然就是"竹篮打水一场空"。

我欣慰地点点头，然后告诉他，读书时，不能光看热闹，要理解，要读懂。为丰富自己的课余生活，在家应多帮助家人做点儿事，有时间多和家人出去走走，为自己的练笔提供无尽的生活素材，加上坚持写日记，何愁作文写不出来。

孩子回家后拿起笔欢快地写起了刚才的事。在孩子的爷爷、妈妈不住的道谢声中，我告别了他们一家人。

一次偶遇，似乎改变了一个孩子。从那以后，他生活中多了许多快乐，绿茵场上有了他活泼的身影。他还时常在家里干点儿活，而且变得越来越自信，每周写的日记也精彩多了，佳句妙段精彩纷呈："世事难料，我刚迈出几步，就被地上的水滑倒了，人像泥鳅似的躺在地上。妈妈见了，哈哈大笑。""我壮了壮胆，仍心有余悸地往上爬，终于稳稳当当地上了楼顶。该下去了，'上山容易下山难'，我的心跳不由加剧了，英雄看来真不好当。""我灵机一动，一个极妙的主意降临。跟他唱个空城计。我忙把电视的声音调为静音，然后就着零食，津津有味地半躺着继续观看着心爱的电视剧……"

看着这些不时跳入眼帘的鲜活生动的句段，我感受到了学生的进步，更感受到了孩子的快乐。他已经学会了用笔去描绘自己的生活，我心中的快感油然而生。我要把这种幸福写在学生的作业本上，盛在学生满意的答卷上，堆在家长充满谢意的脸上，让它开在自己充实的心里……

（天津市河北区大江路小学　底静）

最柔软的梦

等待一朵花盛开，需要很多耐心、微笑和守候；陪伴一群学生长大，需要许多接纳、倾听和包容。学生们的成长，如同一个寓言，这个寓言里有欢笑，有痛苦，有水波不兴的稀松平常，有出乎意料的戏剧性。但是，学生也是很复杂的，他们的人生不能只是一个味道、一个结论。

这次从一年级带班，班里有个小男生，从第一天开始就引起了我的注意：高高的个子，帅气的面庞，充满了活力，每一个课间他都在走廊里跑来跑去。因为他姓窦，又好动，像一颗顽皮的小豆子，我便亲切地喊他“豆豆”。入学一个月，只要脱离了我的视线，豆豆就一定会“打”人。有那么一段时间，他的爸爸妈妈几乎一周来一次，带着别的孩子去看医生。

豆豆俨然成了班里的一个小魔头。看，那个摇头晃脑疯跑着，一直跑过本班教室都没刹住车的学生是他；那个下课出怪声，不停做怪动作和鬼脸的学生是他；那个随意拍同学脑袋，拉扯同学红领巾的学生是他；那个上课切橡皮，撕纸条，弄得满桌子满地橡皮渣和纸屑的学生，还是他。虽然我对他进行了多次软硬兼施的劝说，他也有了进步，但不时总还有同学来告他的状。

一天中午吃完饭，学生们和往常一样排着队回教室。突然有学生大喊一声：“任老师，豆豆刚才从地上捡了什么东西，放进了口袋里。”“我也看见了，好像是一只死了的小鸟。”“我也看见了。”

第一个同学话还没说完，马上就有人跟着嚷起来。顿时，站在豆豆旁边的几个女生吓得赶紧跑开了，原本整齐的队伍一下子变得混乱，还掺杂着学生们叽叽喳喳的议论声。

我让体育委员停下脚步重新整队，自己则往食堂方向小跑几步，想去看个究竟。因为在刚刚去食堂吃饭的路上，我的确看见了一只已经死了的小麻雀躺在路边。

待我回到之前看见小麻雀的地方，哪里还有那瘦瘦的可怜的已经残破的小身影？我再返回去看豆豆的裤子口袋——鼓鼓的。我微笑着注视着他，没有说话，而他则涨红了脸，一言不发地与我对视了一小会儿，就逃避地把头扭向一边。

学生们依然你一句我一句地说着：“你捡一只死了的鸟干什么，是想吓唬我们女生吗?"

"它的妈妈一定会回来找它的,你把它拿走了,它妈妈多着急啊。"

我静静地听着,思索着。过了好一会儿,学生们才慢慢安静下来。他们望着我,眼神中有好奇,有期待,也有不解。我知道他们认为我一定会责怪豆豆,所以,都在等着我生气,等着我爆发,而我的平静,他们不能理解。

我依然沉默着,仿佛刚才的事没有发生,带着队伍往教学楼走。回到教室,学生们都坐到了自己的座位上,我心里已经有了打算。

教室里静悄悄的,学生们安静地看着我。那些明亮的眼睛,让我突然很感动,这些眼睛里流动着天真和善良。那一刻,我相信捡走小麻雀的豆豆,一定有他自己的原因。

我招招手喊豆豆过来。他依然小脸通红,眼睛里有了雾气,我轻轻地拍了拍他的头。没等我说话,他自己先哭了,边哭边说:"任老师,我,我捡走小鸟,不是想吓唬女生,是,是我看小鸟,太,太可怜了,怕它再被同学们踩,想带回家,把它埋了……呜……"

我的内心此刻被震撼了:平时的捣蛋鬼竟然有这样温柔细腻的一面。我抱了一下小豆豆,给他擦了擦眼泪。看着他哭红的眼睛,我既为没有冲动地当众批评他而庆幸,也感到了一丝惭愧:我是怀疑过他捡小鸟的动机的。

我和豆豆站在讲台上,39 双眼睛看着我们。我觉得此时此刻应该做点儿什么。于是,我再一次抱住豆豆,并对他说:"宝贝儿,老师要对你说一句'对不起',老师差一点儿就错怪你了。"

然后我轻轻地鼓起掌来。一声,两声,三声……教室里掌声越来越大,豆豆不敢相信地抬起了头。有几个学生跑过来给了豆豆拥抱,还有几个学生站起来大声地对豆豆说"对不起"。我看着、听着这一切,突然觉得自己特别幸福。我的学生们长大了,尽管他们有时调皮惹我生气,尽管他们有时会让我觉得烦恼,但他们都有善良美好的心。

我忙去办公室找了个小盒子,用柔软的纸在下面铺好,豆豆小心地把小麻雀放到里面,又用一张纸盖在小麻雀身上。他的动作是那样轻,那样柔,仿佛小麻雀只是睡着了,一点点声响就会被惊醒。

学生们都低下了头,默默地为小麻雀祈祷,祝福。祈祷结束后,我问学生们刚才在心里说了什么。个子小小的小书说:"我祝愿小鸟下辈子能和妈妈一直幸福地生活在一起。"大大咧咧男孩子性格的燕子说:"我祈祷小鸟能变成一个小朋友，和我们一样可以快乐地长大。”

多么柔软的梦啊！学生们给了小麻雀美好的来生，也给了我一个迷人的梦境。这梦亦真亦幻，在梦里，我重新认识了豆豆，重新认识了我的40个宝贝，也重新审视了我自己，审视了我的教育理念。

学生如花，百花自有百花的姿态。为人师者，要懂得欣赏，懂得信任，懂得呵护。有时候，教育就是带着一双发现卓越、忽略不足的慧眼，温柔而坚定地等学生们慢慢开花，慢慢结果，让他们在爱和宽厚的氛围里学会控制自己的淘气，最终长成美好的人。

（天津市津南区咸水沽第七小学 任维）

圆孩子的梦想

“梦想总是要有的，万一实现了呢！”马云的一句话已经成为当今关于梦想的流行语。是的，梦想是一定要有的，而且一个人从小就应该拥有梦想；作为一名小学教师，要能够帮助学生追求自己的梦想。

一次，我在信息技术课堂上宣布了一个小学生微电影竞赛的通知，问是否有人要参加，原本以为根本不会有学生报名，因为参加微电影比赛不是一件简单的事情。但令我没想到的是，坐在机房最后一排的强强举起了他的小手。

强强是五年级的一名学生，个子不高，有两只大大的眼睛，各科成绩并不是很优异。但他听到这个通知，立刻高高地举起了手，喊道：“我要参加，我要参加！”话音刚落，全班同学都笑了。我想他们笑的应该是强强的成绩不优异却还想参加微电影比赛，这岂不是异想天开。

看到这一幕，我想起了曾经读过的一则对我触动很深的小故事。美国纽约州历史上第一位黑人州长罗杰·罗尔斯，出生在纽约声名狼藉的贫民窟。在就职当天的记者招待会上，罗尔斯一字未提自己的奋斗史，只谈到了他上小学时的老师——皮尔·保罗。当时，皮尔·保罗被聘为诺必塔小学的老师，发现这里的穷孩子根本不与老师合作，他想尽办法引导他们，但都未能奏效。后来他发现这些孩子都很迷信，便用看手相这个办法来鼓励他们。当罗杰·罗尔斯从窗台上跳下，伸着小手走向讲台时，皮尔·保罗说：“我一看你修长的小拇指就知道，将来你准是纽约州州长。”罗尔斯大吃一惊，因为长这么大，只有他奶奶让他振奋过一次，说他可以成为船长。这一次，老师竟说他可以成为纽约州州长，着实出乎他的意料。他记下了这句话，并且相信了它。从那天起，罗杰·罗尔斯就憧憬着“纽约州州长”这个美好的梦。他的衣服不再沾满泥土，说话也不再夹杂污言秽语。他开始挺直腰杆儿走路。在以后的四十多年间，他没有一天不按州长的身份要求自己。51岁那年，他终于成了州长。

小学生的梦往往是他人给予的，而能指引学生梦想的人，教师这一角色是必不可少的。罗杰·罗尔斯和老师皮尔·保罗的故事，让我有了深刻的感悟，再联系到眼前的场景，我想我应该鼓励强强参加此次比赛。教育的本质不仅仅是教授知识，更重要的是教学生如何做人，如何成为优秀的人。而想要成为优秀的人，第一秘诀当然就是自信。作为一名小学教师，我们所要做的应该是不断鼓励学生，给他们一种信念，让他们挺直腰杆儿做人。

强强虽然成绩不优异，但是他能踊跃参加此次比赛，说明他对电影、对编剧感兴趣，那作为信息技术老师的我为何不帮他一把呢？没准强强因为这次比赛将来会成为和张艺谋一样出色的导演呢？小学生的梦想如同新芽，尽管孕育着无穷的希望，但却是稚嫩而又脆弱的，需要教师倾心地呵护并关爱有加。因此，我认为我应该善待学生的梦想，善待强强的导演梦，让学生的梦想照亮到现实生活中来。

做好前期的报名工作之后，我对强强进行了培训，讲解了微电影的前期准备、中期拍摄以及后期制作的工作流程。首先是微电影剧本的编写。强强是个很有耐心的学生，每次改完剧本都会立刻给我看。看着三页弯弯曲曲的字，还有红色、蓝色修改的字迹，我看出了强强是多么的用心。经过五六次修改，剧本终于定稿了。当我告诉强强可以进行拍摄的时候，强强开心地欢呼雀跃，我也感受到了作为一名教师从未有过的欣慰。

强强找好班里的同学作为演员，我们利用课余时间拍摄，在拍摄的过程中，我会对强强进行机位和拍摄手法方面的指导，并讲解如何拍摄才能把剧本中蕴含的感情充分表达出来。强强领悟能力很强，有时甚至能想出连我都想不到的好点子，他很有做一名导演的天赋。经过连续一周的辛苦工作，镜头全部拍摄完毕，我和强强在办公室里筛选可用的镜头，经常弄到很晚才结束，因此我送强强回家。

到了他的家，我才明白为什么他的着装不是很干净，为什么他的成绩不是很优异。他的家在一个很窄的巷子里，一个院子里住了三户，他们一家三口住在一个又黑又潮的屋子里。他的爸爸妈妈忙于生计,根本顾不上他的学习,甚至有的时候连饭都要强强自己解决。

看到这个场景,我心里一酸,眼泪夺眶而出。强强告诉我,他喜欢看电影,喜欢写小故事,总是幻想着自己也能拍一部电影,但是由于家里条件的限制以及爸爸妈妈不支持,这些只能是幻想。

强强虽然学习成绩不优异,但却十分有礼貌,他对我说:“魏老师,感谢您能给我这个机会,感谢您能帮助我参加这次比赛。我的梦想就是成为一名优秀的导演,等我出了名,我一定不会忘记您的!”看着强强天真的笑容,我的心里美滋滋的。他如此乐观,这么小就能有自己的梦想,并且不管环境多么恶劣,都能为之努力,哪怕是小小的机会也不放弃,这种精神很可贵。

“你做得很棒,不论是剧本的编写,还是拍摄,都完成得很优秀,接下来的剪辑老师来教你。我们一起把这个作品制作完成,我们一定能够获奖的!”

强强听我这么说,拍着他的小手一个劲地鼓掌,仿佛获得了世界大奖。

在后期剪辑过程中,强强利用课余时间来我这里学习剪辑技巧。这对于一名小学生来说真不是一件简单的事情,但是因为他感兴趣,所以他学得比成年人还要快。由于他家里没有计算机,每天放学后我陪他在计算机教室进行剪辑。经过一周的努力,强强终于顺利地完成了微电影视频的制作。当他看到自己作品的时候,激动的眼泪流了出来。我也感到十分的自豪,因为我觉得自己在做一件伟大的事情:我正帮助一名学生实现他的梦想。

(天津市河西区卫东路小学　魏婷婷)

卷四　宽容理解学生　开掘学生潜质

主编絮语

正如有人所说，宽容像大山，容得下鲜花，也容得下荆棘；宽容似大海，容得下江河，也容得下小溪；宽容如春雨，能融化顽固的冰层，也能唤醒沉睡的爱心。宽容，对教师而言是一种艺术，是一种智慧，当然也是一种教育境界。教育家苏霍姆林斯基说过："有时宽容引起的道德震撼比惩罚更强烈。"

在我看的两千篇教育故事中，有七八成是写如何帮助后进生的。可见班主任费心费脑，在他们身上下了多大功夫，在这艰难的转化过程中间展现出的魅力，便是宽容；有了宽容便有了理解，有了理解才会有尊重。

后进生，是班里学习差、表现差的那些人，是让我们头疼，让我们讨厌，给我们屡屡添麻烦，让我们睡不着觉、随时随地都惦记的那些人。你可别忘了，他们又是有一点转变就令我们喜笑颜开、奔走相告的人。细想起来，他们还是让我们立题探索研究的人，是我们不断实践、不断反思，寻找正确路经以求施教高效的人，是不断帮助我们提高专业本领，锻炼我们教育能力的人，是我们下功夫最大、最深、付出心血最多的人。若干年后，他们长大了，远远向我们打招呼致敬、给我们送来节日贺卡，会让我们感到无比幸福。说到底，他们是我们最亲近的人。

后进生各有各的起因，有家庭的，有学校的，有社会的，也有个人的，终归都打着社会和时代的烙印。转化他们，改变他们，便有解决社会问题的意义。因此，班主任转变一个后进生，既有长善救失，又有塑造培育，是变消极因素为积极因素的功绩，是教育的一个重大实验，是对国家对人民一个巨大的贡献。

总结转化的成功经验有种种。"后进生"为统称，各有各的"表演"特色，五花八门，千奇百怪。在"老班"手下，一一变好，概括起来便是理解、宽容与尊重。先把他们当人看，他们是人，是不成熟的人，是成长中的孩子，身上有问题，那是必然，对他们的要求别"一刀切"，允许他们犯错，允许他们落后，允许他们变化，允许他们反复，给予充分的宽容，给予充分的理解、格外的尊重。这是法宝，是打开后进生心灵的一把密钥。

一个班主任说得好:“与孩子朝夕相处,我始终想着两句话,那就是‘假如我是孩子’‘假如是我的孩子’。这样的情感使我少了苛求,多了宽容;少了指责,多了尊重;少了急躁,多了耐心。”他还说,后进学生像弯曲枯黄的幼苗,需要雨水,需要阳光。只要教师施以关爱,真心对待,了解其心灵,体贴其忧愁,排除其疑难,使孱弱的枯苗有沃土滋养,其必能迅速成长。切不可以“恨铁不成钢”,用过激的言行刺伤他们的心,甚至体罚或变相体罚,激起学生的逆反心理——“破罐破摔”。

“年轻人犯错误,上帝也会原谅。”转变后进的根本目的,是开掘这些学生的潜质,开发这些学生的潜能。他们同其他学生一样,“质”都是好的,像小树小草一样都是向上的,这就要求我们——专业教育工作者,认清这一点,相信这一点,慢慢地开掘,开发,这便是我们工作的创造性,让他们“潜质”中的负能量降低、减少,让正能量升高,增多。

那么,从何入手呢?要寻找“四点”。

寻找闪光点。闪光点是后进学生的本质点,它往往被学生表面的顽皮、捣乱、功课差所掩盖,所淡化。因此对闪光点,甚至很微弱的很细小的闪光点,要千方百计地努力发现和捕捉,并且毫不动摇、毫不疑惑地使之光大,使其燎原,比如在热爱劳动、关心集体、乐于助人、孝敬父母等等方面,都会有细微的展现。

寻找兴趣点。兴趣点是后进学生的发展点,这是一个“人无我有”的特质,有时需要培养、助力,这往往是扬长避短的切入点,比如爱打球、爱运动、爱玩手机或电脑、善于鼓捣小发明等,都可以从中演化出积极性来。

寻找反复点。反复点是后进生进步的新起点。后进生的反复是正常规律,在他们小倒退时,要看到其中孕育着大进步。比如及时发现这次反复与上次反复的区别,寻找规律,减少反复。

寻找情感点。情感点是后进生心灵的软肋,并且人人都有,教师重在发现、寻找、捕捉,在特定时机,或给予触动,或给予帮助,或给予“点燃”,触摸其心中最柔软的那个点,都可令其感动,成为转化的强大动力。

因为我答应你了

下课铃响了,我正准备离开教室,无意中瞥见王霏跟班里的几个男生使了个眼色,他们便紧随其后,一起朝厕所的方向走去。我的心立刻“咯噔”一下:“坏了,别是要打群架吧。”

要说这个王霏啊,可真是令人头疼——自我接班这三个月以来,无论是男生的集体不上课、还是学校厕所的破坏事件,抑或是课上的不和谐音符,他都是始作俑者。我知道,其实这一切都因为三个字——不服气。他一直都认为,是我导致上一任班主任离开的,他在用自己的行动高呼“抗议”。

我的目光一直追随着他们,见他们拐进了厕所旁边通往顶层的楼道,我暗呼不妙,那里比较隐蔽,真要发生点儿什么事可就麻烦了。我赶紧悄悄地跟了过去,躲在一边静观其变。

“都准备好了吗?”是王霏的声音。

“准备好了,什么时候开始?我们听你的。”

“那就放学吧,说好了,谁都不许半路退出。”

“没问题,这回非得让他们知道知道咱的厉害!”

我不得不露面了,喝道:“你们在说什么?”

几个人看了看王霏,谁都不说话。

我明白“擒贼先擒王”的道理,于是将目光投向王霏。没想到,正遇上他投来的挑衅的目光。我们就这样对视着,他终于忍不住了:“明天不是庆元旦么,我们准备跳江南 STYLE 的骑马舞,约好放学后一起练习。您会吗?要不您也来一段?”

我心里比谁都明白,他这是挑衅,也是挑战,如果我不应战,以后他会变本加厉地跟我对着干。如果我能抓住这次契机摆平他,说不定能走出目前的困境呢。没有犹豫的余地,我豁出去了:“听你的,明天我就来一段骑马舞吧。”

听了我的回答他先是一愣,然后满腹疑惑地问:“就您?整天诗词歌赋的,还会跳舞?”

我顺势将他一军:“不信?那咱就打个赌。要是我能跳,而且跳得好,以后你就得对我‘俯首称臣’,做我的左膀右臂,帮我做好班级管理工作。”

他思量片刻,点点头说:“只要您能说到做到,我就能说到做到。”

真是说话容易做起来难哪，既然答应了，就不能失信！一到家我就打开电脑，听着音乐，看着视频，边跳边调整舞步、节奏、韵律。此刻，稍有经验的老公，摇身一变成了舞美指导；儿子呢，成了我切磋技艺的舞伴；甚至连厨房中的炒勺，也成了我手中挥舞的“马鞭”……不知道是由于太过疲惫，还是天生协调性较差，跳到中间段的时候，总是跟不上节奏，脚下顿时乱成一锅粥。还有一次居然左右脚来了个“亲密接触”自己把自己给绊倒了，坐在地上的一刹那真是有些心灰意冷，但心中总有个声音在鞭策着我：不能放弃、不可以放弃、不允许放弃！冲上最浓的咖啡，咬紧牙关，继续坚持。夜深了老公和儿子已经进入梦乡，而我依然奋斗在排练第一线。时间一点点过去，10 点……12 点……不知不觉中已经凌晨六点了。果然功夫不负有心人，一切似乎十分顺利，我的心中有了莫名的期待，于是我换上高筒靴，黑西服，自信满满地出发了。

伴奏音乐响起，所有学生都屏息凝神地盯着我。开始了，左右左左，右左左……我踏着轻快的节拍，跳着激情的舞步。教室里顿时沸腾起来，学生们自发地为我鼓掌。再看王霏，已经跃跃欲试了。我向他挥手示意，一个、两个、三个，越来越多的人加入骑马舞的队伍，元旦庆祝会最终在欢呼中落下帷幕。

第二天早上，我正准备去上课，一个熟悉的身影闯进办公室。是王霏，他有些不好意思地站到我面前：“老师，您是怎么做到的？”

我微微一笑：“附耳过来，这是秘诀，一般人我不告诉他。”他果真附耳过来，我便轻轻地在他耳边说了一句：“因为，我答应你了！”

听到这样的答案，王霏笑了。他的笑容是那样灿烂、那样阳光，那一刻，我知道我们之间的那层隔阂已经悄然消失了。从那以后，王霏不但成了我的左膀右臂，而且成了男生群体中正能量的领军人物。

毕业考试后，我问他：“升入初中，会忘记王老师吗？”

他顽皮地回答：“当然不能。”

9 月 10 日教师节，当我看到那个傻傻、憨憨的臭小子手捧鲜花向我走来时，我激动不已地大喊一声：“真没把我忘了！”他神采飞扬地答道：“当然，因为，我答应你了！”

“因为，我答应你了”是承诺，它见证着我的以诚相待与率先垂范；“因为，我答应你了”是约定，它承载着我的无限期望与热切期盼；“因为，我答应你了”更是一种信念，它鼓舞着我们走向亲密无间。

（天津市北辰区第二模范小学　王连娟）

宽容的魅力

擦完黑板，我调整好自己的情绪，轻轻地转过脸，给学生们一个微笑，很坦诚，也很真诚。这一笑使学生也使我自己轻松了许多，然后我略显夸张地拍了拍手上的粉笔灰，说："怎么样，黑板我已经给诸位擦好了，你们课前准备工作也该忙得差不多了吧。咱们是不是开始上课呀？"

学生们轻轻地舒了口气，彼此相视一笑，随着班长的一声响亮的"起立"，42位学生齐刷刷地站直了身子，个个精神抖擞，异常精神。

接下来的语文课上得很精彩，学生们学得特别主动，他们思维敏捷，发言踊跃，课堂气氛活跃。尽管课前耽误了几分钟，但这节课的教学任务仍按时、高效地完成了。

事后，我从一位学生的日记中读到了这样一段话："当我急急忙忙收拾好数学书和作业本，抱臂坐正时，才发现满黑板的数学题还没有擦。坏了，看来今天擦黑板的同学该倒霉了。可万万没想到，老师今天像变了个人似的，竟拿起了板擦为我们擦了黑板，若无其事地和我们幽默了一回。看着老师为大家擦得干干净净的黑板，同学们都觉得挺惭愧的。我在心里暗暗下着决心：今天这节课我一定要好好表现，最起码也要对得起老师为我们擦黑板的这份情谊。"

显然，学生们对自己没做好课前准备，没及时擦好黑板这些小错误是有认识的。此时，老师若是不够冷静，来个"小题大做"，或"借题发挥"，或"新账老账一起算"，搞批评扩大化，学生们在战战兢兢中怎么可能对自身的问题进行深刻反思呢？只能是不敢怒也不敢言。在老师的"高压"下，学生变得毕恭毕敬，一潭死水的课堂气氛自然也就不可避免。

反之，教师若能克制自己，冷静处理这些小问题，来个"大题小做"或"小题不做"，放下老师的架子，为学生擦一擦黑板，给学生一个反思、调整自我的机会，就可以轻轻松松地改变师生关系，调和不愉快的课堂氛围。教师这种宽容、豁达之举，往往出乎学生的意料，这是对学生的一种艺术的批评和无声的鞭策。学生是敏感的，他们对教师的良苦用心是心领神会的，课堂上，他们一个个主动地学习不就是对老师宽容的最好回报吗？

上课的铃声急促地响了，我拿着教案匆匆走出办公室。

当我走近教室时,教室里传来一片嘈杂声,直到我站到讲台的中间,还有不少学生忙着整理上节课所用的数学书和作业本。一回头,整黑板的数学题纹丝没动,是那样的刺眼。

学生们今天这是怎么了,难道不知道应该做好课前准备吗?就算今天负责擦黑板的值日生忘了,也总该有人提醒吧?四十多学生中怎么就没有一个人主动擦一擦呢?想到这些,我不免有些生气,刚要责问,忽然想起前不久也曾出现过这样的情景。

记得那天,我站在讲台前,看着一讲台乱七八糟的作业本,满黑板的粉笔字,简直怒不可遏。我怒气冲冲地勒令当天擦黑板的值日生在众目睽睽之下擦黑板,接着又把班干部们狠狠地数落了一遍,然后又由点及面地批评了全班学生,最后还对那几天表现不佳的学生点名训斥。

整整五分钟,学生们一直在毕恭毕敬地聆听。随后上的语文课,课堂纪律倒是异常的好,可气氛相当沉闷,十分压抑,学生在发言、朗读时都显得小心翼翼的。一节课下来,我感觉身心疲惫……现在,"历史"又在重演,我又一次被学生们推到了愤怒的边缘,是发火,还是冷静?

我努力控制住自己的情绪,咽了一口唾沫,轻轻地从讲台上拿起了板擦,从黑板的左边一直擦到了右边,每一下都擦得有力而干净。我从眼睛的余光里察觉到,此刻学生们都屏息注视着我,或许他们也想起了不久前的那场大"火"吧。

现在,学生们不知道我接下来会怎么处理这件事情,教室里静极了,掉根针都能听得见。

(天津市西青区逸夫小学　周晓华)

多一份亲近

接手班级时,我便听说了他的"丰功伟绩"。他是家中独子,在上小学时就对学习兴致缺缺,并且个性独特,外向而张扬,且自尊心极强,常一言不合而爆粗口甚至大打出手。

我知道,像他这样的学生,如果我在开学之初就对他抱有成见,那么我与他这三年的师生关系将会是剑拔弩张。我想起著名教育学家霍懋征曾说过:"没有爱就没有教育。爱是阳光,可以把坚冰融化;爱是春雨,能让枯萎的小草发芽;爱是神奇,可以点石成金!”所以,我要做到托尔斯泰所说的:“如果教师像父母那样爱学生的话,那他就会比那些虽然读尽万卷书而不爱事业也不爱学生的教师好得多。”我告诉自己,他是我的一名学生,不管他曾经做过什么,他对我来说就是一个全新的学生、有待用爱来教育的学生。

我们的第一次相见终于在返校那天拉开帷幕。看到他时,觉得他在一群身着小学校服的初一新生里犹如“鹤立鸡群”。当别的学生规矩地坐在自己所选择的座位上,用打量的目光审视着坐在他们对面的我时,他大摇大摆地走了进来,这感觉是那样的突兀。肤色略黑,身材健壮,身穿白色T恤、蓝色牛仔短裤的他,单肩背着书包,没喊报告,就那样走进了教室。当没有与任何人有眼神交流,直冲冲地走到教室中间时,他终于发现了问题所在,自己该坐哪里呢?

或许是出于这个年龄男孩子的尊严,也可能是出于他生活的习惯,他依然没有询问任何人,便站在原地大声地说了句:“我坐哪儿呀?”这群乖乖地坐在教室里的学生虽然与他都是同学,但无一人回应他。学生们看看他,再看看我,似乎想要用眼神来告诉他,也似乎在观望我这位新班主任的态度。

几秒钟的沉默后,我面带微笑地说:“那位同学,就像刚才我说的那样,在现有的空位置上,选个自己喜欢的空位置坐下吧。”他依然没有与我说什么,只是扭动着身子向教室最后边的角落走去。我在心中叹道:“这位需要更多关注更多爱的学生终于压轴出场了。”

还没等我说出下句话,他就继无声进班、大声询问后再次让我们侧目,只听他“咣当”一声把书包摔在了书桌上。在其他同学还在看着他的时候,我温馨地提示他:“这位同学,请你把书包抱起来一下吧,它被你摔疼了。”这次被侧目的对象换成了我。我轻轻挑眉,向他微笑,示意他坐下,于是他在惊讶中抱起书包坐下来。

看着已经到齐的学生们,我从刚才的观察状态转换成教育状态。

我清楚地知道,我要让学生在爱的包围下,树立自己正确的价值观,这既是我对学生的爱,也是我爱他们所担负的责任。

看着坐在角落里的他,虽然服装不合格,态度不够好,但是那头型倒是清爽得很。于是,我改换了与他们聊天内容的顺序。我告诉学生们:“同学们,你们长大了,不再是小学生了。如果你们能够规范自己,那就是优秀的初中生了!看看墙上仪风仪表规范宣传栏里的照片,那头型,那站姿,简直就是咱们的表率。不过,照片终究真实感不强,不如咱们班里某名同学那发型帅气!”

我顺势用手指向他，学生们顺着我手指的方向看去。“看看帅哥头上标准的头型，比照片上的还标准，这就是我心中帅哥头型的典范。以后咱们班男生的发型就向他看齐了。”我一边说着，一边观察他，只见他用手扶着板寸发丝，微扬起头颅，向我看来。我从他略黑的脸上似乎看到有一点点红晕在散开，很好，我知道，他的心走进了七年(1)班。

我因势张口问道：“帅哥，介意我知道你的名字吗？”

他一愣，然后站起身来用响亮而郑重的声音回答了我。

我说：“那以后我就叫你小倪哥吧，可以吗？”

学生们笑了，他也笑了。他没有回答，只是看着我，笑着坐下来，身上拒人于千里之外的劲头在转变。

放学时，我走到他的面前，询问他为何不穿校服。他低下头，又用手挠了挠头说：“没干。”我们心照不宣，我说：“周一开学干了就穿上吧，别着凉。”他回应我“知道了”，承诺就这样形成了。

周一开学典礼，他穿校服来了。

时至今日，他的发型一直都是合格的，我无须多言。

时至今日，他的校服从未因任何借口而不穿，我无须过问。

一天，他在周记里向我诉说：“老师，您真的与我的小学老师不同。您爱笑，经常对我们面带微笑。您爱与我们聊天，经常在课间和我们谈天说地，让我们明白很多道理。我有什么话都能对您说。我现在想在这个班级里待着，我也能学得进去了，很神奇！我也不想像以前那样了，我不打架了，我想学习。”

是的，很神奇！带着爱与责任去亲近学生的教育就是这样神奇！他因为我毫无成见的关爱而改变了，身心皆变。就如教育学家陶行知所说：“真教育是心心相印的活动。唯独从心里发出来，才能打到心灵的深处。”正是因为我对他真情的付出，他才感受到我与其他老师的不同，他才会“亲其师，信其道”，愿意去相信我而改变自己。他在改变的过程中明白身为中学生该有的言行举止，也体会到了身为中学生应有的责任。

（天津市西青区当城中学 刘培培）

愚人节变奏曲

“叮铃铃……”电话铃响起，接起电话，传来年级组长急促的声音：“您班学生怎么还没来音乐教室上课？主任临时来听课，在教室里坐着呢。”

我赶忙跑向教室，心里嘀咕：去音乐教室上课都有专人负责提醒，学生们早已习惯了，今天是怎么了？

来到教室，只见班里乱作一团，有人说该去音乐教室，有人说上自习，而班长正极力劝说大家安静下来。见到我，学生们像见到救星一样，忙问：“老师，今天音乐课到底上不上？”

我生气地反问道：“谁说不上了？”

不少学生委屈地指指黑板，只见黑板上赫然写着一行大字：“今天音乐课在班上自习！”

急匆匆安排好学生去上课，我喘着大气，坐下来思量这事该如何处理：先调查一下谁是“罪魁祸首”，然后狠批一顿，写检查，请家长，还是……

让我意外的是，音乐课后，没用调查，刘丛便主动急呼呼地来找我：“老师，是我错了！今天是愚人节，我就想开个玩笑，没想到快上课时，我告诉他们黑板上的通知是假的，他们却说我在愚弄他们。结果……老师，您怎么惩罚我都行，谁让我给咱班抹黑了，还有人听课……”

这个整天嘻嘻哈哈，和同学打打闹闹的男孩，这时乖乖地站在那里，深深地低着头，用手摆弄着衣角，满脸的愧疚。“老师，您说我怎么能将功补过？”他几近哀求地看着我。看来这小家伙儿真的后悔了，这时我的怒气已飞到九霄云外去了。

原来，一早刚到校，刘丛被音乐课代表愚弄了一下，为了报复，刘丛便让雯雯（班里文静乖巧的女孩）转告学习委员：“老师让通知，音乐老师外出开会，这节课上自习。”学习委员便让音乐课代表把通知写到了黑板上。

为了愚弄别人真是煞费苦心啊！这件事情至此仿佛不用费心就解决了，可是我还是觉得心里有一丝不快。

午自习，我再次提起音乐课事件。“对这事你们怎么看？”我把皮球踢给了学生。学生们马上义愤填膺起来。

“都怪刘丛！还有领导听课，我班丢人丢大了！”几个男生指着刘丛说。

“就是，拿什么愚人不好……”

“对，对，愚人也得分啥事啊。”

还有人声讨班委：“音乐课代表不够警觉，她不写在黑板上，我们不会信。”

“还有学习委员，她先相信的！”

两名同学委屈极了：“雯雯说老师说的，雯雯哪会骗人！”

雯雯涨红了脸，也想说什么，却没说出来。

这时班长站起来，自我检讨道：“老师，是我的错，今天日子特殊，我们该去问问您！”

我最后说：“刘丛的确给咱班抹了黑，不过我还要表扬他！他下了课主动找我承认错误，还想将功补过。”我接着说，“的确，愚人节‘愚人’需要分寸，否则可能会导致严重的后果。”

学生们都瞪大眼睛看着我。

我讲了一些愚人节因开玩笑不当而导致的违法犯罪行为，甚至酿成悲剧的案例，学生们听了目瞪口呆。

“大家说说这愚人节，和我们中华传统美德有没有不相符的地方呢？”

教室里一下子热闹开了，大家七嘴八舌地议论起来。

“愚人实际就是骗人，不诚实，是用骗人取乐。”

“还有报复心；被愚了，就想着报复，都不宽容了。”刘丛难为情地说。

“没错，小学时，我们同学因愚人节开玩笑，都打起来了！”

“我声明：别再过愚人节了，还是过感恩节吧！”班里最调皮的小凯突然冒出这样一句。稍稍停顿，班里立即响起热烈的掌声。

看着学生们各抒己见的热烈场面，我露出了会心的微笑：没有疾风骤雨，没有大棒加糖，学生之间的自我教育，让他们更深刻地理解了做人的道理。此时，“愚人节事件”的教育效果达到了最大化。

（天津市第一〇二中学　徐冬梅）

自动笔又回来了

“扈老师，不好了，小欣的自动笔丢了。”办公室里，一群学生把我团团围住，七嘴八舌、议论纷纷。

“咱班有小偷,偷走了小欣的自动笔。”

“老师,赶紧抓小偷吧!”

看着他们神色焦急的面孔,听着他们急切的声音,我稳了稳心神说:“还没查找,不要乱说。小欣在哪儿?”

“她在班上哭呢。”

“快去看看。”

班内像开了锅似的热闹,有的在帮小欣寻找,有的在安慰她,还有的大声嚷嚷着:“不要乱翻我的东西,我没拿他的笔。”

看到我来了,同学们安静了下来,视线都齐刷刷地集中在我的身上。我疾步走到小欣的身边,轻轻拍拍她的肩膀,说:“你想一想,今天上学时把自动笔带来了吗?”

“带来了。”

“你什么时候发现不见的?”

“我刚才去了一趟厕所,回来想要准备一下文具,打开铅笔盒,发现自动笔不见了。”

“别着急,老师会帮你找到的。”小欣擦擦眼泪,点点头。

其实,对于是否能找到这支铅笔,我心里一点儿底都没有。此时想起过去的一些做法:学生丢了东西以后,让大家互相帮忙查找。一次找不到,再来第二次,或者把学生的书包打开翻看,来个彻底“大扫荡”,可往往是一无所获,还闹得人心惶惶。不但问题解决不了,还加大了同学之间的矛盾。

这次,该怎样帮助小欣找到铅笔呢?我冥思苦想。就在这时,一个洪亮的声音响起在我的耳畔——“没有小偷,有的只是犯错的孩子。”啊!想起来了,他出自一个感人的故事。

于是我笑着跟大家说:“同学们想听故事吗?”

大家很疑惑,大声嚷嚷着:“老师不帮小欣找铅笔了?”

我微笑着对大家说:“听了故事以后,相信自动笔会回来的。”

我开始讲故事:“小同学丹尼斯丢了十元钱,老师把丹尼斯当警察的爸爸请来商量此事。孩子们议论纷纷,以为是来抓小偷的。他的爸爸环视大家,发现了一双惊恐的眼睛,他很快移开了视线,并发给每个孩子一个信封,里面装着一个小太阳,他微笑着说:‘我是警察,知道小偷是什么样子。我敢肯定,咱们班里绝对没有小偷,有的只是犯错误的孩子。’”

"'我想了一个办法,如果你没有犯错,请你明天把里面的东西还放到信封里,交给丹尼斯;如果你是那个犯了错的孩子,请把十美元放到信封里封好,交给丹尼斯,留下那个小太阳。'"

"第二天,丹尼斯收齐全班孩子的信封带回家,父子俩一一拆开,果然有一个信封有十美元的崭新钞票,少了火红的小太阳。丹尼斯的爸爸满意地笑了……"

同学们静静地听着,教室内鸦雀无声,继而爆发热烈的掌声。

听着这掌声,我想了许多:这掌声一方面出于故事的精彩,一方面出于丹尼斯爸爸解决问题的巧妙,还有对孩子改正错误的赞扬,更多的是对自己同学的期盼。于是我大声说:"我也相信我们班没有小偷,有的只是犯了错误的孩子。我们允许同学犯错误,更允许同学改正错误,我相信小欣同学的自动笔一定会回来的。"

第二天,我还没走进教室,同学就把我团团围住,兴高采烈地嚷嚷:"小欣的自动笔回来了。"此时我兴奋的心情无以言表,师生簇拥着向教室走去。

虽然到最后我也不知道那支自动笔到底是谁拿走的,但我们用感人的故事教育了学生,感染了大家,更保护了犯错误学生的自尊心。我想:面对犯错的学生,不一定要针锋相对,只要我们用巧妙的方法加以引导,就能使之醒悟,纠正其不良行为。这就是教育的艺术!

（天津市河西区三水道小学　扈其华）

踢瓶盖儿

班上的男生迷上了踢瓶盖。一下课,三五成群的男同学围着一个瓶盖儿,激情四射地踢来踢去,不时还传来嬉笑声。教室里总是闹哄哄的,想学习的同学无法在课间合理利用时间,想休息的学生也无法得到放松。学生们上课也有点儿心浮气躁,老师们觉得上我班课很吃力。

一个课间,正巧让我遇上这"激烈"的场面,我笑问学生:"这是什么玩意儿?"

学生们异口同声地说:"踢'室内足球'!"然后便继续投入到那激战中,一个个都很精神专注的样子,到底是什么魔力吸引了他们?

我发现"室内足球"的魔力对学习的影响越来越严重,但假如我下令禁止该项活动,可能会起到反作用,引起更多学生对此项游戏的痴迷。可是不禁止又不行,反对这一活动的同学越来越多。

正当我一筹莫展的时候,一件意想不到的事情发生了。那天中午,我刚坐下休息,一群男生大呼小叫地向我汇报,说小浩踢"室内足球"时把脚给扭伤了。我立即赶往教室,只见小浩正坐在地上痛得眼泪汪汪,并大喊着:"我要变成瘸子了。"其他同学都围着他,纷纷安慰,小宇正用手给他揉脚。

看到这个场景,我观察了一下,发现伤势问题不大,于是把他扶到座位上休息。想到了小宇正是"室内足球"的发明者,于是我顺手拉过他说:"听说这游戏是你发明的?有创意!"

听了我的夸奖,他还有点儿不好意思,显露着骄傲的神情。看到他的样子,我想我的设想是可以进行下去了。

"现在我交给你一个任务,请你为'室内足球'写一个游戏说明,介绍一下它的玩法、注意事项,顺便也说说这项活动的益处和害处。行吗?"小宇听了高兴极了。

第二天我一到学校,他就交上来满满两页纸的"游戏说明",在主题班会上,我让他向全班介绍了这项游戏,然后在全班范围内展开了讨论。

没想到的是很多学生都认为这项游戏没有任何好处,足球就应该去室外玩。很多同学还陈述了自己在玩"室内足球"时不好的经历,比如磕着了等;还有的同学说"室内足球"让其无法安心上课等。大家讨论的结果是"室内足球"的弊大于利。更没想到的是,第二天竟没人再玩这项游戏了。

至此,我想到了一个故事:法国著名女高音歌唱家迪梅普莱有一个美丽的私人园林。每到周末总是有人到她的园林去摘花,拾蘑菇,甚至在里面宿营,弄得园林乱七八糟。她的管家曾经在外边设立了"禁止入内""私人领域不得入内"等警示牌,均无济于事。后来管家向她汇报,她思考了一下,便让管家按照她的办法去做,果然再也没有人闯入她的园林了。是什么方法那么管用呢?原来她命管家立了一个大牌子在路口,上面写着"如果在林中被毒蛇咬伤,最近的医院距此 15 千米,驾车约半小时即可抵达。"这位女歌唱家换了一个角度,为那些游客"着想",其效果之好是情理之中的事。

我想我们教育也是这样。当我们能站在学生的角度,设身处地地为大多数学生们着想时,教育就会充满了智慧。经过这次事情之后,班里形成了"人人守规则,事事讲原则"的新局面。学生们遇事都开始分析利与弊、错与对,用不着我这个"业余法官"了。我自己也反思:无心插柳的事情应该多做!

（天津市津南区八里台第三小学　于伟）

施瓦辛格

“周老师，快来看！”王老师急切地呼喊。我快步来到她的办公桌前，原来几天前的年级检测试卷刚刚被拆封，一张试卷的卷头上赫然出现了“施瓦辛格”的名字。根据字迹，我立即判定这是“淘气大王”小龙的卷子。几位老师也连忙跑过来看个究竟，不约而同地笑出了声。

我也笑了，我知道现在很多学生的心中都有自己偶像，然而崇拜偶像的尺度已不是他们自己所能正确把握的了，今天的例子就是很好的证明。

第二天课堂上，我分析完试卷，准备下发试卷，当发到小龙那张卷子时，我故意清了清嗓子，喊道：“施瓦辛格！”

同学们的反应可想而知，他们一片哄笑。小龙的脸红到了脖子根，极不好意思地站了起来，一只手不停地摸着自己的后脑勺，支支吾吾地说：“周老师，那张卷子……那张卷子是我的。因为我太崇拜他了，所以不知怎么，考试时就把他的名字写上去了。”

说完，他低下了头，眼睛不时地瞟向我，正准备迎接“狂风暴雨”般的批评。

“小龙你上台来，给大家讲讲施瓦辛格的故事！”

他一惊，愣了一会儿，然后兴致勃勃地走到台前，滔滔不绝地开了口：“施瓦辛格曾三度获得全美健美冠军，他所主演的电影《终结者》享誉海内外，我喜欢他塑造的硬汉形象，希望有一天，也能长成像他那样的男子汉。近几年来，他又参与了竞选州长的活动，在竞选中脱颖而出，当选加利福尼亚州的州长，他的下一个目标将是竞选美国总统。”

他流利的表达，所讲的丰富的内容，吸引了全班同学，我带头为他鼓掌，并充满期待地对他说：“小龙，你崇拜施瓦辛格没有错，可成绩……我想现在当了州长的施瓦辛格如果知道你这样对待试卷，一定会很生气的。既然你这样喜欢施瓦辛格，我向你推荐一本叫《硬汉当州长》的书，并送给你书中的一句话：‘不要懒惰，不要松懈，只要有坚忍不拔的精神，就会取得成功。’”

小龙惊讶地看着我，无比兴奋。停顿了片刻，他充满敬意地说了声：“谢谢您，周老师。”

下课的铃声响了，我来到学生们中间，我问道：“同学们，像你们这个年龄，崇拜偶像不是什么新鲜事,到底应该崇拜偶像什么呢?”

一个同学抢着说:“我认为,对偶像的喜爱是我们在紧张的课业之外的一种休闲、娱乐的方式,无可厚非。”

平时喜爱姚明的一位队委也抢着说:“我们喜爱明星不应该只羡慕他们风光的表面,而应多了解他们成功背后的艰辛、坎坷和学习他们不服输的精神。”

“我就爱看有关人物传记方面的书,对我们树立自信很有帮助。”

……学生们的讨论越来越热烈,我不失时机地插话、引导。

从那以后,学生们课余时间渐渐地与各种人物传记的书交上了朋友。他们慢慢地懂得了崇拜偶像是需要有所选择,需要注意尺度的。我发现,谈论自己心中的偶像是学生们最开心的事。

(天津市红桥区佳宁里小学　周焕煜)

信任

与成年人相比,学生的心智并没有成熟,他们的想法单一,做法草率,不能全面而系统地思考问题,更不能对问题进行合理的剖析,尤其是本身少言寡语、自我封闭的学生。

那是一个阳光明媚的下午,我正在办公室批改作业,突然传来轻轻的敲门声。我应声开门,只见可欣在几个女同学的簇拥下站在门口。

“王老师,可欣有话想和您说。”说罢,其他人很快散开了。

可欣是个身材高挑纤瘦的女孩,从小父母离异,对她造成了很大的伤害,从初中起就被确诊患有轻度抑郁症。刚接班时,我就觉得她与众不同:课上不抬头,课下也常常独来独往,不仅与班里的女生没有交集,甚至看到男生还会怯生生地躲开。今天她被女同学带来,肯定是出了没办法解决的大事!

愣了一阵,我把她让进屋里,明显能看到她脸上未拭去的泪痕,呼吸间也能听到缓缓的抽泣声。我先是给她拿了把舒适的椅子让她坐下,又沏了一杯奶茶端给她,虽然没有任何语言上的交流,但从她略翘的嘴角,我能感到她放松了许多。

定了定神,我问她:“怎么了?能和我说说吗?”

她沉默了。

我又问："怎么，和同学吵架了？"

她摇摇头。

"和爸爸吵架了？"

"是！不是他。"她情绪一下子激动起来，"是我阿姨，她要生宝宝。"说着又哭了起来……

据我了解，她父亲再婚以后，阿姨对她疼爱有加，经常带她去买新衣服，送她小礼物，虽然她没叫过阿姨"妈"，但内心里暗暗接受了她。可是这件事却让本来孤僻的她陷入了情感的深渊。她告诉我，阿姨和爸爸在客厅闲聊，准备生个宝宝，被她听到，她怕有了宝宝，他们就不再疼她，不再在乎她，她会再一次失去妈妈。

看着泪眼婆娑的可欣，我心生怜爱，又心存感激：可怜她幼小的心灵要经历这许多的坎坷，感激她对我如此的信任——只有能共患难的朋友才被叫作真朋友。我也意识到，她能将内心的苦楚告诉我，不仅是信任，更是将这份信任升华了一下，希望我能帮她出主意、想办法。

"我不想活了，他们都不要我，没意思……"

她突然冒出的这么一句，着实吓了我一跳。对于这样突如其来的事件，我一时手足无措，我知道必须先稳住她的情绪，再想办法。

我故意装出若无其事的口气说："可欣，你想多了，阿姨可能只是这么想，她会征求你的意见的！"

"不会的，她背着我，偷偷和爸爸说，他们一定是计划把我送到奶奶家去养，就是不要我了！"她大吼起来。我反而很平静，没有吱声。我想，这样的宣泄，对她未尝不是一件好事：一个孤僻的孩子，需要这种机会，让她把委屈倾诉出来，这比长期憋在心里要强得多。

待她慢慢平静下来，我反问道："你的不高兴，和爸爸、阿姨说过吗？"

她摇摇头。

"那你不知道他们的真实想法、做法，是不是太不讲道理呀？你是大孩子了，一下子否定对方合适吗？人与人需要沟通，更需要信任，就像今天我们这样，你可以把你对我说的话、你的真实想法和你的担心告诉他们，我想他们会考虑你的感觉，会合理处理这件事的。再说，每个女人都有做妈妈的权利，阿姨这么年轻，她希望有个宝宝，就凭她这份爱心，也不会不要你。相信我，好吗？"

她微垂的头渐渐抬了起来，虽然还是没说话，但从她的眼神中我体会到的是信任,更是希望。

我说:“什么都不要想,上好课,回家和他们好好聊聊。相信他们,像你信任我一样,试试看!”

她点点头,眼神中透着重燃的希望之光。

等她离开了办公室,我还是不放心地拨通了可欣父亲的电话,我希望家长放学能来接孩子,毕竟她今天的情绪很激动,而且他来也能体现爸爸的关心;另外,我说了可欣今天的担心,希望他们能坐下来聊聊,消除孩子的顾虑。家长很感谢我的提醒。

转天,可欣像往常一样来上课,还是话不多,不怎么抬头,但在我的课上,却会偷偷地看我,眼神中满是信任与希望。

几个月后,她在楼道里遇到我,递给我一块糖,含笑说:“老师,谢谢您!阿姨要生宝宝了。您说得对,她依旧那么疼我,其实能当姐姐也挺好的。”楼道里回响着我们俩爽朗的笑声。

(天津市第六十六中学　王宁)

孙悟空与灰太狼的故事

这不是穿越,而是老师与学生之间发生的故事。

我姓孙,所以“孙悟空”是我从学生时代就沿用至今的绰号。“灰太狼”是我的学生小石。他在前年转学离开时,留给我一张小字条,上边写道:“这里就是我的蓝天和白云,您对于我就好像石油。我想像灰太狼一样喊一句:‘我一定会回来的!’”这雷人而又深情的告白,致使我后来都不敢再陪闺女看《喜羊羊和灰太狼》,因为每每听到那句话,我都会泪光涌动,想起三年前……

都说寄宿班的学生不好带,更何况是在我们这样的普通学校。可我是谁呢?我是“心宽体胖”的“孙悟空”。淘气?我有“河东狮吼”功;顽劣?我有“喋喋不休”法;跟我装深沉耍酷,想都别想,我那强大内心、强健体魄迸发出的爱和热情,还融化不了你!这是三年前在接任寄宿一班班主任前,我内心的真实写照。

一个月后,我从小石身上深深地体会到了什么叫“兵来将挡,水来土掩”。三个月后,我被小石“引领”,彻底领悟到了什么叫“怒不可遏,怒发冲冠”。

第一回合,“孙悟空”败兵“灰太狼”。

按说小石长相普通、学习一般，有时不遵守行为规范的表现也很正常，就是上课爱接接下茬，打打瞌睡，下课不爱完成作业，课间好追跑打斗，与大部分我们普通校学生的表现并无太大区别。可是他“特别而顽强”：一般学生听完我谆谆教导半个小时后，都会呈现后悔不已状，而他却能目视斜上方，听我说到无话可说时；一般我“河东狮吼功”一发，其他学生立即闭嘴思过退避三舍，他却会笑着劝慰我说：“老师别着急，消消气，消消气。”我找来颇为感人的微电影，想要改善寄宿班学生因为亲情缺失而性情冷漠的问题。当其他学生看到剧中小主人公父亲离世痛哭流涕时，他却哈哈大笑说鼻涕流到嘴里了；我不想只用学习成绩论英雄，建立了“在意点点星光，你我皆能闪亮”大榜，他当选“助人为乐之星”却不提供贴于榜上的照片，说那太幼稚；我发奖状，他说拿回去会丢，让我替他保管，根本不要；我说要请家长，他说她妈妈在唐山第三次结婚度蜜月去了，一脸无所谓的表情怎么看都像撒谎。最后实施“以心换心”计划：看到他没有水杯总喝饮料，便马上买来一个，终于换来他真诚的一声“谢谢”；可我正沾沾自喜时，却又听到他说道：“杯子我多的是，就是不爱用！”这样“呕心沥血”的段子真是举不胜举。

第二回合，“灰太狼”身世感动“孙悟空”。

寒假，他回到唐山老家。我偷偷地做了一次家访，见到了他的奶奶，那次谈话所带给我的震撼至今还记忆犹新。原来小石所说的妈妈第三次结婚并不是随口编造，而是事实。而且小石现在的奶奶也不是他的亲奶奶，而是他第二任继父的妈妈。小石的爸爸在小石两岁时便因为赌博、吸毒入狱，在他小学三年级时因病去世。因为临终前爸爸要求见面，小石才知道了一些父母之间的事情。他虽有一些情绪上的波动，可那时毕竟还小，再加上第二个家庭的生活也还算圆满，所以并无太大的变故。但母亲的不幸却没有停止，在生完妹妹后，却因继父有了外遇而再次离婚。妈妈为此得了抑郁症，被外婆接回唐山送到疗养院。小石现在的这位奶奶还要照顾小石年幼的妹妹，便把小石转到寄宿小学。

改变便从那一年开始，抑郁症康复的妈妈虽然平时与常人无异，但是焦躁、易怒的情况却越发严重。也许是由于婚姻的不幸、对生活的逃避，她不断地用物质、金钱弥补着对小石的亏欠，又常常因为小石学习成绩不理想对他非打即骂。这样冰火两重天的家庭教育，造就了今天的小石：用自私和冷漠保护自己，用谎言面对妈妈，用沉默应付老师，以消极灰暗的心态面对还未真正开启的人生。

第三回合，“孙悟空”转变“灰太狼”。

了解了小石的过去，我便明白了小石的今天，对他的同情坚定了我帮助他的决心。我翻阅了一些相关的理论书籍与案例资料，最后肯定小石所有问题产生的根源就是他的母亲。他需要爱，但更需要妈妈细致耐心的爱护！他想得到肯定，但首先是至亲妈妈对自己的肯定！这是任何人（也包括我）无法替代的。

我除了继续细致地在日常学习生活中发现他的优点、肯定他的进步、包容他的顽劣、指出他的不足，更全面深入地与他的妈妈进行了交流和沟通。每个礼拜，我都会跟他的妈妈保证通两次电话，一次是与其分享家庭教育、鼓励教育的重要性，一次是了解他在家里的表现和细微的转变以便及时放大优点鼓励跟进。与此同时，我还了解到，小石以前常常因为学习成绩不理想等问题遭遇请家长以及母亲反复唠叨、批评甚至打骂的情况，所以他对老师与其家长见面异常排斥。

为此，我特别安排了周五家长接孩子回家的时间，与他和妈妈或同坐办公室或步行于操场，一起谈话聊天。我会如实、全面地向小石的妈妈展示他人性上的优点和学习上的点滴进步，也会说说他的问题与不足；我还暗示小石的妈妈充分表达自己对小石的怜惜与爱护，说出妈妈在生活中的艰难与辛苦；我更会不动声色地慢慢引导小石，让他从冷漠的听众逐渐转变成热情的说话者，跟妈妈心平气和地谈自己对妈妈对人生的一些想法，说自己生活和学习中的一些苦恼和困惑……过程尽管漫长而曲折，但看到小石渐渐阳光、自信起来，努力而充满希望地生活学习，我十分欣慰。

终局，“灰太狼”离去又回归。

初二第一学期，意识到母爱和家庭教育重要性的小石妈妈打算将孩子转回唐山老家，放在自己身边。尽管彼此都很不舍，但小石还是坦然接受，并且像“灰太狼”一样立下誓言。后来的他没有食言，不断用积极的人生观与价值观、生活的信心和学习的决心以及成熟的表现换得了妈妈的信任，在第二学期重又转回我们班。现在的他虽然成绩还是差强人意，但是生活和学习的态度和习惯却已经有了明显的改变。

盛夏6月即将到来，“孙悟空”和“灰太狼”的故事也即将画上句点，但是，为我的学生们在青春迷惘时创造机会、带来希望必将是我一生的事业追求。我要用孙悟空七十二变的本领，竭尽所能地研究学生教育转变的策略。即使会遭遇挫折，我也要像我的“灰太狼”小石一样坚定：“我一定会回来的！”

（天津市环湖中学　孙妍婷）

三个未接电话

一个周日下午，我看手机，发现有三个未接电话。怎么没听到呢？我立刻想到前一天下午开会就开静音了，上午忙也没开机。“一定有紧急事情！”我一看，是我班一名学生母亲打来的。我马上回电话过去，却听这位母亲抽泣着说：“刘老师，孩子我真的管不了了，他要离家出走。说他几句，他就骂我也骂他爸……”

在电话里我听到了这个学生的吼叫声，我很吃惊！在了解事情大体经过后，我让这个学生接了电话：“小明，跟父母好好说话，明天来学校有什么委屈告诉我。”

孩子叫小明，给我的印象还不错：学习认真，对人有礼貌，还被任课老师选为课代表。他怎么突然会这样？我脑海里浮现出他平时表现的一些碎片：内向，不爱说话，自理能力差，出手大方，穿名牌鞋……我想，他正处于青春期，容易冲动且易怒，若适当加以劝说和引导，问题不大……

第二天，他们来了，我让小明先去上课。他母亲开始诉说：“刘老师，昨天太激动了，电话里没说清楚。这孩子啊，学坏啦！”

经过一个多小时沟通，我了解到小明的父母是外来务工人员，为了让孩子接受良好教育从山西到北京再到天津，结果孩子成绩不尽如人意，中考后来到职专。从其母亲的眼神和言语中，我体会到了失望之情。她说：“供不起了，厂里一个月才发2000元，得给他花2000多。他在家啥都不会做，一没钱了就回家要，不给就说不上了……”

课间，送走小明的父母，我把小明叫到办公室。“小明，看来你家里挺有钱啊？”我打趣地问道。

“一般……还可以吧。”他两脚不停地挪动着说。

我愤怒地拍了下桌子：“你小子还装呢，你们家里情况我都知道了。父母那么困难，你还装有钱大少爷，忍心吗？”

小明握紧了拳头：“谁让他们没本事！我经常被人嘲笑，别的同学吃的、穿的、用的，哪一样不比我好？我……”说着说着他竟哭了起来。

我缓和了一下语气说：“孩子，你爸妈不容易啊，你看他们岁数都那么大了，每天起早贪黑地挣钱供你上学，你怎么能嫌弃他们呢？”

小明哭着说：“我也不想这样，可我不想被人瞧不起。”

“孩子,尊严是金钱买不来的,得靠自己的本事赢得。孝敬父母是一个人的品德。”

小明低下了头。

我发现小明好面子,攀比心强,不会合理支配花销,但产生这些问题的症结还是他不能体会父母的不易,不会感恩父母。

放学后,我把小明留下来。我对他说:“小明啊,孝敬父母不是一句空话,就从今天开始吧。现在给你布置个家庭作业,晚上必须完成。”

他一脸茫然。

“你们家是山西过来的,肯定吃面比较多吧?”他点了点头。

“给父母煮过面吗?”他扭头一笑。

“那今天晚上就为父母煮面吧,要求独立完成,怎么样?”

小明迟疑了一下,最后点头答应了。我马上给他妈妈打电话,告诉她全力配合。

第二天一早,我问他:“作业完成得怎么样?”

他眼圈儿红了:“我笨死了,面煮糊了,但妈妈非得吃,一边吃还一边掉眼泪。”

我拍了拍他的肩膀:“你做得很棒,你妈妈那是高兴的感动的眼泪。父母真的不容易,以后尽量别让他们伤心难过,花钱节约点儿……”

小明郑重地点了点头。

电话响了,是小明妈妈打来的:“刘老师,谢谢你,这么多年了,我们还是第一次吃到孩子煮的面。教育有效果,但就像您说的,还需要一个过程。我们家长会全力配合,您多给他讲讲这些道理。”

这天晨读,继续学习《弟子规》。小明有点儿紧张地走到讲台上领读:“父母呼,应勿缓;父母命,行勿懒……”

“我们每天都读《弟子规》,里面的意思我们也懂,但能用《弟子规》去指导并约束自己的同学却不多。今天我要表扬小明,他那天帮家长做家务,并学会了煮面,达到了‘入则孝’的标准,大家要向他学习!”

小明在大家的掌声中不好意思地走下了讲台,回座位后一直低着头。课后他过来找我:“老师,我以为您要当众批评我呢。”我点了点头:“对,本来是想,但从你那天的表现看得出你还有救,所以决定给你改过的机会。要善待你爸爸妈妈呀!”

“嗯,我会的,谢谢老师!”他出了门又折回来,“老师,今天晚上的作业是什么?”

“有两个,一是你自己洗头发,不要让父母帮忙;二是吃完饭替父母把碗洗干净。”

小明脸一红:“放心吧,一定完成。”

接下来的教育过程还算顺利,一学期,我每天都给他布置“家庭作业”,让他帮父母做家务,给父母端洗脚水,给父母讲笑话,教他怎么计划生活费,等等。总体上小明大有进步。

学期结束了。学校传来好消息:“小明,你得奖学金了!”教室里热闹起来了,同学们纷纷叫他请客。他却大声说:“下回吧,这次不行,这几百元得留做家用,再说月底爸爸生日……”

透过玻璃窗,我看到了小明的笑脸。

（天津市电子计算机职业中等专业学校　刘亮）

威力巨大的“谎言”

那年新学期开学,我接了一个五年级的班。提起这个班,我早有耳闻,特别是班上的一位“知名人士”,如雷贯耳,那就是全校上至校长下至同学无人不知无人不晓的“酷哥”小航。该生纪律散漫,上课经常故意捣乱,下位与同学打逗,课间大喊大叫言语粗鲁;回到家很少完成作业,隔三差五逃学更使其闻名遐迩。很多教过他的老师一提到他脑袋就疼,曾下过“无可救药”的定论。

我首先对其家庭情况进行了了解,原来他的父母已经离婚,母亲远嫁外地,他与父亲和祖父共同生活。父亲因工作原因早出晚归,很少对其管教,倘若小航在外闯祸或被老师告状,轻者破口大骂,重者挥拳便打,这样就造成了他和老师对着干以至于逃学出走的恶性循环。

那天中午休息时,我把小航叫到办公室,微笑着对他说:“以前的小航我并不熟悉,对于现在的你,我要一天一天去认识,你对我这个老师有什么要求吗?”

听了我的话,他好像有些吃惊,可能在想:我还能给老师提要求?

在我善意而又带期盼的眼神注视下,他终于试探着开了口:“老师能不能……别把错儿总摊在我身上。”

“还有吗?”

他的胆子大了些:“老师,能不能别一点小错儿就请家长?”

我坚定地说:“可以!”看着他有些喜悦的眼神,我接着说:“你给老师提了两个要求,老师只给你提一个要求:不许逃学。”

他欣然答应了。

当天上课时,也许是由于新学期的新鲜感,小航听讲相当认真,而且还不时地举手要求回答问题。为了满足其表现欲我尽量去叫他,尽管他的答案有些不着边际,甚至有些可笑,但我都给予其表扬和鼓励,并对全班同学说:“大家看,小航进步多快!我相信他每天、每节课都能这样。”此时我看到他撇了一下嘴,脸上露出了自豪的神色。

从这以后,每天我都利用“答题—鼓励—表扬”的策略,调动他的学习积极性,渐渐地小航上课能坐住了。

我曾经答应过小航,偶尔犯小错儿不请家长,但有时家长却不请自到。那天小航的父亲怕儿子偷花钱,亲自来学校为他交书费,顺便想找我了解一下儿子的情况。偏巧,这天小航刚刚因为在操场与同学打架挨过我的批评,我本可以将其大大小小的罪状一一列举,请其父回去严加管教,但当我看到站在一旁的小航那充满恐惧且又带有一丝乞求的目光时,我改变了主意。

“小航最近进步挺大的,上课认真听讲,还总能举手回答问题,打扫卫生总是抢着干。作业也能按时完成,就是还欠工整,以后写作业还得认真。”

听到这些,小航父亲的脸上现出了一丝从未见过的微笑,他粗声粗气地对小航说:“以后要听老师的话,认真写作业,记住了吗?”“嗯,记……记住了。”听得出,他还有些心有余悸,但目光中却充满了无限的感激。

小航的父亲走了,望着父亲的背影小航长出了一口气。他那可爱的样子真让我忍俊不禁,但我克制住自己,严肃了起来。

“你觉得老师今天做得怎么样?”

“老师对我真够意思!”他憨笑着说。

“但老师今天是报喜不报忧,欺骗了你的家长。”

“不,您这样做很对,要不然我就‘熟’了!”

听了这句话我又一次忍不住笑了,但又马上严肃起来对他说:“以后再犯这样的大错儿,老师可就不给你瞒着了!”

“行,我保证改!”

果然，此后他没再惹什么大事儿，而且对我的话几乎是言听计从，我体会到“善意的谎言”竟会有如此巨大的威力。

现在的小航在众多老师眼里可谓焕然一新，尽管他还存在着这样或那样的不足，但不能否认他有了巨大的进步。每个学生都是一颗珍藏在贝壳里透亮的珍珠，每位教师都应争做打开贝壳让珍珠发光的人。但这种“打开”不是强行“撬开”，而是用柔和的力量去带动其自行开启，让那隐匿的珍珠在阳光下发出璀璨的光芒！

（天津市河北区育婴里小学　孙强）

“飞人”小磊

小磊是初二时由其他学校转入我们学校的，虽然只有 16 岁，他却长了一米七几的个头儿，瘦瘦的，白白净净的。因为父母离异，他随母改嫁去外地上的小学和初一。母亲为了让他上高中，那年又把他转回来念书，暂时住在爷爷家。

我是年级主任，就把他安排到了郭老师的八年(3)班。

我从她母亲那里，了解了一下他在外面读书的情况，知道了小磊学习不是很好。通过一周的观察，我发现他上课不注意听讲，爱说话，经常在课上吃零食，一下课就往外跑；经常迟到，还有抽烟等毛病；大错没有，小错不断。但他也有长处，就是打篮球非常棒。他一看到操场上有人打球就心痒难耐，坐不住；每天放学后，他都会到村子的活动小区打一阵子篮球才回家。

我想了想，就和郭老师商量，在他们班成立一个篮球队。班里还有几个男生和小磊的个头儿差不多，平时也好玩儿个球儿。郭老师有点儿迟疑，我说：“这个篮球队我帮你带，不怕，有问题我担着。”我又找来体育老师，商量了训练的事。

几个学生一听要成立篮球队，乐坏了。我说：“有言在先，你们别高兴得太早，如果想要参加篮球队，首先要把课上好，如果发现你们上课还趴在桌子上不听课，上课迟到、吃东西，下课抽烟等问题，就立即除名。”他们几个人当即满口答应，并挥拳保证，还一致推选小磊当队长。

自从篮球队开始活动，这几个学生的课堂纪律有了明显的改观。尤其是小磊，好像换了一个人似的，之前的小毛病几乎都没有了。任课老师们也都发现了这个转变。我每周都和球队几个同学开一个小会，交流一下活动情况，给予他们鼓励和表扬,指导他们不断改进和提高。此后,其他班级也纷纷效仿,组织了篮球队,下午课后,校园因他们而活跃了起来。

11月,学校组织了一次年级篮球赛。最终,八年(1)班和八年(3)班进入了决赛。决赛上半场,两个队的比分咬得很紧,互有领先。到了下半场,两个队都急于求成,险些因一球之争打起来。在争抢篮板球时,小磊把八年(1)班的一个队员撞倒了,造成其胳膊大腿挫伤。因有故意犯规之嫌,小磊被罚下场。这下场上的局面就变成了一边倒,最后八年(1)班以超出20多分的成绩取得了第一名。

这次失利对小磊是个打击,他十分懊恼,好几天都萎靡不振。我又单独找到他,和他一块儿分析了这次失利的原因:"一是配合存在问题,虽然你的个人技术很好,但自己拿到球要学会传给站位好的队员,不要一味强攻;二是尽量减少犯规;三是要讲球德,'友谊第一,比赛第二'。"我又强调:"一次失败不代表以后也失败,只要不断总结经验,以后比赛一定会取得好成绩。"

小磊失落的心情慢慢平复下来。一个月后,两个班的队员再赛,既打出了水平,更打出了友谊。八年(3)班以高出八年(1)班12分获得了这场比赛的胜利。小磊在场上表现最为突出,他的"飞人"称号也被同学们叫响了。

此后,在与其他年级学生的比赛中,八年(3)班没有输过一场。毕业后,小磊被城里的一所高中按特长生给录取了,在那里,他也是篮球队的中坚。

(天津市蓟州区尤古庄镇初级中学　牛宝林)

老师相信你

"于老师,我考了428.5分,考上高中了!"听着小旺电话中难以掩饰的兴奋,我的眼泪抑制不住地流了下来……

那是三年前接初一新生,我碰上了这个男孩。他又白又胖,机灵可爱。刚开学,他就主动带来许多抹布,事虽小,但能从中感到他心中有集体。可是开学没几天,他就开始逃学泡网吧。

出于班主任强烈的责任心,我见着他就和他谈心,给他讲上网的利弊及其与健康成长的关系。由于最初的好印象,我并不讨厌他,更不想放弃他,以为他不过是贪玩。可一次次保证,一次次又溜走,又总是不定期地出现,而且每次都是脏兮兮、怯生生的,让人生气,但看着又心疼,总少不了给他清洗一番,再买点儿吃的给他。

可能是这不经意的小小关心打动了他，他终于说出了他如此表现的原因。

原来小旺是单亲家庭，由于妈妈觉得孩子缺失父爱是自己的错误，因而心怀愧疚，物质生活上对小旺有求必应，忽略了对其进行思想教育。妈妈工作忙，小旺的学习主要是大姨妈督促；表哥表姐都是重点校的学生，成绩优秀，长辈们经常把他和哥哥姐姐比。他也觉得自己学不好，肯定考不上高中，可又不甘心。他回家后不愿听家长唠叨，所以经常离家出走……他曾坦言自己从小就把老师批评当成家常便饭，练成了“刀枪不入，金刚不坏”之身！

也许是爱心使我轻轻地打开了那扇半遮半开的心扉吧！走进了学生的心灵世界，更多地了解了他的理想和他心灵的感受。我反复思索，要改变他，就得管理与教育相结合。为控制他的行踪，我和他妈妈商定：每天放学后家长来接，如果家长有事，我就负责把他送回家。就这样一直坚持到初二上学期。

就在我以为一切走入正轨的时候，他趁妈妈上夜班，又一次离家出走。当我听到这消息，简直快窒息了，甚至想是不是该放弃了……这时，已是晚上九点多了。他到底在哪儿呢？听他外婆说他口袋里没有钱呀！他吃什么呢？睡在哪儿呢？会不会被坏人骗了……正在我胡思乱想的时候，我们班的小马打来电话，说小旺正在他家楼下等他！

我不顾一切地飞快跑去，可还是晚了一步！将近 11 点了，回家的路上，我的心慢慢冷静了下来，我意识到，他正在走入歧途，偏离了健康成长的方向，把他领回来走正路是我的职责！光气愤是不能解决问题的，只能用真诚的爱心去破除他的戒备心理，用我的智慧解决这个难题！我要等他回来，不论一天两天还是几天。

三天后他回来了。他一改以前漠然的态度，满脸愧疚地看着我。我知道，他已经从小马那里听说了什么。宽容之心使我对他只是进行了适当的批评。而我费了好大工夫，反复嘱咐老师们多关心他，让他体会老师们对他的期望和关心。我又对学生们反复叮嘱，为他送去集体的温暖。而我对小旺也厚爱一层，备课时关注他，设计教案注重基础知识和兴趣点；课堂上，让小旺树立“我也能回答提问”的信心；多以补习为主，面批他的作业；考完试，鼓励他，唤起他心灵深处向上的意识。我终于找到方法激活了他的乐学点，为他的健康成长储备文化知识。

记得他最后一次出走是去年的 9 月底，长达一周没露面。我一如既往关心他、等待他，再次发动全班男同学去找他。没想到，他的答复是：“老师别找了。”

这是我最不想要的结果。难道,一年半我所做的一切,真不能把他领回“家”吗?

10月1日晚上9点多,我收到一则陌生号码的短信:“于老师,我就在您家附近的超市门口,我想您了,想见见您,千万不要告诉我家长……旺旺。”我决定先稳住他。当我徘徊在超市门口时,他出现了。看到我,一米九的大小伙子,掉下了眼泪:“于老师,我就想您和妈妈,您教导我的话一直在脑里盘旋……”看到他那狼狈的样子,满肚子的责骂,脱口而出的却是:“饿了吧?于老师带你吃饭去……”

从那时起,他再也没有离家出走过。他终于开始积极乐观地学习,上课时总是主动回答问题,中午吃过饭后就坐我旁边写作业,老师们都说小旺真的进步了。中考前,小旺找到我,问:“于老师,您说我能不能考上高中?这几次模拟考试我才考了300多分……”我微笑着拍了拍他的肩膀坚定地说:“旺旺,你肯定没有问题,于老师相信你!”

爱心、责任心、耐心、宽容心,让我收获了成功的喜悦。终于,盼来了他的悬崖勒马;终于,看到他回到了健康成长的道路上;终于,等到他的目标达成,理想实现!

(天津市第九十三中学　于萌)

生命原来如此美好

我是从一个亲身经历的事件中,从一个学生与我发生的故事中,从一个母亲对孩子顿悟生命的理解中,认知了生命原来如此美好。

他叫小野,父母都在外地做生意,跟着70多岁的姥姥生活。小野从小没有养成良好习惯,正如他的名字,“野”得桀骜不驯,不服管教;“野”得不见踪影,经常旷课;“野”得迷恋游戏,无思向学。即使来上课也是睡大觉,而且经常是刚刚发下的书就不知飞到哪里去了。

学校每次检查学生仪表,都因为他的发型不合格,班级被扣分,我这个班主任总是懊恼不已。

又到了学校检查学生仪表的前一天,我从早晨就与他商量:“放学带你去理发。”可他极不情愿,嬉笑着说:“哎呀!您挺累的,就别管了,我自己去理!”课间我又把他叫到办公室,当着他的面给他妈妈打电话说:“放学我带你儿子去理发,你看行吗?”

“徐老师,您看这孩子就是护着他那两根头发。每次我带他去理发,他都不情愿!”听着家长“护犊子”的这几句话,我微微皱起了眉头。

“那明天学校检查学生仪表,班级又要扣分了!我这一个月辛辛苦苦的工作又白干了!”

“那徐老师您就受累带着儿子去理发吧!中午我给他打电话!让他听您的。”

下午放学,我带着他来到理发店,还有两个男同学也好奇地跟了来。虽说这次理发真是费了九牛二虎之力,但最终还是达到了让我满意:寸头,不带毛刺。为了鼓励他的配合,也为了给他以后的发型制定合格的标准,我与他照了合影。他看我挺高兴,就得寸进尺,嬉笑着提出更高的无理要求:“天黑了,您不请我吃饭?”

“请!你想吃什么?”为了奖励他,我回答得很干脆。

“要求不高,‘郭家羊汤’,我最爱喝。”

我骑着电动车,带着他一路来到了“郭家羊汤”。一会儿,两碗羊汤和四个烧饼摆上了桌,已经饿了的他连“啼哩”带“吐噜”喝着,美味穿心呀。

本来这是一顿充满幸福的晚饭,可是他在幸福面前却伤感了,落泪了。我有些不知所措,茫然了。我一个劲儿地安慰他,他告诉我他想妈妈了。“妈妈是我生命的起源,是我永远感恩的人,但妈妈很少陪我。她在我的生命中,总是来也匆匆,去也匆匆,匆匆如过客。为什么我的生命中如此缺少色彩?为什么我的生命中如此缺少温情?为什么我的生命中如此缺少别人都不缺少的……”

抬起头,我与他的目光交汇,从他那激动的神情中,我第一次感觉到生命原来如此美好!

他有妈,但她总是忙……忙……她把他放在姥姥家,只是偶尔打来一个电话,这个电话能满足一个不断长大的心灵吗?

“徐老师,我想叫您一声‘干妈’!”这是这个傻里傻气的男孩从心底里发出的呼唤。

“好啊!但是有个条件,以后得听干妈的话。”

我微笑着,流着泪一把把他搂在怀里,他带着眼泪傻笑着。周围喝羊汤的人用异样的目光看着我俩。但我一点儿都不害羞,我可幸福了!

一个人有“妈”就有“家”;有“妈”,生命就有意义。从此他喜欢上学了,班级就是他的“家”,“家”里有兄弟姐妹,从此他喜欢上了语文课。

生命原来如此美好。

(天津市滨海新区栖凤中学　徐复云)

我对你“另眼相看”

他,是一个特别的孩子。他的父母要比其他学生的父母年长很多,和我们的父辈是一代人。于是,关于这孩子的身世有各种各样的说法。孩子的母亲一年当中很长时间出门在外,孩子主要由父亲照顾。父亲对孩子照顾得很细致,以至于把他养成了一个白白胖胖、高高大大的小男孩,不到10岁的年纪,看起来倒像是一个初中生。

早在接班之前,就听几个老师讲起过这个男孩,方方面面,各种各样,但归总起来就是——不怎么样!

虽初为人师,但也已经知道课堂并非都是师生其乐融融、共读共学的美好画面。做老师一定要让学生“怕”,让他知道老师的“厉害”!果然像其他老师说的那样,他上课总有各种各样的“状况”:一会儿翻铅笔盒,哗啦哗啦响;一会儿找本子,东西掉了一地;一会儿接下茬,引得同学们哈哈大笑。

终于,机会来了。一天下课,他和同学在教室里闹,突然嘴里冒出一句脏话,刚好被我撞个正着。于是,批评教育,请家长,强调问题的严重性,分析事情的恶劣影响。就是要让他知道,只要犯错误,我是绝对不会姑息的!

事情还没有结束。第二天早上,全班都在安静地早读,突然一声清晰响亮的脏话打破了教室的沉静。又是他!班里立刻炸开了锅,他也有些惊慌失措。原来,因为座位的问题,他和后桌同学起了小争执,脏话脱口而出。瞬间,我的愤怒直冲头顶:请家长!让他当面交代“犯罪事实”!再一次摆事实,讲道理,大至为人,小到做事,细数短短几天来他所犯下的错误及其对他个人和班级带来的不良影响。家长不住点头称是,说回家要加强教育。最后,决定让他写反思,做保证,并在班级内宣读,以观后效。至此,第一回合以我的“胜利”告终。

第一次让我开始重新认识这个男孩,是一次上陶艺课,课上老师要求同学们利用家中的废物制作机器人。在上交的众多作品中,一个用牛奶箱做成的多功能台灯特别抢眼。作品还配有功能介绍,而且这款机器人配置了移动电源和照明设备,可以做台灯、储物箱及充电电源。这正是他的作品。陶艺老师非常意外,对他的这个作品赞不绝口,说是高年级学生的作品里也没有比这个更出色的了。

从此,我对这个白胖白胖的大男孩有了更多的关注。

世上并不缺少美,而是缺少发现“美”的眼睛,而拥有一双善于发现“美”的眼睛,对于老师,尤其是班主任,真的是太重要了。

经过一段时间的观察,我猛然发现,他其实是一个非常细致、细心的孩子。班级的书架乱了,他总是小心地问老师自己可以不以去整理一下,同学干事情漏掉了什么他总是马上提醒。也正是由于这个原因,他上课时总会就一些大家没有注意到的细节提出问题;也正因为他的细致,他的书包永远是班里最大的,装着各种各样上学“必备”的材料。他喜欢自己鼓捣各种物件,从最开始的纸质甩炮、纸飞机,到后来的小马达、航模,他的实验无时无刻不在进行。

他还是一个有点儿自卑的孩子。由于父母年纪大,很多同龄孩子享受的快乐,他并没有享受过。他身材比一般孩子高大,时不时地还会为此感到苦恼。同学们有时也会拿他开玩笑,但他总是憨厚地笑笑,有时还会撒娇似的大喊“救命”。虽然长得比较“着急”,但他比同龄的很多孩子要单纯得多,还像是妈妈的小宝贝一样,不能完全料理好自己的各种事务,上三年级了还不会自己系鞋带,每次都是班里的同学帮助。

机会在需要的时候总是会有的。学校庆“六一”活动以“我劳动,我光荣”为主题,邀请家长和孩子们一起度过在劳动中成长的节日。

我们三年级的活动,是看谁能在最短时间内穿好一双鞋鞋带的比赛,要求穿得平整,不落孔,如果有特殊样式还能额外加分。虽然同学们大呼“不公平”,我还是把第一个参赛名额给了他,并且告诉他:“这次就看你的了,你一定行!”他撇撇嘴,看不出是不情愿还是太紧张。到了比赛那天,他一大早就把准备好的鞋拿给我看,跟我解释说自己原来很少穿带鞋带的鞋,这次是让爸爸特意买了一双比较符合要求的。

赛场上,细细的鞋带在胖胖的小手中上下翻飞,白白的脑门上渗出颗颗汗珠。最终,他第二个完成了比赛,全班同学都为他欢呼喝彩。看着大家拼命地为他鼓掌,他不好意思地笑了。

很多时候,我们心中所谓的标准,只是囿于偏见的主观臆断。而作为教师,如果仅凭着这种不负责任的臆断行事,则更是危险,因为那会误人。我庆幸自己没有被乌云遮住双眼,看到了乌云背后的金光。我和这男孩都是幸运的,我们在彼此的目光中共同成长,都为我们的相遇而感到幸福。

(天津市河西区南湖小学　韩琦)

一张"告状"字条

新学期开始,我班转来了一位叫小跃的男孩,他逆反心理特别强,爱打人、不爱学习,他的亲戚直接披露:"他根本不是好孩子。"他妈妈坦言:"以前的老师都看不上他。"我听后心凉了半截。

自从他来到我们班后,我每天都是在提心吊胆中度过的。我耳边从没清静过,天天都有同学轮番告状,真有点儿招架不住了。看着他,我真想狠狠地训斥他一顿。但理智提醒我,不能,千万不能"热处理"。我深知教育不是威慑,简单生硬、急风暴雨式的训斥,诱发不出学生正确的思想和感情。我暗示自己稳住阵脚,静观其变。

慢慢地我发现,他身上有不少闪光点:爱劳动,自尊心强,很希望得到同学的认可,但又放不下面子。当暴脾气一上来,他就像一匹脱缰的野马。

攻克他的心理防线是我的一大难题。我静下心来想了想:他不正给我提供了一个现实的教育空间吗?

无意之中得知他喜欢下象棋,经过深思熟虑,我终于心生一计,特意设计了一个攻心方案。

在上活动课时,我特意安排班里的同学下棋,不一会儿教室里便传来此起彼伏的拼杀声、喝彩声……

我忍不住也想露一手。一场擂台赛拉开了帷幕,三下五除二,几个"小将"很快"落下马"来,围观的人都鼓起掌来。轮到小跃了,一番兵来将挡,我输了。我一边冲着小跃竖起大拇指,一边说:"再来。"很快,我又输了,这次同学们的喝彩声更大了,他们用羡慕的眼神瞧着小跃。小跃的脸红红的,显得特别兴奋,可以想象,围观同学的喝彩声着实让他增添自豪感。

在数学课上,我又尽力激励他:他每做对一题我就在本子上写一个"优"。放学时,我在纸条上写了一句话:"家长您好,小跃今天在学校表现得非常好!"然后,我把他叫到身旁,将折好的纸条交到他手上说:"小跃,把这张字条捎回家给你家长看。在路上你不能随便拆开看，知道吗？”

这时，他低着头，皱着眉头，脸上写满了问号，慢腾腾很不情愿地接过字条，满脸沮丧。也许是先前老师的告状便条曾给他带来很多的伤害，在他心里留下了抹不去的阴影；也许是师命难违，他揣着这沉甸甸的“定时炸弹”，缓慢挪出了教室。其实，我心里很明白，他出校门的第一件事就是看字条，看上面老师又向家长告了什么“状”，然后把它扔掉。

第二天，他第一个到校，美滋滋地把家长写有“谢谢老师的表扬，希望老师多费心教育他”的字条交给我。我观察到他这时的神情与昨天可谓判若两人，显得很神气。这一天，他很注意自己的言行，特别遵守纪律，也特别高兴。我暗想：真没想到我的“方案”如此奏效。

从此以后，小跃简直变了一个人，他不再是那匹难以驯服的“野马”，不再是“问题”百出的学生了，而成了我的得力助手，协助我管理班级事务。就这样，每当他从我的手中再次领走字条时，他的笑容总是那么灿烂，而我的内心是如此甜美。

后来，我把这方法推广到别的学生身上：“您的孩子预习作业完成得真好！”“您的孩子今天为集体做好事，受到大家肯定。”“您的孩子今天回答问题特别积极。”“您孩子的字写得特别工整。”那一张张美丽的便条，给我的教学带来了出奇的神效。

（天津市津南区八里台第二小学　马春艳）

生如夏花

坐在桌前，一页页翻看着即将毕业的学生们的纪念册，看着张张童真的笑脸，脑海中突然冒出一个词——“生如夏花”。这是泰戈尔《飞鸟集》中的一个诗句，花儿们如奔驰、跳跃、飞翔着的生命精灵，在阳光最饱满的季节绽放……此时，那张充满自信的红苹果似的笑脸又进入了我的思绪……

那是四年级下学期，小菲从外校转入我们班。她身体十分瘦弱，穿了件极不合身的夏装，衣襟处有不少没洗净的污渍。凭初次见面的直观感觉，我认为她的家境不好。我特意把她的座位安排在班长身边，让细心善良的班长成为她的好帮手。

这是个很不显眼的小女孩，每天不声不响，如果不是因为花名册上有她的名字，几乎很少有人会注意到她。她成绩中等，纪律方面也很安稳，所以她渐渐淡出了我关注的范围。

班级语文知识竞赛快要到了，我曾和大家说过，要评选出我班的“知识大王”，代表班级参加全校竞逐。那天下午，我把印制好的竞赛试卷带进办公室，随手关上门去放路队。当全体同学和我挥手告别时，我下意识地向后瞅了瞅，咦？怎么没有小菲？再一想，噢，今天是她负责擦地，一颗悬着的心终于放了下来。

我快步走向教学楼，习惯性地走进教室，里面空无一人，地上有些潮湿，显然是刚刚擦过地留下的痕迹，桌上放着小菲的书包。她还没走，去卫生间啦？这地擦得不够干净，不是她的风格呀，她有什么急事吗？这样想着，我跨出教室，向楼外的卫生间走去。

已是黄昏，校园里静悄悄的。可我走在校园里却不像平时那么自然，总觉得有什么事要发生。厕所里也没人，我的心不由得紧张起来：小菲去哪儿啦？我转身奔向教学楼，打算去办公室取完包后再找她。推门的一瞬间，我的心猛地撞击我的胸膛，手竟不由自主地缩了回来。

办公室里，有个熟悉的背影——小菲，只见她打开了我的抽屉，在那儿胡乱地翻找着；发现没有目标，他又快速整理了一番，转向办公桌后面的柜子……她的动作很慌张，能看出她的紧张和不安，她的手在翻找东西时不停地哆嗦着。一下子，我懵住了，竟不知道如何是好。

走进去，制止她的行为，这样，一颗自卑的心会受到伤害；不进去，任她随心所欲，不是助长她的错误行为吗？万一她现在出来，我们该如何彼此面对？

站在门外，我脑子里像有个陀螺在不停转动。记起苏霍姆林斯基曾经说的：“教师的每一次尊重与宽容，都会使学生终生难忘，都会促使他去思考，在思考中做人，在思考中做事。”“真正的教育智慧在于教师从来不伤害学生的自尊心，经常激发他要做一个好学生的愿望。”是啊，学生的自尊心如同早晨树叶上的露珠，轻轻一抖，就会滑落。学生虽然幼小，但是他们也是有思想、有个性、有自尊的人。

我终于有了办法。

我故意往后退了几步，轻轻咳嗽了几声，然后，尽量放慢脚步，轻轻推开门。我故作镇定，仿佛刚刚发现她的样子，惊叹道：“哎哟，菲菲，你来给老师做卫生啦？怪不得我在教室里没找到你呢？”

一语完毕，她那张惊恐得几乎说不出话的口，终于发出轻轻的单音节词：“嗯……”

“哟，连柜子都帮老师整理啦？你看老师柜子挺乱的吧？”我故作轻松，顺势把两层翻乱的东西整理了一下，随手关上了柜子。

此时的菲菲，小脸通红通红，一句话不说，两眼紧紧注视着脚尖，那双破旧的布面旅游鞋已经裂开了缝子。

我强忍住剧烈的心跳，我不敢再说些什么，怕刺伤她极强的自尊。从班长那里，我了解到她的家境：她父母没有工作，租住在一间不足十平方米的小屋里，靠捡破烂儿抚养三个孩子，她是老大。每天放学，她独自一人回家，一路上，捡破旧报纸和空塑料瓶，每次都是满载而归……这样的孩子自尊心更强，一旦伤害了，就很难弥补。

“走，菲菲，我们一起回家。”我试图拉起她的手，想尽量在路上问清情况适时解决。

菲菲一动不动。突然，两行热泪一滴一滴垂下来，滴落在那双污渍斑驳的鞋上。我轻抚她的小脸，帮她擦去泪痕。她抬起头，嗫嚅道：“老师，我，我，我错了……”

此时，我如释重负，不知道怎么解决的问题仿佛有了突破口。我微笑着注视着她，倾听她的话语。

“如果，如果能得到一张竞赛的试卷，我提前，提前做，就能，能让老师和同学们对我刮目相看！”她费了好大的力气终于说出了自己的想法。

这个想法不由得让我耳热心跳。是啊，她想得到老师和同学们的关注，可平时我都做了什么啊？我一直以“关注每个学生，关爱他们的成长”为座右铭，可我做到了吗？我明明内心里还时不时故有成见作祟，嫌她脏，嫌她不合群，嫌她学习不出众……

菲菲见我没有说话，下意识地抬起头，瞅了瞅我，见我正注视着她，又下意识地垂下脑袋。我知道，以菲菲的性格，再让她说多余的话，是不可能的。我一直保持沉默，为自己的失职，同时，也为了纠正她的过失，希望她改过自新，在以后的日子里拥有阳光般的笑脸。不知过了多久，我的心渐渐平静下来。

“菲菲，你回答我的问题，用点头或摇头就行，好吗？”我说，“你来这里想找一份竞赛试卷，提前做，想得到大家的认可，对吗？”她点点头。

“这东西现在属于你吗？”她摇摇头。

“暂时不属于我们的东西,不管它价值如何,我们都不应该拿走,对不对?”她又点点头。

“记住我的话,菲菲,人无完人,明白道理的小公主最讨人喜爱。我说得对吗?”

菲菲抬起头,脸上露出既羞愧又释怀的微笑。

我接着说:“我们有个约定,今天的事,成为我们之间的秘密,好吗?”

菲菲又点点头,眼里有了光彩,感激地望着我。

“走吧,明天上学时,老师希望看到一个满脸笑容、天真可爱的孩子。”

走进夕阳中,拉着菲菲的手,我明显感到她的手是潮湿的,而脚步却是轻快的。

此后的日子,我加大了对她的关注,经常组织开展各种关爱活动以及环保活动。后来,学生们把捡废旧物品看成至高无上的荣耀。菲菲合群了,学习进步了,脸上始终充满自信的笑容,而我始终坚守着这份秘密约定,因为这是一份责任、一种深深的爱。

星移斗转,两年过去了,学生们即将小学毕业。翻开纪念册,张张欢快的笑脸如夏花般绚烂迷人,写满幸福与自信。想起两年前,那即将摔碎在地的自尊心被我轻轻地捧起,又温柔地交到她手上时的情景,我被自己曾经正确的行为感动着。

(天津市东丽区大毕庄小学　王凤华)

宽容与友爱的力量

一个周三的下午,我一进教室,几个学生就一拥而上,争先恐后地向我报告:“崔老师,崔老师,我的桌子上有一个脏脚印!”“我的椅子上有许多垃圾!”“我的铅笔盒被人扔到了地上,里面的东西也撒了一地!”“我最喜欢的两支铅笔不见了!”我一阵纳闷,这是怎么回事?

这段时间,中午教室常常有线路维修,是工人叔叔不小心碰乱了大家的东西?还是有外班的学生来搞恶作剧?我详细问了问同学们,有没有发现什么异常现象,同学们都说没看见。究竟是哪个捣蛋鬼干的呢?我一时摸不着头脑。

在接下来的两个星期里,断断续续又发生了几起这样的事情,不仅在学生们中间引起了不小的矛盾，在家长中也掀起了不小的风波，部分家长甚至因为相互怀疑而在微信群里发生了口角。事情已经到了非要解决不可的地步了。

在排除了其他可能性之后，我决定先从班内入手，召开了“宽容与友爱”主题班会。

我给学生们讲了一个“周处改过”的故事：晋朝的周处，从小就具有侠气，但是却凶狠残暴，经常欺侮同乡的人。乡人非常痛恨他，将他与南山的猛虎、大江的蛟龙一起形容成“义兴城里的三大祸害”，而周处是最可怕的一个。

为了除去这个祸害，乡里的人想到一个聪明的法子，故意对周处说：“你假如是真正的英雄，就应该替乡民除害，将猛虎和蛟龙一一杀死，这样，大家才会更敬畏你。”周处便先入山，经过激烈的搏斗杀死了猛虎，然后入江，在水里整整浮沉了三天三夜，在筋疲力尽之后，又终于杀死了蛟龙。

当他高高兴兴地正准备接受欢呼的时候，却意外发现乡民正在为他与蛟龙同归于尽而庆贺。这时，他才知道自己这么让人痛恨。

他开始悔悟，决心改过自新，重新做人，特地拜当时有名的学者陆云为师父，报效军旅，后来成为有名的忠臣孝子。

故事讲完以后，我问学生们：“虽然周处在年轻时做了许多错事，但是他也是有优点的，你们能从周处身上看到什么优良品质？”

学生们异口同声地说，他“知错能改”。

“对了，《弟子规》里对做了错事是怎样说的？”

学生们说：“无心非，名为错；有心非，名为恶。过能改，归于无；倘掩饰，增一辜。”

“谁能跟大家解释一下这句话的意思？”

“不是有心做错的，称为过错；若是明知故犯的，便是罪恶。不小心犯了过错，能勇于改正，错误就会越改越少，渐归于无过；如果故意掩盖过错，那反而又增加了一项掩饰的罪过。”

“同学们，虽然周处之前做了许多欺负乡邻的错事，但是他知错就改，你们能原谅他吗？”

学生们异口同声地说：“能！”

我接着说：“最近咱们班里发生了一些事情，有些同学的物品遭到了破坏，或不翼而飞，如果犯了错的小朋友主动站出来承认错误，并保证以后再也不这样，你们愿意原谅他吗？”

学生们若有所思,之后马上给出了坚定的回答:“愿意!”

我很欣慰,接着说:“孩子们,你们可真棒啊!我真为你们的宽容和善良所感动。《弟子规》教导我们:‘恩欲报,怨欲忘;报怨短,报恩长。’意思是,他人对我有恩惠,应时时想回报他;不小心和人结了怨仇,应求他人谅解,及早忘掉仇恨。报怨之心停留的时间越短越好,但是报答恩情的心意却要长存不忘。你们都是心存善念的好孩子!我真为你们骄傲!”

“那么,你们能把想对犯错误同学说的话写下来吗?”我发给每个学生一张纸,让他们写下自己的感受,并全班交流,评一评谁写得最好。

最后我总结道:“同学们,是宽容和友爱才成就了我们一年级二班这个团结温暖的大家庭,让我们齐声感谢团结与友爱吧!”

这次班会后,这场小风波就此平息。

那个犯错误的小家伙儿终于坐不住了。班会课那天下午放学以后,小振捧着一个小盒子敲开了我办公室的门。他耷拉着小脑袋说:“崔老师,班里的小破坏都是我趁中午没人的时候干的,同学们丢的东西也是我拿的。听了您的教导,我知道自己错了。《弟子规》里说:‘物虽小,勿私藏;苟私藏,亲心伤。’东西虽然很小,也不要偷偷地私藏起来;被父母知道了,父母心里一定十分难过。我想,我应该把这些东西还给同学们,我不想让爸爸妈妈伤心,更不想让您失望。我想做一个‘凡出言,信为先’‘见人善,即思齐’的好孩子。感谢您和同学们能原谅我。”

看到他主动站出来承认错误,我庆幸自己没有贸然用严厉的方式究查这个“罪魁祸首”。

之后,我又跟小振的父母沟通,了解到小振的父母工作都很忙,没有时间多倾听孩子的烦恼,他的恶劣情绪得不到及时排解,才用这样的方式发泄不满。他们感到深深的懊悔,感叹对孩子关心得太少,并感谢老师以这样的方式既保全了小振,又给所有的孩子上了一节生动的课,教会他们宽容与友爱。

在以后的日子里,我也对小振多了一份关怀和帮助,及时找他谈心,用国学经典《弟子规》的精神教育他宽厚待人,正确与他人相处。他的性格逐渐变得开朗,再也不闷闷不乐、肆意发泄了。班里随着《弟子规》学习的不断深入,渐渐呈现出一种团结和谐的良好氛围。家长们对老师的教育方法频频赞扬。

(天津市武清区杨村第八小学　崔璐)

山不过来,我就过去

有一则故事:一天,徒弟们恳请大师表演“移山大法”。大师欣然应允,开始打坐。可是数个时辰过去,山仍岿然不动。面对疑惑不解的弟子,大师不慌不忙地说:“山不过来,我就过去。”

“山不过来,我就过去”,多么意味深长。世上本没有什么“移山大法”,面对现实,需要改变的是我们自己。

他叫小鸣,是那种非常单纯的男孩,好动且有运动天分。上初一的时候他乖乖的,喜欢笑,笑的时候脸上会有两个酒窝。他会很坦然地告诉你他只吃过一次麦当劳,从没吃过披萨;经常穿着他那件已经显出短的T恤衫打球,连衣服带脸脏脏的,但他却不在意,每天乐呵呵的……那一年运动会,他就是穿着这件很小的T恤衫参加了跳远和400米跑,一心夺冠的他只拿了两个第二名,他很沮丧。我为了奖励他,也因为那件衣服实在太小,在他生日那天送给他一件黄色T恤衫。他先是吃了一惊,然后又很不好意思,最后很开心地收下了。他还不忘补一句:“老师,我一定给您争个第一名。”我反问:“学习还是运动?”他很认真地回答:“老师——学习,我一定努力。”“好,加油!”于是,从那天开始,我们之间便有了这个“第一名”的约定。

升入初二,也许是进入逆反期的原因,小鸣变了,脾气有些暴躁,而且经常上网,玩游戏和用QQ聊天,与此同时还认识了年级里的“风云人物”,和他们称兄道弟……不知受了谁的“蛊惑”,他居然成了“学习无用论”的信奉者,校服不穿了,取而代之的是黑色的衬衣,走路开始摇晃,上课不听,下课不看,有时候还和老师发生冲突,摆出一副天不怕地不怕的样子。

不过就像他妈妈说的那样,他是怕我的,或者说他是敬我的。也正因如此,我经常找他谈话,督促和引导他,希望能召回那个单纯、阳光的小鸣。

直到有一天,期末考试前夕,最后一节体育课自然就变成了自习,可是当我走进教室,发现少了五个男生,其中就有小鸣。一问,他们去篮球场打球了。我努力克制着自己的脾气,派了一个学生去叫。没想到只回来两名学生,我只好亲自去操场。刚见到我,另外两名学生便偷偷从墙边溜回教室,只有小鸣还在投篮。没等我说话,他却先开了口:“老师,体育课凭什么不让我们上?”我一听,夺过他手中的球说:“去办公室。”他很不情愿地跟在我后面,嘴里不停地嘟囔着。

来到办公室,看他那站没站相的样子,我恨不得打他两巴掌。也许是因为恨铁不成钢,我只说了句现在看来不应该说的话:“一会儿让你妈妈把你领回家,想清楚错没错再回来。回来后搬桌子坐讲台前。”他一愣,似乎期待着我苦口婆心循循善诱。很显然我直接果断的处理方式出乎他的意料。

第二天,他没来;第三天还没来,说是病了。其实我知道,他这是和我赌气。一般人对此一定会很生气,不过,我的角色是老师,面对还是孩子的学生,我不应该跟他置气。山不过来,我就过去。

我给他家打了个电话,一听是我,他就说头疼。我问他何时能好,他支支吾吾。当我站在他家门口时,他吓了一跳。进了他家的门,发现只有他自己在家。他给我倒了杯水,然后双手放在了桌子上。这一举动足以说明,他还是他——那个好孩子,只是……

我问他:“这么重的病,两天都不能去学校了,怎么还自己在家?”他一听,有些不好意思地“啊”了一声。我问他何时去学校,他说病好了就去。问他病何时能好,他说不知道。我接着说:“是不是,装的?觉得坐在讲台前不好看……”话还没说完,就感觉他表情有点儿僵,我知道我说出了他的心声。

这时候,他妈妈回来了,于是就变成了三个人的沟通现场。在交谈中我了解到这次“逃学”事件主要是因为他觉得自己努力学拿不到第一名,还总给老师惹麻烦。他怕老师不喜欢他,不管他。他一边说一边抹着眼泪。

“那为什么还总让老师生气?”

“就想知道你还管不管我。”

“真是傻孩子,如果不管你,怎么会盯着你上不上网?怎么会不要你和那些后进生接触?又怎么会五次三番犯错后,没有把你送德育处?因为老师知道,你是好孩子。我可是一直记得那‘第一名’的约定啊,而且坚信你一定能兑现的。”

“嗯。”小明脸上又露出了那两个可爱的小酒窝。第二天,讲台旁边多了一张桌子,一个穿粉色T恤衫的男孩在那里认真地做笔记。

几年后一个阳光灿烂的日子,我收到他发的一个短信:“老师,我考了第一名。”

山不会动,这是谁也无法违背的自然规律。但我想,凭着对教书育人事业的一份热爱,就没有过不去的山。“山不过来,我就过去”,这也许是真正的“移山大法”。

（天津市第三中学　王莹）

外号

我的班主任师傅告诉我，班主任的工作其实好做，只要做到八个字就行：认真负责，问心无愧。

为了更好地监督学生，每个课间我都去班级“巡视”一圈儿。一天中午学生们在吃饭的时候，一个平时很内向的小女孩告诉我，男同学小才给她起外号。我当时心里想：我们小时候也都互相起绰号，这也告诉老师，太小题大做了吧。但我脸上没动声色。她接着说：“我也不知道为什么，他总喊我‘寡妇’，现在好多同学都跟着喊。”说着她的眼圈儿慢慢地红了起来，很明显这个绰号深深地伤害了她。我再也不能轻视这个问题了。我知道这个词对女孩子是极大的侮辱和伤害。

午自习的时候，我跟同学们说：“老师最近看了一个故事，有一个词，不明白什么意思，同学们能帮老师查查吗？”

我转身在黑板上写下“鳏夫”两个字，同学们都赶紧拿出词典，很快就有同学回答：“鳏夫是指丧偶的男子。”

“那如果现在有人骂咱班的男生是鳏夫，行吗？”

“当然不行，这不仅是侮辱，还是诅咒啊？”“对啊，这不是咒骂吗？”同学们七嘴八舌，很愤怒。

然后我又说：“那如果别人骂咱班女生‘寡妇’呢，你们说这是不是也是一样的咒骂呢？”

好多同学恍然大悟，明白我说的是什么事情。我继续说：“有时候起绰号代表两个人的友情坚固，但是这个绰号必须是无伤大雅的，而且是当事人可以接受的。但是如果起的绰号带有侮辱意味而且当事人很在意，那就不行了。我希望同学之间相互谅解，等有一天回忆起初中的生活时，不会内疚。”

我说这些话的同时，看见小才趴在桌子上，而且肩膀一抖一抖的，很明显他哭了。我想：他是骂别人的人，怎么他还哭上了呢？

我把他叫到办公室，他很拘谨。我没有批评他，给他讲了我上初中时学生给我起的绰号：“你知道吗？我上初中的时候我班学生都叫我‘阿桶’，你知道为什么吗？因为我比男生都能吃！我嫌‘饭桶’这个词不好听，所以他们喊我‘阿桶’。”

他没有憋住，我们一起在办公室里大声地笑起来。

“老师，您批评我吧，是我给她起的绰号。我知道错了，不应该那样做。我最近看美国电影，里面有一个女的，绰号叫‘黑寡妇’，我看她长得也很黑，就想起这个绰号了。”

“老师知道你是一个好孩子，知错能改就好。”

小才跟我敞开心扉地聊了他思想、学习的近况，并且主动表示会向那个女同学道歉。我心中还有一丝疑问：那他为什么哭呢？

后来我了解到，小才的爸爸在他一年级的时候就病逝了，这么多年她妈妈一个人辛辛苦苦地拉扯他长大，没有再嫁。可能通过这件事他知道了“寡妇”这个词的含义，想到了自己的母亲。

通过这件事，我觉得做一个班主任的先决条件是：了解学生，相信学生，尊重学生，宽容学生。我很庆幸我没有劈头盖脸地骂学生。单方面的责骂、批评往往会引起他们的反感。

（天津市东丽中学　赵丽红）

我与小林

一年一度的三好生评选又开始了。按照我以往的习惯，我会组织全体学生进行公开推选。班队课上，我先讲明三好学生的标准以及评选三好生的意义。然后先选出三名记分员。下面的学生都很踊跃地举起了小手。在如林的小手中，我发现了小林——教室后排角落里一个头发蓬乱，脸上身上脏兮兮的小男孩儿。

他是新近转来的外地学生，母亲在其他地方打工，他跟着父亲居住在距我们学校三千米的村子里。因为经常转学，再加上家长管理不善，这个学生学习成绩差，行为习惯也差，平时不完成作业，课下又爱打逗，个人卫生更不要说了。他对于老师的批评教育好像习以为常了，不管你怎么说，他都是那副无所谓的样子。难得看到他举手，于是我点了他的名字。

他兴奋地跑到黑板前，接过我递给他的粉笔。

唱票开始了，小林和其他两位同学一样，在我写的候选人名字后边认真地写着“正”字，就好像每一票都是在为他自己写上的一样。忽然，唱票员读到了小林的名字，此时安静的教室里有了一些躁动，几个调皮的学生脸上露出了坏坏的笑容。我心里“咯噔”一下：怎么办？只有一秒钟的时间，我马上在候选人的后面填上了他的名字。兴奋的小林一下子变了：头低下了，脸红了，一截儿粉笔在他手心里转来转去，连“正”字都忘了写上去。

我走到他身边悄悄提醒他，他从嘴里挤出几个字，声音小得我几乎听不见：“老师，把我的名字擦掉吧！”看着他那含着泪的大眼睛，我忽然感觉到了他内心强烈的自尊，这是我在他身上从来没有看到过的。我的心被震撼了：这是一个多么可爱的孩子呀！

在进行活动总结时，我郑重其事地说：“在这次三好生评选活动中，一些同学态度不够严肃认真。你们不负责任的行为，不仅破坏了班内活动的开展，而且伤害了同学的自尊心。”听了我的话，小林的脸又红了，眼神有些不自然。

接着我又说：“看一个人是否优秀、是否值得信赖，要先看他是否有强烈的自尊心和正确的是非观。小林就是一个有自尊心和正确是非观的人。相信经过他的努力，他一定会成为一个名副其实的三好学生的。”

教室里响起一阵热烈的掌声。此时的小林趴在桌上，脸埋在胳膊中间。看着他抽动的双肩，我知道他哭了。但是我相信那是他发自内心的泪，是委屈的泪，更是自豪的泪。

打那以后小林变了，他经常会在老师身边转来转去，只要老师有什么需要帮助的他立刻冲上来。小林和同学们关系也越来越好。学生需要关心，需要爱，更需要尊重。

已经是三年级了，班里的学生都已经是少先队员，唯独小林没有戴上红领巾。我决定给小林办一个隆重的、让他骄傲的入队仪式。活动前期，按照正规的入队仪式我做好所有的准备：誓词，老队员讲话，新队员小林的讲话……

队会上，所有的学生都很认真，小林更加严肃。当老队员代表把鲜艳的红领巾佩戴在小林胸前的时候，我又一次看到了他眼中滚动的晶莹的泪花。

这天坐在回家的班车上，无意间看到一个熟悉的身影——小林。骑在自行车上的他，一只手扶着车把，一只手不停地抚摸着胸前的红领巾。鲜红的领巾把小林的脸映衬得那么生动，那双水灵灵的大眼睛里满满的都是幸福。看着这一幕，我的眼圈儿红了：学生的要求是多么微不足道，只要我们给予他一点点关注、一点点尊重。

很可惜,小林后来跟着父亲又转走了,不过我相信他永远不会忘记他是一名少先队员,他会做一名优秀的少先队员的。

(天津市东丽区刘台小学　王丽芬)

爱演小品的女孩

我班上有个叫孟芹的女孩子,人虽长得瘦,但能量不小,上课总是坐不住,不是说话,就是下位,违反课堂纪律的事经常发生,虽然我和任课老师多次找她谈话,但收效甚微。她一度产生逆反心理,变本加厉,任意违纪成了家常便饭。也别说,她也有特长——爱表演,班级联欢唱个歌呀,跳个舞呀,都在行,掌声赢了不少。

正当我对这个让人头疼的学生一筹莫展的时候,会计老师的一件事给我送来了好办法。那是下午两节课后,会计老师兴奋地跑来告诉我:"你班孟芹今天上手工记账课时,跟着我一起做记账凭证了,做得又快又好。我在班上表扬了她,还在课堂日志上注明她进步突出,看她乐得合不上嘴呢!"从那以后,会计老师经常表扬孟芹,还经常让她拿教具、收作业等。孟芹开始喜欢上会计课了,课上也没再出违纪问题。

这件事给我勾勒出一个不一样的孟芹,虽然她屡次犯错还满不在乎,但心里还是渴望老师重视她、认可她的。我为什么不换个思路呢?从那以后,我更关注她,只要她做对一件事我就大力表扬她。效果果然很好,她有了长足进步,为此我特意以她的事迹写了一个剧本。

我很兴奋。班里要开主题班会,我把她找来,对她说:"咱商量一件事,小芹,最近你进步挺大的,我把你的事写成了一部小品,你来本色出演,怎么样?"

她听了先是一愣,然后默默地点点头,一挺胸脯,说:"行!"

从那天起她就天天拿着剧本,拉着和她搭戏的同学不分时间、地点、场合背词、对词,积极性非常高。

不想在一节课上,她又被李老师轰出了教室。

我静静地注视着毫不服气的她,良久,她才默默地低下头,情绪稳定下来。我镇定地对她说:"我理解你,想把小品演好,你付出的努力我都看在眼里。"只一句话,不可一世的她,眼泪一下子涌出眼眶。自入校以来,她还头一回流眼泪呢。

我想这也许就是变化的开始，于是问道："咱们为什么要演这个小品？"

她想了想说："是为了让同学们觉得我进步了，愿意跟我玩啊！"

"是不是真的有进步不是戏里演的，是你自己做出来的。本来你很有进步，可是你上课对台词，同学们还会认为你进步了吗？"

她很懊恼地说："那肯定错了……以前的努力不是白费了吗？"

"后悔了？"

她轻轻点点头说了声"嗯"，接着又反问："还有救吗？"

我故意卖了个关子："有点儿难，不过——"

她像抓住了救命稻草一样，催促道："快说，有啥好办法？"

"其实也不难，事是自己做的，造成的不好影响也得自己去挽回，你想想看。"

没等我说完她便抢着说："今后上课再也不对台词了。对，我这就去找李老师承认错误，请求原谅。再写份保证，当着全班同学的面检讨，消除影响。"

看到她态度很诚恳，我心里窃喜，但仍故作严肃地说："光写保证没有用，说得到做不到别人可还会瞧不起你。"

她坚定地说："看我行动！"在她的眼中我分明看到了坚定的信心。后来孟芹自己把这件事加入了小品。

小品演得很成功，孟芹付出了全部的真情；演到动情处，她还留下了悔恨的泪水。结尾处，她动情地说："感谢老师、同学对我的帮助，我以后会更加努力的，你们愿意把我当成好朋友吗？"

现场爆发出雷鸣般的掌声，同学们高声喊道："我们愿意！""我们挺你！""点赞！"

小品演出不仅教育了孟芹，也教育了每一个学生。这之后，整个班级学习气氛更浓了，课堂面貌更好了，团结友爱的班风更盛了。也就是从那时开始，孟芹开始爱上演小品了，只要一有机会，她就会自编自导自演一个小品，效果还蛮不错呢。

孟芹进步越来越显著，她偶尔还会管不住自己，但一经提醒，很快就改正了。任课老师和同学们都给她竖大拇指。

孟芹毕业了，现在某超市工作，勤快能干，多次受到领导的表扬。她告诉我，最近她正利用业余时间组织姐妹们忙着排小品，准备参加职工汇演，还把排练的照片发到朋友圈里。看着她满面笑容，我欣慰地笑了。

（天津市电子计算机中等职业学校 姜红玉）

师爱是一种等待

不知道是什么原因,进入八年级后,学生出奇地叛逆,经常会出现许多出乎意料的事情,让我这个上班还不到两年的新班主任应接不暇。

下午最后一节课是我的课,为了压制住学生们浮躁的心,进班之前我板起了脸。起立、上课,班里一切如常,只是发现班里个子最小的小浩显得有些异常:起立速度明显比往常慢了半拍。我在同学们坐下之后走到他身边,才发现这小家伙儿哭得满眼通红。

“怎么了?”我低声问。

小家伙儿抽噎起来。

他低头不语,在那里瑟缩着,学生的目光都向这边投射过来。显然,班里多数学生都知道发生了什么事。很快就有人告诉我,是班里一名叫大磊的同学闹的:课间,他按住小浩不让他动,用瓶子往小浩身上浇水。这时我才发现,小浩身上的校服和毛衣都已经湿透了。寒冬腊月,一个孩子被人用凉水浇成这样,真是欺人太甚!

一股怒气涌上心头!要知道,小浩是多么乖巧懂事的孩子啊:作为小组长他每天都尽心尽力为大家收发作业,课堂上总是看到他那双忽闪忽闪的大眼睛跟着老师走,每次考试成绩也都很优异。这样的学生连捣乱都不会,更别提和别的学生发生矛盾了。很明显,大磊是在以大欺小!

我立即要求大磊在全班同学面前向小浩道歉,因为我的工作经验告诉我,这种事情要不“杀一儆百”,很难在班里树起一股正气。

谁知,大磊竟然和我犟了起来:“我不道歉!”

“你错了吗?”我的声调再次提高。

“错了,但我就是不道歉!”

“为什么?”我实在想不到他竟会这样说。

“不为什么,就是不道歉!”大磊尖牙利齿寸步不让。

我惊呆了,全班同学也都十分惊愕!这四十多个学生是我从七年级亲手带上来的,向来言听计从,谁也没有想到会出现这种情况。我有一种强烈的下不来台的感觉,盯着这张充满无知和桀骜不驯的脸:微黑的脸庞略显得有些扭曲,几颗青春痘趴在额头上，彰显着叛逆与不屑。我在短暂的几秒钟内，几乎忘记了他在过去一年里所有的好，记起的都是他的不好：这是一个八门功课六科考零分的学生。

“快道歉！”我有些声嘶力竭。

“青春痘”依旧张狂着，纹丝不动。

我不记得自己是怎样将大磊送到德育处的，只记得自己在回到班里的那一刻就哭了，豆大的泪珠像断了线的珠子滚落下来。我知道，这些眼泪是我积压在心里已久的气愤与委屈。我让全班同学都来看小浩这一身湿透的衣服，然后开始语不停歇地数落他们：事情是在课间发生的，你们却没有一个人肯站出来帮助自己的同学，你们的内心是如此的冷漠。

我第一次当着全班同学的面哭出来，学生们都低着头不敢出声，有几个女生悄悄为我递上来纸巾。一节课很快就过去了，我让小浩回家之后好好向父母解释这件事情。至于大磊，批评、教育、联系家长……一切后续工作都在有条不紊地进行着。

第二天，大磊没来上学，班里好几个和他一样调皮捣蛋的学生气焰也都低了许多。可是我的心里却丝毫没有解决问题之后的轻松感，反倒像长了草似的，一团杂乱，空落落的，仿佛丢失了什么。

过了几天，圣诞节到了。这一天，同学们都异常高兴地互赠礼品，我也收到了许多同学送来的平安果。作为老师，其实并不期待收到那么多贵重的礼物，哪怕只是一个微笑，也能在心底乐得开出花来。

终于忙完了一天的工作，回到办公室，我长出一口气，疲倦之感涌了上来。同事们都已经回家了，办公室里冷冷清清的，我靠在椅子上迷迷糊糊的竟睡了过去。依稀中，我感觉有人站在跟前，于是赶紧睁开了眼睛。

“老师，圣诞节快乐！”大磊怯怯懦懦地站在我面前，和那天课堂上桀骜不驯的他判若两人。

“你什么时候来的？”看到他，我心里竟然有一丝紧张。

“半个小时前到的，看到老师您睡了，就没有叫您。”

“你一直站了半个多小时？”我吃惊地问道。

大磊点点头。

“办公室这么多椅子，为什么不坐下？”

他没有回答，将一个用彩纸包好的大苹果推到我的面前，上面歪歪斜斜地写着几个字:“老师,节日快乐!”这个学生现在是这样的平静、恭顺,真有些意想不到。

“哦,你也快乐。大磊买新衣服了?”我发现他穿着一件崭新的羽绒服,看上去很是招人喜爱。

“老师,那件旧羽绒服,在我爸打我的时候给撕坏了……”大磊回答的声音越来越小。

“打你了?”我心中“咯噔”一下,像一个做了错事的孩子,手足无措起来。自从我登上三尺讲台,拿起手中粉笔的那一刻起,我就曾告诉过自己一定要爱学生。可是没想到,自己的一个举动竟然为学生招来了如此严重的一顿打。我掀开他的衣服,后背上依然能看到青瘀的痕迹。

“大磊,恨老师吗?”我颤抖着问。我实在没有想到他的父母会用这样暴力的方法来解决问题,可现实就是这样残酷地摆在眼前。

大磊摇摇头说:“没事的。”

我不知道这三个字是对我这个老师的宽容还是不屑一顾。

“老师,其实我那天真的认识到自己错了,只是觉得在同学们面前道歉很丢面子。”

听着大磊的话,我的双眼有些模糊。我那天究竟做了一件多么没品位的事,竟然去和一个学生针锋相对,逼得他无路可退。我竟然连最后的一点儿自尊都不留给学生。那天,如果我再多一点儿耐心,或者用一个更为缓和的方式去解决问题,事情应该不至于无法收场。

晚上,我把这件事说给朋友听,对方给我回了一条短信,只有一句话:“师爱是一种等待。”

是啊,像大磊这样的学生,他所需要的不就是要我们多一些耐心、多一些等待吗?

圣诞节过后,学生们都开始紧锣密鼓地备战期末考试,大磊还是会时不时地犯错误,然而变化最大的是我,因为从那次事情中,我学会了等待,学会了用耐心、智慧、坚持与宽容去等待!

(天津市东丽中学　赵瑞静)

卷五　尽职又尽责　教师有担当

主编絮语

学生们对负责任的老师一直是点赞的，尽管这些老师有这样那样的不足。尽职尽责是我们老师很重要的品格，也是对得起家长、对得起学生、对得起自己的基本要求。教书育人也好，带班育人也好，管理育人也好，服务育人也好，都得遵循立德树人的根本原则和目标，都是为了培养社会主义事业的接班人。

这个目标便是我们心中的一盏明灯，给了我们强大的动力和勇气，是我们责任的内涵。老师们倾注自己所有的爱，克服千辛万苦，也要把几十人的班带好；班里有纪律差的学生，老师们千方百计要转变他们，不让一个学生掉队；老师们始终严于律己、为人师表，处处给学生做出好的榜样；老师们既从严要求，一丝不苟，又怀宽容之心，对学生赏识又尊重；老师们为了把一个知识点讲透讲明白，绞尽脑汁，夜以继日，将它送进每个学生心中；老师们为了搞好一次活动，访英模、慰问老同志，只是为了让学生明白今天的幸福生活来之不易；为了学生，老师们常常不惜体力，甚至带病坚持工作，有的腿伤了让人抬着也要进课堂；在事故突发时，老师们护送学生先撤离而不顾自己的安危，舍生忘死……我们不都是这样做的吗？我们不都认为那是心甘情愿、当仁不让、理所当然的事情，为什么？只是为了那个责任，那个落在双肩上的担当，那个被人们交口称道的名称——人民教师。

教师的天职——教书育人，它分解成若干课堂与活动，分解成若干脑体劳动，是毫不含糊的。我们就是要宣传社会主义之道，传承中华民族道德传统；让学生好是我们的核心，这是灵魂。我们还要传授知识，启迪学生心智。但知识是有温度的，是微笑的。它既有知识与技能、过程与方法，又有情感、态度与价值观。学生是未成年人，成长中肯定会遇到疑惑、困惑，有知识方面的，也有人生观方面的和社会的、人际的，都要我们帮助他们一一去化解。在这个过程中，不同时期不同阶段，总会以不同形式出现不同干扰，加上我们自身把握水平有限，比如"望子成龙",比如有人喊的"别让孩子输在起跑线上",总让教育偏离育人的正确方向,追求分数、角逐升学率,学生课业负担加重,淡化了德育、体育,"恶补"成风,造成学生"高分低能"的畸形发展。有的学生用知识为敌对势力献媚,有的竟然违法犯罪;有的萎靡不振,追求金钱与享乐。他们丢掉了核心价值。我们要郑重地告诉学生们,古人说"德领才,德蕴才,德润才",不养德修身难堪大任。人生要靠社会主义核心价值观来支撑,人生的成功架构不光是"智商",还应具备情商、德商、逆商、胆商、财商、心商、志商、灵商、健商。这也是我们应尽的职责。陶行知先生说得好:"先生不应该专教书,他的责任是教人做人。学生不应当专读书,他的责任是学习人生之道。"

一天天跟学生打交道,一天天在三尺讲台坚守。坚守是一种水滴石穿的决心,坚守是一种聚沙成塔的积累,坚守是教师的一种信念,坚守是对教育事业的热爱和追求。教师职业的背后,蕴藏着一种伟大力量,它是点燃我们职业热情的持久动力。我们是一群有精神追求的人,我们的角色从来就不只是"教书匠""孩子王",那传递知识、开启民智、赓续文明、守住良心的挥洒的舞台远比三尺讲台要宽广。一个人有精神追求,就会不断推动自己学习、探索、创造,不断向自己的智慧、人格、能力发起挑战。

对我们的责任,换一个诗意的表达:教师,就是要带人到有光的地方。有光的地方,就是光明,就是向上,就是阳光。全国模范教师霍懋征是这样说的:有什么样素质的教师就有什么样素质的学生。无论时代如何变迁,教师的工作从来都是用心去做:一辈子做教师,一辈子学做教师,不断提升学识素养、完善道德修养,用自己的言行去潜移默化地影响人,不断唤醒、激活存在于每个人心中的智慧、勇气、自信心,如此才能把人引到有光的地方。

牢记立德树人、教书育人的使命,甘当人梯,甘当铺路石,以人格魅力引导学生心灵,以学术的造诣开启学生智慧之门,这就是我们的责任。

我和简凡的故事

教师本来就是一种普通的职业,但也许正是这份普通,才让我们守住了内心的宁静,并在这份宁静中彰显出我们这项事业的波澜壮阔。

为了保护学生的隐私,我姑且称她为"简凡",因为我希望她过得简单一些,平常一点儿。但这个姑娘太特殊了,什么话也不听,甚至跟我吹嘘:“老师,你信不信,我一个电话能叫六十个人来打架。”我实在忍无可忍,反唇相讥:“你信不信,我一个电话能叫六百名警察来抓你们!”就这一件事,可见当初的简凡是多么“不简单”和“不平凡”。

转变她的过程真是一波三折,充满酸甜苦辣。但真正使简凡发生蜕变的,还是发生在九年级上半年的一件大事。

一天中午,刚刚放学,学生们都回家了,我还在教室里整理讲义,简凡突然从外面慌里慌张地跑了进来,上气不接下气。我很吃惊,连忙问她:“怎么了?别慌,慢慢说。”

“王老师,”她怯怯地说,“您把我送回家好吗?他们在外面等着我,肯定是想打我。”

我知道她一定是遇到麻烦事了,到我这里求援来了。我当时就敏感地意识到,一个教育她、转变她的千载难逢的机会终于来了。这个从不服输的“倔”孩子,如今终于低下头来请求我的帮助了,这不正是我大显身手的时候吗?想到这里,我甚至还有些庆幸,于是马上关切地说:“你真聪明!知道那些人对你不怀好意,就往学校里跑,挺有心眼儿的。”

她苦笑了一下:“这还不都是他们给逼的。”

我马上追问:“‘他们’是谁?”

简凡低下了头,显出很痛苦又很难为情的样子。过了大约一分钟,她似乎是下了决心,攥了攥拳头,不好意思地小声跟我说:“‘他们’就是我原来经常跟您吹的‘哥们儿’。”

“你说详细点儿。”我进一步追问。

“我现在学好了,他们找我跟他们一起玩儿,一起去打架,我没有听,好长时间都不和他们联系了。他们感觉我背叛了‘组织’,就要过来教训我!”

“你是说,他们想胁迫你继续和他们混,否则就要对你不客气,是吗?”

“没错儿!这是他们的一贯作风。我可是里面有‘身份’的人,他们也这样。”

“哼!”我轻蔑地,或者说是故意轻蔑地一笑,“作为‘组织’的领导者之一,你给这个所谓的‘组织’带去了那么大的负面影响,他们怎能轻易放过你?你这才叫‘咎由自取’!”

简凡没有反驳,只是把她那平时总是高昂的头压得低低的,一言不发。我知道,她一直把那帮不学无术的人当“真”朋友,觉得只有他们才是天底下最讲义气的人。如今却被这些人追打,她的心里多么不是滋味!

我不再埋怨她什么,而是单刀直入地亮明我的观点:“你放心,有老师在,绝不会让他们得逞。而且,我会让他们永远不敢再找你的麻烦。”

我拉着简凡就往外走,到了大道边,只见马路对面停着一辆破旧的面包车,门敞开着,里面坐着七八个黄毛绿毛,正往这边张望。他们应该是看见了我,正在嘀咕着什么。

我是个急脾气的人,看到这种情况,想到他们如此好的年纪,不思进取,竟然沦为社会的渣子,就气不打一处来,真想揍他们一顿。于是我冲着他们就冲了过去,边冲边喊:“是你们要打简凡吗?你们给我站住,谁也甭想跑!”

那帮混混儿大概是没见过这样的人,都懵了。他们根本没有反抗,愣了一下,一个反应快的、头儿头儿模样的人冲着那个开车的大喊一声:“你傻了呀,快开车!”这时众混混儿才反应过来,那开车的立刻把油门踩到底,一溜烟儿地跑了。

我一看,心踏实了下来:原来他们都是典型的软的欺侮硬的怕,那就好办了。这回该我昂头了。

我背着手,对简凡说:“回家吧,他们没戏,肯定不敢再招惹你了。”

我本以为她会如释重负,对我感激涕零,没想到她却说:“他们没走,肯定上小饭桌儿那等着我去了。”

我一听就急了,仿佛有人给我当头一棒。我马上喝问:“真的?他们竟敢如此放肆?”

简凡毫无表情地说:“他们才不管什么规矩呢!”接着又补充了一句:“他们可不是一吓唬就跑的。”

看她那眼神,好像在故意激我,那意思明明就是说:“你还敢接着蹚这浑水吗?”

说实话,这可真把我给气坏了。我非要让你服气不可!心里这样想着,我的嘴可就闲不住了。我只觉得从自己的牙齿缝中像吐钢珠一般地吐出几个字来:“领我去!”

简凡一开始好像还不相信,特别惊愕地瞅着我,嘴巴张开着。

“带我去找他们!”

我低沉的声音一把抹去了她的怀疑,她怔怔地回答我:“哎!”

到了小饭桌儿附近,我一眼就看见了那辆破面包车和那些躲在里面的黄毛绿毛们。我也顾不得别的了,大声喝道:“你们这些野小子,还敢到这里来捣乱,我非收拾你们不可!”我一边喊,一边大步流星地闯了过去。

那些小玩儿闹们谁也没料到我会这么穷追不舍,这么“胆大包天”,全都给吓懵了。他们毕竟是孩子,和成年人过招儿,还是挺犯怵的。我只听到他们大喊一声:“快跑!”就又一脚油门,灰溜溜地跑掉了。

这回简凡的脸上显出了轻松的笑容,她轻轻地对我说了声:“谢谢您!”

我没多说什么,也是语气轻松地对她说:“来,我送你回家。”

以后的十多天里,我一直坚持和简凡同来同走,而且故意让所有的人都知道,特别是在校门口,我们更是大模大样地从容走过。终于,危险解除了,简凡安全了。

这件事对简凡的教育很深刻,她由衷地为自己以前的行为感到后悔,并开始异常刻苦地学习,成绩突飞猛进,最后竟然考进了蓟州区一中。这简直是个天大的奇迹!

简凡毕业后流着泪送给我一个写着“良师益友”的盘子,这是我得到的最珍贵的礼物。

是啊!离开了爱和责任,就绝对不会有我和简凡之间的故事。教育挽救她的过程真是荡气回肠。我感谢简凡和她的母亲,是她们让我明白了这么多年来我一直不甚清楚的问题,那就是一名老师的价值究竟是什么。

(天津市蓟州区渔阳中学　王常云)

纸篓里的面包

“李老师,您还认识我吗?”眼前这个漂亮姑娘面容姣好、身材高挑,她穿得朴素而整洁,我们四目相对,都会心地笑了。

思绪不禁飞回到了20年前。那年,由于工作调整,我担负起了四年级的语文教学工作。科任教师都熟悉一句话,那就是“寓德育于各科教学之中”。我始终觉得德育应该贯穿于科任教师教育教学的全过程,既教书又育人。

那是初秋的一个早晨,我来到所教的四年(1)班教室指导同学们晨读。我一边欣赏着同学入情入境的朗读,一边踱步于教室中。目之所及,纸篓中一个大长条面包不情愿地靠在纸篓壁上,似乎在为自己不能粉身碎骨地为人类提供热能而惋惜,也为小同学如此浪费而愤愤不平。

我弯腰捡起面包,看到塑料包装完好,里面的面包只有被咬掉一小口儿的痕迹。我把面包抽出来一截闻了闻,味道好极了。忽然,想起我上小学四年级时,只听说过面包,根本没见过,只把其想象成类似于馒头之类的东西。如今看到有学生这样奢侈,心中真是百感交集,虽是科任教师,但我并没想到把问题反映给班主任,因为我觉得发现学生出现问题,主动解决是教师的天职。

下自习的铃声响了,我没有立刻宣布下课,而是深情地望了望教室里的每一个学生,然后举起那个从纸篓里捡来的面包,轻声道:"老师在后面纸篓里捡起来的,不知是哪个同学丢在里面的?"

同学们面面相觑,知情的同学已把责备的目光投向了一名高个子女同学。随之产生了一种很自然的连锁反应,所有同学的目光都投向了她,一种无形的重压使这位高个子女生红着脸低头站了起来,不知所措地等待着我的发落。

我的发落轻松地开始了:"能跟老师说说扔掉面包的原因吗?"

全体学生的等待与这位女同学开启语言中枢,恐怕有几分钟,她抬起头,看到我轻松而又信任的目光,讷讷地说了三个字:"不想吃。"

从表情中可以看出,同学们为她大胆而又没道理的回答捏了把汗。我没再追问什么,而是从塑料袋中把面包抽出一截,从上面掰了一块儿,放进嘴里,津津有味地吃了起来,同学们惊讶地望着我。

咽下这块面包,我才问她道:"你什么时候买的?"

"昨天中午。"

她没敢骗我。我走到她跟前问她:"这个面包多少钱?"

"一块二。"

我从自己兜里掏出一元两角钱,塞到她手里,极恳切地说:"这个面包还很新鲜,扔掉可就浪费了,正好老师没吃早点,这个面包就算老师找你买下的。你喜欢吃什么,就用这钱再买吧!"说完,我又很认真地对同学们说道:"这东西,老师上四年级的时候只听说过,却没见过,现在每次吃起它,我都觉得非常香!"

下课了。直到我走到办公室门口,回头望去,也没有一个同学走出教室。看来同学们想了许多。

第一节课就要上课了。一声"报告"使我向办公室门口望去,是丢面包的那个高个子女生站在那里,已是满脸泪痕。

"请进!"我边招呼她进来,边放下正准备吃掉的那个面包。

"老师,我错了,您把面包还给我吧!我会把面包吃掉的,我再也不浪费了。

老师,您原谅我吧。"

那天的语文课,我没有按照原来的进度讲第七课,而是把第十四课《倔强的小红军》提了上来。大家出奇地认真,当我范读到陈赓将军拨转马头,找到拒绝他的粮食、马匹而死去的小红军时,同学们都哽咽了。我想,学生们是从心底理解了老师的良苦用心。

那天的作业很特别,是一篇谈感想的作文,题目是《我和倔强的小红军比童年》。

(天津市宁河区芦台第三小学　李海燕)

义卖活动前后

去年夏天,我迎来了新高一学生。全班 41 名同学,只有 8 名男生。经过观察,我发现大部分学生都非常内向、听话,凡事习惯于老师说什么就干什么,老师说一句就干一句,缺乏独立性和自主性。我想学生稳当、听话固然是好事,班主任看似可以轻松些,但是新时期,如果没有独立自主的意识,没有创新精神,就称不上是人才。于是,我经常琢磨怎么能让她们"活起来"。

以前,我是个习惯很多事亲力亲为的人,觉得自己做很方便很快,让学生做反而麻烦。可这样累了老师,笨了学生。于是我给自己定了个规矩:班里的事,只要学生能做的,我绝不替代,让他们"自主管理"。

一次,新上任的班长去学生会开会回来,把会议记录交给我就准备离开,会议记录很详细很清楚。我看了一眼,学校要举行"善洲精神绘彩桥,津滇少年手拉手"爱心义卖活动,我叫住她:"先别走,是什么事呀?为什么把记录本给我?"

她说这是刚才开会的内容,还说以前开完会把记录一交就行了。

我说:"如果只要传个话,那上边把通知直接发给班主任不更省事吗?接了这项工作,要动员、组织这次活动,你就是全权负责人。"

她面有难色地说道:"李老师,咱班同学都那么内向,肯定没人参加。"

我笑道:"你没问怎么知道没人参加呢?大胆布置,我支持你。如果真没人报,咱还有招!"

班长中午在班里问大家:"学校举行义卖会,谁参加?"

同学们面面相觑,没人应答。

班长颇感尴尬与无奈地跟我汇报:“您看,我说对了吧,就得老师布置才能有用!”

当时我很想自己去布置,可转念一想,那样做就违背了原则。不行,这就像教养孩子,家长包办越多,孩子越懒越没能力,要坚决让学生自己做。于是我说:“你们开会时,肯定说了这次义卖的意义。你给同学们说清楚了吗?参加这次义卖需要同学们做哪些事,交代给同学们了吗?这次义卖能给咱们同学带来什么好处,大家知道吗?”

班长沉默了。

过了一会儿,我又说:“是真的没人报名,还是我们工作存在一些问题呢?”

第二天,班长有备而来,给同学们讲了义卖的意义和目的,并详细介绍了义卖会的时间安排和任务分配,最后她还说:“凡参加的同学,班级操行评定都给加分,主动参加的同学加分更多,并且这次李老师只配合我们,所有工作由我们自己设计和实施。”

我一听,呵,有模有样嘛,偷偷给她竖了大拇指,她不好意思地笑了。

经她动员后,当时就有三个同学举手报名,她很兴奋。下了课又有很多同学报名,工作进展很顺利。我又问她:“如果动员后没人报名怎么办?”出乎我意料的是,她以此为题组织了一次班委会,大家经过热烈的讨论,统一了工作流程:谁接的工作谁负责到底,一律坚持自愿报名,报的人多了就选拔,报的人少了就抽签。出乎意料的是,个别同学私下说,老师不管真好。是啊,学生是多么需要自主空间啊,他们身上有着巨大的热情与潜能。

这次老师不管了,同学们有了前所未有的热情,纷纷建言献策,一下子涌现出许多想法。我虽然不管,但时刻关注着他们的一举一动。

看我感兴趣,义卖小组兴奋地向我炫耀他们的准备方案,其中包括:印小广告发给全校同学以及把展台布置得花团锦簇等。我暗想:有点儿费钱费时间!但是话到嘴边又咽了下去,我告诉自己——只要不是原则性问题,不要干涉。

过了几天,我悄悄问学生:“不是想印小广告吗?需要多少钱啊?”没想到策划组的同学说:“不印了,很麻烦,效果也不大。”

我听了心里偷偷乐了,一本正经地评价道:“你们分析得很有道理!”

后来,她们用现有材料画了一张简单又醒目的宣传海报。然后又在大家捐的书、卡片上面要来了很多人气教师的签名和合影,看他们把功夫下在实处,我放心了,也庆幸自己没有插手。

义卖会十分火爆，人头攒动，非常热闹。由于我们的“商品”极具吸引力，一个小时就卖了八百多元。我特别赞扬了学生们的效率高。

义卖会后，更多的学生愿意参与到自主管理中来，我班形成了一项班规，每名学生每个月都会得到在班级管理和各项活动中的一个表现分，这个分数和月考成绩合成当月的综合素质分，分数最高的两名同学就成为当月的文明之星。

义卖活动后同学们用智慧和爱心收获的善款被捐给了贫困山区。对我来说，最大的收获是学生们自主管理的热情高涨。他们感觉自己是各种活动的主人，至今已有一半的同学独立组织过班会、年级会、辩论赛、文艺演出等各项活动，我在活动中越来越感到学生的可爱。

（天津市第一〇二中学　李威荣）

吾班有女初长成

玩笑话说“年级组长登门必有是非”。周一早上，看见年级组长站在教室门口，我心里不免打起了鼓。是我班男生打篮球起争端了？还是又有学生迟到了？这些猜测都指向了班里不让我省心的淘小子们。从教学楼门口到班级门口这五十米，我心里的问号堆成了山。

“你看看你们班女生戴着什么来上学了，还给别的班女同学代买！”年级组长把一个白色的盒子塞到我手里。我知道那是个隐形眼镜盒，心里正想着是不是小题大做了，打开一看竟然是当下流行的美瞳，居然还是蓝色的。

“你们班女生，放学后在卫生间换掉校服，穿些稀奇古怪的衣服。这些孩子是不是早恋了？”

听完这些，我脑中的问号都变成了惊叹号，整个早自习我都在思考：一向不让我操心的女孩子们为什么会这样！

早自习后的升旗仪式上，我们班的男生很专注很安静。我回头只看见后排的女生在说话，我过去提醒，但没过一会儿又小声说起来。回想建班以来，我把太多的时间花在了男生教育上，他们的问题往往也来得迅猛表现得明显。班内很多女生比较内敛，我忽视了她们内心的变化。望着冉冉升起的国旗我在想，女孩子们以后将成为母亲，而母亲承载着整个民族，有高素质的女孩子就有高素质的母亲，就能提高整个民族的素质。对女生的教育真是刻不容缓。

周一下午的班会,我把主题定为“我是女生”,全班同学立刻好奇起来。会前我把原因告诉大家:“最近,我听到了一些不利于我们班女生的言论,作为班主任,我很伤心。我想也许这些不是空穴来风,一定是我们有哪些地方做得不够好。一个女生受欢迎很重要,受尊重更重要。那怎么知道什么样的女生被人尊重呢? 这个世界上除了男性就是女性,要想知道这个答案我们就要问问男生了。”

男生很惊讶! 我说:“关注异性是很正常的表现。”班里有的男生马上羞涩地说没关注过,我说:“正好你可以借机会想想。关注过不代表不单纯了,这是青春期正常的心理啊! 关注也代表着关心,关心、帮助女生不是个绅士该做的吗? 你们写写什么样的女生值得尊重? 什么样的女生招人喜欢? 什么样的女生不那么让人接受?”

男生们开始认真地写起来。我对女生说:“你们想想男生会写什么。”

因为担心有意外的内容,我自己收了不记名的男生的字条,自己拿在手里读,请两个女生帮我在黑板上记录。班里静悄悄的,大家都很关注结果。

27 张小字条记录着男生的想法,字条表明:男生大多喜欢文静的,漂亮的,文明的,温柔活泼的,不过分修饰的,大度的,穿着简洁大方的女孩子。男同学大多不喜欢不文明的,和男生打成一片的,化妆的,个性太强的,小心眼的,在不恰当场合穿不恰当服饰的女孩子。

青春期的女孩子,很在乎男孩子对自己的看法,女孩子们在下面悄悄议论着。女生班长举起了手:“我要代表女生说一句,关于漂亮的这条我们认为比较过分。如何评价一个女生漂亮,外表那么重要吗? 心灵美呢?”许多女生听了默默点头。男生也说:“确实,一些漂亮的女生,不够文明,对班里同学比较冷漠,不招人喜欢。”

“确实,心灵美的人,让人越接触越喜欢。”我顺势转入了下一个话题:“但是有些场合我们又要注意给人的第一印象,明天老师要去参加学校的大会,在会上发言。你们帮我看看穿哪些衣服能给人留下好印象?”

我拿出了中午找女生借的、她们口中很“潮”的、准备放学之后穿的衣服。看着这些低裆的裤子、夸张图案的上衣、蓝色的美瞳,学生们一下议论纷纷:“这可不像是去开会!”“老师穿成这样校长要震惊了!”“老师,这可不符合您的身份!”听到这些我暗自窃喜:“这可是同学们很喜欢,觉得很流行的衣服啊! 可你们却觉得不适合我去开会穿,这说明你们很懂着装礼仪啊! 再美的衣服也要出现在适合的场合，符合自己的身份。”几个女孩子听到这些话默默地笑了。

班会最后，我对全班学生说：“希望这次班会对全班女生有所启发，以后的班级活动中，我们要看一看是男生更优秀，还是女生更优秀？我希望班里每个女孩子对照这个结果看看自己哪方面做得还不够好，当然没做到的女孩子也不是不好，而是还有进步的空间。希望你们对于美有新的认识，有一天全年级的同学都会尊重我们班的女生，我们班女生一定能成为高素质女生的代表。”

从那次班会后，我们班女生的行为举止确实有了很大的改观。女生还嚷嚷着哪天也让她们说说自己心目中男孩子的形象。

我还利用每周两天班务时间给学生们读各行各业优秀女性的先进典型，帮助女生树立理想。此外还设立了 3 月 7 日女生节，用以展示女生们的风采；组织女生交换日记，倾诉青春期烦恼；开展“我是特别的女生”为女生寻找自信的演讲等活动。从一节班会到每周的女生教育时间，再到女生的节日，我班的女生教育形成了系列活动。

我和我们班的女生一起成长着。她们经常笑着说：“乐观、自信、拼搏，我为我的青春代言。”听着这样的话，我的内心充满“吾班有女初长成”的欣慰。

（天津市扶轮中学　李晶）

成长路上你我相伴

担任多年的班主任，紧张而忙碌，有艰辛也有喜悦；成长之路上我与各类师生相伴，共同演绎着人生的精彩。

案例一　“这不是件小事”——关于尖子生的故事

个别班主任认为：“尖子生”一好百好，可以对他们放手不管。其实，这是一种很不成熟的理念。我们静下心来，透过让人感到安慰的高分数不难发现，“尖子生”们身上也存在这样那样的缺点和毛病，有的胆小怕事，心理素质十分不好；有的娇生惯养，对艰苦的学习环境难以适应；还有的狂妄自大、自私狭隘。

我班小佳，学习好、反应快，阳光向上、外形俊朗，但常口出狂言，担任班干部，做事却漫不经心，犯错后还“常有理”。一次，学校收杂费，我委派他收男生的，嘱咐他一定小心，别弄错，他欣然回答：“小事一桩。”结果差了五元钱。他并没有吃一堑长一智，再次收费竟然又多出来 5 角钱。这一次我没有放过他，和他分析出错的原因是思想上不重视,做事时不细心。

我说:“5 角钱是不多,但须知‘差之毫厘,失之千里’,会计做账就会得出错误的数据,宇宙飞船就不能上天,数学题就要被扣分。细节决定成败,凡事都是如此。记得老子曾说过‘天下难事必作于易,天下大事必作于细’,你觉得这是件小事吗?”

他听后若有所思地点点头。

学习上,他浮躁的毛病使他两次考试都不尽如人意,科任老师找他谈话,我又帮他分析,最终他在全区组织的两次模拟考试中出线,拿到了进入优质高中的通行证。

案例二 “你一定是最棒的”——关于中等生的故事

在这之前,我从未注意过他。他中等个子,黑瘦,但很结实,很内向,从未见他大声说话,不显山不露水。第一次月考,他从年级第 46 名一跃到第 20 名。随后的秋运会,没想到他 100 米、200 米均得了第一名,随后凭借男子接力的超常发挥,他带领我班同学取得了该项目第一名,同学们激动得手舞足蹈,我的心情也“嗨”到了极点。这个在奔跑中像风一样的男孩走进了我的心里。同学们把他团团围住,我则向他竖起了大拇指。他看到了,脸红了,露出了微笑。

大拇指,传递着我对他的信任,传递着我对他的鼓励,传递着我对他的赞美。也许是“拇指”效应吧,课上,他听课更认真了,主动举手回答问题了;课下,我看到了他与同学之间的交流,他有了默契的朋友。我与他的眼神交汇,我读出了自信。

时间在上课、下课、做题、背书的循环中匆匆而过,他的一切都向着良性循环方向发展。由于运动会上的出色表现,学校要他早晚训练,准备参加区运会。学习上的巨大压力以及超强的体力透支使他不能承受了。他对我说:“老师,我太累了。学习上我比别人付出得多,很多时候还不如别人。我的体育中考已是满分,我不想练了,可学校不答应,怎么办?”

这时我才知道他的压力有多大,我之前完全忽略了他还是个孩子。我一方面自责,一方面及时与他的家长取得了联系。沟通后,我与他谈话:“老师理解你。你在作文里不是这样写过吗:‘大海没有礁石,激不起浪花;人生没有挫折,难以成熟与自强。如果说一个人的成长是一个乐章,那么挫折则是这乐章中一个个跳动的音符,成长因挫折而精彩。’人之所以感到累,特别是心累,是因为总徘徊在坚持与放弃之间,迟迟没有做出抉择。老师知道你尽力了,我相信你是最棒的,也相信你能处理好这件事。离中考越来越近了,咬咬牙,一切都会过去的。”事后，他既参加了区运会，又在两次模拟考试中取得了名列全年级前茅的优异成绩。

案例三　“尽力而为就好”——关于学困生的故事

学困生，班班都有。我们班里有这样一个学生，学习习惯非常不好，常因懒惰而忘了做作业，有一次语文考试只得了 4 分。找他谈话他会答应老师“今天一定完成”，但到第二天却拿不出作业来。老师无论是“哄”是“吓”，他都以不变应万变。怎么办？

当学习差既成事实的时候，关键是我们如何将差转化为稍差、不差，正确引导学生将不正确的行为变为正确的，关键在行动上要体现出对学生真诚的关心。于是，我给他讲了一个故事。

有三个这样的孩子，一个孩子四岁才会说话，七岁才会写字，老师对他的评语是：“反应迟钝，思维不合逻辑，满脑子不切实际的幻想。”他曾经还遭遇到退学的命运。一个孩子曾被父亲抱怨是白痴，在众人的眼中，他是毫无前途的学生，艺术学院考了三次还考不进去。他叔叔绝望地说：“孺子不可教也。”一个孩子经常遭到父亲的斥责：“你放着正经事不干，整天只管打猎、捉耗子，将来怎么办？”所有教师和长辈都认为他资质平庸，与聪明沾不上边。

这三个孩子分别是爱因斯坦、罗丹和达尔文。

听完后，他心有所动，但没有实际的行动。不断的失败使我不得不重新考虑转化他的方法。那天放学之前，我又找到了他，与往常不同的是，他表态：“今天一定完成作业。”我进一步问他：“你准备怎样确保？”他说：“抓紧时间做。”这方法虽毫无创意，但对他而言很实用。我趁热打铁，跟全班同学说：“同学们，告诉大家一个好消息，今天这位同学能按时完成作业了，因为他有一个非常宝贵的经验。你们想听听他的介绍吗？”

大家都说想听，他当众做了介绍。虽然这经验非常简单，可对他来说却有着非同寻常的意义。也许是第一次在全班同学面前介绍经验，他言语中掩饰不住内心的激动。听完他的介绍，教室里响起了热烈的掌声。听到这掌声，他脸上洋溢着笑容，我知道他体验到了完成作业的甜蜜。放学了，我又对他说：“以后的作业能按时完成吗？”他说：“行！”我感觉到了他的语气很坚定。

冰心说过：“世界上没有一朵鲜花不美丽，也没有一个学生不可爱。”每个学生都是一本需仔细阅读的书，都是一朵需要耐心浇灌的花，都是一支需要点燃的火把。如果学生生活在批评中，他就学会了谴责；生活在认可中，他就学会了自爱;生活在鼓励中,他就学会了自信。我们每一位班主任都是他们人生的导航员。

(天津市宝坻区林亭口初级中学　刘双芸)

让孩子充满正能量

晓波同学是个学习优秀,讲卫生,很帅气的孩子,可是同学们都不太喜欢他。

一天课下,我在给一位同学讲题,这时又过来一位同学,我一看是晓波的同桌,于是我对他说:“来,你帮小静同学讲讲题可以吗?”“凭什么? 我还要出去玩儿呢?”他连想都没想就回答了我,让我很尴尬。

又有一次,我远远望见前面地面上有一团纸,正好晓波向那个方向走去,我大声喊:“晓波,你顺手把前面的纸捡起来,好吗?”只见他走过去看了看,没有捡。我问他为什么不捡,他却说:“凭什么? 又不是我们的卫生区。要是我捡了,别人还以为是我扔的呢!”

“你怎么会这么想呢?”

“老师,您没看新闻里有扶老人被赖上的吗?”“凭什么?”几乎成了他的口头禅,而且我发现班里有好几个学生也跟着学会了这句话。

我仔细想了想,是啊! 尊敬、帮扶,本是我们中华民族的传统美德。2014 年中央电视台春节联欢晚会上的小品《扶不扶》以及新闻报道中的一些个别现象,无不引起我们的反思。可这些毕竟只是个别现象,怎么能让这种不好的社会风气蔓延到纯净的校园呢? 千万不能让这种负能量给学生天真、善良的心灵裹上一层阴霾。我一定要让晓波同学赶走负能量,找回正能量。

我利用班会课,给学生们播放了根据真实故事改编的电影《离开雷锋的日子》的片段。影片中,雷锋的战友乔安山看到倒地的老人果断扶起却被诬陷。我对同学们说:“看到这里,你们有什么想说的?”

同学们展开了激烈的讨论,有的说:“应该扶,先救老奶奶,因为老奶奶受伤了,需要赶快医治。”有的说:“可以先打 120。”

晓波同学说:“不能扶,你们看乔安山就因为扶了老奶奶受到了诬陷,还得赔钱!”

接着,我把后面的电影片段放给大家看:对乔安山的误会被澄清,并受到社会各方面的大力赞扬。

我说："晓波同学，看到这里，你觉得如果你是乔安山，会怎么办呢？"

晓波有点儿不好意思，小声说："我也会扶起老奶奶，不过我要先找个证人，或是拍个照片，留下证据。"

看到他的观点有了转变，我对找回他的正能量充满了信心。

很凑巧，晓波在周日玩耍的时候不小心扭伤了脚，仅仅歇了两天就来上学了。看到他还是一瘸一拐的样子，我说："怎么不养好伤再来呢？"

"我怕耽误了学习。"

"我来帮你补习吧！"班长自告奋勇对他说。紧跟着还有两个同学赶忙过来扶着他走，怕他再摔倒。我看到晓波的眼睛湿润了。

我觉得对晓波来说，扭伤了脚是一件坏事，可又未尝不是一件好事。同学们的善良与爱心已经打动了他，感染了他。

趁热打铁，我在班里成立了一帮一小组，目的是让大家在学习、体育、艺术等方面互相帮助，共同进步。当我把小静和晓波分在一组时，小静看着晓波，一脸的顾虑；当她听到晓波高兴地说"好"时，脸上露出了笑容。

接下来的日子里，大家看到晓波在课下很认真地给小静讲题，一遍又一遍，还说："那次我没给你讲题，真不对！"……现在的晓波，不只是学习很好，同学们还都喜欢和他玩。我也看到他开始变得乐于助人，再也听不到那句"凭什么"了。

（天津市滨海新区大港远景学校　秦英）

我和"捣蛋鬼"的师大约会

今天，班里的一位同学和我闲谈，非常好奇地问我："老师，您找小阳谈话了？他近来怎么那么老实？"

听到这话，我异常兴奋，追问了一句："是吗？"

"上课提问都会，作业按时完成，老师们都表扬他呢！"

我神秘地一笑，说："这是个秘密！"

说起小阳，那可真是一个让老师和家长费心的学生啊。他纪律意识淡薄，厌学，在教室里坐不住，课堂上接老师话茬，经常引发学生哄堂大笑；对老师的批评经常是"虚心接受，坚决不改"，化学课上还和老师起了冲突。我与他推心置腹地谈话不下十次,可是都收效甚微。

怎么办呢?我突然灵光一现:何不利用“南风效应”?此举顺应人的内在需要,可达到事半功倍的效果。

今年我考上了师大的在职教育硕士班,每周日去上课。我突发奇想:让小阳和我在师大校园逛逛,体验一下大学生活,是不是可以激发一下他考大学的欲望?

课间,我和他说:“你周日和我去师大吧,中午请你在师大的餐厅吃饭。”

他听了非常感兴趣,做了个 OK 的动作,说:“回家和我妈商量一下,晚上再和您联系。”

我接着说:“我是有要求的,那就是坐公交车,倒地铁,再坐公交车,很辛苦的。”

“没问题!”

回到办公室,我和小阳的母亲联系,征求她的意见。我说:“总感觉小阳不知世事的艰难,这也是他总犯错的根本原因。”他母亲无奈地说:“我也发愁,不知道怎样来管理教育他。”我说了我的打算,他母亲高兴地说:“他同意了吗?真是谢谢您了。”我接着说:“如果您有时间,和他一起坐公交车、倒地铁,让他给您买票、问路,你们娘儿俩可以好好逛逛师大、大学城等,但是千万不要开车去,我想让他感受一下:人很渺小,不是想怎样就怎样的。”他母亲很认同地说:“好的,让他知道天高地厚,也让他反思反思,遇到点儿挫折,别都怨家长给得太多,不珍惜。”我说:“所以,您不要把一切都替他扛了。”他母亲说:“好,我听您的。”。

晚上,我给小阳发短信:“自己可以做的事,不要再麻烦父母。你看看妈妈的容颜,已不再年轻;作为一个女人,她也需要关心,尤其是自己一直捧在手心的儿子。所以,如果去师大,是你领你妈去,你现在要学着为亲人付出了。”

他回复我:“知道了,老师。”

我们约定周日早上 5 点 20 时坐早班车出发。可是等我坐上早班车,左等右等也没见到小阳的身影。我有点儿失望,转而一想:这不正是教育他的一个好机会吗?于是我给他发了短信:“我已经在车上,车开了,你晚了!班车是不等人的。我是个为梦想肯付出的人,你也快点儿吧,坐下一趟车。要想做事,就得吃苦耐劳,这是必须的。”

大约 9 点左右,他给我打来电话说:“很不好意思,睡过头了,现在在汽车站呢,中午一定赶到。”

11点20分，我正在上课，他和他妈妈到了师大。他给我打电话，我故意没有接，想让他知道事情并不是他想怎样就怎样的。后来他给我发了两条短信："老师，您下课了吗?"我还是没回。十分钟后他又发了一条短信："老师，我们到了。下课了，您回个电话。"我仍然没理他。

在和一个我曾经教过的女学生(现在师大读大三)准备去学生餐厅吃饭的路上，他又给我打了电话。这一次我接了，我告诉他："你们来餐厅找我吧，我有师大的饭卡，请你们吃饭。师大的饭是很好吃的。对了，在第二餐厅二楼，能找到我吗?"

他有点儿迟疑，但还是说："没问题，我们一会儿就到。"

十分钟后，我们在餐厅见了面，我把饭卡递给他："你去买饭吧，我和你妈妈在这等你。"

他妈妈有点儿不放心，我暗示她：还是让他自己去吧，我们一定要给孩子自己做事的机会。我们闲聊了一会，他妈妈说在他们买地铁票时，很费周折，尤其是通过检票口时，因为踩黄线了，没通过，在那么多人面前，很丢人的。我心里想：这就对了，我就是想让他知道社会是有规则的，一旦违背就寸步难行。

不一会儿，他买好了饭，还拿来了筷子和勺子。他妈妈很感动，眼睛有些湿润。

吃过饭后，我陪着他们在师大图书馆外逛了逛，后来他们又去了工大校园。由于下午有课，我没有陪他们。

下午我上完课后，小阳给我打来了电话，说他很高兴。我给他发了短信："大学生活，我的过去，你的未来，我的那个女学生的现在。每来一次，对我来说都是心灵的沉淀和净化。今天之行，不知你感悟到了什么，我的感受就是人的渺小与伟大。人必须遵守规则，否则现代社会寸步难行，同时人又是伟大的——你这样小，竟然从宝坻到天津，在这么大的校园里找到了我，我为你高兴。我想你妈妈也会很自豪，她刚才很满足呢！但是你也有失败的地方。知道吗?"

第二天，他母亲和我谈了很多。这次师大之行，她也有很多的感悟："一直以来，都是盲目地给予，而忽略了孩子成长所经历的过程，一味地为他铺路，给予物质上的多、精神上的少。孩子今天的不良习惯跟我的溺爱有关，这次我跟他出来实际一锻炼，看到他很有潜能，很欣慰。"

小阳激动地说："太感谢老师了，您给了我一次人生重要的实践！在师大，我们想去体育馆、图书馆看看，可人家不让进，因为没有学生证。不过，我会努力的,理想一定能实现!”

这次约会,只是促进他进步的起点。

(天津市宝坻区北大附属实验学校　田俊华)

做操

那时候我担任一年级的班主任。一年级的学生刚入学,课间操学生们不会做,我就让他们模仿领操员的动作学着做——有的认真跟着举手抬腿,有的手忙脚乱地挥舞手臂,有的则茫然地左顾右盼,整个队伍不甚整齐。经过一段时间的练习,学生们基本上能跟着领操员一起有模有样地做操了。可在别人进步的同时,一个学生的问题被明显地暴露了出来。

她叫馨馨,是一个特别腼腆的学生,平时上课时纪律很好。可是在别人做操的时候,她却站在原地一动不动,脸上露出为难的神情。我很纳闷:平时挺好的学生,怎么不做操呢?

我上前问她:“你怎么了?为什么不做操呢?”

她犹犹豫豫地小声说:“我不敢。”

我就更奇怪了:“这有什么不敢的?大家不都在做操吗?你没问题的。”

她还是不愿做操,说:“我做得不好,我不敢做。”

“没关系的,咱们刚开始学,做得不好很正常。你看大家都不会,都跟着领操员学。你也跟着一起做,等学会了就好了。”我一直劝她,她却一直退缩。直到课间操结束,我也没能说服她。

据我对她的了解,她就是胆子小、脸皮薄,总觉得不好意思。我想时间再长一点儿,等她熟悉了学校生活就好了吧。

可是,她并没有好转。我把她不做操的情况向家长反映了,我想让家长回家帮帮她,可一段时间以后,她还是老样子。我忙跟她家长交流,家长说她在家里已经学会了做操,而且做得很好。我又找到馨馨,问她不做操的事情,她说她觉得周围人太多,不好意思。我一直劝她不要在意,也一直鼓励她。我让她站在队伍末尾,这样就没人看她的动作了。可她还是不愿意,做操时依旧一动不动。

我的耐心也快要用光了。看着她低头站在我眼前,我心里很不是滋味。我冷静下来仔细思考:究竟怎样才能让她不排斥做操呢?

转天又到了做操的时间,我走到她身边跟她说:“馨馨,以后老师和你一起学做操,好吗?”我牵起她的手带着她一起做,开始她还不太配合,后来她慢慢跟随着我一起做动作。过了几天,我不牵她的手,只在旁边做操,她也能抬起手主动做了。一个星期之后,她的动作终于流畅熟练起来,慢慢地,馨馨越做越好。

历时一个月,我终于帮助馨馨解决了做操的问题。在这期间我有过努力,有过失望,最终我用自己的行动让馨馨敞开了心扉,愿意信任我,愿意接纳我们这个新组建的班集体。

看着馨馨做操时的笑脸,我明白了要低下身来用实际行动去靠近学生,理解学生,让他们感受到你的真心,这样才能真正做到心与心的交流,这样才是真正爱学生、尽责任。

（天津市河西区南湖小学　田露）

“干妈”的故事

现在提笔让我写一件最感动的事,一时间千头万绪涌上心头,那一张张熟悉而又模糊的脸庞纷纷萦绕于脑海中。班主任的故事有很多,就说说这件吧。

那是几年前,我接的那届学生中有一个叫王猛的学生,他是一个男孩,虎头虎脑,黝黑的脸上有着一双格外明亮的大眼睛。这个学生给我的印象是一个踏实、朴实的中等生,学习上不是很拔尖,在班内不是很引人注目,总会适当地与老师保持着一定的距离,听话、乖巧,但不与他人亲近。

一件偶然的事情拉近了我们师生的距离。

记得那是一个普通的工作日,上午课间我照常到班巡视,看看学生们的情况,了解一下有没有什么需要叮嘱的事情。巡视中,我发现王猛趴在课桌上,没有参与四周同学的说笑。他的头深深地埋进臂弯,但也不像是酣然入梦。我走上前去,轻轻地拍了拍他的头,弯下腰低声亲切地问:“猛子怎么了?”

猛子抬起头,脸色微红,他皱着眉头小声说:“头痛!”

我摸摸他的头,并不发热,也没有感冒的征兆,于是我让他暂且休息一下。过后,他感觉好些了,我与他的家长电话联系,嘱咐家长带孩子去检查一下。起初家长并没在意,没有去医院,但像这样头痛的现象连续发生了好几次。我与他的父母再次联系,并叮嘱他们一定要去医院看看。

诊断结果出乎我们的预料,原来猛子的头部有一个淤血血块,它压迫了猛子的神经,造成头痛现象。估计是当初他妈妈生产时下产钳造成的。确诊之后经多方医治,猛子的病情得到控制,症状减轻,没有耽误下一学年——升入毕业班的学习,家长为此很是感谢。

猛子跟我亲近了,变得有事爱往我的办公室跑了。我时常提醒他劳逸结合,注意调整作息。他很懂事,最终中考他考上了重点中学。

在最后分别的几天里,我和几位同学一同整理教室,我看见他偷偷地擦泪,问他怎么了,他说:“舍不得这个集体,眼看大家要分开了,离开老师了,伤心!”

最后大家都陆续离开时,他默默地走在最后,转过头对我说:“邢老师,您像妈妈,我可以抱您一下吗?”

当时的我也只不过是一个年轻、只有四年班主任经历的29岁副课教师。这是我第一次听到学生这样说,很感动。我走上前去抱了抱他,拍了拍他的头说:“乖!孩子。”

这时我听到他轻轻喊了声——“干妈!”。

现在,每年我都会接到他发的短信,短信里边“干妈”成了我的专用称呼。新年我接到的他的一条留言上写着:“干妈,今年高三冲刺了,我会努力的,等我考上大学胜利的消息吧。”三年来看到这些陆陆续续发来的短信,我是时而欣慰时而感动,学生稚气的话语,就是我们倾心付出的最好回报。我感动于学生的真诚,也为自己能够从事这样一份工作而庆幸与自豪。作为他们的老师,我在这里默默地为他们祝福!

(天津市汇森中学　邢艳妮)

体育课上的长征路

一转眼,我已经在体育课堂上“奋斗”了三年,在与学生们磨合的过程中,我不停地摸索,不断地尝试,整理出一套套不同于以往的教学课程,就是想让我的学生们更加喜爱我的体育课。

令我记忆犹新的还是那节“耐久跑”。

一天上午,第二节课下课铃响了,像往常一样,九年(7)班的体育委员小翰迫不及待地推开办公室的门,问我:“老师,今天体育课咱干什么?”

以往，我只要跟学生们说到学生们感兴趣的内容，尤其是篮球，他们都会兴高采烈；如果遇到跑步、跳跃等一些高强度的内容时，他们便会垂头丧气。而今天我们要进行的内容恰恰是这些学生最头痛、最害怕的内容之一“耐久跑”。之前的年级每每遇到耐久跑的训练，还没上课气就泄了一大半，而整堂课都是死气沉沉。

我想，如果这次我直接说出“跑步”二字，小翰肯定会耷拉着脑袋走出办公室。其实，之前我已经针对耐久跑的内容设计出了一套适合他们的全新方案，但我不想让他们提前知道而失去上课的兴趣。于是，我故作神秘地告诉小翰：“放心吧，今天这节课挺有意思的！”

小翰听了疑惑地离开了办公室。之后又有几位同学来问，我对他们都微微一笑，告诉他们：“你们会喜欢的。”于是学生们带着好奇的心情等待着这节神秘的体育课。

铃声响起，学生们早已经迫不及待地站好队，在操场上等我了。走近他们，我看到他们的眼神里充满了期待。看见我来了，学生们纷纷举手。估计是问操场上这些器材的用处，我连忙用手势制止了他们。

轮到我宣布本节课的内容了，同学们都竖起耳朵静听。

“同学们，今天我们一起‘长征’！”

话音刚落，一些学生就开始窃窃私语。接着班里最调皮的小伟说：“好啊，这节课挺新鲜啊，肯定好玩！”旁边的小丽接过话说：“长征应该是爬雪山、过草地啊！”

热闹的场面一下子安静了下来。同样的“耐久跑”课程，反应却如此不同，还没开始，单是看学生们的反响，我感觉这节课已成功了一大半。

课前，我已经布置好了今天的场地，设置好了障碍——“雪山”“草地”。这时我抓住时机提出我的要求，同时不忘激励学生们勇争“尖刀排”称号。

准备活动后，“长征”开始了。学生们成二路纵队站成两条直线。哨声一响，学生们像离弦的箭一般快速而整齐地跑了起来。站在队伍边上，我不时地激励着大家：“学生们，快去把红旗拔下来！”看到他们一圈一圈快速跑着，还不时地爬过“雪山”，越过“草地”，一个个小小的身影奋力地向前奔跑，我会心地笑了。

学生们早已不知不觉跑过了指定的圈数。我赶紧吹响哨声，同时兴奋地对他们说：“同学们，咱们胜利啦！我们到达终点了。”学生们仍然沉浸其中，似乎忘记了疲惫，脚步仍不停止。又过了一会儿，他们才反应过来，兴奋地喊着：“我们胜利了!”

几个同学手舞足蹈,仍饶有兴趣地跑到我面前说:“老师,下节课我们还‘长征’吧?”

我笑着说:“你们不累呀。”

“不累!我们超级喜欢!”

这坚定而满意的回答又一次证明这节课是成功的。

同样是耐久跑的练习,我只是改变了以往的教学模式,就取得了非凡的效果。学生们不但得到了预期的锻炼,还对跑步产生了浓厚的兴趣。

(天津市双桥中学　吕中帅)

那份沾上油渍的作业本

小英有着一双明亮的大眼睛,每当我凝视她的双眸时,那双大眼睛忽闪忽闪的,总觉得它们会说话。她是农民工子女中的一员,去年父母把她和弟弟从河北带到天津,便在学校附近的市场租了间房,做起了卖烧饼的生意。今年她成了一年级的新生,总是带着灿烂的笑容走进校园。

开学之初,当有些学生还为不知怎么擦桌椅犯愁时,她已经能将教室的地面打扫得干干净净了。有时她还像个小老师,教同学擦黑板,摆桌椅。我经常向她竖起大拇指,送上最满意的微笑。学习上的她积极进取,经常受到老师的表扬。

有一次我在判作业时,发现她的作业本上沾染了两个油点,挺新的本子显得脏兮兮的。我提起笔来正要写“良”时,她家的那间烧饼店浮现在我眼前,我转念一想:小孩子嘛!没准是吃烧饼时不小心掉了几个渣。再看看字,写得还很认真、很清秀,于是我拿起了表示“优秀”的小红花印章,印在了油渍的上面,并写上了一句评语:“我很喜欢你写的字,但作业本能洁净些就更棒了!”发作业本时,我还特意为她读了这句评语,希望她能明白老师的用意。

我开始留心她的作业本了,看她有没有注意。转天,我发现她的另一个作业本上又出现了小油点,而且还是密密麻麻的一片,几乎占满了整页,再看看纸面也不平整,显然是沾上过水,我心中有些恼火:她怎能这样对待自己的作业本呢?老师对她真是白费了一番心思了!于是我拿起笔毫不犹豫地在她的本子上写下醒目的“良下”,随后把她叫到了办公室。

以往她会像小燕子一样轻快地跑到我身边，接受我交给她的一些工作。这次她好像猜到我找她来的原因，慢慢地不情愿地走到我身边，大大的眼睛失去了往日的神采。

“究竟是怎么回事？你看把好好的作业本弄成什么样子了，太让我失望了！”我没好气地说。

她只是低着头，一言不发，那双大眼睛闪动着泪花，一直盯着作业本。

我又追问了一句：“你说说到底什么原因？”她慢慢地抬起头看着我，豆大的泪珠带着委屈夺眶而出，好像在对我说：“周老师，我不是有意的。”

回想平日里她一向都很要强，什么事都想做得比别人好，希望得到老师的表扬。看来事出有因，我看着她，轻轻地拍了拍她的肩膀说：“别哭了，瞧你，和作业本一样都成小花脸了！今后一定要注意呀！”她抹着眼泪使劲地点着头。我拿起毛巾边帮她擦干脸上的泪水边对她说：“你是个好孩子，老师相信你。”

这天下午放学，我正准备回家，发现教室的灯还亮着，便去关灯。一推门，发现小英还没回家，她正在教室写作业。

“你怎么还没走？”我忙问。

我的出现先是让她一惊，而后她忙收拾起作业本说：“我这就回家。”

我走到她身边看了看她刚写的作业，微笑着夸奖道：“真好！不但字漂亮，本子还干净如新。”

“谢谢老师！”听到我的表扬后，小家伙儿腼腆地笑了。

“快回家吧！天都黑了，父母会担心的！走，我送你回家！”

“不用了，周老师，我自己能回去。”

“我和你正好一道儿，一块儿走吧！”于是，我牵着她的手走出了校园。其实我还真想到她家去看看呢！她很高兴，一路上马尾辫一直在她的头上跳跃着。

“这就是我家。”她的小手指向了一个不大的摊位。

我的目光穿过熙熙攘攘的人群，看到她的爸爸正在门外忙着卖烧饼，妈妈一边照看着四岁大的弟弟，一边揉着面。见我到来，小英的妈妈忙放下手中的面团，让我赶快进屋。

这是间仅有十平方米的屋子，面袋就像堡垒一样把它划分成两个世界：外面大点儿的是操作间，里面就是一家人的生活区。屋里没有一件像样的家具，就连床都是用木板和砖头搭起来的。

妈妈搬来了一个方凳让我坐，我刚要坐，就听小英叫道：“等等。”只见她拿起毛巾使劲地擦那凳子。

我忙按住她的手说:“用不着,快坐下吧!”

“这凳上有油,会弄脏您的裤子。”小英认真地说。

小英的妈妈显然有些过意不去,赶忙说:“家里条件差,孩子用这把小凳子写作业。这两天她弟弟拿这凳子当饭桌,结果本子都弄上了油,孩子气得直哭。”

我的脑子里浮现出那沾满泪水和油渍的作业本,不由得看了看小英,只见此时的她眼圈又红了。回想起她在教室里写作业的情景,我的心酸酸的,不由得拉过她的小手说:“作业本的事我弄明白了。以后有困难就跟老师说,我一定会帮助你的! 好吧,明天你到办公室来找我。”

第二天,小英一到学校就来到了我的办公室,我把事先准备好的小礼物送给了她。

“周老师,这是什么?”她惊讶地问。

“打开看看。”她从袋子里拿出了一块水晶板和一把钥匙。

看着她欣喜的面容,我说:“水晶板送给你,写作业时把它放在书本的下方,能帮你保护好作业本。这把教室的钥匙你拿着,当家里写不了作业时,可以到学校来写,但一定要让爸爸妈妈知道才行呀。”

“谢谢老师,我一定会认真完成作业的!”她开心地笑了,露出甜甜的酒窝。然后她深深鞠了一躬,快活地跑开了。

(天津市河北区新程小学 周瑾)

心灵的小闹钟

在我的办公桌前挂着一张卡片,上面画着一只笑脸小闹钟。每当我看到它时,脸上总会露出如同那画上一般灿烂的笑容。

说到这张画,还要追忆到一年前,那时我高一接班不久,班上的一名小男生引起了我的关注。他叫阳,父母离异,一直跟着爷爷奶奶过,但不幸的是他初三刚毕业爷爷奶奶就相继去世,所以上高中之后他只好住校。正是这样的经历,使得这个孩子显得在集体中多了一份沉默。经验告诉我,沉默的背后有一颗固执的心。

一天早上,早自习铃响过后,只听见楼道中一阵急促的脚步声,随着一声很低很轻的“报告”,阳出现在教室门口,他说起晚了。我也没为难他,看着他回到自己的座位上,我便开始讲课。五分钟后,课被一阵突如其来的手机电话铃声打断了。同学们相互看着不知是谁,而坐在阳附近的同学不约而同地把目光集中在他身上。我放下书走到他面前,伸出一只手让他上交手机。他的脸一下子红了,不好意思又不情愿把手机交给了我。

刚一下课,他就跟随我到办公室向我解释手机问题,说是因为早上起晚了太匆忙忘记关了,不是成心违纪,希望我归还。因为学校有规定学生不能在上课期间使用手机,为了惩戒他,也警示其他同学,我决定暂时替他代为保管手机,期中考试后归还。听到我的处理决定,他的眉头皱了起来。

“我每天用手机当闹表,没有它岂不是天天都会迟到。”

我摇摇头,态度坚决。看到我心意已决,他赌气地走了。

接下来的几天,正如他自己所说他每天都迟到,理由都一样:没有闹表起晚了。看得出,他是在和我赌气。我表面上平静地教育他,但心里很明白,要想个办法打开他心里的结。

一天我在收拾东西时,发现了大学时期使用的一个小闹钟,我头脑中的灵感突然闪现出来。我找来一张纸,认真地在纸上写下了一段话:“阳,感性和理性往往是相矛盾的,老师针对的不是你,而是你没有遵守校规校纪这件事,希望你能理解。这只小闹钟是我上学时用的。因为它,我的时间变得有计划;因为它,我从来不迟到。希望它能把好运传给你。”

字条写完,我又找了一个小盒子,连同闹钟一起放到里面。转天,阳依然迟到,而这次我没有对他说教,而是把这个盒子递给了他,并拍着他的肩膀说:“我猜你明天应该不迟到了。”

阳很诧异地接过了盒子。

第二天早上,刚到教室门口,就听到有同学在说,今天阳来得真早。进教室一看,他果然正坐在自己的座位上。看到我进来,他抬头张了张嘴似乎想对我说什么,但还是低头继续看书了。

下课后回到办公室,看到昨天送给阳的那个小盒子放在了办公桌上。令我吃惊的是,打开盒子时,看到里面装着一张小卡片,上面是一只有笑脸的小闹钟和一行小字:“您猜对了。老师,我用这只笑脸小闹钟换您的那只幸运小闹钟,我还要用优异的成绩在期中考试后换回手机,可以吗?”

看着卡片,我会心地笑了。我领悟到教育如同大禹治水,有时要变“堵”为

“疏”，因势利导，如此才能对学生的问题治标又治本。

（天津市复兴中学　李嘉丽）

用诚信“按揭”

大课间，几个学生在一起窃窃私语，隐隐约约听到了“离家出走”几个字，不由得心头一惊。我赶紧凑上前去一探究竟。

“老师，今天晚上小昊要去我家睡觉。”

“为什么？”

“他跟他妈妈吵架了，要离家出走。”

这件事可非同小可，我急忙把小昊叫到跟前，轻声问道：“怎么，跟妈妈吵架了？”

话音刚落，小昊的眼泪就扑簌簌地落了下来。原来，从开学至今，他陆续向同学借了些钱，同学催他还，可是他妈妈不给他，他一气之下就跑出了家门。前一天晚上他在一个同学家过的夜，妈妈也没有找他，他感到非常委屈，准备就此不回家了。

“铃……”上课铃响了，我让小昊先去上课。孩子离家整夜未归，可妈妈为什么没有找他呢？带着这个疑惑，我拨通了小昊妈妈的电话。

“老师，你别管他，他死不了，也丢不了。我一个人养他容易吗？天天没少给他钱，他还找别人借，我才不替他还呢。要还让他自己想办法！”

在谈话中我了解到，小昊的爸爸在他四年级的时候心脏病突发猝死，他的妈妈是外地户口，只能靠打工挣钱养活她们娘儿俩。虽然生活比较拮据，但是她从来没有亏待过孩子，可是孩子不理解妈妈的辛劳，与别人攀比的心特别严重。花钱没有节制，不是找同学借，就是让邻居赊账，弄得妈妈很没面子。

我非常理解小昊妈妈的心情，但我告诉她，孩子还未成年，作为父母负有监护的责任。孩子犯了错误，家长应该耐心地加以分析引导，帮助孩子认识并改正错误，而不能听之任之。这样放任孩子在外过夜有许多弊病，万一遇到坏人引诱，会误入歧途，到时候追悔莫及。小昊的妈妈听了，觉得非常后怕，决定放学后来学校接孩子回家。

小昊一晚上没回家，肯定也没有钱买午饭。中午，我买好了热腾腾的盒饭，约小昊一起吃午餐。我们边吃边聊,我告诉他,妈妈其实很爱他,只是一时生气着急,才没有找他。

我说:"你也应该从自己身上找找原因呀,妈妈一个人抚养你不容易,应该体谅妈妈,不能随便花钱,要有节制。况且你已经长大了,又是家里唯一的男子汉,应该有担当,不能对妈妈一味索取。遇到问题要理智,不能随随便便有家不归,这是不负责任的表现。"我还让他懂得,做人要讲究诚信,借了同学的钱物要及时归还,不能失信于人。

小昊听了,频频点头,表示会向妈妈道歉,放学后就回家,以后再不伤妈妈的心了。

午饭后,我和他把他欠别人的钱统计了一下,总共 196 元。我跟他协商,由于这笔钱是计划外超支的,不应由妈妈来偿还,必须由他自己来还。鉴于他本人没有经济来源,我说:"由我先替你垫付,把欠同学的钱先还上。但是需要你用自己的诚信'按揭',用自己每天的零花钱分期付款还给我。你再也不要随便欠别人的钱了,从此昂起头来做个堂堂正正的男子汉。"

他答应了。

我随后又召开了班委会,让学生干部们带头关心、帮助小昊,而不要歧视他、孤立他。我也经常与他谈心,交流思想。渐渐地,小昊发生了变化,再没听说他找同学借钱。他也不再乱花钱,并且每天都会从零花钱中省下一两块钱还给我。他与同学的关系融洽了许多,还懂得关心班集体,卫生扫除时总会说:"老师,我来干这个吧。"我的心里倍感欣慰。

对于这件事,我深有感触:班主任有责任关注特殊家庭的教育。一边要鼓励孩子"人穷志不短",在困境中磨砺自己,发奋学习,创造美好的明天;一边要引导家长树立生活的信心,于困境中教子,不因情绪不佳而对孩子简单粗暴,也不因奔忙劳碌而放弃对孩子的教育;要与老师积极配合,为孩子的健康成长架起一道爱的彩虹。

(天津市西青道中学 时玉)

如意的不如意

"如意"是我们班一个女生的名字,刚接这个班的时候,我就对这名字印象深刻。我猜想她父母给她起这个名字的时候,是想让她事事如意,如意地走完她的一生。我心里赞叹:好名字!

可是,天有不测风云,人有旦夕祸福,不如意的事偏偏发生在了如意的身上。她爸爸妈妈是赶大车的,有一天下起了倾盆大雨,道路泥泞,车上又载满了石料,车陷进了泥潭中,她爸爸让她妈妈下车查看路况。她妈妈刚一下车,车就翻了,正好砸在了她的身上,不如意的事情就在这一瞬间发生了。

年仅八岁的如意就这样失去了妈妈,当家人来学校接她和她哥哥去给她妈妈烧纸的时候,我的心都碎了。在随后的三天里,看着她那空空的座位,我心里十分悲痛,也替她捏着一把汗:她能不能从这晴天霹雳里走出来,她那本来就内向的性格会变得怎么样……我真是忧心忡忡。

妈妈出事后的第四天,如意回来了。她和往常一样静静地坐在那里读书,只是眼睛里多了几分悲伤。下课了,当同学们问她这几天为什么没来的时候,她那强忍住的眼泪终于还是流了下来,班里的学生都不知道怎么办才好。

我立刻擦干眼泪,组织了一次临时班会,题目是"爱心大行动"。本来就热情的同学们都踊跃发言,积极建言献策。他们有的说课下给如意讲笑话,有的说把家里的娃娃送给如意做伴,还有的说把自己新买的铅笔、尺子送给她……当我听到小阳的发言,真是惊呆了,小阳说:"我们每个人可以把妈妈借给如意一天 ,那她就天天有妈妈了!"这番话真的让我感受到了同学之间那真挚的爱。

如意已经成了我们的中心人物,看着这么多人都在关心她,她脸上终于露出了一丝微笑,那微笑看起来是那么的幸福!这临时的班会不仅让如意破涕为笑,而且培养了学生的同情心。

第二天,我给如意买来了扎辫子的皮筋、辫花和发卡,轻轻地戴在她头上。她又一次笑了,笑得是那么开心!以后的每一天,只要我一有时间,就会像妈妈一样把她搂在怀里,给她扎各种各样的小辫子,还教会了她扎简单的马尾辫,她妈妈没来得及教会女儿的东西我来教会她,妈妈的爱在我这里延续!

在她九岁生日的时候,我们班的同学们给她唱了生日歌,送上了亲手制作的生日贺卡,我还给她买来了漂亮的裙子、凉鞋和袜子。如意的脸笑得像一朵花!是我们全班所有人的爱心让她笑了,抚平了她内心的伤痛。

一年后母亲节的时候,我留了特别的作业——一篇写妈妈的作文。当我看到如意的作文时,真后悔留作业时没有考虑到她的特殊情况。我是含着泪看完她的作文的。她写道:"妈妈,您离开我们已经一年多了,我非常非常想您,好几次都梦见您回来看我。我知道您也惦记着我和哥哥。我在学校里挺好的，老师和同学们都很关心我。您放心吧！不知您在天堂里过得还好吗？您不要太累了，因为女儿无法到那里去给您捶背，您要自己心疼自己！妈妈，今天是母亲节，女儿祝您节日快乐！您在天堂为女儿加油吧！我会加倍努力的。”

我把如意叫到身边，给她讲自己刚 14 天的时候也失去母亲的经历，告诉她我是如何坚强起来的。接着，我们俩一起制定了目标：咱们做女儿的，一定要好好地活着，快乐地活着，只有这样，在天堂的母亲才会高兴，这是咱们做女儿的送给母亲的最好礼物！

她含泪点了点头。

如意的不如意是她一生的伤痛，作为班主任的我无法控制不如意的事情的发生，但我能让不如意的事带给如意的伤害降到最低，让她在学校的每一天都感受到妈妈一样的爱！祝愿如意以后事事如意！

（天津市蓟州区实验小学　胡连杰）

我与小强

一个热辣辣的下午，在做完操回班的路上，各班队伍井然有序，学生们喊着整齐的班风口号。突然三年(2)班的队伍发生了骚动，许多男生立刻围拢成一个圆形，我快步走了过去，迅速挤进了人群。

只见班主任正拉着一个坐在地上撒泼的男生，嘴里哄着：“听话，一会儿老师给你妈妈打电话，叫她来，行吗？”“不行，不行，就现在，马上！”那男生说着就往地上躺，年轻的班主任涨红了脸，束手无策。学生们说笑起哄，更助长了他的气势，他肆无忌惮地大喊起来：“今天，不把我妈妈叫来，我就不起来啦！”

我忍无可忍，一声断喝：“站起来！跟我走！不走，就自己待在这！”

很多同学马上归了队，那撒泼的男生看没人给他捧场，只好灰溜溜地站了起来。

我转身让班主任整好队把学生们带入教室，准备上课。再看那位男生，似乎感到很无趣，可还没有示弱的样子。我心平气和地告诉他：“男子汉，有话好好说，有需要我帮忙的地方请说出来；要是再任性闹下去，会很难看的，让别人笑话，也不像个男子汉了。”我突然发现他的眼睛里有一串晶莹的东西在晃动，他慢慢地低下了头。当我再去试着拉他的手时,他顺从了。原来小刺猬是被宠坏了,我隐约地体会到他心中肯定有说不出的苦痛。

这就是我和他第一次打交道。

后经了解,他叫小强,一二年级时是个聪明好学,成绩很优秀的男生。本学期,虽换了新班主任,不知为什么,他却有了"翻天覆地"的变化,成绩急剧下滑,经常莫名其妙地对老师和同学发脾气,课堂纪律也不好。老师们一提起他,都表示很奇怪,摇头不已。我决定探个究竟,毕竟他曾经优秀过,毕竟他还是个孩子。

接下来,每天一早进校,我总会第一个跟他打招呼;每天大课间,我会主动和他们班的学生一起做游戏,和他一起练习双人跳绳:这是他的强项,他会悄悄告诉我要领;没课时,我会经常从门外看看他在做些什么。他的课堂表现:一是自己趴着或愣神,什么都不想也不做,基本没听讲;一是自己任意走下座位,一会儿逗逗同学,一会儿走到图书角,拿起书站那儿就看,全然不顾老师和同学们都在上课;可是上英语课、科学课他基本没有这些现象,还能举手回答问题,并和老师交谈。看来对他不熟悉不会的知识,他一点儿都没放松。

关键一点是,每天放学后他都在校门口东张西望,好像在等谁。每天都是奶奶来接他,他会把书包往奶奶手里一递,就自顾自地朝家的方向大步走去,又好像是去找寻什么。

通过第一次我对他的严厉教育,似乎他也发现,我不像其他老师那样宠着他,但又能和蔼地与他讲些心里话,因此,每当我从教室外发现他违纪,稍稍的一个摇头、一个皱眉,他马上就会收敛,然后我就还给他一个微笑或是一个肯定的大拇指。然而,每天放学时,看着他失望又没精打采地离开学校,我心里总不是个滋味。

一次,趁着还没放学,我单独和小强奶奶聊了起来。原来,"离异家庭"的恶果,深深地折磨着孩子的幼小心灵。他十分想念有妈的日子,奶奶和爸爸倾注了百倍的关心和爱护,也换不来小强的一个微笑,这也是他们家大人最头疼的事。是呀,多大的孩子也离不开妈妈的呵护,"没妈的孩子像根草",大人们为什么都不能好好替孩子想想呢?

有一次,小强因为多次迟到,爬上了学校院墙,多亏保安将其拉下来。他悻悻地躲在角落里说什么也不出来,后来保安通知了我。

小强和我对话的条件就是,找来妈妈,他想见见妈妈。我的心一下子被融化了,眼睛湿润了,我答应他,三天之内,一定让他和妈妈见上一面,尽管当时我心里也没底。我和他的父亲约谈，一起努力联系到了小强的妈妈，不过，孩子的父母都有难言之处——他的妈妈已经再婚。谈到小强要见妈妈的请求，小强的妈妈因为怨恨前夫，断然不想见。我三番五次地打电话，晓之以理，动之以情，她终于答应了。我激动地告诉了小强，我觉得自己做了件好事。

自从满足了小强见妈妈的愿望，他对我可谓言听计从，平时表现好了许多。我也隐约发现，他好像看出了妈妈并不像自己想象的那样值得依恋。孩子内心是酸楚的，突然之间好像长大了许多，他懂得自己需要独立了。

多次谈心，我告诉他，毕竟大人有大人们的生活，小鹰总有一天要独自展翅高飞在广阔的天空，老师相信小小男子汉一定能学会坚强和勇敢。我跟小强秘密约定：不高兴的事一定找我说出来，坚持写一写心里话；每周我给他写一封信，说明他哪些方面进步了，回家要给家里人读一读；建议小强和爸爸选择一项体育活动，释放自己过多的能量，回到学校积极上好每一节课。

两年了，他的心里话日记本已经写得满满的，每次他都小心翼翼地把日记本拿给我，我要他大声读给我听。看着他自信、自豪的眼神和表情，我心里稍许有了些安慰。老师们都说，过去那个可爱的小强又回来了。

（天津市河东区松竹里小学　刘莉）

小东和小雨

新生入学不足一个月，两名女生向我反映，班里有的男女生交往过密。

她们指的是小东和小雨。小东是班内为数不多的性格活泼外向的男生，脸上总是洋溢着笑容，热爱劳动，学习状态总体不错，在同学之中评价很高。他担任班级生活委员，是一个积极上进的学生。小雨看起来黑黑瘦瘦的，眼睛也不大，但笑起来很阳光，是我班的女生体育委员，算不上乖乖女，但也绝不是过分外向的女孩。

向我反映情况的女生，分别担任班委和科代表，都是老师的得力助手。我曾向她们表示，一定要帮助老师关注班级动态，发现问题及时报告，以便尽早解决，防患于未然，从而共同营造班级良好氛围。

据两人反映，小东和小雨每天课间打水，升旗做操，去功能教室上课，都会走在一起。放学后，两人也会互相等着一起走，虽然两人回家并不顺路。有时，他们还会在大课间回班的路上一块儿躲在楼道大门后，突然蹿出来吓唬进楼的同学。

我亲自观察了一下，情况基本属实。我该怎样处理呢？两人尚未出现出格行为，处理过火会显得小题大做；但他们的交往行为相较于正常的男女同学交往，显得更加亲密。如果不加以引导，他们的交往就有可能继续发展，出了问题再处理可能难度会更大；并且，两人的行为同学们看在眼里，也会关注老师怎么办。不管不问，其他同学也可能有所效仿，进而出现类似或更严重的情况；两名女生是我在班内的"眼睛"，她们也可能不愿意再帮助老师关注班内情况。

我对两人的家庭情况做了了解。记得曾读过的一本书中说过，早恋的孩子大多数都是有情感需要的孩子，他们在寻找感情的寄托。小东长期与爷爷生活在一起，父母工作较忙，母亲每晚去爷爷家给孩子做晚饭，交流生活、学习情况，然后回家，留孩子住在爷爷家。小雨父母离异，长期与爷爷奶奶生活在一起，父亲已经有了新家。

我找到了男生小东。由于两人行为尚未出现过分之处，因此我也不能直接下定论。我先让他猜猜我找他要说什么事，他则顾左右而言他。我向他表示，既然我找到他，这事情就躲不过去了；无论面对任何问题，他都不应逃避。不如勇敢面对，积极解决问题，这是一个男子汉应该锻炼的优秀品质。

"与班里一位女生交往过于密切，有没有此事？"

可能由于之前的铺垫动摇了他的心理防线，他没有否认。

"是你主动，还是她主动？"

"是我。"

鉴于之前的家庭情况分析，我猜测他是想更多承担这件事情。于是我顺水推舟，赞赏他是个有担当的男孩子。然后，我和他交流了我对此事的看法。

我首先告诉小东："你们处于正在逐步进入青春期的年龄段，对于异性的好感是一种正常的心理。你们两人都是非常优秀的学生，各自有着自己的闪光点，互相吸引，是内心追求美好的表现，表明你们有着正确的审美观和价值取向。即使是现在身为老师的我，在上初中时也曾有自己喜欢的男生。总的来说，这种思想很正常，但是作为老师，我建议你控制好自己的行为。"

我从三个角度帮他分析。首先，对集体负责。我们现在、今后都会生活在集体环境中，应该注意自己的行为对他人产生的影响。大多数同学对于男女生交往过密是排斥的，大家更需要能够专心学习的环境，将来考入更好的高中；一旦个别同学进行效仿，那么班级积极向上的学习氛围就会受到影响。其次，对自己负责。在集体的环境中，我们不能回避他人的评价与建议，如果评价与建议是正确的，我们也应该拥有敢于接受和改进的勇气与胸怀。第三，对对方负责。作为一个有担当的男生，真正对女生好，那就是不要影响现在喜欢的女生的声誉，不要影响那名女生的成绩，毕竟女生更容易受影响。总之，我理解他们正常的思想，但是希望他们对自己的行为有所控制。

我没有找小雨谈这件事。我觉得，女生比较敏感，不愿意被老师扣上“与男生交往过密”的帽子；女生也往往比较执着，对情感更加投入，往往难以自拔。从男生这边解决问题会更容易，可事半功倍。

没想到，此后不久，小雨主动找到了我，问我是谁向我反映的。她说她和小东之间根本没有什么事，还说现在她和小东见面很尴尬。

我笑了：“如果真没什么事，就不必在意别人的观点，也不需要知道是谁反映的。如果的确有问题，那么别人没有说错，也没有理由去责怪谁。相信你能做好心理调整，正确地看待和处理这件事情。”

作为班主任，我在班里对此事表明了我的观点：思想很正常，行为要控制。思想很正常，这是我对同学们的理解与尊重；行为要控制，这是同学们需要给我的理解和妥协。

事后，据我的观察与了解，此种行为没有再出现。我认为，这至少减少了对班级的不良影响。至于两人内心深处对彼此的感受，我认为我没有权利、没有能力，也没有必要去干涉。毕竟这种异性吸引对于青春期的男女生来说是正常的，我只希望能引导学生们控制好自己的行为，将这份美好的情感放在心里，不对班级产生不好的影响，不占用自己过多的时间，不影响自身学习与进步，这样才不辜负这份青春的馈赠。

（天津市第十四中学　马海霞）

孩子们的“爱情”

初中，是对爱情开始有了向往的时候，当学生有了朦胧的情感意识，我有些不知所措，内心深处不愿意他们陷入情感纠葛之中。但是，情窦初开既不是洪水猛兽，也不是涓涓细流，常常如同季节湖，有时会波光粼粼，有时会干涸见底，作为教师的我，只能跟随他们的脚步跳跃，守候这些不成熟的“情人们”。

我班的女生是比较让人省心的，当这些事情发生的时候，她们还是比较理性的，一般不去伤男孩的自尊；若实在忍受不了纠缠，就来找我。我也从不一惊一乍的，常常是冷处理，先是冷眼旁观，直到不得不出手时才出手。最让我庆幸的是，我们班的“爱情”问题，都在班级内部，没有涉及外部，这让我少了很多麻烦。

侯文是最有意思的一个。

初二的时候，一天，宁宁来找我，说侯文老给她写情书。我心里暗暗吃惊：这该怎么办？

“你怎么想？”我问宁宁。

宁宁平静地说：“我不想谈这事，但我也不想伤他自尊。”我知道他们平时关系都很好，宁宁表面上性格有些娇气，实际上还是很有主见的。如果我把这事说破了，可能对大家都不好，因为他们都有各自非常要好的朋友，而且班级氛围也很不错。

斟酌之后，我对宁宁说：“你别说破，别让他知道你已经跟我说了。但是你心中要知道这件事不能往下发展，大家都还太小。”

宁宁答应了我。我接下来再不断观察侯文的表现。

侯文就是侯文，比“猴”还精。他很快看出宁宁的心思，然后就找我来了。

那是下午自习课，他来到讲桌前，问我：“我和宁宁的事，您怎么看？”

“你们有什么事？”

他说：“您别装了，我都明白，她找过您。”

“我认为不合适。”

“那为什么您不找我？”

“没必要，宁宁知道该怎么做就行了，我等你找我呢。”

他不说话了。

我问：“她答应你了吗？”

他说：“没有。您把话都说到那了，她能答应我吗？再说，如果她要答应了，就不会跟您说了。”

我笑了：“你都明白，那为什么还要找我？你们这么小，谈这事太早了。再说，宁宁的成绩比你好很多，你再不好好学习，将来差距还大。”

他不服气：“这个将来不重要，我能追她。”

我开玩笑地说：“要怎么追？你的身高都不如人家，矮人五公分。”

他说："您等着，我一定会超过她五公分。"

第二天，自习课上他又来找我，拿了一打从本子上撕下来的纸让我看。我一看，好家伙，都是他写给宁宁的"情书"，他逼着我一张张看完。我看了看，他问我："看完了吗?"我说看完了。

他抓过去，横竖使劲全撕了，扔到纸篓里，说："她都给我退回来了，从今天起，不写了。"

我说："明白了，不追了?"

他梗着脖子说："不可能，不但要追，而且一定要追到手，我还要超过她五公分!"

我真不知道宁宁是否能够抵挡住这个，但也只能静观其变了。好在他们真的不那么自我和那样极端。

就这样，我也在提心吊胆地过日子。你看：一会儿侯文买来一根冰棍，当着很多人的面，单独给宁宁，让宁宁接也不是不接也不是；一会儿又在宁宁的背后，和她比个头儿，让我看看他们是否在缩短差距，弄得我哭笑不得。

好在他们没有因此而影响同学关系，也没有耽误学习，宁宁依然是年级前十名，依然是优秀跳高运动员，依然是篮球队的主力。侯文也没有因此影响和其他男生的友谊，甚至时而显摆有"红颜知己"，当然也没有耽误他给老师找"麻烦"。

今天他们都各自成家了，他们的友谊依然存在，只是更多了份责任和分寸。我希望他们友谊天长地久，也希望他们能够有幸福的婚姻，有健康的孩子。

写到这里，我觉得自己好幸运啊！回想起来，这些学生给我找的麻烦都变成了我的经验，幸运的是，我的学生虽然有不懂事的时候，但他们还是懂礼貌的，没有做过激的事情。

又有人要说我"愤青"了，只要我认为做得对的我就还要坚守。因为我的学生已经做了父母，他们的孩子还要上学，还要成长，他们的孩子还要面对社会的挑战，我不能让他们输在起跑线上。

（天津市微山路中学　蔡虹）

用点小计谋

教育工作非常辛苦和琐碎，特别是对一些后进生，有时还要用点小计谋。

“浑水摸鱼”

一些后进生虽然会不时地犯错，但错误状况一旦发生，他们经常会不知所措。有时，我们要乘他们心绪动摇之机，触其痛处，晓之以理，促其洗心革面。有时，事件的真相并不重要，就让它成为永远的秘密，只要事件中的人能够觉醒。

前几天，在观看视频《百家讲坛》的时间，有五六个男生迟到了，我看看表，只迟到了一分多钟，就没多说什么，让他们回座位了。一会儿，学校杜主任敲门把我叫了出去。他告诉我，那几个男生中有一个在厕所抽烟，他只看到还没熄灭的烟头，问他们却没人承认，于是责成我调查。

回到教室，一个个伸长的脖子迅速地缩回去。我看了一眼先低下头的王鹏，已心中有数，故作严肃地说：“迟到、吸烟，还被校领导发现，为我们班抹黑，这件事我会处理的。”刚好这时上课铃响了，我头也不回地朝办公室走去。

第二天，我来到教室门口，嗡嗡响的教室立刻安静下来，几个男生用得意的眼神看着我。我知道，他们在等着“看戏”呢。我意味深长地望了王鹏一眼，什么也没说，就直接进入了新课教学。那几个男生有点失望，而王鹏呢，头埋得低低的，有点不知所措。

几天后，周记本收上来了，王鹏写的《对不起，老师》深深地触动了我：“老师，我是个坏学生，您对我那么好，经常和我谈心，指导我学习，从不因为我是差生而看不起我，可我还吸烟，为咱们班抹黑，我是多么后悔啊！我以为您以后再也不理我了，那节自习课，我看见您叫张颖谈话，叫周慧谈话，我就想：老师真的不理我了。可出乎意料，我正胡思乱想，周慧走到我身边说：‘班主任叫你。’我以为世界末日到了，可到了办公室您像什么也没发生过似的，和我谈这次期中考试的英语成绩，还让我找英语老师交流。那一刻，我真的无地自容啊。老师，我错了，我对不起你！”

我暗暗庆幸：要不是我来了招“浑水摸鱼”，哪来王鹏现在的幡然醒悟呀！

“釜底抽薪”

一提起后进生，大家都会有这样一些反应：“这个学生无药可救了！”“真不想见到他！”“真是江山易改，本性难移。”……

小冲，吸烟、打架、学习成绩差，是我班典型的后进生。不仅屡教不改，每次教育他时，他还会搬出一大堆道理来反驳，要么就信誓旦旦地保证——“如果再犯错误就回家”，可第二天又依然如故。

我意识到该来硬的了。于是在他又一次吸烟被发现后，我直接把他妈妈请来商量，然后把他喊到办公室，指着他写的所有保证书说："是男子汉就应该说到做到，现在是你兑现承诺的时候了，拿上书包跟妈妈回家反省错误，什么时候反省好了，什么时候回来上课。"

起先他无所谓地听着，当听到最后一句，再看看一旁的妈妈，这才意识到问题的严重性。他哭了，说："我保证改，只要不让我回家，怎么惩罚我都行。"

满脸泪痕的他，让我于心不忍，但一想到他以往的表现，同样的情形还会反复出现，甚至影响别人，加之他有孝顺父母的特点，我还是下狠心让他回家反省。

临走时，我又用"苦肉计"感动了他一下。我说："听你妈妈说，你是一个非常孝顺的孩子。"

他一惊，看了我一眼，没说话。

"听说你妈妈身体不太好，还有心脏病？"

他听了这句话，眼泪刷地下来了："老师，我错了，我对不起您，对不起我妈……"

我接上他的话说："你对不起我是小事，对不起你妈妈才是最大的错误。你妈对你寄托了那么大的期望，你不努力学习，还惹是生非，你想把她气到什么程度才甘心呀？"

"老师别说了。"他打断了我的话，"老师，这次我再不改，我就不是人。"

我拍拍他的肩膀："我相信你是一个知错必改的人，是一个有上进心的人，将来肯定是一个有大出息的人。"

从此，他真的成了"金不换"的回头浪子。虽然基础极差，他仍然拼到了天津职业技术大学的录取通知书。

"无中生有"

对学生进行表扬对班级正确舆论的形成起着重要的作用，因此，我从不吝啬对学生的表扬。我经常竖起大拇指历数他们的优点："今天的值日生不但把卫生区扫得特别干净，而且把教室也整理得井井有条，效率还相当高。""Miss 王告诉我，今天大家上英语课时状态特好！""数学老师说最喜欢在咱们班上课了，那感觉就像在天堂一样！"……

学生们听了，喜滋滋的，学习劲头更足了。有时，我又来了点"无中生有"："昨天在教师会上，朱校长表扬咱们班了，说咱们课间操站队快，人数齐，跑步规范。""宿舍申老师夸咱们班男生了，说卫生做得好，纪律也有很大进步。"……你看，有的学生脸都红了，各种状况都悄悄地有了好转。

教育工作林林总总,庞杂琐碎,但事无巨细,件件重要。当我们对学生的教育取得全面胜利的时候,就是学生成才的时候,那也是我们最幸福的时候。

(天津市蓟州区下营中学　杨赛明)

唯一的貂蝉

又一年经典诵读活动启动了。

紧张的课余,我们开始了《国色天香》的编排。去年排的《道德经》广受赞誉,获得了区级比赛第一名的好成绩。今年学生们心气更高,个个摩拳擦掌、跃跃欲试。看到学生们这么上进,我内心的甜蜜赶走了所有的疲惫。

在编排过程中出现了一个小插曲,扮演貂蝉的小婕,不论动作还是表情,始终达不到预想的效果;由于她性格倔强,没说她两句就哭鼻子,效果就更差了。我跟教音乐的李老师反复指导,在她身上花费了不少功夫,但是效果却不明显,让人很是着急。

眼看临近比赛了,李老师想了个主意:"为了拿第一,借其他班有舞蹈基础的人来吧!"

我当即表示同意,觉得是个好办法,认为这样一来节目就完美了。

我像往常一样从音乐教室走出来,回到了办公室,可不知怎么了,一种莫名的不快萦绕心头,久久挥之不去。我的脑子里像过电影一样:小婕倔强的眼神、甜美的笑容、舞台上的投入……练了那么久,我突然告诉她,不能上场了,她能接受吗?她会受到伤害吗?我无法想象这对一个学生来说是多么大的打击。现实的窘境不由得让我重新回到原点,思考我们到底要什么:是要节目的高分,还是要对一个学生幼小心灵的精心呵护?是要这个节目的完美,还是要"不丢下任何一个人"的班级誓言?

转瞬即逝的犹豫后,我决定还是让小婕上!我要让这个节目成为我们班全体学生的展示,不论他们表演得好还是坏,只要他们尽了自己最大的努力就够了。我怎么可以丢掉我的初心?李老师本着对节目负责的态度提出建议,这一点我很感激,但我的心里有比比赛更重要的东西。

在一个阳光明媚的午后,我找到小婕,跟她说了这一切,看得出她还在较劲儿,当我说:"宝贝,老师相信你,不管我们的结果怎样,都不会换掉你,因为我们是一家人。”她低下的头抬了起来,表情变得自然了,眼睛里闪闪发光。她坚定地看着我,我仿佛看到了她的决心、她的信任和她的感激。

中午彩排,我看到了台上的表演,是她发挥得最好的一次。她始终面带微笑,把该注意的地方全都做到位了,非常完美。

从那以后,她的性格变得和善许多。倔强的学生都有一股艮劲儿,课间总是能看到她站在音乐老师面前练习。她妈妈也跟我说:“这孩子一到家就赶快写作业,然后就一直练习舞蹈动作,一练就是几个小时。”对于这样一个没有舞蹈基础的学生来说,这得有多么大的毅力和勇气呀!她那种不服输的劲头让我实在感动。

功夫不负有心人。比赛当天,我们的节目获得了一致好评,台下掌声不断;她也是惊艳全场,成为大家心目中最美的貂蝉,无可取代。

事后她给我写了一封信,在信中,她说:“谢谢您老师,在我伤心失望、即将失去信心的时候,是您给了我鼓励和勇气,谢谢您的信任。您经常跟我们说,做人超越自己就是进步,永不放弃是我们的人生格言。老师,我做到了,没有给您丢脸,没有给我们班丢人。”

我想起李希贵校长的那篇《发现那棵树》,他不希望我们的教育只是“不见树木,只见森林”,而我希望我们的教育是让百花争艳、百舸争流,让乌龟和兔子各显风流,发现每棵树的生存需求和生存价值。我们教师,就是要让每一个学生都受到最合适的教育。只有你真心去爱学生,你才会看到不一样的学生。每个人都是不一样的烟火,有着不一样的绚烂。

（天津市津南区咸水沽第六小学　张晶）

一节“赎人”的数学课

面对眼前为数不多的几个作业本,我有一种很强烈的受挫感:一直以来让我引以为傲的5班开始“罢工”了吗?绝对不允许!一定要好好教育他们,不交作业绝对不行!

带着满身的“火药味”和仅有的几本作业,我加紧脚步,似乎对于这场战争的爆发有着些许的期待。我气冲冲地来到5班,学生们像往常一样起立问好。看到我没有马上让大家坐下,再看看我手里的作业本,他们低下了头。

那一刻,我开始心软了。但是我也在提醒自己,一定要防微杜渐,不能就这样算了。我生气地说道:"念到名字的同学,请坐下!"

我不紧不慢地念出交了作业的学生的名字,他们安静地坐下,但似乎没有因为坐下而高兴。一个胆大的学生举手说:"老师,作业题我不会。"其他学生也小声附和:"昨天学的内容不太明白。"

我开始意识到,学生没有完成作业固然不对,但是作为教师也应该反思自己的教学:这么多学生没交作业,一定是学生没有掌握所学内容。教育的方法有千万种,我一定要用一种让学生永远也忘不了的,却又不影响上课的方法。可是,站着的"小树林"怎么办?就这样让他们坐下吗?我突发奇想:我不妨求助坐着的学生,既可以亡羊补牢,又可以提高学生的学习积极性。

我故作生气地说:"同学们,拥有端正的态度和良好的习惯是很重要的。遇到问题应该积极面对,想办法解决。今天有人没有完成作业,应该给以惩罚。但是,看在大家平时表现好的份上,我可以给你们一次机会,但要靠你们自己来争取!"

听到这儿,学生们都抬起了头,睁大了好奇的眼睛,安静地等着,像是在说:"怎么争取?"

"争取的方法是'赎人'!"我故弄玄虚。

"老师,怎么赎人?"一个学生忍不住问。

"一会儿,我在讲课的过程中会提出问题,坐着的同学回答对了,即可'赎'一个站着的同学,被'赎'的人可以坐下;站着的同学也可以自己'赎'自己。"

"老师,快提问吧!"

"老师,一定要叫我啊!"

坐着的学生有些迫不及待,他们撸起袖子,目不转睛,做好了"英雄救同学"的准备;站着的学生似乎抓住了救命稻草,他们屏住呼吸,生怕错过了"自救"的机会。

看到学生们聚精会神、专心致志的样子,我忘记了不快。别开生面的课堂"导入",激发了学生的求知欲,这也算是"因祸得福"吧!

针对昨天的教学内容和作业题,一节复习课开始了。一开始,完成作业的学生因为对所学内容掌握得比较好,回答问题有一定的优势。尤其是坐着的学生,看着自己的好朋友站着,自己怎能心安理得?所以他们都抢着回答问题。每当答对了,他们就会为难地选择要"赎"的人,同时还不忘对仍然站着的同学说:"再等会儿，下一个是你。”被“赎”的人表示感谢之后，立刻投入“战斗”，也希望做一次“救世主”。

学生们害怕错过每一个答题机会，于是都认真听讲，积极思考，踊跃举手。答错题时的懊恼，答对题时的欣喜，全都挂在他们脸上。此时此刻，学生们都能感受到：原来学习数学这么重要，还能“赎人”，一不小心让自己做了一次英雄。尤其是数学课代表，答对的问题最多，他那种骄傲的神情溢于言表。很快，所有站着的学生都被“救赎”了，我问：“作业能完成了吗？”学生们大声地说：“能！”一节由不完成作业引发的特别的数学课，使学生在快乐中收获了知识，收获了友情。更重要的是，学生懂得了遇到困难不应该放弃和逃避，而要想办法解决。

课后，没有完成作业的学生做了自我反省，保证以后一定努力完成作业。我很庆幸，在数学课堂上我没有乱发脾气，给了自己一个台阶，也给了学生一个机会。没想到，我们充分享受了这短暂的45分钟。这节课之后，课上课下提问的学生多了，围在一起探讨问题的学生多了。看到学生们因为一个问题争论得面红耳赤，看到学生不问明白誓不罢休的神情，我觉得这节数学课，不仅“赎”回了人，更“赎”回了心！

（天津市津南区八里台第二中学　刘焕铃）

特殊的学生

这是一位我参加工作以来让我印象特别深刻的特殊学生。

一双水汪汪的大眼睛，招风耳，长着灵活健壮的四肢，他就是小豪，班内的“惹事精”。你看，他又惹事了：周一早上有学生向我报告说小豪把小弈打了，而且事后不肯道歉。

经过了解得知，两个男孩子每天结伴上学。这天在校门口等待进校时，小弈给小豪起外号，同学们听了都哈哈大笑，小豪觉得没面子，于是推了小弈一下。小豪长得又高又壮，而小弈却是又瘦又小，结果小奕一下子就跌倒了，并哭了起来。大家都指责小豪，但小豪就是不道歉，说是小弈先给他起外号他才动手的；小弈也不依不饶。这下原本是好朋友的两个好伙伴就谁也不理谁了。

我知道这件事后皱起了眉头，不是因为这两个捣蛋鬼给我惹事生气，而是担心小豪。小豪平时学习不好，还爱在班里捣乱，没有几个人愿意和他成为朋友，而小弈是小豪在班里唯一的朋友。眼看着小豪要失去好朋友，我不能袖手旁观。我知道作为教师不仅要教学生们知识，更多的是要在细微处关心爱护他们，这才是真正的教育。

“叮铃铃……”这节是语文课，我踏进了教室，看见许多同学捂着嘴笑嘻嘻地窃窃私语，一副准备看热闹的神情，而小豪和小奕却把头埋在书里，低得不能再低。

“今天咱们学习《搭石》这一课，同学们打开课本。”

学生们你看看我，我看看你，心中充满了疑惑：今天不该学这课呀？而且班里出了这么大的事，老师怎么不生气呢？甚至提都不提！

我气定神闲，面带微笑，故意抛出问题：“同学们，谁知道什么是搭石？”

学生们争先恐后地举手回答，只有小豪坐在座位上一动不动，心思完全不在课堂上。平时我一直观察他，我知道我不能训斥他，我得顾及他的面子。

我接着讲课，讲到年轻人与老人在搭石上相遇时，年轻人总要“伏”下身子背老人过河，我故意把目光投向小豪和小奕，一脸坏笑地说：“老师想找两位同学再现搭石相遇的场面，谁愿意来？”

学生们的目光齐刷刷地落在了小豪和小奕两人身上。他俩被大家看得不好意思，虽不情愿，但也只能硬着头皮上了。我的“奸计”得逞了！他俩僵直地站到同学们面前，不知如何是好。

我半开玩笑地说：“小豪这个老人可真年轻，太会保养了。”

一句轻松的逗笑的话，引得全班学生哈哈大笑，一下子缓解了俩人的尴尬。

这时我注意到，两人都用余光注意着对方的动向，我得给他俩找个“台阶”。于是，我牵起两个人的手，将小豪的手放到小奕的背上，说：“这帅小伙多棒！关爱老人啊！”

小豪和小奕破涕为笑。

小豪和小弈开始了生动的表演，他们默契的配合赢得了全班同学的掌声。看见他俩情况好转，我便顺水推舟：“搭石的奉献精神令我们敬佩，可村民们互帮互助、团结一心的品质更为可贵。作为同学，我们要相互团结，互帮互助。今天这两个好朋友的表演默契十足，我相信这就是他俩平日里互相帮助、和睦相处的结果。我建议这对好伙伴拥抱一下！”

此时，我注意到小豪的眼圈儿红了，我看见他主动靠近小奕，伸出手臂，两个人深情地拥抱在一起。那一刻小豪还伏在小奕的耳边轻轻说了句“对不起”。

教室里响起了雷鸣般的掌声，我的眼眶湿润了。再看看教室里的学生们，他们的笑脸上都洋溢着满满的祝福。

从此以后，班内的“惹事精”消失了，我的身边却多了一位小助手。虽然小豪的学习成绩仍然起色不大，但是我真的特别满足。我还经常看见小豪帮助同学，他的朋友渐渐多了起来，他和同学们一起踢足球、跳绳，参加班集体活动。看到学生们有了那么大的变化，我知道我的教育成功了。学生们互相爱着彼此，也以他们独有的方式爱着我。

（天津市河北区宁园小学　张旭）

在选择中成长

我所带的班，曾面临过一个两难问题的考验：学生们在八年级时参加了学校举行的艺术节合唱比赛，规定的曲目是民歌，这对于伴着周杰伦和 S. H. E 成长起来的一代中学生而言是有难度的，加之所选歌曲是以对唱形式演绎的《山歌好比春江水》，更是难上加难。结果，我班学生在全校十几个班的预演中，唱砸了。在从礼堂走回教室的路上，大家都无精打采，一些班委小声问我该怎么办，再过两天就该正式比赛了，能不能换一首曲子。回想学生们为此所付出的努力：找人录音、刻盘，全班反复练习，可结果却是这样，我和他们一样不甘心。不换？歌曲难唱，下一次有可能还失败；换？没有练习时间，而且不符合学校规定也有可能失败。

当我走进鸦雀无声的教室，面对一双双迷惑的眼睛时，我做出了一个决定：把自主权交给学生，让他们自己选择是保留原有节目还是替换，或者干脆放弃。当我说出三个选项后，同学们都很诧异。沉寂了一会儿之后，慢慢地有人举起了手：“我认为不能换，因为我们为此做了大量的准备。这次失败不是因为曲子难，而是因为我们没有用心唱。”

随着这第一声表白，班里冰冻般的静默有了些许缓解，大家纷纷举起了手，将积压在心里的话说了出来。

“我们换一首校园歌曲吧，这样能引起共鸣。”

“我们不能换成校园歌曲，这不符合大赛规定，要扣分的。”

“我认为我们应该变通一下，付出再多，别人也只是看结果，可以换一首好唱一些的民歌。”

前前后后有20多人发言，但没有一个说放弃，学生们以班级荣誉为出发点，每个人的发言都感人肺腑。特别是音乐课代表，整个前期准备，包括找歌词和音乐等工作都是由她组织的，她的一席话分析透彻，全班同学听过之后，眼睛又有了神采。下课之前，我感慨万分地谈了自己的感受：“今天你们给我上了一课。这节课的题目叫‘选择’，课的导入是‘责任’，课的目的是‘成功’，课的过程是‘感动’。我会永远记住曾经教过你们这样一届学生，因为你们教会我如何做出正确的选择。我相信你们无论唱什么都会成功。”

说完这番话，学生们先是静了片刻，继而爆发出热烈的掌声。最终他们以投票的形式决定继续唱原来的歌。

经过这次讨论，学生们群情激昂，有的同学找音乐老师降低声调重新配乐，有的同学加紧练习，还有一些班委牺牲自己的课余时间做出精美的展牌来鼓舞士气。最终，他们在正式比赛中以婉转的歌喉、精彩的对唱和出色的表现获得了优胜奖。

自此，班级凝聚力空前高涨，学生们自主管理意识大大增强。事后一位班委私下里和我说：“当时我们认为，以您的性格一定会让我们继续唱，要我们迎难而上，迎接挑战，可没想到您却让我们自己选择。”

“你们的选择不正是我希望你们做的吗？只不过现在是你们自己要求自己做到的。”用学生的话来说，“这次经历终生难忘”，因为他们在选择中深深为集体的凝聚力所感动，并为自己的正确选择而感到骄傲。我想这种让学生自己做主、自己做出抉择的育人方法，正符合现代教育心理学众所公认的“要教育学生必先了解学生”的原则。

由此可见，在中学阶段适时适当地引导学生解决两难问题，让他们获得心灵的滋养、成长的快乐，这是我们教育工作者应该有意识做的一项工作。

（天津市实验中学　阎威）

手机震动后的困惑

几下手机震动声传来，我拿起手机查看，是一条来自10086的消息提示：“尊敬的用户您好，已为您充值200元。”看着这条短信，不知道当时是什么表情，只知道我瞬间僵住了，随之眉头紧锁。

正常情况下，人们收到这样的消息都会很开心。然而，作为一名新教师的我，却无论如何都高兴不起来。因为和前面发生的事情一联系就知道，这话费，是我拒绝家长红包后的产物。

那是班里新转来的一名学生，名叫皮皮，大大的眼睛，干净的着装，整个人看起来特别精神，是个让人看一眼就很喜欢的孩子。时间仓促，家长没对孩子做过多介绍就走了。

不到一天的时间就有五六个学生跑来告状，竟然都与这个小男孩有关。这种状况着实让我吃了一惊，所以我赶紧和家长沟通。经过一番对话，算是基本了解了学生的情况，同时我也向家长说明了皮皮在校第一天的表现。家长一边表明态度，一边让老师严加管教，但是却发生了上面的情况。

心理学中有个专业术语叫“趋避冲突”，是心理冲突的一种，即指对于同一目标个体同时具有趋近和逃避的心态。这一目标可以满足人的某些需求，但同时又会构成某些威胁，既有吸引力又有排斥力，使人陷入进退两难的心理困境。面对“送礼”与“被送礼”这种事情，家长和老师同时面对着“趋避冲突”。抵制送礼却被送礼的老师所承受的压力完全不亚于送礼的家长。

受到不良风气的影响，很多家长固执地认为只有给老师送礼，老师才会全心全意地教育孩子，所以变着法儿地送。而被送礼的老师在面对这个问题时就会发生典型的“趋避冲突”。老师如果不接受送礼，学生家长就不放心，生怕老师不重视自家的孩子，个别情况下的“穷追猛打”甚至会变成老师的困扰。可是，无论从道德还是法律层面来讲，这种事都是不允许发生的。

作为新教师的我，每日战战兢兢地面对学校人数最多的班级，深感责任重大。也正因为班级人数较多，学生家长们更是希望班主任早日认识自家的孩子，所以个别家长便采取其自认为最有效的方式——送礼。当我对各种送礼方式一一婉拒时，家长们又出新招：先是微信红包，我发现后很理解，但委婉拒绝，跟家长解释说：“留着给孩子买文具吧。”结果人家家长就去充了话费，说是方便我以电话方式跟家长联系。

此时，不收，家长穷追不舍；收下 200 块真的就能算是教师及时与家长沟通的话费吗？又或者它是教师职业道德的价码还是说这是给家长一个把柄以便孩子为所欲为？家长到底是真的想要老师严格教育还是想让老师得过且过呢？

面对种种困惑，我陷入深深的思考，最后我打定了主意：话费，我可以自己充！随即又以话费的形式将家长送的礼返还。因为在考虑家长的感受之前，我要对学生负责，要对自己的工作负责。

充完话费后，我编辑了一条短信发送给那位家长："皮皮妈妈，您的心意我真的收到了。谢谢您充的话费，我刚刚给您充回去了，请您注意查收信息。这样就是您对我工作的最大支持了！"

（天津市南开区义兴里小学　孙昌娟）

卷六　沟通学生心灵　为其人生导航

主编絮语

一个善于与学生沟通的老师,肯定会受学生欢迎。沟通,是一种双向的,平等的,和谐的,有来有往,有情感的交往平台。师生互通信息,久而久之便走入了彼此的心灵,那当然是深层次的交流了。

一个班主任老师,接新班第一天,早早来到了教室迎接新同学。她提前反复熟悉了每个学生的照片和基本情况。第一个学生来了,她迎上前去:“欢迎你,你叫×××吧,来自××小学。”学生一惊,连连点头。第二个学生来了,老师依然热情迎上:“你是××吧,××小学的?”学生连说:“对对。”……全班学生都到齐了,班主任告诉大伙儿:“我是咱班的班主任×××,叫我姐姐吧!”学生们灿然地笑了,那么开心。每个人心中都在想:没见过面就叫得上我的名字,可见老师知道我、重视我;又让我们叫她姐姐,多亲切呀。一下子师生距离就拉近了。

学生们感到她跟其他老师不一样,每天都是笑容满面、和和气气的,没有横眉立目,也没有厉声厉色;平时课间,经常在学生中间,一块儿玩玩跳跳;每天跟学生聊天,今天跟同学说:“我在车上给一个老大爷让座,老大爷还谢我,送了我一个小贺卡。”明天一进班就十分沮丧地告诉大家:“我今天干了一件蠢事……”她很少跟学生谈学习的事,却不停地提问题:“今天是马克思的生日,你知道吗?跟你生日是一天。”“你知道宇航员在天上怎么吃饭吗?”……她总是不公开批评谁,私下却经常说:“你这样做我非常喜欢!”“你这件事做得可不好。”“你太棒了,我真高兴!”一个学生犯了错,班主任找他,回来后他悄悄告诉同伴:“老师一没要求请家长,二没厉声批评我,而是给我讲了自己的一个故事,我听了好惭愧!最后你猜怎么着?我要走了,老师还送我到办公室门口,跟我说再见!”

这位老师没跟学生有过“正式谈话”,但却在对学生的尊重中,在闲谈式的对话中,渗透了趣味、理智、情感、价值观、世事沧桑……她从来不对学生恶语相向,讽刺挖苦,她认为那是对学生的伤害,缺乏文化底蕴和境界;对学生语言要真诚,要简明，要用事实说话，话要贴心，说到学生心坎上，让学生感到是自家人，从而赢得学生信任。学生们不仅心里话愿跟她说，那些藏在心里的话，那些不敢说的意见，那些隐私，也愿跟老师倾吐。比如“我爸妈要离婚，每天吵架，您能劝劝去吗？”“老师，我喜欢咱班班长，每天胡思乱想，怎么办？”“我想给外语老师提个意见，您看行吗？”“我想做一个像您这样的好老师，我该怎么努力？”……老师用不同方式，一一作答，推心置腹，将心比心，设身处地，换位思考，与学生相互启发；这不仅是回答提问，而是助学生思考，以理导行，是一次次的人生指引、生命导航。

老师的工作，古称“舌耕为业”，靠对话，靠交流，靠沟通，这当中又不单是言语，不是靠你有“三寸不烂之舌”，也不让你每日“口吐莲花”，但又“一言兴邦，一言丧邦。”往往只因老师一句话，学生便高兴了进步了；也可能因为一句话，学生会恨老师一辈子。选择适当词语，运用不同口气，因时因地，都触动学生的心。有时教师与学生沟通，没有语言文字，而只是一个眼神、一个动作、一个手势、一个拥抱，却都会含有丰富的内涵。然而这一切的沟通，都是出于对教育事业的忠诚，出于对学生的挚爱、对学生的尊重。以心灵撼动另一个心灵，其效果必然是学生的亲其师、信其道。

做学生生命的领航员

学生们驾着生命的航船劈波斩浪时，更需要经验丰富、技术精湛、处事不惊的领航员，帮他们驱散浓雾，顶住风暴，绕过暗礁，一往无前。其实，一名班主任就是一位领航员。我愿做这样的一个人，用一点一滴的行动去引领学生寻梦的航程。

一

学生正处在初尝人生之际，总是有许多困惑。

这几天，我总觉得班里一向活泼开朗的小晨同学有些异样，上课无精打采，下课不言不语，心事满腹。显然，她一定是被什么事困扰住了。

我暗中调查，终于发现了线索，原来小晨同学对某男生有好感，希望与他建立“友谊”，不料被拒绝，因而苦恼，甚至要割腕。我意识到，我面对的学生，已经不是刚刚踏进校门时的“小孩子”了，他们已进入青春期，身心的变化使他们开始萌动“爱恋之情”。

怎么办呢？我悄悄买来两种梨送她：一甜一酸，让她拿回家吃。吃完梨后，再看我给她的信。信中写道：“女孩，我了解你的困惑。这一切都很正常，你并没有过错。你知道吗，燕子在迁徙时也许有两只飞得更近一些，但并不等于说，这两只燕子会在遥远的旅途中永远并行。路很长，燕子也很多，真正能结伴到底的不一定是开始的同行者。你们会长大，认识和情感都会有很大的变化。你明白我的意思吗？感情诚可贵，但如果没有理智，就会有危险了。春天来了，你看到了吗？快去发现春天的美丽吧！该做的事情还很多，我相信你会走出‘山谷’，大步向前。”

后来，她在周记中深有感触地写道：“感谢您对我这么细微的观察，我一直想找您却又不敢，怕您会训我一顿，却不料得到如此帮助。我决不会让您失望。”

看罢，我欣慰地笑了。

二

苏霍姆林斯基说：“在每个孩子心中最隐秘的一角，都有一根独特的琴弦，拨动它就会发出特有的音响，要使孩子的心同我讲的话发生共鸣，我自身就需要同孩子的心弦对准音调。”其实，只要具有爱心，只要让学生看到你对他的爱，就会发生共鸣。

小米，一个帅气时尚的男生。

开学之初，我就注意到了他：没有刚到新环境的拘谨，也没有渴望被老师记住、渴望表现自己的热情，有的是相当的随意、散漫和一脸的无所谓。果不其然，几个星期后，他就“原形毕露”：迟到、旷课，为了树立自己的“威信”，常常不分场合大喊大叫。一次上课，只因一个同学说了他一句，他就大喊：“再废话，弄死你！”

我想，要改变他不是三言两语的事，先“冷藏”吧，找适当机会再下手。

渐渐地，我发现他在情绪稳定时，特别喜欢和同学谈论衣着，而且也渐渐有了同盟，几个和他不错的男生都穿上了和他风格一样的衣服，很酷。

一个课间，他们又在谈服饰，我凑近他们：“哇！你们的衣服太帅气了，这种风格我也很喜欢。”小米的脸上有一丝喜悦。

“如果我没猜错，一定是小米的创意。”他的眼中流露出惊讶。

“老师，您简直神了！”一个男生说。

“我这是慧眼识英雄。”

小米脸上有了自豪。

“小米,也帮我参谋参谋吧!”

他欣然点头。

又一个课间,他朝我走来,手里拿着一张纸,上面写满对我衣着的建议,还给我做了细致的讲解,眼睛里写满了认真。心想:这小子还真有点儿天分。

“你对服饰这么有研究,以后学这个专业吧!”

他的眼神一下子暗淡了,上课时,他没吵没闹,只是低着头,大概我的话触动他了吧。临近下课时,我看见他拿起了笔,一直在写着什么。

放学时,他塞给我一封信,信中写道:“老师,我很感谢您,我知道您是真的关心我。您那么忙,还投我所好,和我讨论服饰,让我给您参谋,太难为您了。其实我心中的自我和表现出来的那个我不一样,那个我只是报复老师的工具,因为以前的老师见到我犯错,就会请家长,回到家我就挨打,所以我恨他,恨所有老师。我要报复老师,就表现成那样了。还有您给我的肯定与建议,我都愿意接受也很喜欢,可我很自卑,因为我的成绩实在太差了……”

我流泪了,我做什么了?只是一点点微不足道的事,他却如此信任我。我知道他与老师之间情感的冰山开始消融了,我的做法引起了他的共鸣,他要进步,我要帮他。

第二天,我给了他一封短信:“小米,我感谢你懂得了我的用心,我欣赏你的坦诚,我想帮你实现梦想。”

后来的课余时间,我一直给小米补课。慢慢地,他的情绪稳定了,基础扎实了,考试成绩提高了,脸上也有了自信的微笑。

高考下分那天,一大早他就给我发来了短信:“陈老师,我永远感谢您!是您对我的关爱让我超越了自己!忘不了您!”开学前一天晚上,我的手机又响了,手机里是抽泣声,小米哽咽地说:“老师,我舍不得离开您,您明天来送送我,行吗?”

第二天,我如约来到车站为他送行,还给他带了零食,他流着泪紧紧拥抱了我,然后又给了我一封信,让我回家再看。那是一首诗《盛夏别——小米赠陈老师》:曲曲寒烟雨缠缠/风花多少梦依然/何苦春归无从挽/婵娟有意彩云圆。

小米只是众多有“不轨”行为学生中的一个,幸运的是,我找到了与他共鸣的点,引领他走上了生命的航程。

三

乌申斯基说:“教师个人的范例,对于青年人的心灵,是任何东西都不可替代的最有用的阳光。”

一次体育课测验，学生们互相冒名顶替，被发现了还死不认账，体育老师把他们都轰到我这来了。

了解情况后，我领着他们去找体育老师承认错误。体育老师见到我很吃惊地说："我只是想让你教育教育他们，没想让你亲自来，你那么忙。"

"是我自己愿意来的，我想让他们知道，作为年轻教师的我们，是如何对待老教师的，让他们借此学会处理人际关系。"

那以后，他们再也没有和老师有过冲突。

班主任不仅是学生求知启蒙的导师，还应是学生做人的榜样。只有美好的心灵才能栽出美的花和苗。班主任拥有较为完善的人格才能造就学生正直的人格；班主任有了高尚的情操才能陶冶学生的情操。榜样的力量是无穷的。

四

我今年担任了高一(7)班班主任，发表就职演说时，我对学生讲的第一句话是："我们班51个人，是个大家庭……"

话音未落，就立刻有位学生喊出来："老师，你记错了，我们班只有50个人。"

我笑着对他说："老师没记错，第51个人就是我，我是你们的老师，也是你们的朋友，以后我将与你们一起学习、一起快乐、一起成长……"

我的话没说完，下面已响起了掌声，师生的距离一下子拉近了。

第二句话是："我们是个大木桶。"

"啊？"学生很诧异。

我说："没错呀！你们看我矮矮的胖胖的，像不像一个圆圆的木板？"

"像。"

"再看你们，瘦瘦的高高的，像不像一块块笔直的板材？"

"像。"

"那我们51个人今天聚在一起，我们紧紧抱着，像不像一个大木桶？"

他们频频点头。

第三句话是："大木桶怎样才能盛更多的水呢？"

"不能漏水，水桶要高大。"

"好的，亲爱的同学们，你们说得太对了。所以每一块板子都要紧紧聚在一起；木桶要高，那么每一块板子都不能短。你们知道这是什么道理吗？"

"为了这个集体，每个人都必须紧紧团结在一起，还要努力使自己变长。"

回答的声音很大，学生们的脸上带着自信。

第四句话是:“亲爱的同学们,为了欢迎你们,我写了一首诗,现在送给你们。”

“啊?老师还会写诗?”“这老师花样真多!”“看来,这老师可交,没什么架子。”

《致七班战友》:五十一个战友,好似一束花;五十一颗爱心,组成一个家。五十一个心愿汇成一句话,我要成才,我要长大。

掌声又一次响起,好久没有停息,有的学生眼睛湿润了。

这一次我真的把自己当成了学生中的一分子,立刻融入了他们,也了无痕迹地让他们懂得了集体发展中需要团队精神、合作意识。

不久,我听到学生们在背地里直呼我的名字,于是我表态:“我觉得你们这样叫我挺好的。我总说我是集体的一员。从今天开始,我允许你们对我直呼其名。不过,建议你们把前面的‘陈’去掉,这样显得亲切,老师们也都这样喊我。”

渐渐地,他们喊我时,不再是怯怯的,而是透着自然亲切。后来他们又喊我“文娣老师”,班里班外都这么叫。最近,赶上我上课时,有几个活泼的男生会在楼道里列队,等我走到跟前,就先鞠个躬,然后大声喊:“文娣老师好!”

从最先背后的“陈文娣”,到后来怯怯的“文娣”,再到后来的“文娣老师”,我想他们学会了尊重。是我用我真正的平等意识与做法,引导他们学会的。

回首多年班主任之路,苦辣酸咸伴着甜,但至今留在我心中却是那一份份成绩、一张张笑脸,是青春之心对我的一片感激。正如我的第一届学生小菲从日本寄来的信中所说:“陈老师,您只教过我三年,但我一直对您念念不忘。身在异乡,遇到事情,总会想起您为我人生领航。我不是您最优秀的学生,但我却是最感激您的学生。”

(天津市南开大学附属中学　陈文娣)

无声的交流

我的学生是我生活的绝大部分,他们就像田地里的韭菜一样,一茬接着一茬,匆匆而过。年年岁岁花相似,岁岁年年人不同。每一届学生都是一种异样的精彩,给我生命添上了五彩的色调。感谢我的学生,让我的生活充满了感动。

孩子,请说出你的心里话。

他，小镇，一个一米八的大个子男生，白净的脸庞上有一双忧郁的眼睛。没有同龄伙伴的开朗、阳光；很少与其他同学交往，不爱活动；对学习不感兴趣，上课容易走神；对生活没有追求的目标。刚接手这个班，他算是较为特殊的一个了。

我试图来读懂这个学生，但是，极度的内向让我根本无法冲破他心里的那条防线。有时候我怀疑自己的能力，有时候也猜测在这个学生身上到底发生过什么样的事情。性格的孤僻，让他根本无法融入新课程"自主、合作与探究"的教学模式，从而导致他学习成绩一落千丈。我该怎么帮助他呢？

接着我翻阅了大量的关于教育的书籍，追本溯源，寻求他不与人交往的真正原因，然后对号入座。我还深入到他的家庭，了解到他的家是一个单亲家庭，父亲早逝，母亲一手带大他和姐姐，姐姐已经出嫁。在这样的家庭里成长起来的孩子心灵是脆弱的，心理上很容易产生自卑感。

刚开始，对一个自卑内向的学生，谈话的方式是没有多大效果的。我费了好多时间、好大功夫，想啊想，最后决定采取一种无声的对话——信件传递。我"先发制人"，以学生的口吻给他写了一封信："小镇你好：看到这封信你可能会感到意外，我想和你说说我的心里话。我是出生在一个单亲家庭的男孩，妈妈为了我天天起早贪黑，供我读书。可很多方面我都不如我的同学，所以感到很多人都在嘲笑我。我不喜欢和他们交流，所以也没有一个朋友。你愿意和我成为朋友吗？等待你的回信。赵阳（自己编了个名字）"

等待回信的日子，心里是忐忑的，如果他给我回信，至少我可以和他交流了。大概过了一个星期，我收到了回信："赵阳你好：很高兴和你做朋友。小镇"

看到回信，虽然短短的几个字，我还是很高兴，因为我们之间终于架起了一座桥梁。趁热打铁，我立即回了一封信："小镇你好：我很高兴，因为我可以向你倾诉我的故事了。我的心里好压抑，我感觉自己都快崩溃了，我学习越来越不好了，妈妈的身体也越来越不好了。我该怎么办呢？"

回信："一个人有很多优点，学习不好的话，可以迎头赶上，要坚持努力呀。我和你情况相似，我们一起努力吧！"

就这样，我们无话不谈，从家里谈到学校，从学校谈到社会，从社会又谈到自己。并且在信里，他还经常以"老师"的身份开导我这个"伪同学"。如此你来我往书信交流，一交流就是三年。

在这三年里，我看到了他上课状态的改变，看到了他脸上那久违的笑容，也看到了他主动和别人交流。我很欣慰。高三那年，我们互相鼓励，每一次月考的成绩他都用信件告诉我，我也会编造一个比他低的分数告诉他，然后他就安慰我，鼓励我加油。我坚信，一个能安慰别人、鼓励别人的人，他内心是善良的。

我用这种“欺骗”的方式和他交流，感到内心愧疚。但是，为了这个学生调整好认知自我的方向，这种“善意的谎言”是值得的。期间，他还主动要求和我见面，要交我这个谈得来的朋友。我跟他说：“高考过后，我们见面。”

高考终于过去了，他以优异的成绩考上了西安科技大学。这时候，我怀着十分兴奋的心情给他写了一封“真实”的信：“小镇你好：我是赵阳，也是你的班主任老师。请原谅我一直没有把我的真实身份告诉你，恭喜你考上理想的大学。我和你这三年来交流的真正原因，是想把你从内向自卑的泥潭中解脱出来。在交流中，我感觉到你很阳光，感觉到你很有活力。家庭的压力固然很大，但是我们要笑对人生，笑看世界。我为我的这种做法向你道歉。对不起了，我可爱的学生。”

这次信发出去后，我慢慢等，等，等。

一天，两天，三天……

结果我没有等到回信。

这期间，我一直反思，难道我的这种行为伤害他了吗？难道我的这种做法不对吗？我自责自己这种“愚蠢”的做法。随之我又有了一个更大的担心：他会不会因此再次陷入极度内向自卑的泥潭，那样，我不就是千古罪人了吗，“育人”不就是“愚人”了吗？

8 月 1 日，我永远忘不了那天。他按信件的地址找到我的家。当我打开门的时候，我看着他拿着大学录取通知书和我们三年来的信件呆呆地站在门口。我赶忙把他迎进屋，他没有像电视剧里那样夸张地抱住我，而是宛然拍了拍我的肩膀，说了声：“谢谢，丰哥。”他把我们的信件装裱得很精致，告诉我，这就是他前进的动力。

我成功了。他上大学后，我们的信件还是一如既往穿梭着，只不过地址由“天津”与“天津”变成了“天津”与“西安”，这已经成为我们两人的习惯了。

（天津市滨海新区大港第一中学　赵永丰）

你只能选择坚强

晚上值班，九点多钟的时候，我的维吾尔族学生苏丽坦来到办公室，和我谈起了他的父亲。她说想父亲了，看得出来，她是父亲的骄傲，因为她勤奋、懂事、乖巧。我说快给父亲打个电话吧，省得睡不着觉。她点点头笑了，高兴地跑走了。

我万万没有想到，这竟是她和父亲最后的通话！

第二天中午，楼道本应该是静悄悄的，我却发现学生们在进出宿舍时，听到了哭声，我心中一惊，学生发生矛盾了？我迅速跑进305室，眼前的一幕让我惊呆了，大伙儿围着苏丽坦在劝，而哭得最厉害的便是苏丽坦自己。

"老师，我爸爸去世了！"

我吃惊地说："怎么会？昨天不还通电话了吗？"

她哭得更厉害了："今天早晨，他出车祸了。我妈妈还不知道这么严重，正从乌鲁木齐往阿克苏赶呢，我要回家！"

我的心好痛啊！她还不到17岁呀！我从口袋里拿出了二百块钱递给她，让她回家。

等我开会回来，她已经踏上了回乡的路。我不知道乌鲁木齐离阿克苏有多远，学生告诉我那是很长的路。穆斯林的葬礼特殊，我不知道她是否能赶上，见上父亲最后一面！

她走了十天了，太过漫长，我心里好难受，不知道她回来后该如何安慰她，于是我匆匆写了一封信给她："好孩子，我知道你难过，但是我只能希望你坚强。你的妈妈需要你，你的爸爸在天上看着你，不要让他们失望。"

她终于回来了，我到机场去接她。看到面容憔悴的她，我心里一直在抑制自己不要落泪，要给她一个坚强的面容。她走过来拥抱了我，我相对望着，无语。其实此时不需要言语，对方心里想什么彼此都知道。

回到宿舍，她给了我一张照片，说："这就是我的爸爸。"看着那张健壮男子的照片，我的眼泪还是不听话地流了下来。一个突然失去父亲的孩子，又远离了母亲和家人，该怎样劝导她呢？

同学们下课了，知道她回来了，都来问候她。虽然我不懂维吾尔语，但还是能够看出同学们很悲伤。苏丽坦还是表现出她的坚强，忍住不哭。就剩我们俩的时候,我对她说:“我知道你的悲伤,我的心跟了你十天。你回来了,我知道这种伤痛不会很快平复。但是,你只能坚强。我是经历过丧母之痛的人,那种痛,十年都不能消散。我只能劝自己,母亲地下有知,并不希望我总是沉浸在痛苦之中。你只有坚强地活着,你的爸爸才能安心,你的妈妈才能放心。”

她刚回来的那几天是最难熬的日子。有人劝她不要参加几天后的期中考试,担心她考不好会难过,毕竟落了十几天的课。可她说:“我认为,该考试,可是怕给班里拉分。”

我说:“成绩是你自己的,努力也是自己的事。你之所以回来,不就是要完成你的学业吗?你走后,好几个同学都在问我你会不会回来,我说你肯定会回来,因为我相信你会坚强面对的。”

“老师,我担心考不好,心里更难受。”

“你的爸爸相信你是个努力的孩子。”

“老师,你说得对,我要坚强。您知道吗,我晚上睡不着的时候,会想爸爸,但我没有哭出声,只是在被子里流泪。我听你的。”

我要流泪了。生活要继续呀,我只能企盼她坚强。

期中考试,苏丽坦的名次不降反升!这在高中班引起了轰动。那些没有努力的同学不禁汗颜,那些成绩优秀的同学则肃然起敬。不仅是我,大家都看到了她是以怎样的毅力面对悲伤。但是,有谁能体会到,当时她内心的沉重是用多少眼泪承载起来的呀?一个男生激动地对我说:“这个女孩了不起,我们男生都佩服她。”同年级的男生更是私下里把她奉为“女神”。

时间在流逝,同学在长大。苏丽坦在经历新的磨难后,依然坚强,依然勤奋,她的故事还在继续,她还在成长。一晃八年过去了,她即将从外交学院毕业了。也许她不够聪慧,但是足够坚强,足够勤奋。

她是我的学生,是我的女儿,也是我敬佩的人!这不,她又发来了微信:“我最敬爱的蔡妈,相处了八年,有时甚至会觉得连我妈都不如您了解我,谢谢你这些年一直用心陪伴着我,看着我成长,让我一步步坚强地走下来。您跟我说的每一句话我都记着,您给我写的每一封信我都留着,只愿您过得平平安安!”

（天津市微山路中学　蔡虹）

“三室一厅”

“三室一厅”是无数家庭的梦想，我也为这个目标拼搏着。我的学生小雨家就在与学校隔街相望的高档社区中，且房型就是三室一厅，让我羡慕至极。这个故事的主人公就是小雨和我。

小雨，女，17 岁，身高 160 厘米，虽然身穿普通校服，但从其奢侈品牌的书包仍可以看出她是个典型的“白富美”学生，再加上满脸的可爱，时时刻刻洋溢着幸福，周围的学生对其有着各种“羡慕嫉妒恨”，我也不得不吐槽一下：“现在的孩子，太幸福了！”

我，女，27 岁，身高 160 厘米，虽然身穿大众化的服装，但从我的气质和步伐可以看出是个典型的青年教师，再加上严厉的眼神，分分钟秒杀调皮捣蛋的学生，让学生有着各种“紧张害怕躲”，对此我仍要吐槽一下：“其实我的内心不是这个样子的！”

“小雨！全班就你一个人迟到了！”第一天当班主任的我批评道。小雨谦卑地回答：“对不起，老师，我家保姆没把我喊醒。”班里一下子炸开了锅。我心想：听过闹表上错的，路上塞车的，还真没听说过保姆的版本，这分明是在挑衅！考虑到马上要上课，我克制住自己的情绪，说道：“赶紧回到你的座位上去！”

至此，我与小雨的“战争”正式开始了。

“小雨！学生不许留这么长的指甲！”

“小雨！学生不许带手机上课！”

“小雨！学生不许染头发！”

“小雨，你……”

教育小雨成了我每天的“必修课”，我取得了一次次战斗的胜利。但有一天我忽然发现，“胜利”的背后可能另有原因。

一天中午，小雨被我刚从办公室叫出来，正好看到同学们在互相大秀自己的便当：“这是我妈给我做的宫保鸡丁！”“这是我爸给我做的糖醋带鱼！”……小雨看后转身耷拉着脑袋走出了教室。

转天中午，小雨也加入了“便当点评团”，只见她无比自豪地喊道：“看！这是我妈妈给我做的芙蓉虾球！”同学们一阵哗然：“小雨！你妈妈对你真好！”但，作为从小吃遍周边饭店的我，一眼就能看出来那芙蓉虾球出自哪家饭店。

我越发觉得小雨身上有故事。特别是她生日那天,她拿着“土豪金”手机和同学炫耀:“这是我爸爸给我的生日礼物!”当然结果仍然是被我没收了,但我丝毫没见到她有任何不开心,要是其他同学早就闷闷不乐了。我把小雨的种种表现写在日记里攒了下来,准备在家长会的时候好好和她的家长沟通沟通。

家长会那天,我特意把她父亲留了下来,一五一十地向他反映小雨的情况,并嘱咐道:“孩子不能老这么宠着,应该让她静下心来读书,而不是过早地享受奢侈的物质生活,否则,她就没有学习的动力了。”她父亲一个劲儿地“是是是,好好好”,就像我说的不是他孩子一样。

转天,只听见同学们在议论:“小雨,你爸长得真帅,特像韩国明星!”“小雨,你爸开的车真棒!那宝马车要100多万吧!”小雨乐得合不拢嘴,回应道:“没有没有,你们太夸张了。”

当上课铃声响过之后,小雨却像变了一个人似的,面无表情地坐回自己的座位,甚至有些伤感。这让我再一次肯定小雨身上另有故事。直到一天夜里,我的猜疑被证明是对的。

那天晚上,我的手机忽然响了起来,来电显示是小雨的父亲。电话接通后传来的却是小雨的声音:“老师,我是小雨,我肚子好痛,您能陪我去医院吗?”我赶紧回过神,答道:“小雨,你坚持一下,我马上过去。”推开小雨家的门,我看到满脸汗珠面色苍白的小雨,我赶紧搀着小雨说:“走!去医院!”医生诊断为食物中毒,就这样我陪了小雨整整一个晚上。

那个夜晚,我比食物中毒还要难受。

小雨的父母都是外地商人,天天奔波在全国各地,为了安置好小雨,就在学校旁买了一套“三室一厅”,但他们却很少回来。小雨承认:便当是她自己从饭店买的,“土豪金”也是她自己买的,“韩国宝马哥”也是她雇来的,她每天都吃外卖。她这么做,就是不想让大家知道她被父母“遗弃”了。

我听后顿时陷入沉思:三室一厅应该是父母一间、孩子一间,加上一间书房、一间其乐融融而温暖的客厅,然而当只有自己住的时候,却只能剩下“空虚寂寞冷”。一个成年人会有如此感受,更何况是一个身在异乡的孩子。

从那以后,我每天晚上陪着小雨一起吃晚饭,并且教她买菜做饭,直到她能独立烧得一手好菜。后来,我每周都要去她家几次,陪她聊天,帮她补习功课。同时,我也在积极地联系小雨的父母,让他们尽可能地抽出时间陪陪孩子。

两年之后。

小雨,女,19岁,身高162厘米,身穿普通校服,满脸的可爱,以优异成绩考入名牌大学,继续让周围的学生各种“羡慕嫉妒恨”,也让我不得不吐槽一下:“学生都是可塑的,但需要家长与老师的温暖关怀和正确引导。”

我,女,29岁,身高160厘米,继续穿着我的大众化的服装,满脸的笑容,时时刻刻洋溢着快乐,让周围的学生各种“喜欢亲近赞”,我仍要再吐槽一下:“用我的青春换来学生的健康成长,真是一件十分快乐的事。”

其实,我的终极目标早就实现了。教室,办公室,传达室和学校餐厅,我也算是有“三室一厅”的人了;我热爱教师这个职业,热爱我的“三室一厅”,热爱我的风、我的雨、我的雪,是我的学生们让我充实、快乐、有意义地走在人生的道路上。

(天津市第四十一中学　潘婷)

调座位的一席话

班级的前几排座位,好像历来是“上等包厢”的待遇,学生们认为那是老师们阳光普照的地方——“近水楼台先得月”。

为了这个待遇,学生和他们的家长“八仙过海,各显神通”:突然冒出一片“几近失明”的“弱视儿”;一批家长描绘出大堆理由,开出种种“救救孩子”的药方,都要力争前排;谁是老师眼中的“宠儿”、谁和谁说得来、谁谁怪烦人等的“内讧”也在不断上演。有那么多不满意自己座位的学生,纷纷以各种形式表达——找班委,写条子……其实,班级原本就是一个内容丰富的舞台。

我回想着调位前的乱象,思索着这些高中学生的成长,我想,我该“出马”了。那天早晨,同学们肯定会看到我的面容很郑重,肯定会听到我的声音很激动又富有期望的感情。我说:“孩子们,前排离黑板近不假,有的同学有不便也是客观的,但是我总想:教室前后排的距离有多远?我们整个教室空间有多大?如果在一个教室里的问题都不能很好对待和处理的话,以后到了社会这个大空间里,面对复杂得多的问题,你们的能力会有多大?教室就是检验我们以后能力的一个测试站。能处理好这个座位问题,就在一定程度上表明我们未来在社会上的能力,我也很想看到这个测试场中的结果……”

顿时教室里异常的安静。有的学生脸红了,有的低下了头……也怪,接下来的时间,关于争座位的声音小了,渐渐地销声匿迹,好像谁也不曾提过自己的座位问题。其实我明白,学生们谁也不想承认自己以后在社会上是低能儿。当我问到座位有什么问题的时候,同学们好像约好了一样,都说:"老师,您别管了,我自己能处理!坐哪儿都行!"

对我来说,剩下的就是憋不住地笑和偷着乐,去忙手里下一个课题去了……

(天津市咸水沽第一中学　刘子华)

给学生一双翅膀

我满怀着期待的心情,向教室走去,对这44个学生的了解,只限于他们的档案。他们会是怎样的一些学生呢?

走进教室,我看到了学生们的笑脸,我的眼睛在每个学生的脸上都停留一秒,直到我发现了角落里的那个男生。他低着头,没有其他学生那样对新环境的兴奋与好奇,只是静静地坐着,看不出他的表情。热闹的教室里,他所在的那一角,显得那么的格格不入。

同学们自我介绍的时候,每个同学都谈了自己的理想或者兴趣爱好,轮到他的时候,他只是简单地说了一句"我叫张翔"就坐下了。张翔,这个男生究竟是一个怎样的学生呢?他为什么会这样不喜欢和人交流呢?

回到办公室,我急忙找到他的档案。看到家庭主要成员那一栏只写了"祖父""祖母"。我按照档案里的电话号码拨通了他家的电话,接电话的是张翔的奶奶。

我向老奶奶表明自己打电话是想了解一下张翔的情况。沉默良久,我听到电话那头奶奶哽咽了,她用沙哑的声音说道:"张翔是个苦命的孩子,他七岁的时候父母就离婚了,他一直都和我们一起过。不过孩子的妈妈会定期接他过去,他和妈妈的感情还是很好的。可不幸的是,他的妈妈今年过年的时候得了癌症去世了,这个孩子从那以后就像变了一个人,不爱说话了,也不和朋友出去玩儿了,一整天一整天地把自己关在房间里不出来。"说到这里,老奶奶已经泣不成声,我的心里也很不是滋味。

挂了电话,我的心情还是无法平静:一个未成年的孩子,从小就承受这么多的挫折。失去母亲的痛,连我们成年人都很难承受,更何况一个从小就亟待母爱的孩子呢?我想找他谈一谈,可又怕再一次揭开他的伤疤。回忆,有的时候也是一件很痛苦的事情。于是我决定,等到有合适的机会再说。

直到有一天放学后,我留在学校处理一些没有完成的事,办公室楼下的篮球场上传来“咚咚”的篮球触地的声音。我站在窗前向篮球场望去,看到了一个熟悉的身影,打球的学生正是张翔。偌大的一个篮球场,只有他孤零零一个人,我急忙跑下楼。

张翔看到我,有点儿诧异,不过只是那一瞬,随即他又把思绪拉回到自己的世界里,仿佛没有看到我一样。我走过去,对他说:“一个人打球,是不是很没意思啊?”

他没有说话。

“我陪你打吧!”

他又一次露出奇怪的表情,可能是在思考:像这样一个教化学的女老师怎么会打篮球呢?我抄起篮球,用我上学时学的一点儿篮球基本功,做了一个三步上篮——球进了。他没有说话,捡回了篮球,又扔给我。我们就这样捡球上篮……直到我们累了,坐在球场上。

他第一次主动开口跟我说话:“老师,上篮不是那么上的……”说完,他笑了。从开学到现在,我第一次看到他这么笑。

我对他说:“虽然我打不好,但我陪你打球要比你一个人打球有趣吧?”

他点了点头。

我们两个人就坐在球场上,安静了好一会儿。

“老师,您看,”张翔拿出钱包,翻开一张照片给我看,“这是小时候的我,这是我的爸爸妈妈。我妈妈曾经跟我说,他们为我起这个名字,是希望我能像雄鹰一样展翅翱翔,飞上自己的天空,追逐自己的梦想……可是,他们却离开了我,爸爸不管我了,把我丢给爷爷奶奶;妈妈也丢下我,到了另一个世界……我不明白,为什么连我最爱的爸爸妈妈说话都不算话呢?他们为什么丢下我?既然他们不能一直陪我,为什么还要给我取一个寄托他们期望的名字啊?老师,您知道吗,当我失去妈妈的时候,我感觉我像断了翅膀的鸟儿一样,再也飞不起来了。”

我看到张翔的眼睛里充满了泪水,但是这个倔强的孩子一直忍着不让眼泪滴落。我叹了一口气,对他说:“傻孩子,你永远都不能怀疑你的爸爸妈妈是爱你的。不管他们人是否陪在你身边,当他们为你取这个名字的时候,是满怀对你的期待的。而且,你这种状态,让陪在你身边的爷爷奶奶多担心啊。那天我给你家打电话的时候,你奶奶都哭了。”

说到这里，张翔眼里的泪珠终于掉了下来，他的身体在颤抖，但他还是忍住不哭出声。

我拍了拍他的背，说："哭出来吧，在自己老师面前没什么丢人的。"

他开始放声大哭。他毕竟还是一个十几岁的孩子，承受了这么大的心理压力，该是释放的时候了。我感觉到，这个孩子已经不再对我那么戒备，开始敞开心扉，把真实的情感表露给我。

他哭累了，把头埋在胳膊里，不出声。

我也不多说什么，只是静静地陪在他身边，心中默念："孩子，虽然你的父母不在你身边，但是你还有爷爷奶奶，还有老师同学。即使你感觉翅膀断了也没关系，老师再给你一双翅膀，帮你起飞。"

张翔好像听到了我心里的话，他擦干了眼泪，抬起头，若有所思地望着远方。

从那以后，他的脸上渐渐有了笑容，也会和同学们一起打球，也会参加学校的活动，变得开朗了。我从心底感到欣慰。

张翔的故事并没有结束，他还在成长，或许在他面对困难的时候还会灰心丧气，但是我相信，他会坚强地渡过所有的艰难险阻。因为他有一双翅膀，一双强有力的翅膀，可以带领他飞到他想去的地方！

（天津市瑞景中学　李娟）

小雪

我们班的小雪，成绩优秀，工作认真主动，对她，我是一百个放心。她是个让老师喜欢的阳光女孩。

突然，我敏锐地发现，一个月了，她的周记连续两次都摘抄了略显压抑的语句，这和之前的风格完全不一样，之前她所写的文字可是明快活泼得很。她喜欢鹿晗，一个有关鹿晗的话题可以让她兴奋半天，可如今……这让我格外警觉。她不如先前那样活泼了，有时连课间都在愣神。

于是，我整天"泡"在班里，对她进行重点观察，想从只言片语中寻得她情绪变化的蛛丝马迹。

跟同学打探的结果也让我有些奇怪，问谁谁都说她没什么事。

有人说，她是因为鹿晗的新专辑没有买到，可鹿晗最近也没出新专辑呀。

有人说,她操心班级卫生,可是班里卫生非常棒呀。

问班长吧,终于在班长支支吾吾的言语中,我初步确认了:原来有个还算优秀的男孩在追求她,在她举棋不定时初步答应了,可现在又有些犹豫。

对于学生们懵懂的爱情,我还是比较了解的:正常,不必大惊小怪。

可是,为什么大家都为她有所隐瞒呢?

"因为觉得他们俩挺般配的呀!"班长脱口而出。

看来,对于这个爱情问题确实要找她仔细谈一谈了!

我每个课间都进班,寻找契机和她聊天。

与她谈话,我只轻描淡写地说:"你初步答应了?就是说明你想好了呗。"

她一惊,似乎没想到我会如此开头。

"不不不,就是没想好才纠结的。"说完这话,她意识到自己疑似"招供"了,不好意思地低下了头。

我接着微声细语道:"你知道什么是真正的爱情吗?"

她摇头。

"爱情,是在对的时间遇上对的人。"

她若有所思地看了我一眼,又把头低下了。

"你用这个定义来衡量一下你如今的情况,看看你现在作为学生是否真的邂逅了爱情,你就不会犹豫了。你很聪明,会选择。"见她若有所思,我接着说。

她突然抬头说:"田田(学生们对我的昵称),我明白了,您一句话就让我明白了所有的一切,我知道应该怎么做了。"接着她又补充了一句:"田田,您果然是过来人呀!"

我常跟学生说我是过来人,我是想让他们知道,我所做的一切,是想让他们少走弯路,并且拿我当"自己人"。

她的状态明显好转,这令我欣慰。

可这好状态也就持续了三天,就又出问题了。

"爱情问题"死灰复燃了?难道还有其他情况?

这次,她主动来找我了。一上来,她直截了当地说:"田田,我已经解决我的爱情问题了,您放心。"

真了解我,排除一项!

"可是……"

"说吧,说破无毒,这是排毒阶段。"我想用小品的台词缓解一下尴尬的气氛,可还是抑制不住我想知道后面内容的急切。

“其实我更大的郁闷在于，我担心我的成绩距离我的梦想很远，我很努力，但总感觉无济于事。”

原来她在担忧自己的成绩，感到未来十分渺茫。

多好的孩子，刚刚步入高中，已经有明确的目标和梦想了！

“你是担心高考吧？”见她点头，我接着说，“你很优秀，你要有足够的自信。做个不恰当的比喻，高考就像一场交易，你现在要做的就是为自己攒够交易的筹码，也就是做好自己应该做的事情，积蓄知识、提高能力。”

这样的话语似乎还应该更形象一些，以便教师把自己和学生的距离拉近，学生会从老师身上自动复制优秀。接着，我打了个比方：“就像你现在有100元，你的目标是要500元。你心无旁骛做好努力，有了450元，或许你会发现，你的目标到那时也许只要400元了，或许你用这450元能选择更合适的了呢。”

“是呀，您说得真形象，我现在还担忧什么呢，净耽误学习时间了！”

“有那时间——”我故意略作停顿。

“还不如多做两道题呢！我得做好我的‘生意’！”

从接话来看，她是欣然接受了。

“唱唱咱的班歌吧！”

“星并不远，梦并不远，只要你踮起脚尖……”

我们都笑了。

之后的她，果然一改颓势，成绩一直居于高位，她整个人也变得更加自信开朗！

教育从来不是轰轰烈烈的事情，但却是对每一个个性鲜明的个体心灵的润物细无声。我想用朴素的话语，让学生明白追逐幸福和快乐，需要智慧的付出，更需要淡定的人生态度。

（天津市第十四中学　田永峰）

我和小郭的故事

班主任光有热情是远远不够的，还应当有“月晕而风，础润而雨”的职业敏感性，从一颗沙明察世界。我要讲的故事就是我和小郭的“一千零一夜”。这并不是什么天方夜谭，而恰恰是我俩高中三年共同度过的时光。

高一接新生在查看学生档案时，小郭就引起了我的重视。之前老师对他的评语几乎全都是散漫、不守纪律等，家庭成员一栏填写有关父亲情况的空白处填的是“亡故”。经过多方了解，小郭七年级时父亲遭遇了车祸。这座大山轰然倒下，他迷茫、失落，毫无约束，以至误入歧途。好在母亲用真情用眼泪，将他从歧路上拉了回来。他考上高中，来到了我这个班。

和许多学生一样，他也不适应高中的学习节奏，上课说话，甚至不写作业。尽管屡次找他谈话，但总是收效不大，管用两天然后又我行我素。

很快，我所期待的机会来了。在油田运动会上，他代表班级参加了十项全能比赛，比赛中他十分疲惫再加上感冒，几乎连话都说不出来，我劝他：“不行不上了，咱们弃权。”

“不，赛场上我从不认输！”他话语坚定。

学生不是一堆泥土，随我们的心愿，把他们捏成什么形状。班主任工作的目的是让每个学生都最大限度地张扬个性，发挥潜能，自由快乐地成长。让玫瑰更香，牡丹更美，荷花更高洁，兰花更幽雅。

他不服输，敢打敢拼，于是我开始安排他当卫生组长来调动他的积极性。这个职务不仅要安排好各个组员的卫生责任区，更要与课代表协调交作业和早读的时间，同时负责当周的卫生自查。为了赢得和其他组的比拼，他一个堂堂男子汉，跪在地上用抹布擦拭地面。慢慢地，他变得沉稳了、认真了，课堂上不再乱动，甚至开始自觉维持纪律，因为他明白我的用心：“一屋不扫，何以扫天下。”课堂就是他的赛场。

一个学期后他被选为卫生委员，担子更重了，我不失时机地准备了一次家访。我和他一起到他家，见到了他那原生态的书房兼卧室，墙上挂着唯一的一张照片——一家三口的合影。落座之后，我说：“三年了，你父亲尽管不在了，但你还是长大了，今天我是作为一个男人来和你谈谈未来的。”尽管家访的时间不长，但我们却谈了很多，尤其是他谈到他依然清楚地记得他父亲对他的期望。

在送我下楼的那一刻，他很激动，因为从来没有老师家访过。他坚信，在老师的心中有属于他的一个位置。“士为知己者死，为了老师，我一定要好好学习，一班就是我的第二个家。”这就是他记在日记本上的一句话。

一个人由自然人变成社会人，绝不会一帆风顺，当中会有磕磕碰碰，会有曲曲折折，会遇到种种困惑，这当中既有自己的探索体验，也需要外界的矫正和人生指引。

上高二时,他恋爱了,那女孩就是他现在的妻子,我们班的团支书。经过一年的努力,他被发展成团员,他印证了穷人的孩子早当家,运动会上不服输,工作上认真负责,这一切都吸引着女孩。面对着温柔美丽的团支书,他自觉配不上可又无法割舍。他上课走神,晚上睡不着,无心写作业,见了我好几次欲言又止,月考时他的成绩大幅下滑。

"来吧,聊会。"

"您不会骂我吧!"

"恋爱是痛苦的,并不都是幸福与快乐,失落是一种人生阅历,是可遇而不可求的财富。爱是一种欣赏,更是一种责任,既然爱了就要敢于担当,但更要彼此相互珍视与呵护。要心往一处想,共同努力,争取考上同一所学校,以此作为你们的奋斗目标。"随后他们两个共同组织了一次主题班会,题目就叫"让爱之花在明天绽放"。

每个人再坚强也会有软弱的一面,高三了,面对高考,他既憧憬又感到恐惧,面对人生的重大选择,面对昂贵的学费,他害怕了。

但人总要让压力宣泄出来,因为一件小事他和同学打了起来,问清原因后,我一不让他写检查,二不请家长,我用了一个学生们说的极"坑爹"的方法:打架的两个人手拉手在操场上坐了一个小时,始终不让他们放手。这一招很见效,以后再没有人动手打架了,因为一想想刚动完手却要彼此把手紧紧握在一起,那可比写检查累多了!

我一个月内连续三次家访和他母亲以及他一同交谈,我对他说:"学费问题,不要过多考虑,很多农村的学生条件比咱们差,一边打工一边上学的人大有人在。国家有困难补助,再说还有我们呢,我们是你永远的后盾。一日为师终身为父,你就是我的孩子,我很多年的理想还想在你身上实现呢!轻装上阵,两军相遇勇者胜。"

高考下分那天,他亲自到学校把高考成绩单交到我手上,由于激动的原因,纸都被汗水浸透。他向我深深鞠了一躬,说:"没有您,就没有我的今天。"不知不觉三年很快过去了,我不仅仅是老师,而且是兄长是父亲,我用爱的源泉浇灌他,用爱的阳光温暖他。

他们结婚了,今年又得了小宝宝。他抱着孩子来看我,让我为孩子取名字。"老师,将来我孩子一定让您教。您就是他的爷爷,薪火相传,一生一世。"他动情地说。

（天津市大港油田第三中学　王少鹏　刘兆利）

冬天里的童话

半夜，叮铃铃，一阵急促的手机铃声将我从睡梦中惊醒。这仿佛是一个老掉牙的故事开端。但作为班主任，此时的来电确确实实让我心惊肉跳。

“李老师，你们班一个学生被我们抓住了！在保卫科呢！你快来看看。”

“谁呀？”

“肯定偷东西呗，要不然偷偷摸摸在教室干什么？她死活不说名字，你快来吧。”

“怎么可能？我班会有小偷？”班主任遭遇突发事件时，一定要守护教育的原点——呵护生命；既要呵护肉体生命，又要呵护精神生命。我一边匆匆忙忙穿衣服，一边看了一下表：此时已是凌晨三点。

北方的冬天特别冷，夜半寒风相伴，加之焦急万分，我头脑里思绪纷乱。这段时间，学校频频被盗，教室中从电子词典到 MP3、从作业本到签字笔，寝室中从水果到衣服、从方便面到洗衣粉，没有不被偷的。临近期末，学校新增了保安，加大了巡查力度。每天晚上除了三名保安执勤以外，又外加了一名学校领导，一时间校园内气氛紧张了。

刚才是政教处主任兼保卫科科长的闫主任打来电话，看来，不是他值班就是他已经被叫到学校处理此事。

我班学生不可能是小偷，会不会有小偷正在我班作案时被抓了个现形，而这个小偷又年纪不大，很像个学生呢？

容不得我多想，我急忙赶到学校。没等我停稳自行车，就见闫主任和三个保安都正在保卫处门口等我，我顾不上听闫主任述说经过，直接向保卫科办公室走去，嘴里说着：“我先看人！”

一个学生从墙角迅速站起来怯怯地看着我，好像想说什么却什么也没说，眼神里满是恐惧，我一下子就被震撼了。

“小芳！别怕！老师来了！”我一把抱住了这个入学还不到半年的高一学生，抱住了一个浑身颤成一团的小小身躯。她在拼命压低哭泣声，想说话却说不出来。

“小芳,什么都不用说,你不是小偷！他们肯定冤枉你了。”我对那四个人说:“她是我的学生,绝对不是小偷!”

“不是小偷,半夜偷偷摸摸在教室里干什么?”一个保安说。

“除了学习还能干什么!”我气愤地反驳。

“哭什么哭,我们又没打你骂你!”又一个保安说。

“你们冤枉她,她能不哭吗!”我争辩。

“我们怎么冤枉她了？她如果是学习,为什么不开灯？还藏在角落里！更绝的是门外面竟然还上着锁！我们冤枉她,她可以说呀！我们无论怎么问,就是不说话。”

“她自然有不想说的理由。走,小芳,咱们回班!”

在处理与学生有关的问题时,一定要站在学生的立场上,从学生的角度思考问题。当真理、正义、原则遭遇未成熟的青春时,要最大限度地呵护青春的尊严。“如果她真是小偷呢?”我有那么一刻也曾问过自己,可又一想我应该把这件事对小芳的伤害降到最低程度。一个班主任应时刻牢记,自己就是学生在学校里最可依赖的人。

“这位老师,你怎么这样!”

“李老师,这个学生平时到底怎么样啊?”闫主任紧紧跟在后面问。

“她是我班最好的学生!”

“她学习好?”

“她是我班最刻苦的学生!”

“李老师,你敢保证？这事刚才我已经报告给校长了。”

“闫主任,我敢肯定,她绝对不是小偷。”

刹那间,康德的墓志铭引我深思:“有两种东西,我对它们的思考越是深沉和持久,它们在我心灵中唤起的惊奇和敬畏就会越来越历久弥新,一是我们头顶的浩瀚星空,另一个就是我们内心的道德法则。”

我和小芳走过冷清的操场,穿过漆黑的走廊,摸黑登上教学楼的三楼,第一个教室就是高一(1)班。

我让小芳坐在她的座位上,我陪坐在她的旁边。

我问:“小芳,你现在是和老师回家睡一会儿呢,还是回咱班寝室,和同学们挤一挤?”

“老师,我哪儿都不去,就想在咱们班坐着。行吗?”

“当然行了!”

“老师,你不生我的气吗?”

“我为什么要生你的气呢? 我生他们的气! 他们没吓着你吧?”

“老师,都怪我太笨,让你跑一趟,对不起。”

“你一点儿不笨呀! 你为什么说自己笨呢?”

“我月考和期中考试都是咱班倒数第一,我非常用功地学,可还是倒数第一。我爸爸妈妈都说我笨,我也觉得我就是笨。老师,你不是说只要勤奋就有回报吗? 为什么……”

“小芳,名次并不能说明什么。不管大家多么优秀,总要有一个最后的名次。比如咱们班,如果有一个100分,有66个99分,这66个都会是最后一名。名次又有多大的意义呢? 不要太在乎名次,只要自己每天都有新进步,和前面的同学的差距越来越小,这就是胜利。”

“老师,除了学习不如其他同学,在其他方面我也没法和同学们相比!”

“怎能这么说呢?”

“小兰不仅学习好,歌也唱得好。小飞,不仅学习好,而且文章也写得好。小玉不仅学习好,还会演讲,会主持节目。小丽学习好,还长得漂亮。而我呢? 不仅学习不好,长得不好,还给老师找麻烦,我就是笨。”

“不能这样贬低自己。”

“老师,你说,我有什么优点?”

我大脑急速运转,嘴上还不敢停顿。我知道,此时此刻,哪怕一秒钟言语安慰的停顿,都是对这颗脆弱的心灵的伤害。

“你很文静。”

“那是因为我不善言谈,不会说话。”一向不声不响的小芳仿佛憋足了劲儿要和我辩论。

“你很善良。”

“善良已经是软弱的代名词了。”小芳不屑一顾的脸上写满悲伤,黯淡的眼神让人揪心。

“不,你刚才反复说‘给老师找麻烦了’这些话,没有善良之心的人是不会这么想的。另外,你还很勤奋!”

“我讨厌别人说我勤奋,勤奋又有什么用?”我的话引起了她近乎绝望的喊叫。

“不,我不是告诉过大家吗? 在这个并非十全十美的世界,勤奋会得到补偿。”

“老师,您说的所谓优点都太抽象了,你能说出我有什么让同学们认为是优点的优点吗?”

我明白,她想要的是具体可感的实实在在的优点。她书写极其工整的作业、方方正正的字体立即出现在我的眼前。

“你别忘了你的一手好字,按书画同源的规律来推测,字写得好的人,绘画也不会太差。你可以在书法和绘画方面试一试自己的天分。如果你愿意,咱班的黑板报可以托付给你,有兴趣吗?”

她扬起头,极其认真地盯着我看。可她不仅没有回答我的问话,还继续发问:“还有吗?”

“你是一个下了决心就敢于付诸行动的人。比如你竟敢一个人留在教室。”

“我不想期末考试再考倒数第一,我要学习,拼命地学习,争取取得进步。我求最好的朋友最后一个走,让她把我反锁在教室里,本来想这样就不会被发现,没想到却……”

“真令我佩服,能想出这样的高招,可上厕所怎么办?”我真正地开始心疼这个让人怜爱的学生。

“晚自习时我就没有喝一口水。”

“够聪明! 还说自己笨。你不敢开灯,怎么学呀?”

“我用蜡烛头,把窗帘拉严,用书本挡住。我还带了手电筒。”

“够周密! 为什么不和同学说说你在寝室点蜡烛学习?”

“我不想让别人知道我这么用功却是最后一名。”

我立即肯定:“有心计! 在自己家学不行吗? 想学到几点就学到几点。”

“雪化了,路不好走,来回路上太浪费时间。”

“你一个人不害怕吗?”我环顾一下空荡荡的教室。

“害怕,又不太害怕。”

“为什么?”

“我只想赶快把学习成绩提上去,没觉得怎么害怕。我只怕同学们知道,被人笑话。”

“又坚韧,又敏感,你会成功的! 记住,世上不会有永远的成功,也绝不会有永远的失败!”我紧紧握住她的手,郑重地说。我想,教师既生活在学生的现实世界里,又生活在他们的精神世界里,更应时刻保持一种洞若观火的清醒和小心翼翼的敬畏。也许,唯有如此,我们才可以称得上一名真正的教师!

在最早到校的学生来之前,我回到了办公室。我心潮起伏,小芳的坚韧和执着,她的困惑和伤感让我真正开始正视一个问题:什么是教育?教育首先是一种对学生小心翼翼的呵护;教育是一种唤醒,唤醒学生沉睡的心灵,让他们去沐浴明媚的阳光;唤醒学生明亮的眼睛,让他们去凝视这个新奇的世界。教育不是将水缸注满,而是将心灵点燃。

有一种莫名的冲动荡漾在心底,我又一次感到了肩上的分量与心中的责任。早自习,我像往常一样走到我的班里,大声向早到的几个同学打招呼:“小丽早!”“小玉早!”“小芳早!”

仿佛,一切都没有发生,只是在一个冬天的凌晨做了一个美丽的梦,这个梦里有一个不太笨的“老班”和一个一点儿都不笨的女孩。

故事的结局:真正的小偷终于被抓住了,是学校的一个临时工。

现在的小芳,已经从师范大学毕业,我前行的路上又多了一个同行者。只不过,我教的是中文,她教的是美术。

“夜半警铃”的续集竟然是一篇美丽冬天里的童话。

（天津市滨海新区塘沽滨海中学　李习勤）

不妨给学生递个字条

我刚刚上班的第二年,那时我还没有很多的教学经验,对学生的管理也处在摸索阶段。刚接班时,我心潮澎湃,对管好新班充满了信心。开学一个月内,我和班里的每个学生都进行了交流,初步掌握了他们的个人情况。王军,是个典型的后进生,行为散漫,纪律性差,课上经常说话,注意力不集中,小动作不断,不是东摸摸就是西看看,影响身边的同学。一节课下来,他弄得我焦头烂额,我无数次点名,无数次说教,都无济于事。

一次偶然的机会,我翻阅了一本关于教育的书籍,书上讲了一位教师与学生长时间书信交流成为真正朋友的案例,学习上、生活上无话不说,这个学生从一个顽劣生成功转型为品学兼优的优等生。这个案例使我豁然开朗,我决定试一试。

课上王军又在走神，我悄悄地走到他身边，轻轻地敲了敲他的桌子以示提醒，然后继续讲课。大课间，我将他叫到了操场上，他十分不安。我把一根跳绳交到他手里，然后说："听说你跳绳跳得很棒，你来跳，我给你计时。"他接过跳绳，脸上浮现出一丝出乎意料的神情。

回到办公室后，我给王军写了一张字条，上面写着这样一段话："你是个聪明、机灵的男孩，体育非常棒，如果你能改掉上课走神、随便说话、行为散漫等毛病，你的优点就会更加突出。只要坚持，你在各方面一定会取得优异成绩的。"

没想到，这小小的纸条真的起了效果，课上再也看不到那个调皮捣蛋的王军了。一张小小的字条，没有训斥，没有指责，没有嘲讽，有的是老师的期待和激励。

刘娜是一个典型的中等生，成绩不上不下，表扬轮不上，批评摊不着。不爱说话的她常常封闭在自己的世界里，不争、不喜、不怒。我了解了她以前的成绩后，悄悄地递给她一张字条："你以前可不是这样啊，二年级时你是班里英语歌谣唱得最棒的学生，常常作为代表为同学们领读；四年级时，你期末检测英语考了满分，全班第一，而且是全年级唯一的100分，是不是？你英语基础这么好，现在应该发挥你的特长，做英语学科的带头人啊！"

我的肯定让刘娜大受感动，听她妈妈说，那天她捧着我写的字条看了一遍又一遍，坐在书桌前沉思了许久。后来，我收到了刘娜给我写的字条："李老师，没想到您这么了解我，我一定不辜负您对我的期望。"

之后，如我所料，她的成绩突飞猛进，不爱交流的她成了英语学科的"小老师"，只要同学们有英语方面的问题，她都积极、耐心地给他们讲解，同学们都亲切地叫她"刘老师"。刘娜迅速地从中等生成功转型为优等生。

优等生，顾名思义，即成绩优异、品行兼优的学生。这类学生有一个共同特点——自尊心强，不愿意在别人面前受到批评，他们认为那会使他们颜面扫地。

张明是班里的学习委员，学习成绩优异，人长得精神，各方面都很优秀，就是字写得不好。我提醒过他几次，但效果甚微。一次，在判作业时，我悄悄将准备好的字条夹在他的作业本里。纸条上写着这样一段话："你是我遇到的最优秀的学生之一，你善良、果敢，学习成绩那么优异，如果再能写出一笔好字，一定会锦上添花，那将多么完美啊！"

此后，我经常看到张明在课间时拿着一本字帖认认真真地练字，反馈回来的作业也不再潦潦草草、看不清字迹，而是工工整整、有模有样的楷书。

“响鼓不用重锤敲”，对于优等生，稍加提醒他们便会明白自己的不足之处。用小字条与他们真诚交流，既维护了他们的自尊，又表达着老师对他们的期望。小小的字条激励着他们前进的步伐，宛如在提醒他们“无需扬鞭自奋蹄”。

后进生需要一张没有指责、没有嘲讽、充满真情的小字条，它可以使他们发奋图强，充满朝气；中等生需要一张充满激励、推心置腹的小字条，它可以使他们努力上进，充满激情；优等生需要一张充满关爱、提醒，善意委婉的小字条，它可以使他们豁然开朗，充满信心。

老师们，当我们在工作中遇到问题时，不妨给学生递个字条，让师爱在悄悄传递的字条中流淌，洒向每一位学生的心田！

（天津市西青区华旭小学　李磊）

谁拿了我的钥匙

“谁拿的？到底是谁拿的钥匙？”一进教室，我就听见英语老师焦急地喊着。见到我，他赶紧控诉：“奇怪了，上课之前几分钟钥匙还在这里，一眨眼就不见了。这不，问谁谁都不承认，您说咋办？”

我一细问，原来是教室里多媒体的钥匙不见了。我看到英语老师满脸的焦急与无奈，忙对他说：“没事，你先去上课吧，我来处理。”

上课铃响了，我照常上课，就像什么事情也没有发生一样。凭我多年的教学经验，我知道此时是什么也问不出来的。学生们都很安静地听着，因为他们不知道“暴风骤雨”会什么时候降临。

课讲完了，学生们开始认真地做练习题。我用目光巡视一番，没发现什么异常。班里所有学生的品行我了如指掌，毕竟教了他们两年。像偷钥匙这么无聊的事，一个正常的学生是不会去干的。除了他，应该没有第二个人。这个“他”就是小泽。

小泽是一个有着严重心理障碍以及多动症的学生，从幼儿园开始就表现出明显的“与众不同”。对同学，他非打即咬，班里的学生没有他不欺负的；对老师，他无所畏惧，满口谎言，问他犯了什么错都死不承认，称得上“铁齿钢牙”；对于学校的公物，哪个感觉新鲜就破坏哪个，他可不管那是谁家的东西。这样一个极其特殊的学生，哪个老师都不愿意接收，实在是拿他没辙。无奈，小泽只得每个班待一个星期,六个班轮流收留他,期待他能在陌生的环境中有所收敛。就这样,在各种混乱不堪的情境中他上完了四年级。

我接班以后,别的老师给我讲了他的故事,有人劝我别要他。开学之后,我把他从自己一个人坐换成了和别的同学一起坐:我不想让他感觉到自己特殊。我慢慢地观察他,觉得他并没有想象中的那么可怕。

有一次课间,学生们告诉我小泽又欺负小同学了。我找到小泽,跟他说:“你看到小同学哭鼻子,你心里好受吗?”他挠挠头,举起他那只又大又厚的手说:“老师,要不您用根绳子把我的手拴起来吧!我总是管不住它。”看着他那副天真的模样,我的心软了:原来他是管不住自己呀!可怜的孩子,他也想变好,只是身不由己。我更加坚定了信心,我觉得我有能力更有义务帮助他。

同学们不爱搭理他,没人和他玩,我就和他玩,我俩比赛拍球,比赛跳绳;没人愿意给他检查作业,我就给他检查,我当他的组长,他做我的秘书,负责给我擦擦黑板、抱抱作业。他课上课下过得都很充实,没有时间再去欺负小同学。在五年级第一次诗歌朗诵会上,我让小泽到台上朗诵了他写的儿童诗《我很奇怪》。他可是个“名人”,全校师生都认识他。看到他上台表演,大家都震惊了,惊呼小泽变了一个人。在雷鸣般的掌声中,小泽走下台,兴奋之情溢于言表,我由衷地为他感到高兴。

渐渐地,小泽能像正常的学生一样上课学习了。一个学期下来,他爷爷高兴得不知如何是好,只会连声道谢,以前每天到校,现在就连门卫也奇怪怎么不见他老人家来学校了。解决了小泽一家人的烦恼,我心中的自豪感油然而生,我感受到了作为一名教师的幸福。

一个人的性情能改变,但不可能短时间内根除不良习惯。小泽曾多次拿过同学的文具、班里的公物、学校的水管等,我都一一找回。这次的钥匙事件应该也不例外。我直接问他,他肯定不承认,之前的无数件事摆在那里,他都矢口否认。来硬的,更不行,那样只会激怒他,让他的戒备心理更强。

我走到小泽跟前,低下头悄悄地对他说:“小泽,老师现在有困难需要你帮助解决,你愿意帮我吗?”

他迟疑了一下说:“愿意啊!”

我赶紧问:“老师讲台上的多媒体钥匙不见了,校长发现了一定会罚我钱,我估计得好几万呢。”

“有那么多吗?”他怀疑地问。

“有！没有钥匙，这个柜子就不能用了。这个柜子值钱呀，好几万还不一定够呢！你说可咋办呀，我今天肯定吃不下去饭，也睡不好觉了。”我假装着急的样子，“这件事很难办，我想也只有你能帮我了，你愿意帮我吗？”

他挠了挠脑袋，说：“试试吧，不过，得等我写完作业。”

我一听有门儿，马上高兴地答应他。过了一会儿，我看他写完了，用眼神示意他去找。只见他到班里的废纸箱子里翻了翻，然后头一摇，告诉我没有。我有些迟疑，难道是我冤枉他了？只得让他先回座位。我思忖着：不应该呀，别的学生不可能拿啊！快放学了，还有几分钟，如果真是他拿的，等放了学他把钥匙拿回家或者扔在哪里，就更不好找了……可不能等。

我又去向他示弱：“哎，小泽，今天我这顿饭是吃不好了，你能不能再想想办法啊？”

他犹豫再三，语气勉强地说：“好吧。”然后径直走到废纸箱边上，从里边轻而易举地拿出了一串钥匙。他举着钥匙给我看：“是这个吗？”

我眼睛一亮：果然是它，这孩子！我还不能批评，而是假装高兴地谢了他。我暗自庆幸我的“示弱计”得逞了，并得意于我的坚持。此事就此过去，我也叮嘱英语老师不要去责怪他，因为再提只会加深他的印象，会事与愿违。

我教过的学生成千上万，奇怪的是，留给我印象最深的并不是无可挑剔的模范生，而是别具特色、与众不同的学生。苏霍姆林斯基说过：“道德的自我教育——即激发起学生要当一个好人的愿望，实质上是从自豪感、自尊心和劳动的尊严感开始的，而缺少了这一点，学校、学生集体都是不可思议的事。”每个教师在自己的教书生涯中都会遇到这样特殊的学生，面对他们我们必须冷静，要有大爱，用自己强大的人格魅力和智慧去征服他们，不断地激发他们的使命感，逐渐地把他们转变成有道德的人，我们的使命就在于此。

（天津市武清区杨村第八小学　贾中华）

相荡成漪　相击生光

我刚开始教师生涯，面对 48 双眼睛，我顿时手心冒汗。新生见面时，一个高个子男生帮我维持秩序。开学后，他又用特有的方式区别于其他同学：他主动帮老师擦黑板，主动收拾讲台，主动去买花草美化教室……这一切让我印象深刻，我想他是一个热心的学生。

他叫庞博。可不久我便发现,同学们并不喜欢他,至少排座位时都刻意避开他,不想和他坐在一起。我问过他的几个初中同学,他们彼此都很了解。大家都这样说:“老师,他就那样,时间长了您就知道了。”

我一头雾水。后来我的确有了不同的发现:上科任老师的课时,他会大声打哈欠、抹鼻涕,鼻涕纸随处乱扔,毫不顾忌课堂影响;下课时,他一米八的大个子会拿着毽子在校长室门口踢,就为偶遇校长攀谈几句;衣服一周不换,总是脏兮兮的……我想,大家对他的厌恶是有理由的。

找他谈心,他对我讲的道理,满嘴都是认同的话,但是回去后改进并不大。终于大家和他的矛盾爆发了——全体男生一起来找我“抗议”。他们排着队依次站在我面前,态度极其坚定:“说什么我们也不和他坐在一起。我们实在忍受不了他的种种习惯。”我该怎么办呢?

我翻阅了他的档案资料:母亲一栏是空白,父亲靠修自行车为生,经济条件拮据。他住得较远,是一座老楼房。当我来到他家时,我深切体会到了他成长环境的艰难。他家在一楼,昏暗的光线,破旧的家具,桌上许久未擦过的尘土,四处扔着凌乱的衣服。奶奶拉着我的手和我攀谈:“平日他爸爸挣钱养家,很多家务活儿都是孩子一人挑起,洗衣、做饭,收拾屋子……高中学业忙,孩子每天骑车一个半小时到学校,我们没为他操过心……”我环视他家的角角落落,发现床边茶几上放着他小时候和妈妈的合影,那一刻我心里一酸。没有妈妈的关爱,他能有今天,已经很不容易,况且他还是一个十五六岁的孩子!

回来后,我让一位科任老师配合我,把他支到办公室说别的事情。在教室里我召开了一个谈心会。我用提前做好的幻灯,给大家展示了他成长的环境,讲述了他在家中所做的一切。然后我说:“同学们,你们回家后谁给你洗衣服?谁收拾屋子、刷碗做家务?他五岁时母亲患癌症去世,爸爸靠低保和修自行车为生,家中还有80多岁的奶奶。他比我们在座的各位同学提早承受了过多的困苦和压力。今天说这些,不是让大家容忍他的问题,而是要让我们真诚理解他,帮助他,悦纳他,让他感受到集体的温暖。”

大家沉默了。

我再次叮嘱大家:“庞博要的不是同情和怜悯,他需要大家对他的尊重。我们也要理解他种种问题的原因,给他一些时间去改变。我们48个兄弟姐妹,一个都不能掉队!”

一番动容的讲话让大家若有所思。

之后，由班委牵头，学生们认真研究了对策。有些方面的工作由我出面找他谈话，例如卫生习惯，我会以温暖的短信提醒他；学习上，在他身边安排两名班委，适时帮助他，检查他的笔记等等。

一学期过去了，虽然也有磕磕绊绊，但是，大家真的看到了他的改变和进步。他给班里也做了不少好事，大家对他也变得宽容起来。有一次班级承担学校一次重大活动前的卫生扫除，那天，他因为家里有事，没跟我请假就提前离开了学校。知道后，我正要惩罚他，不想卫生委员却跟我说："老师，他今天做卫生了，只是早走了一会儿，他每天骑车回家要一个多小时，很辛苦……"能从这些独生子女口中说出这些体谅对方的话，我心中暗喜。高二我们重新编排座位，这次，有两个男生和一个女生主动向我说明愿意跟他坐在一位，帮助他学习，我很欣慰。他的学习也有了很大起色，从班级倒数，逐渐攀升到班里中上游名。高考时，他像一匹黑马蹿了上来，考取了自己理想中的大学，还是热门的国际法专业。

毕业后，他时常回学校看望老师，每一次回来他都诚恳地说："老师，若不是咱班同学对我那么好，我大学的生活不会这么顺利。谢谢您。"他越来越优秀，如今读大四，他又有了进一步发展的想法。

更让我欣喜的是，他在一则短信中告诉我："老师，我老爸结婚了！从我五岁亲妈过世，整整十五载，爸爸风风雨雨又当爹又当妈的日子终于画上了句号。这个男人用他的肩膀顶起了多重的责任，心里又承受了多少辛酸和委屈，他付出的汗水和泪水，我几辈子都还不完！现在好了，新妈妈对我很好，视如己出，我又重新获得了伟大的母爱！老师，为我祝福吧！最难的日子里有您和咱班这个大集体的帮助，我相信，后面的日子会越来越好。"

看完短信，我哽咽了……

相荡成漪，相击生光。一个学生的成长中，凝聚着集体的爱和老师的引导。我庆幸，能在这三年中有这么懂事的学生，心怀一份感动，满载一种幸福。我的青春与他们共度，我的幸福与他们同享。

（天津外国语大学附属外国语学校　侯晓宇）

学生王可

那年我接手了一个成绩差的班;虽说学习差,但学生们对我却有情有义。班里有一位父母离异的学生,名叫王可,法院把他判给了爸爸。由于爸爸疏于管教,该生特别难管理,但在班内却有一股“老大”的气概。通过一段时间的沟通和反复交流,我觉得他有了很大进步,于是我慢慢地开始放手。

正当我为自己工作成功而窃喜时,突然有一天,即将放学的时候,因为一件小事,他竟与周围的同学大动干戈。当我把他叫到办公室的时候,从他的眼神中我分明看到了极大的愧疚与不安。依照他的性格,类似鸡毛蒜皮的小事,根本就不值得发这么大的火。我有点儿疑惑,但我还是批评了他。

当时已经是晚上七点半了,我和他一起下楼,回家。走着走着,他突然停住了,看着我,眼泪刷地流下来,对我说:“苗老师,今天的事情全是我的错,是我故意找茬的,这样就会引起您对我的注意,您与我的每一次谈话我都把它看成是妈妈在‘爱’我。每当有难事时,我都想和您说。但作为‘大男人’,总找您会有损我的形象,怕被同学‘笑话’。今天上课孙老师又错怪我了,她总是戴有色眼镜看我,让我受不了。我真想打她一顿出出气,可一想到您,又不敢了,只得拿同学出气。我今天就是想找一个理由和您在一起说说话。”

此时的我,愣住了,泪如雨下,无数个自责向我袭来。没想到眼前的七尺男儿,竟然选择了挨骂的方式来实现与我交流,我的话原来竟这么“值钱”。

一路上我紧紧地搂着他,向他解释了孙老师的苦衷,向他解释了我最近疏于和他交流的理由,释放着一位母亲深深的情怀。分手时,我送上了我最真挚的祝福,并和他相约每周五晚上到我家和我儿子一块儿玩,互相讲讲一周的快乐与痛苦。那一刻我感受到了作为老师的满足感与幸福感,他也是欣喜若狂。

有什么比这更值得付出?有什么比这回报更丰厚?从此,你还会担心他不思学业吗?你还会担心他破坏纪律吗?还会担心他不服从管教吗?是我的爱心帮助他走出了困境,是我们老师的理解促成了他的转变。中考后,他上了“五年一贯制”大专,但他的父亲仍对我感激不尽:“学校给我培养了一个好儿子。”

现在我们依然保持联系,经常沟通,QQ 上留下了我们“娘儿俩”推心置腹的谈话。我为我的学生的成长而感到自豪,也想真切地对想离异的父母说一句:请多想想孩子吧！

（天津市汇森中学　苗艳萍）

打开心灵的金钥匙

“方衡，你说说刚才老师问的是什么问题？”

一位瘦瘦的男孩站起来，满脸通红，一语不发。

“请把你手里玩的东西拿过来！”

他眼中含着泪水把手中的两枚陀螺很不情愿地交给了老师，同时失落地低着头。

放学的时候，本想和接他的爷爷说说孩子带玩具上学的事情，可还没等我开口，他便对我又踢又打，被他爷爷及时拉住。对于这突如其来的举动我还没有缓过神来，就听爷爷说：“不能打老师，赶紧和阎老师道歉。”他像没有听见似的气呼呼地转身跑了，爷爷一脸无奈地摇着头赶紧去追孩子。

被一个刚刚上学的孩子又踢又打，我从教20年还真是头一回，我心中不由得泛起一连串的“为什么”。

回到办公室我静下心来认真地思索：方衡是一个稚气未脱的孩子，只不过表达对老师的不满用了极端的方式。我想，每个学生都有不同的性格，而他的性格的形成又有多方面的因素：有来自家庭的教育方法，有来自社会的影响等方方面面。他是单亲家庭的孩子，父母离异后，母亲再嫁，父亲又身有残疾。他跟着爷爷奶奶生活，他们没有文化，最好的关照就是溺爱。没有人真正关心他的学习和心理发展。正是由于在这样的环境下生活，他才养成了许多坏毛病。回想从开学到现在，不写作业，爱打逗，不遵守纪律，这些坏毛病都能与他挂上钩。要想改变他，就必须先了解他，走近他的心里，有针对性也开导、激励他进步。

第二天，我看见他背着书包在学校门口迟迟不愿进来。我想这时他一定很惧怕，不知道昨天他对我的发泄会引来今天怎样的结果。为了尊重学生，不伤害其自尊心，我微笑着主动和他大声打招呼，他一小步一小步慢慢地向我走来。本来两分钟的路程，他足足走了七分钟。我没有把他带到办公室，而是带他进了旁边的音乐教室。

音乐教室里只有我们两个人，我轻声说：“你想和我说话吗？”他低头不语，连看都不看我一眼。我拉过他的小手说:“你是因为陀螺生气吗? 也许这个陀螺对你很重要,所以你才那么激动,能给我讲讲陀螺的故事吗?”

他看着微笑着的我,流着眼泪述说着。我认真地倾听,时不时地给他擦一擦眼泪。原来陀螺是妈妈送给他的生日礼物,他把陀螺看作妈妈的影子时刻带在身边,像是妈妈在陪伴他。他对老师的不满行为,原来是在捍卫妈妈对他的爱以及对妈妈的思念不被剥夺。

我听完他的述说,心疼地把这个缺少母爱的孩子拉进我的怀里。我对他说:“原来是这样啊,老师不知道,这个陀螺对你这么重要。我想妈妈给你买陀螺的时候一定希望你更棒,她肯定不愿意看到因为陀螺而影响你的情绪,让你犯错,你说对吗?”

我用和善的目光静静地等候他的顿悟。他望着我点了点头。我拿出陀螺放在他的小手上,说:“老师破例允许你带陀螺上学。上学的时候,你把陀螺放在老师的办公桌里,如果你忍不住想摸一摸,可以等下课的时候来。放学的时候,你再把心爱的陀螺带回家,好吗? 你一定能行! 如果你能坚持一天不摸陀螺,那么老师就在‘我最棒’专栏里奖励你一颗红星。”

他眼里含着泪,点了点头。他可能还没有完全想通,我若采取坚决不让他带玩具上学的生硬态度,我很可能永远被学生拒之心门之外,堵死了和他进行心灵交流的通道。教育学生既要坚持原则,又不能过于死板。此时,尊重学生,保持与学生的沟通更为重要。只有沟通顺畅了,才能了解学生的心声,才能因人施教,才能博得学生的信任,进而使学生“亲其师,信其道”。

我愿慢慢等待他的变化。课上,我会十分注意他的情绪,在知识层面给予其指导;课下,我会有意识地亲近他、陪伴他,随时对其进行心理疏导。慢慢的,老师对他的亲近,减少了他对陀螺的依赖,墙上的红星渐渐多了起来。在“我能行”主题班会上,我表扬了他战胜自己的故事,并向他竖起了大拇指,教室里响起一片鼓励的掌声。

之后的日子,他发生了微妙的变化……

更让我惊喜的是庆祝元旦那天,他悄悄走到我面前,神秘又有些拘谨地从背后拿出一张画。“老师,送您的。”说完,他不好意思地跑了。我接过他送的画,仔细地看了起来。这是一张比例不大协调的人物画,画中人有着长长的胳膊又小又短的腿、笑眯眯的眼睛、红红的嘴,画的旁边用拼音加汉字标注着“阎老师真漂亮”。我把这张象征学生愿意和我亲近的画特意压在了办公桌的玻璃板底下。

我发现他偷偷地趴在我的办公桌前仔细看着那张画。这已不是一张肖像画，而是学生用心灵窥测老师态度的晴雨表。

我欣然拿出画来，把画上的拼音与汉字小心翼翼地剪下来重新组合，艺术性地粘贴在了肖像周围，变成了一枚精致的书签。每次上课我都会把它夹在书里，他看到这个熟悉的画像，闪着光亮的大眼睛问我："老师您真喜欢我的画呀？"我笑眯眯地看着他回答说："当然，还喜欢正在进步的你。"

他满足地笑了，趴在我耳边悄悄地说："阎老师，我已经把陀螺收得妥妥的，不再带到学校来了。"

我情不自禁地张开双臂将他拥入怀中，用肯定的语气说："你长大啦！"后来，他爷爷高兴地告诉我："方衡说阎老师最喜欢他了，他最听阎老师的话。"

方衡经历了师生心灵的碰撞，把老师当成自己最信任的人。特别让我兴奋的是，他能向老师敞开心扉，经常把心里话写成小条子，投入班级"悄悄话信箱"。"老师，我今天作业写得好吗？"（他一定认真写了，想得到老师的肯定）"今天我真的没有和同学打逗。"（他有意识去改错，告他状的没有了）"我家小狗生气了，不吃食，我很难过。"（他的内心苦闷，需要倾诉）"今天有两位老师说我'真棒'，我可高兴啦。"（他内心喜悦，需要和别人分享）……

对每一条有关学生心灵的信息，我都要用尊重的情感来加以肯定和予以开导。我用老师的真心帮其树立"我能行"的信心，学生内心发生着悄然的变化。作为教师，我享受着学生转变的喜悦，也收获着学生健康成长的幸福。

（天津市武清区杨村第七小学　阎伟莉）

骁骁的青春期

2014 年 9 月，和其他刚步入中学的孩子一样，怀着好奇、兴奋的心情，骁骁来到了我的班里。那时的他显得很稚嫩，眉清目秀，成绩优异。由于小时候学过两年相声，所以他说话常常是诙谐的、幽默的，深受老师和同学们的喜爱。

可是，好景不长，七年级第二学期开学初，我发现骁骁在变：体育课上，他独自一人在墙角发呆；文化课上，他的心早就不知道飞到哪里去了；课下，他也不再是大家的开心果了，不愿意与同学们一起游戏、聊天。他的成绩一落千丈，期中检测时，退步了六十多名。作为班主任的我必须跟骁骁好好聊聊了。

一个天气晴朗的下午,趁着自习课时间,我把骁骁带到了办公室。显然,刚一进门,骁骁有点儿紧张。

“来,坐下吧!”我顺手拉了一把椅子给他。

“啊?不、不,我不坐,不坐,您坐吧。”骁骁更紧张了。

见此,我沏了两杯速溶咖啡,把其中一杯放在他旁边的桌子上。我对他说:“来,尝尝这个,味道不错哦!”

“嗯,谢谢李老师,我有时也喝这个。”说着,他嘴角上扬,好像略有放松。

我又用温柔而缓慢的语气说:“你也经常喝?是为了晚上学习的时候提神醒脑吧?”

“嗯,是的!”

就这样,先聊了聊家常,几分钟过去了,气氛显得融洽了许多。我再次拉给他刚才的那把椅子,并半开玩笑地说:“这下能坐下了吗?别让我陪着你罚站了!”他微笑着不好意思地坐了下来。

我见骁骁几乎没有紧张情绪了,这才慢慢对他说:“骁骁,你是一位非常聪明又阳光的学生,可是老师最近发现了你的一些小变化,你感觉到了吗?”

见我这样问他,他先是咬了一下嘴唇,然后低下了头。沉默稍许,他又抬起头来,眼睛里写满了后悔与无助,低声对我说:“李老师,其实我也不想这样,可是现在,我无论如何也快乐不起来了,每天都很烦恼,做任何事都没有兴趣,更无心学习。我早就想找同学说说了,可又不知道该找谁说,又怕同学帮不到我,反而笑话我。”

从他的话语中,我察觉到,骁骁同学渴望得到帮助,于是对他说:“孩子,别着急,慢慢说,到底是什么事情让你如此困惑?相信老师,我会帮你想办法解决的!”说着,我递给他那杯可以稍稍缓解情绪的咖啡。“来,喝一口,慢慢说。”

他接过杯子,喝了一小口,然后说:“我在上小学的时候,有个好朋友叫佳佳。我们两个家住得很近,又是一个班的,每天在一起做作业和玩耍,渐渐地我们成了最要好的同学和朋友。可到了初中,我觉得我们的关系不像从前了,上下学她也不再和我一起走了,说话也不像以前那么自然了。有时候我跟她说话,她总是低着头,脸红红的。就在上个学期快放寒假的时候,我突然收到佳佳给我的一封信,信中说,说……”

说到这里,骁骁停住了,好像不好意思继续往下说了。我站起来,抚摸着他的头问:“孩子,说了什么?相信老师,一定帮你保守秘密并帮助你。”

“说她喜欢我。”

“然后呢?”

“然后,我不知道怎么办,我就开始躲着她了。”

“为什么呢?”

“因为我觉得,我们还是中学生,应该以学习为主,将来用优异的成绩考上理想的学校,能为社会做更多更大的贡献！我不想跟有些同学似的早恋。可是,这学期一开学,我又收到了佳佳的信,原来她回山东老家上学了,再也不回来了!”

我又问:“那你对佳佳是怎样的想法呢？喜欢她？还是一直把她当好朋友?”

“我,我也不知道自己心里怎么想的,但当我知道她转学了,以后再也见不到她的时候,心里好难过。我在想,是不是自己也喜欢佳佳呢？想到这里,就感觉自己在犯错误。我提醒自己不能早恋,但又会想起佳佳,满脑子的内疚;甚至有时候想,佳佳会不会因为我的躲避,以为我讨厌她,所以才转学。”

看得出,骁骁是一位善良、有理想、追求上进的好孩子,但他遇到了所有中学生都会遇到的青春期异性交往方面的问题。他处在自责之中而又不知所措、无能为力,从而影响他的行为和成绩。

我让骁骁想想身边那些早恋的同学,想一想他们早恋的结果,骁骁说:“同学早恋会严重影响学习,而且会被同学们背后议论。”

“对啊,所以你没有和佳佳继续发展恋情是非常明智的选择,老师支持你。而对于你躲避佳佳的行为,老师认为也是一种正常的反应。如果你还和以前一样和佳佳交往,可能她会误会;如果你一口回绝她,又可能失去多年的好朋友。对于作为中学生的你来说,还不能很好地解决你们的关系问题,用逃避的形式加以处理,也是正常的。”

说到这里,骁骁的眼睛里泛起了光,好像一下子轻松了许多。但他还是问:“老师,我以后再也没有佳佳这个朋友了吗?”

“我觉得,学生时代的感情是最纯真美好的,到了青春期,男女同学之间的相互吸引、相互喜欢是每个人都可能经历的,我们没必要为此感到羞耻和不安。我们只要把这份淡淡的感情放在心里,然后继续正常的同学关系就好。如果以后长大了,还觉得彼此合适,是可以发展成恋人关系的;又或者长大后,各自有了其他喜欢的对象,你们还可以是好朋友啊。有些事情,逃避不能解决,正确面对,积极处理,互相鼓励,共同进步,你觉得是不是更好呢?”

说到这里,我从骁骁的脸上看到了久违的阳光,仿佛那个帅气幽默的骁骁又回来了。他站起身来,高兴地说:“谢谢李老师,我知道该怎么做了!”

后来骁骁告诉我,他给佳佳回了一封信,明确地表达了他的想法,佳佳对此表示赞同。就这样,往昔的好朋友重归于好了,而骁骁也重新回到了老师和同学们中间,成绩突飞猛进,现在已经在年级里名列前茅了。

青春期的学生对异性有朦胧的感情是非常正常的。在这里我要告诉学生,告诉家长,也告诉我们有些老师:请不要大惊小怪,要正确引导,给出适当的建议和方法,相信学生们一定会处理好的。

(天津市武清区黄花店中学　李云红)

大手牵小手

“过渡之美,往往大于此岸和彼岸的风光。”

我和他们开始于7月,结束于6月,如果一开始就想到彼岸,那我们在一起的日子,也就不是那么美丽了。

初三,我接了一个出了名的“仗义”班:一个人受欺负,全班同学都会蜂拥而上。这个“仗义”班的领头羊就是“太岁”。“太岁”个子不高,说着一口纯正的天津话,张口闭口就是“不服就拳头见”“我那朋友坐牢了……”“我的朋友最近家里遇到了点儿难事……”

对于这样一个班,我喜欢,因为他们“仗义”;我也有困惑,不知怎么控制“暴力”事件。“太岁”这两天的神情有些异样,于是我请“太岁”坐在操场的看台上聊天。

“知道什么叫做‘忍’吗?”我问“太岁”。

“心字头上一把刀。”“太岁”毫不犹豫地说。

我摇了摇头:“‘忍’就是当我们浑身燥热的时候,主动靠近火炉旁。”

他听得很认真,但眼神中的迷茫已经袒露无疑。

“控制你的情绪,不然它就会控制你。”我解释道。

“太岁”的眼神和缓了,他有些动容:“我觉得,对待朋友就应该两肋插刀,赴汤蹈火。”

“没错,但是‘梁山好汉’将武力发挥到了极致,又换回了什么呢? 他们行动除了依靠自己的思维,是否把法律放在眼里了呢? 当我们在读《水浒》的时候,是否对他们的行动都认可呢？有些厮杀是不是可以避免呢?”

谈话结束了，我不知道“太岁”能听进去多少，但我觉得我们走出了第一步——信任。

风平浪静了 10 天。

“太岁”和五班的小董在男厕所又拼上了，起因是我们班的小林受到了小董的欺负，“太岁”警告了小董，小董没入耳，不服。没等我去找“太岁”，他就主动找我来了。

“张老师，我试图不用武力，去警告他，但他不听。”他愤愤地说，脸上还有点儿委屈。

我让“太岁”坐在我身边，拉着他的手。那双手并不柔软，他似乎还很愤怒。“警告是冷暴力，仍然是武力，就没有其他的办法了吗？你没有动过脑子想想还可以怎样做吗?”

“怎样做?”“太岁”想不通。

“第一眼看见我的时候，你想过会和我聊这些吗?”

“没有。”他如实答道。

“那为什么现在我们会坐在这里?”

“信任啊!”

“为什么会信任我?”

“您有亲和力。”

“那你的亲和力呢？不能成为朋友吗?”

有消息报：“太岁”、小林、小董第二天中午一起去吃饭了，他们终于成了朋友。我笑了，“太岁”学会了和平处理争端的方法。

“当你浑身燥热的时候，主动靠近火炉旁。”这句话成了我和“太岁”在聊天中经常出现的一句话，只不过从我常说，现在变成了他常说。“太岁”好几个月不打架了，也不再提他的朋友受了多少委屈了。他的学习成绩好多了，由 300 多分上升到了 400 分。他告诉我，他不想听讲的时候就逼着自己听讲，回家不看书的时候就逼着自己看书。他说他必须“忍”，以后长大了要“忍”的地方还很多。

就这样，“太岁”一直在忍，这个“仗义”班也一直在忍。

模拟考试结束的那天，我猛然发现“太岁”的校服破了，左脸和脖子上还有划痕，显然又打架了。放学的时候，我看了他一眼，不冷不热地甩给他一句：“你太让我失望了。”

“您冤枉他了!”班长跑到办公室,有些埋怨地对我说,“七班和九班有矛盾,要动手,他劝架来着。他让他们和平解决,他们不听;他劝了老半天,最后,毅然就挡在了中间……”

我懵了:“太岁”那么相信我,我却没有相信他。我和班长赶忙来到操场,看见“太岁”坐在看台上一言不发。我走过去,“太岁”对我说:“曾经的我能够打十几个人,现在的我被两个人打得脸上挂花,却不还手。”他噘着嘴,眼中闪着亮光。

我紧挨着他坐下来,说:“一个人可能在战斗中横扫千军,然而征服自己的人才是最伟大的强者。”我伸出我的大手,拉起了他的手,拍了几下他的肩头。

快中考了,我们一起“忍”。我们忍着疲劳,一起拼搏到九点四十;我们忍着压力,为我们的初三画上圆满的句号;我们忍着病痛,每天坚持 53 人坐在教室中上课,为了我们的“仗义”。终于,倒数第一不再属于我们班,“忍”让我们成了第一。而“太岁”,也取得了自己的最佳成绩。

教育是一个动心和让人心动的过程。当我用我的大手牵起学生们的小手的时候,我动心了,我心动了,一个个可爱的脸庞写满了对自己的信赖……

(天津市第三中学　张海津)

卷七　教师自我批评　为学生做榜样

主编絮语

同学们纷纷议论:班主任老师早自习迟到了,真诚地向大家道歉,放学后自觉跟同学一起做值日,认罚。老师昨晚备课太晚了,早晨睡过了点,这是从来不曾有的。是推说一个别的什么理由,还是直接承认错处?老师是有思想斗争的,最终,还是选择如实认错。这样,老师在学生心目中的形象不仅未降低,反而更亲近了。事情不大,但在学生们的心灵中却有着不小的震动。

老师也是人。人非圣贤,孰能无过?何况圣贤也有过呀!地球上的事情是复杂的,就是局限在校园教室,也有数不尽的状况,别说人各有不同:男女有别、年龄不一、个性迥异、成绩有高有低,各人喜好各异,身心互有差别,家庭也不一样,由它们演绎出来的大事小情肯定千差万别。再说老师自身,由于对事物认识的水平、能力、工作经验、环境变化、身体状况、心理起伏等方面的不同,导致其对变化的事物、对活动的人判断有误,以至处理不当,都是难免的。当然,为人师表,要尽量少出错,尽力做到完美,但"老师永远是对的",这绝对是伪命题。

人是在不断修正自己、不断解决旧矛盾中成长进步的,这一点老师同学生是一样的。"人谁无过,过而能改,善莫大焉。"问题在于能不断地反思自己,检讨自己,而且是自觉主动地去检讨、去承认、去改正,这却是不太容易的。"知过非难,改之难;言善非难,行之难""以责人之心责己""知不足,然后能自反也",这是进步的起点,是成功的秘诀,是师德的体现,是值得肯定和尊敬的。很多老师这样做了,显示了崇高的品德,受到了学生的敬仰,成为了学生的榜样。向自己的教育对象承认自己的错误,在学生眼中,那是一种坦诚,是一种亲近,是一种平等,是一种伟大,是一种感动。学生们说,做人要做老师这样的真人。

吾日三省吾身,是人的修养;从品格、从学养,从解决各类学生的问题,树立一种公平公正的标准,无论对人对己都始终如一,这是为师的高标准。日常工作、日常言行如此,教育观念、教育理念范畴的反思更为重要。我们要经常在百忙之中，从血脉贲张之中冷静下来，思一思、想一想：教育究竟是干什么的？我们究竟要培养什么样的人，怎么培养？处在瞬息万变的新时代，对这些核心问题更应经常认真反思、检讨。因为我们是育人的人，是雕塑灵魂的人。

其实，当今的班主任很善于自查自纠，一日终了，把一天的所作所为，一点一滴地过一遍电影，写一点文字，过滤一下对与错、是与非、好与坏，这是一种清醒；捧着书本，读书学习了，自然地与自己的言行对照，也是一种提升；平日与同伴交流，与同行与家长沟通，向先进典型学习，都是自觉的类比，从中找到差距，而差距就是矛盾，矛盾便是问题，从而为自己找到前进的方向；在同学生日日相处中，我们会发现他们的思维和他们的言行，都有诸多的亮点，正所谓“弟子不必不如师，师不必贤于弟子”，这也成为我们自诘的一种依据。

地震之后

相信每个老师都会感叹：越是上学时调皮捣蛋，让老师操心费力的学生，毕业后越对老师充满感激，那是因为这些学生享受老师的阳光最多。相比之下，那些扎扎实实、心无旁骛的学生，很少让老师劳神费力，也无需每天跟老师“斗智斗勇”，所以自然和老师的感情要淡一些。除了这两种学生之外还有一种——就是相貌不出众，才华不突出，学习成绩不是很出色，但纪律方面也不用老师费劲管理的学生，他们最容易被忽视。

就是这样卑处一隅的一个学生，给我上了难忘的一课。

那年我当班主任，带毕业班。一天正在上课，突然楼房晃了两下，确认发生地震之后，我赶紧组织同学们撤离。虽然平时进行过逃生演练，但真的地震还是把一部分学生给吓呆了。当时我正站在教室最后一个男生身边，所以很自然地抓住惊呆的他，跟着大家跑出了教学楼。

有惊无险，同学们都在操场上席地而坐，三五成群津津有味地谈论着刚刚发生的地震。

当天，学生们都专门就这次地震写了随笔。有的感谢同学的帮助，有的总结遇险时逃生的经验，有的感叹生命的无常……那个被我拉着手跑出去的男生是这样写的：“老师，感谢您当时选择了我，我以为您会选择班长，因为您平时最喜欢他；或者您会拉着小孙，因为他学习成绩和各方面都好；您还可能拉着小宋，因为他爸爸是我们学校的领导。其实不是感谢您的‘救命之恩’，而是……老师，您知道吗，从来没有哪个老师会选择我。课上老师们都很少找我回答问题；各种比赛或者运动会，没有人会想到我；考试后，也没有老师会找我谈话，我爸妈都说我‘上这么多年学，从来没让老师请过家长’。我一直以为我是个可有可无的角色。老师，谢谢您今天选择了我，我以后不会让老师失望的。”

老实讲，我拉着他，并不是深思熟虑的选择，也没有任何目的性，只是因为他当时离我最近，是条件反射使然。

可是，这个选择却像一缕骄阳照射到了石缝中的小草，小草蓬蓬勃勃地成长起来了。从那天起，他越来越活跃，上课举手回答问题了，下课还时不时地到办公室问问题，成绩越来越好，性格也越来越开朗……

也许因为他之前各方面并不突出，所以我没有选择他去参加比赛；也许因为他成绩一直比较稳定，所以我没有单独联系过他的家长。但是不论怎么解释，作为一个老师，我很惭愧一直以来忽略了这个学生。是我的忽视，让他失去存在感和信心；是我的忽视，让他那么长时间不显山露水；是我的忽视，让一株树苗晚了很久才享受到阳光。

作为老师，没有哪个人卑污狭隘到故意去忽略某位学生；我们忽略他们，就是因为不经意。而我的不经意的忽略已经伤害了一个纯洁的心灵，不过幸好上天给了我一个机会让我发现自己的过失。所以，那件事后我经常拿出班级花名册，筛选出不熟悉的或近期被忽略的学生而刻意对其多加关注。

园丁们，不要吝惜自己的时间，抽空拨开似锦繁花、菲菲芳草，把卑处一隅的小苗移栽到阳光下，也许它会开出不一样的花朵。老师们，不要吝惜关注和爱护，也许我们的一个眼神、一个动作，都是让那朵其貌不扬的花开得绚烂。

（天津市蓟州区播鼓台中学　赵明光）

给英雄鼓掌的学生

去年9月接手了现在这个班。这个班级富有“特色”：尖子生在年级中拔尖，聪明伶俐、反应灵敏；基础较差的学生则总是排在年级大部队的后面。在这样的班级中上课情况差异巨大，平时上课，教师关注那些基础薄弱的学生，而在各级各类活动中，尖子生们则大展拳脚。

接班一段时间后，我发现上课举手回答问题的学生越来越少，大家似乎形成了一种共识：简单的问题，优等生不会举手；有些困难的题，差生不会举手；而还有一部分学生的手，似乎从来没举起过。那些白白净净的手是从什么时候由频频举起来变成悄悄放下的呢？又是从什么时候开始不再举起了呢？

我还发现，似乎总有一双包含着丰富内容的眼睛看着我。有一天我实在忍不住了，不再跟别的学生聊天，特别关注了她。

"小苏，为什么总这样看着高老师？"

"没事儿。"

"你的眼睛可不是这个意思哦？"

"我不敢说。"

在我细心的引导下，小苏终于说出了事情的内幕。原来，小苏是个胆小的学生，她的学习成绩和反应能力在班级里都算不上佼佼者，可那天的促膝长谈影响了我在那之后的教学风格。

小苏怯怯地跟我说："老师您发现了吗？我上课听讲是很认真的，我很喜欢您，喜欢您的幽默，喜欢您的微笑，我多想上课配合您，回答您的问题啊！"

听到这样的话，我心花怒放，很有成就感，内心窃喜。可是，听到小苏后面的话，我顿时又陷入了沉思："您发现上课我会用期待的眼神看着您吗？我多么希望能够回答您的问题啊！可是您几乎看不到我，因为我坐在第一排，不是学习最好的，不是您最需要鼓励的，您似乎忘掉了这矮小的我。"

听到这样的话，我心里不禁倒吸了一口凉气，原来我遗忘和忽略了这么多。仔细回忆一下，好像每节课都有那些专注的目光，他们似乎总是慢慢地举手，却又悄悄地放下。而我，不是盯着不认真听讲的学生，就是被反应快的、配合好的学生所吸引。

小苏又说："我也想变成那些优秀的学生，可我努力了，却没有做到。我也曾悄悄地把字写得很破，可是您只在本子上写了一行'最近退步了'，就再没有别的了！我多希望我也成为您的宝贝啊！"

听到这，我的脑神经突然与前不久看过的一篇文章挂上了钩，那篇文章名为《中等生》，文章作者以母亲的口吻这样写道："女儿的班里总共有 50 个人，而每次考试女儿都排名中间，成了名副其实的中等生。为了提高女儿的成绩，一家人煞费苦心，但经过一系列揠苗助长的行为后，女儿成绩还是中等，而且精神显得恍惚，我们只好作罢。

“期中考试后，我接到了女儿班主任的电话，得知女儿的成绩仍是中等。不过他说有一件奇怪的事想告诉我：语文试卷上有一道附加题：‘你最欣赏班里的哪位同学？请说出理由。’除女儿之外全班同学竟然都写上了女儿的名字。理由很多，如热心助人、守信用、不爱生气、好相处等，写得最多的是乐观幽默。他感叹道：‘你这个女儿虽说成绩一般，可为人实在，很优秀啊。’我开玩笑地对女儿说：‘你快要成为英雄了。’

“正在织围巾的女儿，歪着头，想了想，认真地告诉我说：’老师曾讲过一句格言：当英雄路过的时候，总要有人坐在路边鼓掌。’随后她轻轻地说，‘妈妈，我不想成为英雄，我想成为坐在路边鼓掌的人。’我猛地一震，默默地打量着她。她安静地织着绒线。淡粉的线在竹针上缠缠绕绕，仿佛一寸一寸的光阴在她手里吐出星星点点的花蕾。我的心竟是蓦地一暖，那一刻我忽然被这个不想成为英雄的女孩打动了。如果健康，如果快乐，如果没有违背自己的心意，我们的孩子又何妨做一个善良的普通人。”

我被这样的文字触动了内心中最柔软的部分。我思绪飘飞，反思自己在日常教学中也曾说在班级内要平等待人，让每一个学生都快乐成长，可是我做到了吗？我关注过那些不出色、不调皮的学生的进步与后退了吗？没有。

我立即对课堂教学做了调整，环视全班时，不再匆匆扫过那些认真的面庞；提出问题时，不再忽视那些坚毅的眼神；表扬学生时，也不再遗忘那些慢慢进步和努力的中等生。

这样下来，似乎每一朵花都变得欣欣向荣了，长出花骨朵的、含苞待放的、饱满绽放的，这个三十多枝花朵的花园似乎更有味道了，我与孩子们的距离似乎更近了。

其实，我们的班级中从来不缺少“英雄”，他们努力认真，成绩卓越。但试想一下“英雄”上台领奖时，没有掌声，没有赞叹，那会是何等的场面啊！所以，让我们爱上那些为英雄鼓掌的学生们吧！他们同样需要我们的爱，他们同样也是“英雄”！

（天津市河北区大江路小学　高旭）

让我走进你心里

那一年,由于原来的班主任生病,必须卧床休息,所以我就在学期中间匆匆忙忙接了班主任工作。

刚开始时,我怀着满满的信心,充满干劲。通过认真分析班里学生的情况,我发现班里很多学生的英语成绩不好,于是,我决定以英语为突破口,利用每天早自习时间,给学生默写英语单词。可是学生们很不理解,第一天默写就有学生反对——"以前班主任从来不默写""原来的班主任什么时候才回来呀"……

"今后我就是咱班的班主任,一切都要听我的!"

我用威严做出了决定。可是学生们根本不买账,每天的默写,很多学生根本不交,即使交了也是乱写一通。一天、两天……整整一周的时间,学生们就是用这种方式与我这位半路接班的班主任对抗。

我和这些学生们也杠上了,默写不合格的,中午我不吃饭陪着他们再默;中午默写不合格的,我下班不回家等着他们留下来默写。

原以为我的坚持会让学生们接受,可是,两周的时间,情况却一点儿没有改善,反而觉得我和学生的关系越来越差。特别是有几位男生,故意跟我对着干,甚至很多次当我生气发怒的时候,他们的脸上却隐隐流露出笑意。当我私下找这几位男生谈话时,他们一脸不在乎地和我说:"老师,我们就这样。我们知道你为我们好,中午顾不上吃饭,天天很晚回家,可我们就是焐不热的石头,您就别跟我们较真了。"

一开始听了这样的话,我感到很失落,甚至有些丧失信心,我反问自己:我每天做的这些有意义吗? 静下心来,我仔细品味着学生的话语,我深深感到,其实学生们的心是很简单的,他们能感受到我的努力与用心,也理解我对他们的付出,可是问题究竟出在了哪里?

一连几天我不断反思问题的症结所在,课上课下,我利用一切时间观察学生们的言行举动;与家长逐个联系进行家访,不告状只询问学生在家的情况。

慢慢的,我理出了一些头绪。原来,突然之间更换班主任,学生们一时难以适应,特别是原来的班主任已经和学生们相处了一个多学期,有着很深厚的感情,而我的突然出现,加之做事风格又与以前的班主任有很大的差别,让他们更不适应,在心理上还没有接受我。而我又忽视了与学生的情感交流,单纯地以为学生肯定会理解我接受我,所以才会出现现在的情况。我如何打破目前的僵局,理顺我和学生之间的关系?

我精心准备了一堂班会课,在班会课上,我先和同学们一起回忆和以前班主任之间的点滴故事,让学生有一个情感的宣泄口。通过学生们的讲述,我体会到了他们的纯真,这些学生对真心对待他们的人有着最真挚的情感。

接着,我当众用手机和前任班主任张老师取得了联系,并按下外放键,让每一位学生与老师通话。很多女同学都默默流下了眼泪,而常常捣乱的男生们则深深地低下了头。

最后,我深情地对学生们说:“孩子们,我们都很喜欢也很关心张老师,希望张老师早日康复,重新回到我们中间。现在她正在同病魔作斗争,但仍然很关心大家,希望大家能更加坚强、更加勤奋,希望我们的班级更好。张老师是一位好老师,和大家有很深厚的感情,我很羡慕。我也希望能走进你们的心里,和大家做朋友,与大家一起努力,把我们班建设得更好,用一项项荣誉为病中的张老师加油,好不好?”

霎时,我看到学生们眼里的光芒,我知道这一刻,我和他们站在了同一个方向,有了共通的感情。接下来的一段时间,我利用各种机会与学生进行情感交流,从特长、喜好到理想的班级、奋斗的目标,我和学生们分享着我的工作思路、理念与感受,学生们不断为班级建设提出各种各样的建议。就这样,我慢慢地成了他们信赖的姐姐、朋友。

从此,故意作对的人少了,积极配合的人多了,我也不再武断地决定学生们需要什么,而是学会倾听学生们的意见。班级在这样的氛围中更加团结和优秀。学期结束后,当我将他们交给新的班主任时,我看到了他们留给我的一张贺卡,上面写着:“老师,谢谢你!”短短的几个字,全班三十几名学生的签名,让我温暖而感动。

（天津市卓群中学　李琳）

真心爱“丑”女

“你拿开!”

这三个字一直在我耳边回荡着,我闭上眼想象着自己当时说这句话时狰狞的面孔和愤怒的眼神……

“你拿开!”

这越来越刺耳的声音,让我无地自容,我用双手掩住耳朵,深深地埋下了头。这种后悔的滋味真的很难受,中午的一幕又出现在眼前……

小烨是我班一位高大粗壮的女生,总是脏兮兮的,尤其是脖子上那一圈黑印更让我不能直视。中午,我正在教室里吃饭,她拿着那污迹斑斑的作业本举到我眼前说:“杨老师,我写完了。”

看到那个本,我不禁愣了一下,叫道:“你拿开!”

听到这话,她也愣住了,片刻,灰溜溜地走了。同学们偷眼看了看我,也看了看小烨,瞬间,我意识到了自己的不当,马上补充了一句:“一会儿再给老师好吗?”尽管语调变得十分温柔,也根本无法掩饰我对她的排斥!

此后,同学们的举动让我震惊:他们见到小烨都躲着走,甚至有的同学经过她身边时还捂着鼻子。升旗和做操站队时,她前后的同学都故意离开她一段距离,同桌更是对她摔摔打打。本来就少言寡语的她更不爱说话了。

下午做课间操,我发现小烨主动站到了最后,和前面的同学保持距离,似乎她已经意识到(或许认可了)自己和其他同学不一样。我站在队伍后面,看着她的背影,一种酸酸涩涩的感受袭上心头。

“老师,小烨又乱动我的东西!”小翔的声音打断了我的思路。我抬起头,看着小翔。是呀,我该说些什么,又能说些什么呢!

回到办公室,我心情异常沉重,我翻开自己的教育日志,想找到挽回的良方。

案头那一行小字触动了我:“孩子的天性是天真、纯洁并伴有极强的上进心。”对呀,孩子们的天真纯洁,往往被我们这些有成见的大人影响着。我要弥补我的过失,不能把小烨推向孤独!她还是个孩子,是我该爱的孩子中的一员,她也要有快乐的童年,也要有朋友一起游戏。

为此,我准备了一节心理辅导课“认识自己”,我在课上鼓励同学们找出自己身上的优点,发现同学身上的闪光点。同学们畅所欲言,当然我的关注点还是小烨。活动中我层层深入,潜移默化,我首先送给小烨一个星卡,说:“王烨,你热爱劳动,脏活儿累活儿抢着干,这颗星送给你。”

同学们用异样的目光看着我,教室里一片宁静。小烨站起来用脏兮兮的手接过星卡低着头小声地说:“谢谢老师。”

我握了握她的手,微笑地拍拍她的肩头,示意她坐下。这时我发现有的学生开始在悄悄地修改自己的星卡，班长站起来对小烨说："你集体荣誉感强，这颗星送给你。""你还帮我擦过黑板，送给你一颗星。""你还帮我拿过书包。"……同学们对小烨的漠视开始发生了变化。看到学生们的热情，我的眼睛湿润了：老师的一举一动真的在影响着每一个学生。我看到小烨笑了，笑得是那样开心。

下课了，我回到办公室，拿起她的作业本抚平上面的皱痕，用胶条贴好了破损处，还用纸包上皮，写上她的名字。回到教室，我把作业本拿到她的面前，说："你的作业本今天很整齐，希望你保持住！"她吃惊地瞪着我，我又说："你有个字写错了，老师教给你！"我们俩近在咫尺，就这样脸对脸地交流着。这是我们第一次这么近距离地接触，竟然发现她的眼睛很美丽，我有些冲动地说："小烨，你的眼睛很漂亮。"同学们不约而同地笑了，她也笑了。这笑容我读懂了，纯真里更多的是感激。

之后，我们有了一次长谈。交谈中我告诉她："你确实很漂亮，个人卫生要自己做。父母工作都很辛苦，要自己学着洗澡洗衣服。"她说："我看过医生，说我脖子上有黑皮病，洗不干净了。"我告诉她，你可以去治，治好了，会更漂亮。

我和小烨的一次又一次亲密接触，也影响着一个又一个学生。

作为教师，必须用公正的目光看待我们身边的每一个学生，因为他们拥有同样鲜活的生命。你看到那夜空中的星星了吗？虽然亮度不同，但每一颗星星都是发光的，那——就像是我的学生们。优秀的，有他们再发展的空间；不够优秀的，更有他们熠熠的亮点。他们每一个都是发光的，只要我们善于发掘，那光亮便会照亮整个世界。

（天津市河北区育婴里第二小学　杨兰敏）

打开心结

奇怪，学生们怎么没休息？我向教室走去，走到教室后门时，听到屋内的声音不同寻常。我快走几步，只见教室里坐在霍明座位周围的几个同学围着他你一言我一语地指责道："都是你把纸扔到地上，影响了班里的成绩！""这次我班的'流动红旗'得不到了！"其他学生听到这些话，再看看地上的纸，也跟着"参战"，气氛十分紧张。我深深理解学生们：为了争夺这一周一次的"流动红旗"，他们费尽了心。学生们是珍爱班集体荣誉的。

双方对峙，面红耳赤，我当众批评了霍明，并责令其把纸捡起来。霍明含泪注视着我们，然而他最终还是把纸捡了起来。但之后他手里拿着纸，向我投来不屑的一瞥，转身跑出了教室。

学生们散去，我对窗而立。不知怎的，此刻我丝毫没有那种"胜利"的喜悦和教师的尊严感。

打那以后，霍明的座位周围是天天有纸时时有纸，看得出他是有意往地上扔的。周围的同学替他捡起来，他不屑一顾，然后大模大样地走出教室。我真的生气了，可无论我怎么批评他，他总是用憎恨的目光盯着我，嘴里还不住地嘟囔。

后来，尽管我采取了各种补救的办法，但收效不大。我开始自省，他以前不是这样的学生呀！关心集体的事，他也做了不少，这究竟是怎么回事呢？是不是问题出在我身上？

我想了许久。班会课上，我跟学生们说："这节班会课，我们来个师生谈心会。"同学们应和着，只有霍明闭口不答，目光满不在乎地转向了窗外。我马上补充道："如果有的同学不愿意当众说，也可以写在纸上。"我用余光扫视着霍明，就在这一瞬间，我们的目光相碰，我看到他的眼睛一亮。

果然，霍明把要说的话写成了书面语言："陈老师，我对您有意见，那天地上的纸，不是我故意扔的，这纸是从书包里拿书时带出来的，我没有来得及拾，他们也不容我解释，您也不了解情况，就乱批评人。您也当过学生，如果您也像我那样不小心把纸掉到地上，您的老师也那样当众批评您，您能接受吗？"

好家伙，这连珠炮似的发问，看来他委屈大了。

不管怎样，我弄明白了情况。此时我的心怦怦地跳着，脸热辣辣的。由于我当时的疏忽，差点儿冤枉了一个学生，这可不是小事呀！那天双眼含泪的霍明重新浮现在我的脑海中。

放学后，我找到了霍明，他胆怯地看着我，我知道他可能以为我看了他写的内容会更严厉地批评他。我微笑着，抚摸着他的肩头，开口说："那天的事，是老师误解了你，老师有很大过错，谢谢你给老师上了一课！"

我的这一番开场白让霍明出乎意料，他眼睛瞪得大大的。我看得出在他的目光中流露出对老师的敬佩与感激。他的泪水止不住扑簌簌地流淌下来，他哽咽着说："老师，是我不对，我不该又故意把纸扔到地上，您批评我吧。"接着又说，"我破坏了集体荣誉，给班集体抹了黑，我也不该对您使性子、耍态度。"

紧接着他又不安地问："您会不会告诉我家长？"

“怎么会呢,如果老师是你,也许还不比你冷静呢!”我忙说。

我们师生间结了多天的“结”终于解开了。我诚恳地对他说:“老师不是也有错吗?那么就让我们一起来改正,好吗?”

霍明使劲地点了点头。

望着他远去的身影,我长长地舒了一口气。

(天津市红桥区桃花园小学　陈淑敏)

“额外”的请求

自从走上我梦寐以求的讲台起,我就一直担负着小学六年级语文教学工作。我和我的学生一起学习、一起欢笑、一起成长,大家对我的认可、对于语文课的喜欢超出了我的想象,也让我倍感欣慰。可是,学生们的一次小小的“请求”却让我深感意外,也让我对于教师的工作有了更新的认识。

那一天,清脆的铃声响起,我迈着轻快的脚步来到讲台前,习惯性地扫视了一下每一个学生。我发现同学们都很紧张,不禁哑然失笑。这节课是《木兰诗》教学的最后一个环节——背诵全文,强化一下“讲求方法,努力学习”的道理,上节课已跟学生打了招呼。

我一直觉得背诵是小学生学习古文最简单,也是最容易的环节,运用这种形式,可以把我要帮扶的对象筛选出来。

我照例问道:“谁能把课文背下来,为大家做个榜样?”

同学们面面相觑,都不做声,有的甚至把头低到了桌子面上。

“谁能把课文背下来?”我不觉提高了嗓音。

慑于我的威力,有几个学生试背了一下,不尽如人意:不是结结巴巴就是丢字错句。背不下来?我有些恼怒了,课堂气氛一下子紧张起来。

这时,有位女生举起了手,但是举得有些犹豫。

我便问:“你要给大家背一背吗?”

“不是,老师,”她怯生生地站起来说,“我想提一个请求,可又怕您生气。”她的眼里闪过一丝狡黠。

“尽管提吧,老师有求必应。”

“老师,我想请您为我们做个榜样——您先背一遍,可以吗?”

“我——”我不禁哑然。

教室里静得出奇,更要命的是,那五十双纯洁的眼睛这时显得格外明亮,有些许幸灾乐祸,更有某种期待。

“木兰诗——唧唧复唧唧,木兰当户织……将军百战死,壮士十年归。归——归——”唉!我感到浑身突然发热,我有些着急了。老实说,这课文我还真的不能流利地背诵下来。刹那间,天旋地转,思绪乱如麻,一时不知如何是好……这种状况是无论如何与老师的身份不相符的……我担心我精心打造的经典课堂、苦心经营的师道尊严,将要丧失于这位女生的一求之下。

但是我一点儿也没有怨恨她,也许类似请求别的学生都想提,只是这位女生十分坦率可爱,忍不住提出来了。

好像过了很久,我才从窘境中回过神来,咽了一口涶沫,对学生提了个请求:“这样行吗?我和大家一块儿,看谁背得又快又流利,下节课我们比赛,好不好?”

“好!”欣喜的声音伴着热烈的掌声响了很久。

多年来,那节课,那个请求,重重地叩击着我的心灵。在平时的工作中,我精心设计的每一堂课,学生是那么喜欢,这一直是我引以为豪的事。现在我明白了,在我的心里只有对学生的要求,却从来不曾如此要求过自己,好像掌握课堂知识都是学生的事,殊不知,在学生的眼里,老师应该是他们最好的榜样。这是一个多么平常的道理。以前,我总是理直气壮地批评学生不能很好地掌握所学的内容,现在想来,不觉汗颜。我不禁感叹:在与学生共同生活的过程中,老师以身作则是多么重要啊!

(天津市宝坻区北城路小学　杨云青)

作业本风波

我总是喜欢在大课间去班里转转,看看学生们在做什么。刚刚迈出办公室,就听到班里吵吵闹闹、沸沸扬扬的,还听到有女生的哭声,是否出了什么大事?

我走进教室,同学们都注视着我,两个女生正在那里哭。

“李老师,小岩发作业本,到处乱扔,砸到了小洁的脸,把小瑶的本子也弄坏了!”班长向我报告。

这时,学生们纷纷议论了起来:“让他赔本!”“让他道歉!”“发作业本能乱扔吗?”……种种指责都指向了小岩,此时的他深深地低着头,嘴里好像在嘀咕着什么。

同学们这时都望着我,好像要在我的眼神中得到他们想要的答案。我想,小岩虽然在学习上让老师们操心,做事比较粗心,但绝对不是一个坏孩子,课间他能主动为同学们分发作业本,也是关心集体、乐于助人的表现。今天为了图省事,好心办了坏事,虽然不对,但也不能一味地指责啊。但事情已经发生了,如何解决好,既要保护小岩,又要明确是非,这个难题摆在了我的面前,我心里矛盾着:怎么办? 上课铃响了,我匆匆拿了课本再次回到教室。这时教室里鸦雀无声,很多同学先偷偷看着小岩,再看看我,好像都在等待“法官”的公正判决。小岩还是把头埋得低低的,似乎觉得很委屈、很无奈,心里还有几分不服气。

“各位同学!”我以亲切的语气开始讲话,教室里一片寂静。

“今天李老师应该主动向大家承认错误,向大家作一次深刻的检讨。错的是我……”

学生们的眼睛里显出了一阵茫然,惊讶地注视着我。

小岩连忙站起来对我说:“老师老师,错的是我,您道什么歉啊?”

我郑重且诚恳地对学生们说:“大家还记得吗? 今年春季运动会的时候,李老师看大家满头大汗、热得难受,买了很多冷食,就是这样扔给大家的,由于扔得不准,还砸到了一些同学,这是一种不礼貌、不文明的行为,是对同学们的不尊重,因此应该坚决杜绝。在此,我向大家道歉!”

就在这时,原本鸦雀无声的教室忽然间响起了一阵雷鸣般的掌声。放学后,我与小岩谈了话,他和我说,他确实不是故意的,以后一定改正。后来向班干部们了解,我才知道,小岩课间主动向两位女同学道了歉,转天又主动买了一个新本子还给了小瑶,但小瑶没有要。

这件事之后,许多学生主动和我谈话聊天,说他们在平时的班级生活中,也做过很多类似“不自觉”不尊重他人的事,实在不应该。我微笑着对他们说:“能意识到自己的错误,做到知错能改,就是老师和大家心目中的好孩子!”

随后,我又以此为契机,在班内召开了一次“尊重他人,学会友爱”主题班会,学生们各抒己见,畅所欲言,又一次感受到在平时的生活中尊重、友爱他人的重要性,并领略到一个真理——“只有尊重别人,才能得到别人的尊重”。

作业本风波已经过去一年了,但对于学生们来说,还是那么记忆犹新,它在我的心中也是一段不可磨灭的回忆。作为班主任,不应一味居高临下批评别人,自己好像完美无缺。人非圣贤,孰能无过,做错了事,向学生道个歉,又何尝不可呢?

(天津市津南区东大站联合小学　李军)

一个公式的总结

本学年第一学期学校组织八年级篮球循环赛,采用淘汰制。

赛前两天,同学们凑在一起七嘴八舌地议论,这个说:“哎呀,说起这事,我的心怦怦直跳!”那个插嘴道:“胆小鬼,咱班一定赢!”又有同学提议:“咱班得有特色,杨老师,您从班费里出点儿钱,给我们买队服吧。”其他男生听了,来了劲头,纷纷围拢过来,信誓旦旦地说:“杨老师,您等着瞧,咱班首战肯定告捷。”

就这样,沸沸腾腾地迎来了第一轮我班与二班的淘汰赛。

当天上午上第三节课,政治老师突然向我反映,说我们班有一多半学生没交作业。这对于对班规要求一向甚严的我而言,是天大的事。

“叮铃铃……”第四节课终于下课了,我把没交作业的学生召集到办公室外,问明原因。我自然免不了进行一番义正词严的批评。时间一分一秒地消逝,看看表,已经快到比赛时间了,站在我面前的几位学生都是参赛选手,我只好匆忙让他们下楼参加比赛。

虽然选手们拿出了看家的本领,但不是配合不默契,就是投篮不准。随着比赛结束的哨音吹响,参赛和观赛的同学都垂头丧气,像泄了气的皮球,迈着沉重的脚步向班里走去。途中,同学们都纷纷责备自己,班长悄声对几个同学说:“这回咱班被淘汰都怨我,我要是提醒杨老师多练几次就好了……”

教室里异常安静,面对一双双黯淡无光的眼睛,我简单地总结了几句。谁知听完我的话,同学们的表情却“多云转阴”,继而“局部地区”下起了“雨”,并“雨”势在扩大着。

我的心紧缩了一下,赶忙说:“准备上课吧!”

晚上,我辗转反侧,回想白天的一幕幕,回想学生在比赛中的一言一行,心里一阵翻腾,有一种酸楚的感觉:集体荣誉在学生们的心里是多么重要,而我,对未交作业的偶然现象却看得比比赛更重。能不能沉一沉再解决?显然,这次比赛我用心不够，认为参加了就算完成任务。作为集体的一员，我却没有学生那样上心，在这个问题上，还真得向学生们学习，一种内疚与自责油然而生。

周一早晨，学生们仍打不起精神，我诚恳地对学生们说："我班被淘汰了，主要原因在老师，是我没有足够重视，请同学们原谅。你们这次的表现让老师很满意，也很感动：我为你们有这样强烈的集体荣誉感而满意，为你们这样珍视集体荣誉而感动。同学们有这种团结协作、荣辱与共的精神，在老师的眼里，你们个个都是胜利者！"

话刚说完，班里响起了热烈的掌声。

一次比赛，检验了学生的集体观念，也考察了我作为班主任的管理水平。我做得不好，应该自我检讨。有人说过这样一句话："老师不经意的一句话，可能会创造一个奇迹；老师不经意的一个眼神，也许会扼杀一个人才。"作为一名教师，应该经常回顾自己以往的教育历程，反思一下：我造就了多少个遗憾，刺伤了多少颗童心，遗忘了多少个不该遗忘的角落！老师的主导作用非常重要，老师必须把自己当成班集体的一员，和学生休戚与共。

由此，教师和学生的关系应该是"1 + N"，而不是"1 ∶ N"。这个公式是我从实际工作中总结出来的。

（天津市汇森中学　杨晓冬）

推开另一扇窗

那天午休，我沿着操场跑道散步，突然，班上两名学生扶着小林同学朝我走来，其中一个学生说："老师，刘泽把足球踢到了小林的脸上！"我拿开小林捂住脸的手，发现他半边脸都红肿了。我赶忙送小林同学去医务室，又立即把刘泽叫到操场上。

"你为什么用足球踢人？"我的声音有些严厉。

"我不是故意的。"他眨着眼答道。

"你每次都说不是故意的，却一次又一次的伤害那么多人！"我立刻想起他曾经踢伤一个同学的脚，打肿另一个同学的头……而且每次他总是找出很多理由推卸责任。我越想越生气，大声道："你以为不是故意的就不用承担责任吗？"

他依旧很平静："小林不会有事的。有一次他也把篮球打到了我脸上，我那时什么也没说。”

“那你就是在打击报复了？还说不是故意的！”我几乎是在怒吼，很多路过的老师和学生都投来关注的目光。

“杨老师，我错了。”他小声说。虽然认错了，可是从他眼睛里我看不到丝毫歉疚。他的冷静让我不知所措，这无疑是一次失败的谈话。

事后，我总觉得这件事情处理得哪里不得当。经过认真反思，我认识到自己在处理这件事情上存在的问题。

首先，我没有控制好自己的情绪。听到学生出事，我的应激反应是“怒火中烧”，根本没有调查前因后果，也没有耐心倾听刘泽同学的解释，以致谈话刚一开始就出现了对峙。应激反应是一种“不思维”的思维方式：想都不想，条件反射般做出习惯性反应，自然笨拙而不科学。

其次，我盲目联系历史，简单归因。在刘泽同学声明自己不是故意伤人的时候，我没有给予他最基本的信任，而是武断地认定他又在给自己找借口，旧账新账一起算，给他带来了一场暴风骤雨般的冲击。仔细想想，那种严厉的质问甚至怒吼，只是宣泄自己的情绪，并不是真正的教育。

再次，我漠视了学生的尊严。尊重学生是师生有效沟通的前提，也是学生接受教师教育的关键因素之一。我在操场上于众目睽睽之下对刘泽大声呵斥，挫伤了他的自尊心。

认识到自己存在的问题，我又悄悄把刘泽叫过来，选择了一个僻静的地方，开始了第二次谈话。

“老师刚才冷静地想了一下，相信你不是故意踢伤小林的。愿意说说当时的具体情况吗？”

“校足球队中午练球，当时我开了一个大脚，就踢到小林的脸上了。”

“这么冷的天，如果球砸到你脸上，你会怎么样？”

“很痛。”

“是呀，那小林一定也很痛，你的不小心给他带来了痛苦。”

“我当时也很难过的，都没心情玩儿了。”说着说着，这个同学们眼里的“铁汉”居然眼睛发红了。

“老师知道你是个善良的孩子，不过善良要表达出来，别人才会知道呀。”

“嗯。后来我问他有没有事，他说：‘我受伤了，以后都要你养，每个月两万块。’”刘泽委屈地说，声音哽咽了。

我拍拍他的肩:“哦,他说的是气话。不过我们换个角度想想,当时他无缘无故被你扔出的球打到,一定又痛又气吧?”

“嗯。”

“后来我看到搀扶他的是别的同学,而不是你。”

“……”刘泽低头不语,但愧色已爬上了他的脸庞。

“同学们都叫你‘铁汉’,我想真正的铁汉应该不只表现在身体的强壮上,更应该表现在为人的风度上,要勇于承担责任。去吧,去跟小林说声‘对不起’。”

“……”刘泽望着我,有点儿局促——他放不下自己的面子。

我微微一笑:“老师还有些事情要去处理,你自己去跟他说。我相信真正的‘铁汉’会做到的。”说完,我转身向办公室走去,这时的脚步显得很轻快,也很踏实。

下午课间,小林来办公室交作业,他对我说:“杨老师,刘泽不是故意的。”

同一事件,同一教育对象,因为我推开了不同的窗子,看到了两种截然相反的教育风光。第一次谈话,由于我情绪激动,言语不善,教育没有达到预期目的;第二次谈话,由于我运用了共情、换位、暗示等心理辅导手段,打开了刘泽的心扉,取得了良好的教育效果。仔细回想,感慨颇多。

以学生认错为终点的教育,是最表面、最肤浅的教育,其主要作用是满足教师本人的心理需求:学生认错了,教师就释怀了。可到底问题解决了多少?我很庆幸,第一次谈话,当刘泽说“我错了”时,我没有就此罢休,而是经过认真反思,认识到了自身的不足。的确,让学生口头上承认错误并不是我们教育的最终目的,只有让他切实认识到自己的错误,并明确了今后改正的方向,我们的教育才算成功了。

第二次谈话过程中,我首先运用“共情”法,承认刘泽的确“不是故意伤人”,让他知道自己已被老师理解,从而消除了他的对立情绪并使他说出了事情的始末。之后我用“换位”和“积极暗示”让他表露内心的真实感受——他其实是抱有歉意的,而并非真的像第一次谈话时那样冷漠。可见,谈话先创设一个安全的心理环境非常重要,对方有了被认同感,才会畅所欲言,我们也就能听到更多真实的东西。

学生的心灵是无比脆弱而敏感的,要真正走进他们的内心,老师就必须以诚相待。刘泽是一个自尊心和个性都很强的学生,一味地说教必定是无效的,反而会让他固执的心更加封闭。只有春风化雨,以真诚打动他,才能走进他的内心深处。所以,我在谈话中先认同他的确是“无意”的,并肯定了他的“善良”,再引导他进行换位思考,真正触动他的心灵,最后顾及到他“拉不下面子”,让他私下道歉,以此避免尴尬,这才让他心服口服。

作为班主任,如果在教育学生时遇到阻碍或困扰,不妨试着“推开另一扇窗”,也许你会看到阳光灿烂,风光无限。

（天津市蓟州区盘山初级中学　杨威威）

桃花下明媚的笑脸

漫步在学校的甬道上,一阵微风吹来,桃花瓣落满肩头。又是春天了！成群结队的学生在我身旁走过,礼貌地和我打着招呼。我微笑地应答着,目送着他们欢快地远去……

那是我刚刚参加工作的第一年。满怀着梦想、激情、希望和憧憬,我踏上了三尺讲台,开始了我的教师生涯。每天的日子过得忙碌而充实:备课,讲课,批改作业,和学生一起研究难题,和他们一起笑、一起玩、一起闹。我从来都不批评他们,他们也开始和我没大没小。一位有经验的老师提醒我:“你做得太过了！这样下去不是好事。”我笑他太“杞人忧天”了。上学时我就希望遇到一位能和学生打成一片的老师,既然我没有遇到,那就让我的学生遇到吧。

大概过了半个学期,我发现这些学生开始不听我的话了,班里乱哄哄的,说他们几句他们就觉得委屈。后来他们压根就不拿我的话当回事了。老教师们都说,我对学生“太好了”,好到他们已经不在乎我了。

我愤怒、委屈——怎么会这样!

从那以后,我对工作依旧认真,但是我对学生却再也不像上面说的那样了。

时间在我的满腔愤懑中流逝,转眼到了第二年,学校依然安排我当新班班主任。面对一个个朝气蓬勃的学生,我再也没有以往的激情和亲切了。

我每天板着脸,语气苛刻,目光严厉,仿佛学生们都是我的仇人。当学生们叫我“老师”的时候,我眼里充满了不屑。我发现我开始讨厌学生喊我“老师”了。果然,渐渐地他们也都不叫了,看到我的时候都会远远地避开,仿佛我身上长满刺一般。

春天来了,校园里桃花盛开。走在甬道上,欣赏着这如画的美景,我不禁微笑,很久没有这么好的心情了。

一声“老师好”打断了我的思绪。抬眼一看,是一个笑容灿烂的小女孩从桃树下穿过,来到我的面前。哦,原来是我们班的小萌。我最讨厌她了:其他学生都知道我讨厌他们喊老师,所以他们看到我都会乖乖地躲开,只有她,每次看到我都是大声地喊“老师好”,还满脸带笑,也不顾及我不屑的眼神。

“怎么了?班里出事了?”

“没有。”

“那你找我干什么?”

“老师,我看你在这边看桃花,就过来和你打声招呼。”

真是多事!也许她感觉到了我的不悦,脸红了。她说:“对不起,老师。我刚才看到你笑了,你笑起来真好看!你好像从来都没有对我们笑过。”说完她又对我灿烂地一笑。

不知为什么她的笑晃了我的眼睛,那么美丽可爱的一个孩子,在面对我无数的冷眼之后,还依旧对我报以灿烂的一笑。我的心微微感到一阵刺痛。

“小萌,为什么每次看到我都要喊我?我可从来都没有理过你啊?”

“因为你是我的老师啊。我妈妈说‘一日为师,终身为父’。妈妈说要尊重自己的老师,老师是教我成长、传授知识给我的人。我妈妈还说,不能因为我喊了‘老师好’而老师不理我,我就不喊了。妈妈还说,每个人都有心情不好的时候,老师工作很辛苦,要理解老师。”

“你妈妈真好!”

“老师你也很好啊!虽然你不对我们笑,对我们很严厉,可我们都知道你是为了我们能‘好好学习,天天向上’。”

……今天的我究竟是怎么了,怎么会和“可憎”的学生说了这么多的话?小萌一脸明媚,在桃花的映衬下,她那可爱的小脸发散出红润耀眼的光芒。

难道是我错了?

在回办公室的路上,我思索着。回想刚参加工作时的种种思绪,再想想现在的种种状况,我发现自己走入了两个极端。我对不起上一届学生,因为我的极端影响了他们的学习和成长;我也对不起这一届学生,因为我的极端而使他们承受着冷暴力!

晚上,我辗转反侧,第一次郑重面对自己的问题,第一次认真地反思:怎样才能做一名合格的教师,怎样才能和学生处好关系?原来,亲密不是不分大小,严格不是严厉，爱要有所表达。我必须改变自己，我要让我的学生喜欢我，我要和他们成为知心朋友。既然要改变，那就从接受学生们喊我“老师”开始吧。

第二天，在那条甬道上，小萌一脸灿烂的和我打招呼，我回给了她一个同样靓丽的笑容。她愣了愣，又一脸微笑地跑开了。缤纷的花瓣落在她身上，如同她的笑那样明媚而耀眼。她不知道，她的笑，不仅明媚了这个春天，更明媚了我的心。

又有学生从我身旁走过，有人试探性地喊了我一声“老师”，我高兴地答应着。他们也许还不习惯，不过不急，有的是时间。

“老师，你怎么了？快上课了，怎么还愣神呀？”

一个学生的呼喊，把我拉出了回忆。他不知道，他的老师曾经犯过多么低级的错误；他更不知道，他能和我这般亲近地交谈全都是因为那张在桃花下明媚的笑脸。

花瓣飘落，小萌，谢谢你！

（天津市宁河区丰台中学　王兆华）

你们犯错我挨罚

最近，有位任课教师跟我反映，说我班的课上纪律有问题，说话的现象渐多，大有不可控制之势。听到这个消息，我立即调查，并利用晨会的时间跟学生们讲道理，告诉他们要珍惜时间，好好听课，不要说话。学生听后都向我说明，他们那是无心之举，不是故意的，会改的。

没过两天，那个任课教师又告诉我，学生们还在说话。“什么？竟然骗我！”听后我怒气冲冲地来到了教室，正值课间，班里那叫一个热闹。我大吼一声：“都给我安静！马上回座位！”

也许是我的叫声太大了，其他班的学生和老师都走到楼道里朝我班看。学生们都被吓得回到了各自的座位上。接下来的情景不言自明，我把学生们训得不敢抬头。最后，我明示：再在课上说话就按班规班纪办——罚。

经过这顿训斥，学生们在课上的表现好像好了一些，但仍有个别学生上课说话，直接被我按班规处理了。面对这种情况，我有些洋洋得意，随即哼上几句改编的歌词：“看见班乱一声吼呀，该出手时就出手啊，把我变成鬼见愁呀！”

我为我的高压政策暗自窃喜。可好景不长，学生们表现良好的态势只维持了一周的时间，课上又开始乱了，而被我罚过的学生在课上更是无所畏惧。

“没事，让他罚吧，反正他也不敢真把我怎么样！”“罚来罚去，他还不就是这几招儿，没什么新花样了！”

听到这些话，我眉头紧皱，深深地陷入沉思之中。

还记得在学生入学第一天我便说过，这个班是由42个学生和我这个班主任共同组成的，在今后的三年里，我们将荣辱与共，共同拼搏。而如今，学生们在课堂上屡屡犯错，我这个班主任是不是该负主要责任呢？想到这里，我突然感到心潮澎湃，紧皱的眉头也舒展开了，我立即声明：“从今天起，你们在班里犯错，我挨罚！”

站在讲台上的我对全班学生说出这句话后，班里顿时就好像炸了锅似的，学生们纷纷议论，对我的话表示怀疑。“是的，你们没有听错。我也是班里的一员，对你们犯错的行为我要负责。凡是有课上违反课堂纪律的情况，我都要受罚。受罚的内容是在教室站军姿；每有一人犯错，我就站五分钟。”

说出去的话如泼出去的水，再也收不回来了。在随后的几节课上，我通过在教室外巡视，发现有几个学生在课上又违反纪律了。最后一节课是自习课，我来到教室，说明了一天中发现的违纪情况，我在教室里站军姿一节课。

没想到的是，本来可以在下面安静写作业的学生，一下子有十几个人涌上讲台，一边上来一边跟我说：“于老师，我们知道错了。还是我们站吧，您下去休息一下吧。”

我没有答应，一边站着，一边要求他们下去。那些人并没有下去，而是一个个挺直腰板站在我身后。“既然您不答应下去，那我们就陪着您站，直到惩罚结束！”

学生们的表现着实把我感动了，就觉得眼眶一热，眼泪差点儿流出来。十分钟后，我告诉这些学生，因为他们与我分担惩罚，所以惩罚提前结束。但我没有动：“感谢你们与我分担，让我受罚的时间大大缩短。但作为你们的班主任，需要再站上五分钟。”

当时教室里安静极了，学生们都在低头认真写作业，毫不夸张地说，掉到地上一根针都能听得到。

班里的课堂纪律有了明显好转。我的“自罚”又进行了两三次，同样有不少学生陪着我，而我们挨罚的时间一次比一次短。令我意想不到的是，班内同学课上犯错,班委自己也挨罚。从此以后,课上违纪的情况越来越少了。

(天津市杨柳青第三中学　于增强)

老师迟到了

学生出勤,是班主任常规检查的重要工作之一。作为班主任,我严格遵守作息时间,每天都在 7 点 20 分准时出现在教室里,迎接学生的到来。

但是有一天,作为班主任的我却迟到了。

那段时间,由于我忙于教学做课,每天几乎都工作到凌晨 1 点才休息,导致转天早上闹钟都要响上好几遍,实在没有再赖床的时间,我才迷迷糊糊地起床洗漱。那天早上,不知怎的,闹铃在第一次响起后被我关闭,再也没有行使它的使命。当我再醒时,猛地坐起身,看到表针已经指向 7 点。真后悔自己又贪睡了半个小时,我慌了神:别说迎接学生到校,迟到都已成定局。

想到教室里四十几个学生正等着我检查晨读和默写,我满怀歉疚,忙给同办公室的老师打电话,拜托他交代学生先自己做练习。我飞快地收拾一番,快速出门奔向学校。

到底该怎么跟学生解释这次迟到的原因呢?是随便编一个理由搪塞过去,还是和盘托出自己的失误?一路上,我非常纠结。若随便找一个借口,告诉学生我迟到是被什么事情耽搁了,他们肯定不会怀疑,而且迟到的事情也不会有别人知道。照直跟他们说?他们的班主任因为一时贪睡而起晚,这太影响我平时一丝不苟的严肃形象了,日后还会被学生抓住小辫子不放……突然,我想到了诚信,我相信敢于面对自己错误的人,才是值得大家原谅的。于是,我决定诚实地面对我的学生。

赶到学校后,我拿起书直接冲进了教室。学生们鸦雀无声都正在做我布置的练习,没有察觉到我的到来。就在早自习还剩一分钟下课的时候,我打断了他们。

"同学们,今天的练习就做到这,下课前,我有件事情宣布。今天早上我起晚了,导致早自习迟到。"

话音未落,学生们齐刷刷地抬起头,瞪大了双眼;同桌之间还相互看了看,好像是怕自己听错了。

“因为我一个人的失误，影响了早上正常的默写和晨读，是我的不对。以前，遇到班上迟到的同学，大家会根据班级公约规定的惩罚措施罚他做一次卫生，老师迟到也不例外。下课。”

课间休息时，学生对于我今天的忏悔议论纷纷：“老师到底会不会遵守诺言，和我们一起做扫除呢？”“老师也如实承认迟到，够真诚！”“就是，老师勇于承认错误，是咱的榜样！”

“君子一言，驷马难追。”我提前拿来了抹布和盆，又从卫生间拉来一个垃圾箱，放学铃声刚响，我已经带着工具在教室门口等候了。数学老师一开教室门，看到我这架势，吓了一跳，说：“班主任还亲自上阵啊？”我不好意思地笑了笑，没有回答。

学生们看到我进来，笼罩在他们心头的疑云逐渐散开，值日组长主动接过我手里的盆说：“老师我先去打水。”还有两三个学生走上前来，主动拿起笤帚扫地。我正准备擦黑板时，身边的一个学生抢过我手里的板擦，说：“老师，我来吧。您工作忙，今天的迟到，您肯定不是故意的，我们能理解，您别惩罚自己了。”

我执意擦黑板，紧紧握着板擦，和学生解释道：“迟到是事实，我不应该为我的错误找客观原因。老师感谢同学们的理解，但是做错事情就要面对，接受惩罚才能让自己有所警醒。”我抬手擦黑板，上边够不到，于是，我向学生求助：“你帮老师搬把椅子来吧。”

扫除结束后，看着窗明几净的教室，我们除了收获了整洁的环境，更收获了面对错误时勇于承担的勇气。我用诚恳的态度收获了学生们的信任。从那以后，我们班好长一段时间出勤情况都保持得不错。

（天津市第十四中学　李奕）

“要课”风波

时间过得真快，距离高考还剩 100 多天。老师们都紧张准备着，给学生又讲又练，查缺补漏。经过“一摸”考试，发现学生们实验题失分较多，所以我想，三年中学过的重点实验还得让学生们再做一遍。

说实在的，经过那几天的复习，我已经是筋疲力尽了；无论哪个实验，都讲了好几遍，身体的能量几乎发挥到了极限。学生们经过几门科任老师的“轮番轰炸”,也累得够呛。但是课后,我还是把整本书的内容又看了一遍,发现有的实验确实还得做一做,尤其是学生特别容易错的地方,不做我放心不下。可是,下午已经没有我的课了,这可怎么办?

我看了看课程表,正好是体育课,我有点儿犹豫了,高三学生的课余时间本就不多,再剥夺他们所剩无几的体育课,有点儿残忍。但想想还是学习成绩更重要,少上一两节体育课,学生也可以理解。

我自己这样认为,就下了决心。我利用中午时间准备了实验器材,并和体育老师沟通好。下课铃一响,我飞速跑到我班门口,好不容易等到语文老师下课,我迫不及待地说:“同学们上完厕所,带着笔排好队去实验室!”

刚宣布完,班级里传来了一片“啊——”的声音。“老师干什么啊?”“不会又要我们做实验吧?”学生一个劲儿地问。我没有回答,好像我做错了什么似的,心里想:到了实验室再说吧,到了你们就没什么想法了。

学生陆续走进实验室,我安排他们先坐好;还有同学没来,那就等他们一会儿。

这时我发现几个男生在大教学楼的门口说着什么,于是我向那里走过去。还没到门口,就听见有几个男生气哼哼地说:

“这节课真的还去做实验啊?”

“化学老师要的课呗!”

“不上体育课了?”

“这星期就剩一节体育课了,还被要走了!”

听到这里,我心里很不好受,本来自己身体这两天已超负荷,有些不舒服,现在又放弃休息时间上课,这些学生不但不领情,还满嘴抱怨。好啊,这几个学生平时就会借着小聪明和老师讨价还价。

我走过去,对他们说:“你们以为老师愿意这样做啊,还不是为了你们好!”

“这是我们最喜欢的体育课啊!”

“老师最会要我们的课了。”

我愤愤地命令道:“快到教室准备做实验!”

这时,教室里也响起了我最不愿意听到的声音——

“老师最坏了!”

“老师就让我们上一节体育课吧,已经很久没上过了。”

有的学生似乎还哭了。

声音越来越大，这时的我，几乎成了罪人。我很无奈，只好问了一句："你们真的很想上体育课吗？"

"是的！"声音如雷贯耳。

"我们好长时间都没上体育课了"

"我们就是要上体育课！"

我无语了。为了这节课，学生们和我竟吵成这样，而且还哭声一片。难道我不累吗？这段时间上课，要课，批改不完的作业，中午为了准备实验课都没有回家，上火嗓子疼得要命，我不苦吗？每天早上七点就来到学校，下午要到天黑才回去，就这样学生还不知道珍惜……当时我感到一阵眩晕。

我把手一摇，咬了咬牙，说了一句："走，全都走，去上体育课吧！"

"真的？哦……"欢呼声一片。

仿佛我已经"捆"了他们很久很久，看着学生们像小鸟出笼般活泼的身影，我木讷地站在那里，发呆、反思：难道随便要课错了？

是错了。从那以后，我更加认真地备课，努力提高课堂效率，不再占用其他任何一节课，让学生们快乐、健康、全面发展。

（天津市扶轮中学　蔡泳浩）

小东的作业

"叮铃铃……"上课铃响了，我抱着一摞作业满面春风地走进了教室。

这是周一的第一堂课，学生们显得格外精神。我习惯性地环顾了一下教室之后对学生们说："同学们，你们交上来的作业我已经批阅完了，今天老师特别高兴，因为我发现了一份最让我满意的作业，这份作业写得十分用心。"

话音刚落，同学们小声议论起来，并不时把目光投向班长和学习委员。

"邵小东！"我故意将语速放得很慢。

同学们听后一片哗然，他们简直不敢相信自己的耳朵。"怎么会是他？他的作业也能得优？"同学们议论纷纷，把目光转向了小东。此时，邵小东涨红着脸低下了头。

我把他的作业本打开，让它面向学生们，鲜红的"优"字展现在了大伙儿面前。"让我们用最热烈的掌声对邵小东同学表示祝贺！"说完，我带头鼓起了掌。

班里立刻响起了热烈的掌声。我接着说:“虽然这次他的作业出现了三个错别字,但我看得出,这是他最用心的一份作业,字迹比以前工整了许多。所以,这份作业被评为班里‘最优秀的作业’当之无愧!”

再看看此时的邵小东,双眼瞪得大大的,身子坐得比旗杆还直,嘴张了张却不知说什么好。虽然在他的脸上满是疑惑和不解,但我从他的眼神中还是捕捉到了激动与兴奋。这一切对他来说来得太突然了,一时间还没有从中回过神来。

要知道,这份荣誉对于邵小东来说可是“嫦娥奔月”的大事。故事还要从上学期说起。

小东是去年夏天才转到我们班的,他最初给我留下的印象就是不善言辞。他的头脑聪慧,听课总是十分认真;虽然不爱举手回答问题,但你会感到他对课堂教学非常有兴趣。可是一到写作业,他就犯了难。他的字像是被大风吹过一样,凌乱不堪,做题的顺序更是“颠三倒四”。我很快便领教了他的“独门绝活”——“邵氏楷书”,不用看名字,一看字迹我就能认出他的作业来。批阅他的作业真是让我有如披荆斩棘、煞费苦心。

为了小东的作业,我经常找他。我知道,他的父母在外打工,他随父母更换了三次学校。受环境的影响再加上父母文化水平不高,他的字书写得十分难看。我也告诉过他写作业不要贪快,要一笔一画地写,而且写完要及时检查,避免错别字的出现。

就在今天早晨,我早早来到学校批阅学生的作业。在打了一个个对钩之后,批阅到小东的作业时又“堵车”了。我把他叫到办公室面批作业,因为我随时需要他帮我“翻译”。我指着作业纸上几个我用红笔重重圈出来的错别字,严肃地对他说:“三番五次告诉你作业写完要及时检查,怎么还出现错别字?”我的声音不大,但分量却很重。

说完,我抬头看了他一眼,原以为他会解释什么,可他却什么也没说,他只是把眼睛睁得大大地望着我。从那眼神中我仿佛感受到了一股清泉在我心中流淌,而他眼神中对学习的期盼却在慢慢消逝。不知怎的,我心头为之一震。

小东离开办公室之后,我又拿起他的作业仔细看了一番。看着看着,我忽然发现他的作业和别人的不一样,我留的作业是写两遍,可小东却写了四遍。我翻阅他之前几次的作业,发现这次作业不仅完成量多,而且字迹比以前大大规范,虽然还存在错别字,但我还是能感受得到他把这份作业多写了一倍的量,就是想把字练好。而我,却没有及时发现这一点给予其充分的鼓励,并从未给他评过一个“优”。这么用心的学生却很少受到老师关注。

其实,每个学生都在成长之路上不停地滚动着轮子;路并不平坦,偶尔会有坎坷,轮子会颠簸,甚至有可能会倾倒。作为教师,我们要在轮子倾斜的时候上前扶一下,让他们快乐前行。

猛然间,我又想起了小东刚才的眼神,仿佛一下子全明白了……一个对钩或许能够判断作业的对与错,但却不能描绘出学生在这背后的付出。想到这里,我突然觉得这份作业有千斤重。是啊,这份作业是学生带着对学习的执着和对老师的信任写下的。他在默默地努力着,可我却疏忽了,真是不应该啊。我要用欣赏的眼光去看待这份作业,用我的真心“挽留”小东对学习的兴趣。

我立刻在小东的这份作业上面郑重地写下了一个大大的“优”字,并写下了我的激励语。

此后,在班上,类似的优秀作业渐渐多了起来,学生们的学习积极性大大提高。这些含苞待放的“花儿”,绽放出美丽的“笑脸”。

(天津市津南区小站第六小学　莫新建)

金秋十月百果香

又到了金风送爽的10月,一年一度的校园读书节如期而至,而“跳蚤书市”则毫无疑问成了最引人注目的一枚果实。

“跳蚤书市”开市那天,同学们把家里闲置的旧图书带到班级书摊上自由买卖,俨然形成了一个微缩的图书交易市场。学生们过足了“老板瘾”:旧书得以循环利用,卖书所得还将捐给学校扩充图书馆馆藏,真可谓一举多得呀!

漫步书市,看着五花八门、各有千秋的书摊儿,听着各种有趣而未脱稚气的童声叫卖,我眼前渐渐浮现出去年书市上的一幕场景。

“好书恒久远,一本永流传——”

“走过路过,不要错过——”

售书活动就要接近尾声了,可我们班的书摊儿上还剩下不少图书。这不,几名售书员纷纷提高了叫卖声的分贝。我本想上前帮忙,但转念一想:授之以鱼不如授之以渔,姑且沉住气,看看他们到底能想出什么新花样来。于是我便站在不远处默默观察。

这时小凯闯入了我的视线，只见他半推半拉着一个戴着眼镜的男生来到书摊儿旁，故意抬高嗓门向大家说道："同学们注意啦！大帅哥儿刘鹏驾到！他可是我曾经一起穿开裆裤的铁哥们儿，他是看咱班图书剩得多，特地来捧场的！"小凯边说边冲大家挤眉弄眼的，接着就不停地向那个戴眼镜的男生推荐图书。眼镜男生支支吾吾再三推却，但又不好意思转身离去。

见此情景，小凯先是皱皱眉，然后又满脸赔笑道："哥哥，冲我的面子，怎么也得买两本吧？依我看，这两本就不错。"说着，他一把将两本书塞到眼镜男生手里。眼镜男生无奈，最终只好勉强买了两本。

就这样，小凯接二连三地拉来他所谓的"哥们儿"，一会儿功夫就卖出了六本书；其他几名"售书员"见到小凯有这般本事，纷纷投去羡慕的目光。

我站在一旁，看着小凯稚嫩的小脸努力做出的成熟表情，再配上那过于世故老练的腔调，不禁笑出声来，暗想：真是人小鬼大！只是，这满脸的志得意满，真的很难将他与课堂上那个无精打采的学生画上等号；再看那些"正牌儿售货员"，个个可都是班里的尖子生，但在卖书这件事上，他们却真的是黔驴技穷、力不从心。

窃笑之余，我再一次感叹：每个学生都有自己的强项和弱势，即便是一株不起眼的草花，也一定会在某时某刻呈现出属于自己的光彩。如果只是秉持着一种尺度来衡量这些有着不同兴趣爱好和特长的学生，那可真的是愚不可及；而我们长期以来却对做这样的蠢事情有独钟，而学习成绩的好坏就是我们手中的尺子：成绩优良就是英雄好汉，成绩糟糕就是狗熊笨蛋。殊不知，多少学生的自信被考得踪迹全无，多少学生的自尊被考得丧失殆尽，即使他们在其他方面显示出过人的才华，仍然难以摆脱"差生"的标签。

这不能不引起我再三思考：成绩与能力，或者说成绩与创造力，哪个更重要呢？学习成绩好不代表生活能力强，学习成绩差也未见得不能在世俗生活中如鱼得水。多元评价，迫在眉睫！

心怀期待，我开始了守望。在教学实践中，我努力为学生搭建平台，引导每个学生发现自己身上的闪光点，鼓励他们走上"舞台"尽情施展。渐渐的，班内诞生了"小小发明家""成语大王""剪纸小能手""阳光男孩儿""孝顺之星"……不知不觉中，我不再心急如焚，也不再怒其不争，我怀着一颗期待的心与这些学生们一起既欣赏朝阳，又欣赏落日；既欣赏早飞的"笨鸟"，又欣赏晚归的"寒鸦"。一路且歌且行，欣赏着不曾见过的"风景"。

“郑老师，咱班的图书都卖光了，提前完成任务，请您指示！”

班长的一句话，把我从沉思中惊醒。眼前的学生们脸上洋溢着笑容，手舞足蹈，我也笑盈盈地融入其中。

一阵秋风吹过，看着学生们那张张笑脸，听着他们那爽朗的笑声，我似乎闻到了一股瓜果的清香，眼前的学生们各有各的特点，各有各的本事，恰如各种各样的瓜果成熟在这金秋时节，散发着各自的香气。

正是金秋十月百果香！

（天津市西青区实验小学 郑延军）

点亮那颗星

我班有两个英语课代表，一个不愧为这一学科的代表，既拥有聪明才智，又刻苦勤奋、多思善问，成绩总是名列前茅；并且他为人谦虚和善，乐于助人，所以深得同学们的喜爱和信赖。而我更是对她赞赏有加，他既是我的得力助手，又能为大家做出表率，是典型的优等生。

另一个课代表小甜，虽然也尽职尽责，勤快懂事，但成绩平平，而且不善言谈，无论是我还是其他同学，经常会不自觉地忽视她。她可以说是中等生的典型代表。

而今天我就要说说我的这个中等生。

开学没几天，快八点了，她才急匆匆赶到学校。因为迟到了，而且被校门口值班老师记下了名字，她胆怯地向我解释，说自己胃疼，姐姐带她去买药了（因为父母在外地，她和姐姐生活在一起，而姐姐也仅仅大她一岁）。我没有批评她，也没有说太多关切的话，让她回自己座位上课。

后来有一天早上，我刚走进教室，立刻有一个女生跑过来跟我说要陪小甜去处理手上的伤口。我忙问怎么回事，原来是小甜怕再次迟到，路上非常着急，连人带车摔倒了。我一看，她手上都是血，大大的眼睛里都是眼泪，嘴上还连忙说着：“没事，老师！”我当时心里很痛：她小小的个子，这要是我的孩子我得多心疼呀！受了伤，还怕影响班级荣誉！

还有一次，校园艺术节，她参加了舞蹈项目的比赛。说实话，这些活动我很少过问，无非学生们自己去准备，去参赛，最后学校公布结果而已。可是小甜在成长手册中却提到了这件事,而且是在"我的大事记"这一页中写的。她责怪自己,虽然认真地做了准备,但是比赛中音乐却突然出错,令她无缘获奖,她觉得非常难过,难过在于没能给班级加分。

看到这些,我非常惭愧。从始至终我甚至都未过问学生一句;一个我无暇顾及的节目,前后却让学生这样用心和在意。这就是一名中等生的代表给我的深刻启示。每次学期总结,当我终于能够停下来,喘息一下,反思一下,每次都觉得自己最忽视的就是中等生。

长期以来,我的主要精力都放在了"两头"——优等生和后进生。我认为,出成绩、中高考考出高质量,主要看优等生。不管怎样,优等生会得到偏爱。后进生,问题多多,班级稳定与否主要看后进生,他们耗费了班主任大量的精力。班主任妄图用自己的体温去感化那群铁石心肠的学生,结果却总是被弄得遍体鳞伤。所以说这"两头"享受了大部分教育资源。

然而,中等生的位置在哪里?

他们成绩平平、循规蹈矩,性格平和,从不张扬,他们从不给家人或集体添乱;批评一般没有他们的份,而表扬也很少轮到他们。而有时我们为了鼓励那些后进生,甚至将荣誉和职务给他们!而中等生不知道让我们省了多少心,却很少得到关注。我可能一个学期也不和他们正经谈过一次话,中等生的家长问起孩子的情况,支支吾吾地说不出个所以然,什么都用"还可以吧"之类的语言打发。我问自己:难道他们就因为没有做出突出的成绩,也不犯什么错误,就得不到应有的关心吗?我把百分之八十的精力放在了班级百分之二十的学生身上,没有中等生的支持,我能这样吗?

我还反思:有多少中等生具备转化为优等生的潜质,而由于我的忽视而最终默默无闻?又有多少中等生由于我的忽视而滑入后进生的阵营?他们长期生活在缺少关爱的环境中,他们会是怎样的心理状态?就像小甜,她一心一意为班级,但却得不到我及时的关心和认可,那孩子心中的小火苗总有一天会熄灭的。我总在想:还有那么多沉默的中等生呀!

我越想越对自己对中等生的忽视无法容忍。我要点亮那颗颗小星星。为了弥补,在写期末评语时我非常认真地写道:小甜,你性格温和,言语不多,是个非常乖巧的小姑娘。你能歌善舞,多才多艺,为班级争得了荣誉。你在学习上懂得上进,上课非常专注,让老师喜欢又欣慰。作为老师的课代表,你让我省心又省力。希望你继续自己的优秀,坚定自己的目标,相信你一定会实现自己的理想。

我要让她知道，老师是了解和关注她的。不仅对她，对每一个学生，尤其是中等生，我都在评语中把他们的优点写得非常充分。我分明能看到他们在读老师写给自己的评语时那眼中闪烁的小星星。

（天津市梅江中学　梁海艳）

沉默的学生

2013 年，初登讲台，我所面对的一切对我来说都是新鲜的。刚刚见到学生们的时候，一张张可爱的笑脸，一双双明亮的眼睛，一声声清脆的童音，让我的心一下子融化了，我从心底对他们喜爱起来。

然而，随着日常教育教学工作的展开，这些可爱的小天使们渐渐露出了小恶魔的一面。他们仿佛精力过剩一样一刻都坐不住，一天到晚吵吵闹闹，眼睛滴溜溜转着，不知道在想什么“坏主意”，让初登讲台的我焦头烂额、不知所措。在日复一日的忙碌、着急中，我的耐心慢慢被磨灭，急躁的情绪却越来越重，终于有些按捺不住。

虽然嘴上说着我要爱每一个学生，但是付出的“爱”有多少？显然已经大打折扣。就在这个时候，一个学生给了我当头一棒。

我们班的小丰同学是个内向的小男孩，他平时不爱说话，也很少和朋友玩耍。上课的时候，他总是坐在自己的座位上玩玩铅笔，动动尺子，稍不注意就不知道神游到哪里了。

因为他上课时时常不听讲，我不得不多次打断讲课，希望拉回他的注意力。也正因为他上课常常不听讲，所以他的学习基础很差，经常做不出来老师多次强调过的题目。这些使他很难在老师喜欢的学生的行列里。

有一段时间，他经常在下课时送我许多小玩意儿，比如玻璃球、小弹弓、小纸片、坏了的小玩具等。他不说话，只是挤在讲台附近，执着地把那些小东西塞给我。而我呢，都将它们随手放在一边，离开教室的时候还忘了拿走。这样几次下来，我慢慢地不再收到这些小礼物了。

而就在那个时候，我正忙于和几个上课说话打闹、不写作业又爱撒谎的“硬骨头”作斗争，每天头昏脑涨、精疲力竭。而课间的时候围在我身边叽叽喳喳的人群里，少了一个本来就不爱说话的小男孩，对此，我根本没有注意到。

后来,他开始在上课的时候无缘无故地举手,而等到叫他的时候,他却又摇摇头什么也不说。这样几次三番之后,我真的有点儿恼火了。通过向教数学的王老师了解,他在数学课上从来没有过这样的举动。于是,年少无知的我简单粗暴地认为,他在用这种方式向我"宣战"。

在一次课上,当他执着地举手,持续影响我讲解一个重要知识点时,我非常不耐烦地说:"把手放下吧你,我以后再也不叫你了!"从那以后,他就再也不举手了。

这个小男孩又回到了沉默的状态,像一朵刚要绽放的花朵被冻结在寒冰里。他上课的时候不再玩儿东西,只是静静地坐着,不看书,不看黑板,不看我。

我再一次注意他是期中考试前,小组长检查背课文时,他不愿意开口讲话。我用不同的态度问了他各种问题,他一个也没有回答。而我依然没有意识到事情的严重性,再一次简单粗暴地认为他只是在逃避背课文。所以我给他的家长打了电话。

这通电话着实吓着了我。他的母亲告诉我,他在家里也很久不说话了。每天放学回到家,他放下书包就静静地坐在沙发上;吃饭时要叫十多声才会坐到饭桌前,吃完饭又静静地坐在书桌前写作业,他母亲和他搭话也不理。

于是我开始回忆有关这个男孩的故事,我突然意识到,他的自闭很可能是因为我。

因为我没有回应他稚嫩的爱意,因为我没有给他想要得到的关注,因为我简单粗暴地把自己平日的焦躁发泄在了这个安静的小男孩身上,所以,他把自己关闭在了门里,再也不出来了。

这个认知让我非常悔恨和难过。它让我真正领悟了经常听到的那句话:"教师的一个微笑可以成就一个孩子,而一个冷眼也可以将孩子毁掉。"

我特意找他谈了一次心,试探着和他聊天,希望他能给我回应,可他依旧沉默。在上课的时候,我经常温柔地叫他起来回答问题,希望他能看到我改正错误的行动。同时,他的妈妈也在家里找他谈心,和他聊天,希望能早日暖化他心里头结的冰。

就这样过了大约一个星期,他交上了一篇日记,内容是周末一家人吃烤肉的场景,写得非常通顺而又充满童趣。我惊喜地在全班学生面前朗读了这篇日记,并对小丰大加赞扬,全班同学对他报以热烈的掌声。终于,我看到这个学生笑了。

第二天，小组长检查同学背课文情况的时候惊讶地对我喊道："李老师！小丰都背下来啦！背得比学习委员还好呐！"我摸着他的头说："你真棒呀！这么厉害呐！"他抿着嘴嘿嘿地乐。

羞涩的小男孩又回来啦！

这件事情让我明白了，"爱"不是挂在嘴边的。学生们非常敏感，他们对你发自内心的表扬和欣赏或者走过场一样的点点头说"不错"的感觉是不一样的。他们能非常准确地分辨出你到底爱不爱他们和你有多爱他们。那个沉默的学生告诉了我，"爱"才是最基础的教育。

（天津市滨海新区塘沽上海道小学　李怡）

自律

学生自习课不守纪律的问题一直困扰着我。自从八年级带这个班起，我就一直要求我的学生能够自律；我也制定了一些班规班法、班级公约，设立了值日班长制度，但都好景不长。实在没办法，我还用老招——狠狠训一顿，有时似乎也起到了一定作用，纪律确实有所好转。但是，一旦有些学生不自觉，打破了安静的学习氛围，就很难再恢复平静了。

一天下午，利用第三节课时间开的教学会议延长到很晚，我心里十分着急，一直惦着自己班上如何了。可又一想，临近中考了，同学们应该都能认真地看书、复习。可事实却恰恰相反。等会议结束我快步奔向教室时，远远听见教室里大吵大闹响声震天，我一下子火就上来了。

我猛地推开门，喧闹声戛然而止，所有人都抬起头，看了一下又低下头去，好像在等待着挨训。当时我心中的怒火直往上冲，想揪出几个不听话的来大骂一顿，但又没盯住是谁吵得最厉害。而此时，脑海中另一股力量也在不断提醒我：要冷静，要冷静。我铁青着脸，一句话不说，站在门口，看着学生们，竭力压制着心中的怒火，努力控制着自己。因为无数次经验教训告诉我，在最生气的时候把学生痛骂一顿，并不能收到预期的效果；而一旦说出什么过分的话，还需要自己去收拾，非常不"划算"。可眼下，学生们的表现实在是非常不好：自习课上大声说笑，再次打破了班规，我的威严何在？

我该怎么办呢？在足足沉默了好几分钟之后，我终于彻底冷静了下来。我在想:学生出现问题,不正是因为老师的工作不到位吗?我终于开始说话了:“刚才我去开会,回来晚了,你们就这么吵,我非常生气,也非常难过。可我不是生你们的气,而是生我自己的气。我要好好反思一下这一年多来对你们的教育,为什么竟然如此失败!”

我的话音低沉而缓慢,同学们的头压得更低了,教室里静得连喘气声都能听到。我沉默了一会儿,接着又说:“我觉得我是一个不称职的班主任,我没有让你们真正做到自律。这也许是我的失职,我恨我自己,我要惩罚一下自己。我决定从今天起我来打扫教室卫生,值日的同学不必留下了。”

说完,我就开始上课。

下课铃响了,我宣布完放学,就走向卫生工具箱取出笤帚、墩布,开始做卫生。

奇怪的是,全班学生竟然没有一个人离开教室。起初他们看着我扫地,值日生要帮忙,被我拦住了。我故意笑着说:“没事,一会儿就做完了。”他们见我没停下来,几个人跟在我的后面也扫起来。我又开始擦地,用力地擦一会儿就气喘吁吁了,脸上已明显有汗珠渗出。

完工后,我站到讲台上。我没急着说话,而是仔细望着每一位学生,发现有的学生在不断抬头看我脸上的表情。他们显然是受到震撼了。许多人露出惭愧、不忍的表情。他们犯了错误,却让老师受罚,似乎没自己什么事一样,对一些懂事的学生来说,这绝对是一种心灵的煎熬。有个别女生想说话,嘴巴动了动,可最终还是欲言又止。

又沉默了大约五分钟,我面带微笑说了三句话。第一句话是:“如果你们平时的自习纪律情况都像现在这样,我将永远以你们为傲。”第二句话是:“我希望我教出来的学生都能严于律己,做真正自律的人。”第三句话是:“还有剩下的两个多月时间,我就看你们的表现了。”

最后我又问了一句:“以后怎么做?”

我的声音很低沉,听上去有点儿虚弱。可是虚弱的话语所产生的作用是巨大的。

学生们反应神速:“要安静!”。

我又笑着说:“那要是做不到呢?”

有的学生说到操场罚跑十圈,有的说抄语文古诗,有的说做一星期卫生。

那天以后,我不断地听到任课教师夸赞我们班自习课纪律好。自习课上,如果有学生不小心说话声音大了一些，马上就会有人提醒他，而被提醒的人会感到好像做错了什么，立马就安静了。

我自己没有再就纪律问题批评过学生们。我在想，我的自责及自罚，让学生在良心上受到谴责，上了刻骨铭心的一课。

（天津市第十四中学　常青）

17 岁的梦想

这天下课，回到办公室的我，看到桌上摆放着一张明信片，明信片上是一个穿着我校校服的高大男生站在巴黎埃菲尔铁塔下的留影，旁边写着："张老师，这就是我 17 岁的梦想，谢谢您！"虽未署名，但有一个名字无数次地在我脑海中闪过，每次我都想对他说一句："苏一然，对不起！"

有人曾说："教师是个冒险甚至是危险的职业，伟人与罪人都可能在他的手中形成，因此教师必须如履薄冰，尽最大的努力让自己和自己的学生走向崇高。"初当班主任时，我踌躇满志，觉得只要宽严有度，做到谈心时像牧师一样指引灵魂，关心时像保姆一样体贴入微，批评时像法官一样刚正不阿，那就一定没问题了。

苏一然，就是我这个时期的一名"VIP 学生"。高一开学时，他给人的印象很棒，积极乐观而又阳光，唱歌、篮球样样精通，在同学中的号召力很强。在开学不久后举行的英语剧展演中，苏一然的主持和反串表演得到一致赞扬，他立刻拥有了众多"粉丝"。对此，我自然是喜在心头，班主任的虚荣心得到了极大的满足。此时，虽然年级组长提醒我，在肯定苏一然的同时更应及时提醒他不要飘飘然，但我却不以为然。慢慢地，两个月过后，科任老师向我反映他上课打盹，作业抄袭。很明显，他开始纪律散漫，而且成绩也在不断下滑。

作为班主任，我自然要找苏一然谈谈这些问题。就在这时，他带领我班又拿了篮球赛冠军，他的作品在摄影大赛上也榜上有名。我觉得这些成绩为班级争得了荣誉，所以这次谈话没有对他的上述问题进行深究，听到他向我做出保证以后，问题也就轻描淡写地过去了。

但实际上苏一然并未改变，他的成绩一落千丈，班里的同学也开始对他有了微词。直到一次社团活动，政教处主任生气地找到我，说苏一然逃课打篮球，被批评时还一脸不屑地顶撞他。我开始意识到问题的严重性。

于是我联合家长,武断地要求他停止一切兴趣爱好,把所有时间都用在学习上,如有违背就用校规来处罚他。此后,对待苏一然我非常严格,只要他稍有问题便是一通批评;而他虽不再违规,成绩也有所回升,但少了阳光和快乐。升入高三,他对我说想学摄影,说他的梦想就是环游世界去采风。我自然一口否决,并对他这种“不务正业”的想法嗤之以鼻,要求他全力以赴备战高考。他听到我的回答,“哦”了一声,漠然地转身走了。

很庆幸,高考他考上了二本院校,读他喜欢的旅游管理专业,毕业后在当地旅游局做对外宣传工作。

他现在时常会给我寄来世界各地的明信片,每每收到这些明信片,我都会想起我的武断,想起他那个转身而去的背影。我不断地反思自己:初当班主任的我只知道一味地爱或一味地严,不能因材施教地掌握好教育学生的度。殊不知,我们要培养出有创新人格的公民,就要强调多元、强调差异,就要理性而智慧地给予学生爱。这样的教育才是为学生的人生规划和未来发展奠基!

实践就会有悔和愧,我会不断地思考,带着思考的大脑每天做平凡的事,这才是对学生的终身发展负责,才能发展成专家型教师。

我 17 岁时的梦想就是成为一名合格的教师,不忘初心,才能乐观看待眼前的一切,才能满怀希望地期待诗和远方!

你 17 岁时的梦想是什么? 你还记得吗?

(天津市第一〇二中学　张莉)

少点加油

那是临近中考的一天午后,天气很燥热,但楼道里却很安静,我和没课的老师正在办公室里批改作业。突然,教室那边传来“轰”的一声,我下意识地从椅子上弹起来,冲到楼道里;其他没上课的老师也纷纷从办公室里跑出来,大家面面相觑。这时,我们班教室的门被撞开了,张同学满脸通红地从教室里冲了出来,向着楼梯方向跑来,英语老师紧随其后,嘴里喊着:“拦住他! 拦住他!”

我急忙跑过去,一把拽住张同学。完全出乎预料,他竟然用力甩开我的手,脖子一梗,喘着粗气,看着我说:“不,就不回去!”

“怎么了？英语老师批评你了？批评你就不上课啊？不就英语差点儿吗？没关系，我看好你，给你加油！”

他突然瞪着眼，攥紧双拳，歇斯底里地吼道：“你们能不能别再喊‘加油’了，行不行啊？”

我一下子愣住了，不知所措，其他老师也一脸茫然。他从教室里逃出来就已经出乎我的意料了，再说出这样的话，更让我感到愕然。要知道，这可是我们年级非常优秀的学生啊！他到底是怎么了？

等他稍微平静后，我把他带到办公室。本想像连珠炮一样把我满脑子的疑问都发射出来，可他径直走到办公室最里边坐了下来，丝毫没有准备接招儿的意思，脖子仍旧梗着，侧着脸看着窗外。

于是，我硬生生地把所有疑问都咽了回去。我端起一杯水，放在他面前，他没有动。

我说：“天儿太热了，先补充点儿水分！”

他抬起手握住杯子，脸朝着我的方向微微转了转。

感觉到他肢体语言的变化，我顺势搬了张椅子坐在他面前：“老师知道你特别努力，刚才我对你喊‘加油’的时候你有点儿激动，能告诉我为什么吗？”

他无奈地叹了口气，顿了顿，欲言又止。

“没关系，告诉老师！”

他终于鼓起勇气：“老师，我能问您一个问题吗？您在加油的时候想法是什么？”

“老师觉得加油是一种对你的鼓励，是一种对你的期待啊。”

“可是您知道在我听来您说‘加油’的潜台词是什么吗？是‘精英期待’！您希望每一个学生将来都是精英，每一个人都要以绝对精英为目标去冲刺，路上摔倒了必须爬起来。绝不能承认自己不适合精英的状况，而必须奋进，否则我就是虚弱的、软弱的、甚至是失败的。”

他愤愤地说着，我的内心却再也无法平静，甚至感到了一丝惭愧，因为，他对我所喊出的‘加油’的定义和诠释竟让我无言以对。作为自认为最了解他的班主任，每每就只是盲目地去给他“加油”，而从来没有真正地去思考这种“精英期待”是否适合每一个学生。尤其是在中考前，每名考生都很焦虑，他们在承受着来自不同方面的精神压力，老师和家长总是一厢情愿、不假思索地去给他们以助力，尤其是我，特别喜欢对学生说：“加油！加油，你一定能考好！”我以为“加油”

这个词是鼓励学生最好的词汇。可事实上,过度的鼓励有时确实等同于过度的期待啊!

看他的情绪已经稳定下来了,我才向他了解了事情的原委:英语课上,同学们刚做完一篇练习题,老师要求做错题超过一半的学生起立,逐一解释自己错题的原因和改正的方法。查到他时,他就是不起立、不表态,老师坚持让他起立,他一怒之下就把桌子掀翻了。

我试探着问:"现在回头想想,刚才是不是太冲动了?"

他已经有些难为情了:"我不知道,当时我实在受不了了! 我为什么偏要和她们比较? 我就是不想比较,不想让大家知道我错题超过一半。英语老师就是想让我在大家面前丢脸!"他的声调明显又有些提高。

我停了停,朝他笑了笑:"会不会是你误解了老师的意图呢? 就像你误解了老师的加油一样? 要不我们一起找英语老师聊聊,好吗?"

得到他的默认,我简单地和英语老师沟通后把她请到了我的办公室。英语老师轻柔地问道:"今天怎么了?"

见他不回答,我说:"没关系,大胆地把想法告诉老师,老师才能真正帮助你。"

他低着头说:"我不想您总拿我的英语和某某比。"

英语老师疑惑了:"为什么? 你可是年级的'学霸'啊? 其他科目你都能学得非常好,这说明你很聪明,不能因为英语成绩不好而导致考不上好高中啊?"

"老师,我为什么非得每科都是学霸? 我已经非常非常努力了,可是我就是提高不了!"

听到这,我和英语老师互相看了看,似乎找到了这个学生焦虑的原因。

"如果你觉得真的追不上她们,那我们就暂且歇一歇吧。等不累了,不烦了,我们再启程。我们可以把目标分段,每次考试提升较小的幅度,你看怎么样?"

"老师,我先不和某某比,我先拿我同桌当目标可以吗?"

英语老师笑了:"好啊! 定一个适合自己的小目标是非常有必要的,日积月累也是一种有效的学习方式啊!"

他点点头,站了起来:"老师,对不起! 其实今天最让我生气的人是我自己,但我却把消极的情绪发泄在老师们身上了。"

"自己和自己生气? 为什么?"

"本来我一直是学霸,但是在英语成绩上出现了偏差,我接受不了,所以我特别着急，总质问自己：时间不多了，为什么成绩还没有起色？不管我怎么努力都没用，我怕，我怕自己考不上一中。”说着他竟然掉下泪来。

我走上前轻轻地拍了拍他的肩：“别急，我们还有时间，但你要相信自己。人无完人，每个人都有短板，要用积极的正能量去充实自己，要用自己的长处去欣赏自己，要用耐心等待自己进步。只有心情舒畅，卸下负面情绪的包袱，才能有更大的进步空间。”

他擦干了眼泪，红着眼睛看着我说：“真的吗？我还有希望吗？”

我重重地点了点头：“当然了，你现在就已经很棒了，只要卸下包袱就好了！”

“嗯！我知道了！”

铃声想起，他迈开脚步回到教室，开始了新的学习征程。

那天以后，张同学像变了个人，经常高兴地跑来告诉我英语考试又进步了几分，偶尔，他也会和我分享他的困惑和不足之处。

而我，也开始认识到，在学生面临考试心理焦虑时，盲目加油并不科学。有效的方法是在学生“临门一脚”的时候，少一点加油，多一点交流。毕竟，加油，不是鼓励学生唯一的语言！

2016年中考，张同学以年级第一的成绩考进了塘沽一中，而英语他考了112分。

（天津市滨海新区塘沽第三中学　孙宏巍）

卷八　活动的引力　智慧的洋溢

主编絮语

教育像一个多彩的万花筒，转一转，在你眼前呈现出五彩缤纷、五光十色的景象；转一转，不一样的愿景，纷至沓来，应接不暇，全是新事物，都是新挑战。班主任就是接纳这些美好愿景的智慧能手。

这些年，我们班主任，特别是中学班主任，总会遇到男女同学交往过密，两人卿卿我我、亲亲热热，干什么都想在一起，有的还私传字条，写一些羞于开口的话；有的小学生也仿效，对异性有好感，也写个“我喜欢你”，甚至直言“我爱你”，引起学生们起哄。对此，有的“老班”如临大敌，惊恐万状，比搞地下工作还神秘。马上找到家长，家长也如跌入深渊，见了孩子便劈头盖脸，非骂即打，好像塌了天，孩子再也不可救药了。

近些年，我们很多班主任发现这类情况后，变得处变不惊了，稳如泰山，泰然处之，像处理常规事务一样，智慧而巧妙地对学生启发诱导，很见成效。

学生，是来到世上学习生存、学习生活的，中小学生尤其如此。人生活在社会中，男女要接触，要联络，要交往，长大了些还要酝酿恋情，要共同实现美好的梦想。这当中，我们有多少道理要告诉学生们啊！他们的青春期来了，这时要告诉学生：“这很正常，说明你们长大了，情窦初开了，应该祝贺。”青春期是美丽的，令人钦羡的，对异性的关注、欣赏和亲近，都是人类最美好的情感，为什么要扼杀呢？再告诉学生：“爱情又是很复杂的社会现象，你们还小，经历、能力、判断以及经济能力都不足。酸涩的青苹果不大好吃，还是等熟了吧。见了一朵花你便下手采？不急，还是挑选一下再摘吧。如果真爱，就先冷藏起来，以后待条件成熟了，再重新取出。”最后还要告诉学生，现在正在学做人、学本领，这是生活的主题，没有这些基本素养，单凭激情，匆忙地干超前的事情，总是不冷静的，往往要碰壁。现在男女同学间还是多享受一些集体活动，保持一种纯洁的友情为好。有时还现身说法，告诉学生：“当年我也有过这样玫瑰色的经历，但是最终还是认清了眼下的大势，勇于取舍，健康成长。”把话送到心坎上，不给早恋的学生戴上“早恋”的帽子，学生会欣然接受，快乐地度过美妙的青春时光。

后进生也是我们常见的麻烦，现在不少班主任遇到各式各样的“猴孩子”，不像那几年那么着急了，而是智慧地寻求突破点，睿智地发现他们身上的闪光点，动之以情，晓之以理，让他们都有不同程度的进步。

再看各个班级的活动，都多姿多彩，“老班”不光围着几个课本转，动不动让学生自己设计个班会，他们的本事可大呢。搞个联欢，玩个游戏，来个“义卖”，亮个“绝活”，布个科技展，开个故事会，都渗透着核心价值观，都结合着做人、礼仪和道德。

我们可爱的“老班”，在学生们眼中简直都是万能的，个个都会十八般武艺，遇事冷静，“眉头一皱，计上心来”；不光教那门学科，不光留那点儿作业，除了政语外、数理化、史地生、体音美，还要告诉学生如何做人，如何生活，如何创新。班主任告诉学生们万千生活道理，让他们学会学习，学会健体，学会办事，学会交往，教他们学会适应社会，完成由自然人向社会人的转变。用我们“老班”的话来说，我们做的一切都是为了学生好。

一切为了学生好，便是我们的价值引领，也是我们的智慧所在。所谓教育智慧不是脑门儿一热，也不是灵机一动，它是科学的教育观念、教育思路和教育方法。作为教师，有对学生深情的爱固然必要，但爱不能自然生成教育智慧。教育智慧主要是通过教师的教育教学行为来体现的，表现为教师对教育和学生成长的规律性以及突发性事件的有效把握和深刻洞悉，有着敏锐的反应以及灵活机动的应对能力。教师的教育智慧，是教育科学与教育艺术高度融合的产物，是我们探求教育规律的结晶。

“智慧是万世之宝。”教育智慧是每个教师的期盼和追求，它有一个积累的过程。第一，锤炼我们的师德，这是教育智慧之源。只有修炼出良好的师德，才能拥有爱心与责任心，加上肯钻研，就会有教育智慧产生。第二，不断学习、实践、反思，提高综合素养。教师要立足于自己的经验，吸收各方面书本知识和非书本的外来经验，不断实践，将其内化为整体综合素养。这里包括对教育理论的消化吸收，对教学管理实践知识的反思，学科知识的不断完善，团队合作能力的不断提升，行动研究能力的不断创新。第三，教师要有积极向上、乐观高昂的情绪，它是教育智慧形成的加速器。

我们不是完人

这天午后，上课铃声刚刚响起，我走进教室，猛然发现黑板上残留着没有擦干净的字迹——“栾老师不是人”。看到这些字，我心中顿时怒火燃烧：这是谁写的？我饶不了他！我压住心中怒火转过身看看学生，全班学生正议论纷纷；在我站定后，声音渐小，直到消失，整个班里一时间静得可怕。

我用眼神扫视全班，最后目光落在了班长的身上。班长站起来说：“栾老师，黑板上的字是刘天写的。”看见班长说话了，其他同学也陆续站起来，纷纷表态。一位同学说：“他刚写完来不及擦干净就上课了。”另一个同学说：“栾老师，刘天转到咱们班后，经常违反纪律，我们都不喜欢他。”

我望着被大家声讨的刘天，就见他此时努力地把自己缩成最小的体积，连头都不敢抬起来。一时间我对这个罪魁祸首又有了一丝丝的同情。算了吧，说他两句就不和他计较了。可是又一想：不行，刘天的纪律问题日渐突出，不教育他怎么行？该怎么办呢？我很纠结。

心境平和了些，我灵机一动——有了……

我转过身看看黑板上的字，说：“这字写得还不错，我来描清楚。”说完，我拿起粉笔，一笔一画地恢复原来的字迹。全班学生都傻了眼，纷纷再次议论起来。刘天把头埋得更低了。

“字是不错，但内容好像不完整。刘天，我能填完整吗？”刘天抬起头，表情很吃惊。我在“人”字的前面填上一个“完”字，原来那句变成了“栾老师不是完人”。

我指着字，平和地说：“栾老师不是完人。我虽然是你们的班主任，但我的身上也有缺点，希望大家帮助我指出来，好及时改正。刘天，你说是吗？你能说一说你不喜欢栾老师的原因吗？”

刘天慢慢地站起来，嗫嚅着小声说：“栾老师太严厉了。”说完又低下了头。

班长站起来说：“刘天，那是因为你总违反纪律，所以老师才批评你。”其他同学也站起来，有的说：“是呀，刘天，你转到我们班才一个月，你想一想自己犯了多少错误？”还有同学说：“我们大家因为你，这个月在学校评比中可垫了底了。”

我看着再次被指责的刘天，开口说：“刘天，老师严厉是为了什么？我听说你们老家种了许多树，我想问你，为什么总要对小树修枝剪叶？”

“想让小树成材。”刘天回答的声音很小。

“对呀，老师总是针对你的错误批评你，就是想让你改掉缺点，长大成材呀。”

刘天思考了一会儿说：“老师，我错了。我不该写你的坏话。”

听见他能主动认错，我很欣慰，可是班里的同学并不原谅他。班长继续说：“刘天，你这次的错误太严重了，应该向老师赔礼道歉。”其他同学也都说：“对。”一个女同学说：“请家长！”

我连忙制止，对全体同学说：“好了，大家不要再说刘天了。同学们，大家再看黑板上的这句话，老师再改一个词。”我拿起粉笔将“栾老师”改成了“我们”，变成“我们不是完人”。“我们不是完人。谁能说说这是什么意思？”

同学们小声讨论着，还是班长第一个站起来说：“我们不是完人。是说我们都有可能犯错误，都有不足。”

“对，我们犯了错误之后要怎么办？”

大家抢着说：“犯了错误要改。”“下次不再犯同样的错误。”

我进一步说：“今天这件事提醒我们，刘天是犯了错，但同学们，我们自身在对待刘天的态度上难道就没有错误吗？我先说我自己，我总是在批评刘天时非常严厉，不给他留面子。我错了，刘天，老师向你道歉，今后一定注意。”

在我的引导下，大家不再说刘天，而是纷纷找自己身上的问题。班长说：“老师，我也有错。我身为班长，平时对刘天关心不够，没有起到督促的作用。”有的学生说：“老师，我平时不愿意和刘天一起玩儿。”还有的学生说：“刘天这学期刚转来，还不适应。我总是嘲笑他，我也错了。”

刘天听了大家的发言，不知说什么是好，红着脸很有感触地说：“谢谢老师，谢谢大家。我，我今后一定改正自己的错误和缺点。请老师和大家给我一个机会。”

此时，我心里很高兴：“好了，这件事到此结束。我们要记住，我们不是完人。我们都有可能犯错误，但知错能改……”

“善莫大焉！”学生们异口同声地回答。

从黑板上留下的“栾老师不是人”几个字，到教育学生明白“我们都不是完人”，我突然感到，在短短的几分钟里我还挺机敏和睿智。在日常教学中，我们会遇到一些突发事件，这对我们来说是一种考验。幸运的是，我不仅化解了危机，还收获了学生的理解与信任，并再次感悟到作为一名班主任真的很幸福。

（天津市河北区新开小学　栾堃）

三月节的由来

中午吃饭的时间,我还没踏进班级的门,忽然传来一个骂人的声音。“谁骂的?”我在门口板起了脸。伟光低着头走了过来:“是我,不过是沛东先骂我的。”

文明用语的事从开学说到期中,居然收效不大,我心里生起气来:“这学期,还有谁骂过人?”这一问像是捅了马蜂窝,十几个学生举起了手。刹那间,我反思自己:在文明用语的教育上我只是说教,文明意识并没有在孩子们心里扎根。

对这两个学生,我一时想不起惩戒的办法。“这样吧,你们回去写个错误说明,写写犯错的经过,再写写自己的反思。”这是我一直认为很有效的做法。谁知沛东马上说:“错误说明?没问题,我一会儿就能写完,小学时都写惯了。”写惯了?看来,曾经用在“90后”身上的办法,已经不适用于“00后”了。一时间我变得束手无策。

突然,我想起插在我车上的小广告,计上心来。

一天早晨,我拿着小广告进班,吸引了学生们的注意。“大家看,我手上拿的是什么?”我得意地问。

“小广告啊!”学生们语气中还有些不屑。

“不,这就是我对伟光和沛东骂街的惩罚!”学生们睁大了好奇的眼睛。“两位同学,请你们也设计一个宣传文明用语的小广告,早上在校门口分发给全校同学。”

学生们一听马上议论起来。

“老师,我们不会啊!”他俩犯了难。

“你们可以求助网络啊,也可求助宣传组的同学,当然也可以求助我,但是必须你俩亲手完成。”

两个学生忙乎起来,最终,一份份设计精美的小广告诞生了,内容还挺丰富。其中引用了李镇西老师的话,让人印象深刻:“一想到日本人,我们就会联想到当年日本鬼子,想到野蛮,想到兽性,想到烧杀抢掠无恶不作。可是,你知道吗?日本民族是不骂人的,日语里几乎没有骂人的话。那年我去日本,一位旅日华侨告诉我,在日语里面,最严重的骂人,就是‘八格’,意思是愚蠢。”

星期一一大早,校门两侧站满了我们班的学生,向过往的同学们发放小广告:不只是被罚的两个同学,大家都愿意参与到这个“惩罚”中来。

“报告老师,我们完成任务了!”伟光和沛东笑盈盈地走过来。

“我先祝贺你们通过第一关,可是你们光教育别的同学了,咱们班的同学怎么办?”

他俩愣愣地直眨眼。

“这样吧,你们这十几名同学组成一个文明礼仪宣讲团,利用中午时间向全班同学以讲故事形式进行宣讲,你们俩是团长。”我笑笑说。

“啊!”两个人大吃一惊。

“快走马上任吧!”望着两个学生的背影,我内心有一丝得意。

宣讲开始了,学生们的故事有社会上的,也有校园里的,都十分生动有趣。伟光和沛东也讲了自己的故事。消息不胫而走,别的班的老师也纷纷邀请他们去讲,一下子,这两个小家伙成了年级名人。班委会还就文明用语的内容出了板报,写上了他们两人的故事。

从那以后,班里语言不文明的现象消失了。

我再没有一次次反复唠叨。学生们说:“‘老班’不啰嗦了,还有点儿小坏,很可爱。”老师们说:“你们班这些天像过节一样。”我说:“干脆以后每年三月,就是咱们的文明礼貌节!”听了我的话,学生们开心地笑了。

这就是我班三月节的由来。

(天津市扶轮中学 李晶)

书箱的秘密

对于刚入学不久的低年级学生来说,他们的自我管理和自我约束能力是比较差的,对自己学习用品整理规范的意识也不强,书包、书箱内“脏、乱、差”现象屡见不鲜。

对此,我总是很挠头。无意中在论坛里看到一个老师用参观教室的方法培养学生的自理能力,我突发奇想,也来了这么一招,效果还真是不一般!

这天的早读只剩下十几分钟了,指着教室右边的空地,我对学生们说:“大家到这里排队,女生在男生的右边。”

学生们莫名其妙地看着我,有几个实在忍不住,小声嘀咕着:“张老师想干吗呀?”

我脸一绷，严肃地问道："站队时有什么要求？"

"快、静、齐！"

一会儿功夫，三十来个学生站好了队伍，这时我宣布："这节课我要带大家参观一下教室！好，现在男生排好队，去看一看同学们书箱里的秘密。"

男生们抱着强烈的好奇心，分几路进了教室。一开始，他们只是小声地感叹或是交流几句，突然响起一个声音："天哪！这都成垃圾箱了！"

这声音一下子就把大家吸引了过去。只见在那个书箱里，废纸"开了花"，几片橘子皮和没啃完的苹果胡乱地躺在废纸堆里；练习本已经"面目全非"，最上面还绕着一根没有缠好塞进去的跳绳。看着同学们都像发现了新大陆似的"围观"这个书箱，书箱所有者的脸立刻红了。

之后，男生们"参观"书箱的热情更加高涨了。他们一个个认认真真地查看着每个同学的书箱，议论声此起彼伏。

"我的妈呀！都有臭味了！"

"快看！这还有半个煎饼！"

"哇！真干净，这是谁的位儿？""是郑辉的！"

……

接下来，是女同学们参观……

听着学生们叽叽喳喳的议论声，我一直没出声。哪几个学生的书箱"脏、乱、差"，我当然一清二楚，只是想借这个机会让学生们能意识到自己的问题。等到全班学生都参观完了以后，我终于发话了："下面，请同学们评价一下，你们觉得谁的书箱最整齐最干净？"

学生们说出一个又一个名字，我简单算了一下大概有十名。接着我问："那么大家应不应该像他们一样，把书箱整理好？"

"应该！"学生们齐声答道。

"郑辉，说说你书箱里的东西是怎样放的！"

郑辉想了想说："我把书、本和笔袋都放在一边，水壶和跳绳什么的放在另一边。"

"大家听明白了吗？现在大家回到自己的座位，整理自己的书箱！"

学生们立刻行动起来，尤其是那几个最"脏、乱、差"的，把所有东西全拿出来，再重新摆回去；垃圾全部扔到垃圾筒里。大家真是手忙脚乱，不亦乐乎。

大概五分钟后，大部分学生已经整理完毕，于是我拍拍手，示意他们先停下来,然后说:“以后,这样的‘参观’张老师还要定期进行,希望下次不再出现‘垃圾筒’,大家能做到吗?”

“能!”学生们自信地回答。

整个“参观”过程,学生们在“莫名其妙”“兴致勃勃”“叽叽喳喳”“手忙脚乱”中受到充分的自我教育,他们体会到了“自理”的重要性。后来,每隔一段时间我就搞一次突然袭击。尽管现在还有一些学生书箱不是很整洁,但只要其他同学或者我提醒一下,就马上收拾好了。这需要不断地训练。从这次活动中,我也体会到身边的榜样示范和正确的舆论导向在学生们的成长中发挥了多么巨大的力量!

(天津市津南区咸水沽第六小学　张君)

说说你的优点

“姚老师,快,可欣和建平又吵起来了!”一个同学匆忙地跑来报告。这两个淘气鬼不见面没事,一见面就吵,真是一对小冤家。

接班以来就是这样:一波未平,一波又起。这两个小家伙儿谁也不服谁。双方家长事先给我打了“预防针”:这两个孩子从小就淘气,又合不来,天天就盯着对方的缺点和不足,把他们的座位调远一点儿。座位虽然是离远了,可是一下课,两人不由自主又凑到一起,像两只好斗的小公鸡,吵得不可开交。

教室里,只见可欣摇晃着大脑袋,指着建平说:“是你,就是你说的。”

建平涨红了脸:“你,你有什么证据? 你说。”

看那架势,今儿个非要一决雌雄不可。我走到讲台前,并没有说话。他们两个人倒也机灵,见此情景,虽余怒未消,但各自都悄悄地回到了自己的座位。一场风波暂告平息。

怎么让这两位同学摒弃前嫌、友好相处呢? 我一直在心中盘算着:两个学生性格相近:聪明淘气,脾气急躁,缺乏自控能力。他们针尖对麦芒,刀对刀,枪对枪,谁也不服谁,这都是因为没有养成与人正确交往的好习惯啊!

要想解决他们之间的矛盾,就必须对症下药,从根上治。

午饭后,我把他俩找来。急症需用猛药,我直截了当地告诉他们:“老师知道你们谁也不服输。怎么办呢? 我想,你们俩就进行一场特殊的比赛吧。”我语气神秘地说。

“啊，什么比赛？”一听说比赛，俩人又来了精神。

我眯起了眼睛，故弄玄虚，慢吞吞地说：

“这个吗——这个……可不容易。你们两人都说说对方的优点，至少十条，谁说得多，谁就获胜，怎么样？你们行吗？”

两人听了先是一愣，接着可欣晃着大脑袋信心满满，建平也一脸的不屑一顾。

“你们甘拜下风了？”我故意激将。

“没有！”

一阵沉默后，两人都昂起脖子。建平先开口了：“可欣聪明，语言表达能力强。”

“建平热情，爱帮助同学。”可欣也不甘示弱。

“可欣爱读书，一看起书来就入迷，能讲许多故事。”

“建平关心集体，他集体荣誉感特别强。上次参加运动会，他早上 5 点就起来练习跑步。”

“可欣……”

这两人你一言我一语，争着说对方的优点，越说越多。说着说着两个人都不好意思地笑了。

“停！”我挥手示意让他们停止：“你们各自都有这么多的优点啊，看来还是你们互相了解得多。这次比赛两人暂时并列第一名！”

他俩傻乎乎地靠在了一起。

“这样吧，你们就把刚才说的优点，用贺卡写下来送给对方吧。俗话说‘不打不相识’，老师希望你们成为真正的好朋友。怎么样？”

听着老师真诚的话语，他俩频频点头，相视一笑。

“不过，比赛还没有结束：从今天开始，咱班的日记每天增加一条内容，就是把你发现的同学的或自己的一个优点记录下来。希望你们多观察，不要重复哦。三周以后咱们再定胜负，怎么样？”

“好吧！”

就这样，“说说你的优点”主题活动在我班轰轰烈烈地开展起来了。

渐渐地，可欣、建平两位同学互相对对方的优点认同了，一点一点地化解了两人之间的矛盾。“说说你的优点”不仅让这两个学生改掉了坏习惯，还让班里慢慢形成正确对待自己、正确评价同学的良好风气，真是“优点闪闪亮，群星耀集体”，这不正是班主任养成教育的智慧妙招吗？

（天津市红桥区实验小学 姚丽）

独木桥的故事

今天，天气格外晴朗。连续几天的雾霾终于消散了，我们迎来的是晴空万里，艳阳高照。我和学生们的心情比天气还要好，因为今天我们要到西青区杨柳青庄园进行社会实践活动。学生们一路欢歌笑语，比枝头欢唱的小鸟还快活。是啊，学生们难得能和老师、伙伴一起到户外活动，亲近亲近大自然，怎能不高兴？

来到了拓展训练基地，在我和教练的组织下，学生们首先来到了“假山”跟前。学生们接下来有的手脚并用攀爬绳索，有的你拉我拽，奋力向上爬。看到学生们不怕困难、互相帮助、奋力攀登，我真为他们感到高兴。

就在这时，耳边传来了一阵争吵声。我扭头一看，原来是玲玲和婷婷两个女生因为排队先后顺序问题发生了争吵，互相指责对方“夹塞”。她们各说各的理，越吵声音越大，最后都哭了起来。排在后面的同学，有的脸上露出焦急的神色，有的埋怨她俩耽误了大家的时间，还有的劝她们不要为一点小事争吵。

看到这样的情形，我强压着怒火，把她俩叫到身边，心想：这两个刺儿丫头，这一吵不仅耽误了自己，也影响了大家，一点儿不顾及别人利益，真没有集体责任感。训斥她们一顿，一时管用，可这之后呢，她们依然我行我素，不知道什么时候又故伎重演。更何况，学生们盼望了这么长时间才盼来这次社会实践，别破坏了学生们的好心情……

正在为难之际，一座“独木桥”映入我的眼帘。我灵机一动，想出了一个好主意。

我领着她们俩边走边说：“‘爬假山’人太多了，咱们先去过‘独木桥’吧。”来到“独木桥”跟前，我给她们讲起了规则：两个人相向而行，既不能掉下桥，又要都走到对岸去。

她俩听了，来了精神，兴奋地立即上桥，可走到中间就发了愁：桥那么窄，只有一只鞋那么宽，两个人根本没办法交换位置。只见她俩犹豫了一会儿，便拉起手来,婷婷小心翼翼地迈出一条腿,想从玲玲的身体一侧跨过去。还没等脚落地,婷婷立刻失去了平衡,差点儿掉下桥去。幸好玲玲一把扶住了她,两个人相视而笑。我在下面为她们捏了一把汗,鼓励她们说:"别心急,再想想办法。"

只听玲玲说:"平时,看电视里的闯关节目都有过独木桥的关卡,只要动作迅速就能保持平衡。咱俩一起侧身并迈腿,只要动作快,咱俩肯定能同时过桥。"婷婷点了点头。只见两个小姑娘再次拉起了手,四目相对。玲玲小声说了句:"预备,开始。"两个小姑娘同时伸出一条腿,侧了侧身。连体操运动员想在平衡木上保持平衡,做出优美的动作都那么难,更何况她们。只听"哎哟"一声,两个小姑娘抱在了一起,险些掉下去。两个人又重复试验了几次都没能成功。我真怕她们会因困难而退缩,所以不断鼓励她们:"别心急,慢慢来。""小心点儿,注意安全。还有别的办法吗?"

突然,婷婷一下子蹲了下来,对玲玲说:"你从我身上迈过去吧。"玲玲先是愣了愣,然后抬腿一跨,迈了过去。就这样两个人都顺利地走到了对岸。我顿时松了一口气。看到两个小姑娘不怕困难,积极动脑,互相协作,胜利完成任务,我感到十分欣慰。

从"独木桥"上下来,两个小姑娘又蹦又跳,围着我欢呼起来。我笑眯眯地问她们:"做了这个游戏,你们明白了什么?"

两个人不好意思了。玲玲笑着说:"刘老师,我知道了,要把事情做好,得开动脑筋想出好办法。"婷婷也高兴地说:"只有团结合作才能成功。刘老师,我们不吵架了。"玲玲低下头说:"刘老师,我们错了。"

我欣慰地抚摸着她们的头,语重心长地对她们说:"你们能认识到自己的错误,老师真为你们高兴。我们生活在集体中,都有责任为维护集体利益而努力,这就是独木桥意识,对吗?"

她俩使劲儿地点了点头。

"我们快回到集体中,跟大家一起爬假山去吧!"

两个小姑娘一溜烟儿回到了队伍中。看着她们的背影,我真庆幸自己没有因为一时的冲动而错过了这么好的教育契机。

(天津市河北区昆纬路第一小学　刘群)

寻人启事

我所带的班升到初二时,生命成长规律使然,多数学生喜欢盲目地表现自我。为了让学生科学地自我展示激情,我便设计了一堂重在体验的班会课。

在这次主题班会课上,除了“上课”“请坐”“下课之前交上我现在发给大家的材料”三句话外,整个一堂课我没再多说一句话,我只是一直站在讲台上,微笑地看着学生们。

我发给学生的只是一份“寻人启事”,它是这样写的:

“现寻找我的学生,男孩女孩均有,年龄在 13 ~ 14 岁。他们相貌端庄,身体健康,学习都不错,也都各有特长,综合素质明显高于同年龄段的其他学生。他们的成长喜人,初一时,他们非常讨人喜欢,与我关系很好,他们曾是我的骄傲,曾是我的寄托。

“可是,进入初二以来,因为我的工作失误,没有管理好他们,他们于几个月前‘走失’。‘走失’的含义是,有的说一些不文明的话,有的无理顶撞家长,有的乱花钱,有的穿奇装异服。现不知他们在何方?请知其下落者速来告知我,并填写好《我最得意的时候》表格,让他们赶紧回到我身边。我很着急,担心这些学生的明天。”

学生们看到“寻人启事”时,先是相互对视,神色惊异,有的甚至说:“世界之大,我们怎么知道您要寻找的人在哪里?”但看着讲台上的我确实很认真,他们便认真地又读了一遍“寻人启事”。不一会儿,有的学生开始摇头,有的学生咬着嘴唇沉思,有的把自己手和脖子上的饰物悄悄往下摘,还有位同学使劲揉搓自己染了色的头发……

大约 10 分钟后,学生们开始动手填写“寻人启事”后边的表格。有的学生边填边拍自己的头;有一位男同学干脆脱掉自己“明晃晃”的上衣,将其揉成一团塞在了自己的书包里;有的同学填完表格后,还拿出了自己的日记来读,品味自己获奖时的幸福感觉……

学生们开始了帮我“寻人”的艰苦历程。

学生们很聪明,全班 34 名同学都填写了我要寻找的人是他们自己,并都列出了一长串自己“得意时候”的事件,也正是从这些对“得意时候”的回忆中,学生们明白了:要想表现自我,不一定要穿特别的服装,也不是说不文明的话……

而这正是我开展这次教育活动的目的。

第二天,我选择了几位同学前一天晚上写的日记在课堂上让学生们共赏,我又一次体会到“寻人”的喜悦。

——学生刘然的日记片段:

步入初二以来,我明显地感觉到自己的意识里“自我形象”越来越突出了,总觉得爸妈与老师太落伍了。穿上明晃晃的、瘦瘦的褂子,再穿一件又肥又大的裤子,然后给头发上点儿颜色;瞅爸妈不注意,在鼻梁上再架一副墨镜,这才叫“酷”。

不过,说实在话,最近我心里仿佛总有一种空荡荡的感觉!

今天,老师让我们看“寻人启事”。读开头几句时,我还半捂着嘴偷偷地乐:瞧,“老刘”又唱什么大花脸!可看着看着,我的内心深处一股莫名的情感在上升!她让我反思:我是不是“迷失”了我自己,我积极上进的个性都跑哪儿去了?不谦虚地说,几乎人人都夸的我,难道就得通过现在身上的这件光是纽扣就42个(这是刘老师亲自找了几个同学,跟我开玩笑逮住我时数的)的瘦瘦的上衣来体现?不!不是这个!要不然,昨天书店的阿姨就不会用异样的目光看我了。那阿姨简直就像发现了一个怪物!难怪老师有几次提示我换换衣服,看来,我的思想意识是有点儿“不合格”……

——王辰的日记片段:

“怎么着,不服啊?”“妈,烦不烦,又让我穿多点儿,多难看,我冻不死!”“这老师,搞什么文明礼貌用语训练,没事儿找事儿,还让不让人有个性?”“关我什么事,不就是给班里扣了点儿量化分吗。”这就是我一个多月来经常说的一些话,我也不是发自内心想说,只不过脱口就出来了!唉,就我这形象,怪不得谁见了谁烦!……

——贾媛的日记片段:

寻人启事,寻谁呀,还是找回自己吧!

当我填写《我最得意的时候》表格时,获奖、受表彰的往事不断浮现在我的脑海里。那时的我要么穿校服,要么平常着装,不也“招来”关注的目光吗?出众与否,不在于打扮,不在于说几句我们所认为的“酷毙了”的话语,而在于渊博的学识、涵养和良好的修养等。

这堂班会课,既不是传统的枯燥的简单说教,也没有不切实际的精神贵族式的空洞理论。它没有名人、伟人的典型事例和名言,没有现代化的多媒体技术的运用，而是通过“寻人启事”，给学生构建起了一个能活跃于其中的道德世界，让学生在其中自我体验、自我锻造，从而让学生逐步成为富有崇高“德性”和人性的现代人。

（天津市卓群中学　刘双）

拔河比赛

时光如水，转眼间工作已经五年了，我也渐渐从一个稚气未脱的学生，适应了这个为人师的角色。凝神想一想，这些时光我与学生们是无法分开了，因为与他们在一起会经历太多的故事，会沉浸在师生情谊之中无法自拔。我愿意做一个有故事的人，愿意享受这份情结，让感动包围着。

一年一度的拔河比赛又擂起了战鼓。

各班的学生们摩拳擦掌地等待着。我们很快就组成了男女各一支参赛队伍，拉拉队也紧锣密鼓地忙乎起来，一派好不热闹的场面！

比赛采用淘汰制，也就是说输掉一场就不能继续参加比赛，更没有办法实现争得冠军的梦想。于是，我带领大家利用赛前大课间的时间抓紧练习，每个同学都投入了百分之百的努力和认真的劲头儿。在队长的安排下，大家模拟实战安排好每个人的位置，摸索拔河过程中的技巧，真是使出了浑身解数，为的就是班集体的荣誉。看着学生们投入的眼神和用力的动作，我感到了一种强大的震撼，一个坚定的声音告诉我：我们赢定了！

正在大家练得起劲儿的时候，忽然听到不远处有几个学生小声地议论着：“你看，他们那几个人肯定不行，个子小小的，有的还挺瘦，根本不是一班和二班的个儿。看看人家班都是人高马大，有的大胖子一个就顶他们班俩，可他们练得还挺起劲儿，估计练了也是白练，唉……”

听到这些，我们班学生们互相看了看，眼神中似乎流露出一种不自信，刚才那股热火朝天的劲头儿也减了一大半。

“叮铃铃……”上课铃响了，学生们拾起长绳大步向教室走去。操场上留下了孤零零的我。

我站在那儿心里很不是滋味：难道学生们就这样被几句话打倒了吗？不行，我要给他们鼓鼓劲儿！午休的时候，我照例走进班里，准备跟学生们说两句，让大家抖擞起精神来,可谁想到我们班的一位队长跑过来跟我说:“老师,您不要担心,我们是不会气馁的。虽然咱们的硬件实力差了一点儿,但是我们的劲头儿是最足的,请您相信我们!”

“是啊!是啊!我们肯定没问题,您甭担心。”

“呵呵!您就等着我们赢了的好信儿吧!”

瞬间,我感到心里暖暖的。我要相信他们——我永不服输的学生们。

“八六加油!”“六班必胜!”

在一片呼喊声中,比赛紧张地进行着,我的喊声淹没在这片呐喊声中。只觉得自己喊得都有些撕心裂肺了,却听不清自己的声音。学生们在场上奋力拼搏,小浩的左腿几乎都快跪在地上了,小峰的脸冻得通红,小磊把那粗粗的长绳绑在了腰间……

“一二!加油!”“一二!加油!”

大家跟着节拍均匀地使力,瞬间让你感到这15个人似乎变成了一个力大无比的力士,在赛场上显示着他的威风。

“啊!我们赢了!”

就这样,我们赢得了接下来的一场场比赛,最终获得了冠军。那一刻,欢乐的笑声回荡在教室的上空。这份快乐属于学生们,也属于我。当然属于我的不仅仅是快乐,更多的是学生拼搏过程中所带给我的感动。

比赛结束以后,我在班级日志中写下了这样一段话:

“小”,一个多么神秘而又令人捉摸不透的字眼儿。小到夜空中的繁星一点,小到沧海中的一粟,小到机床上的一颗螺丝钉,小到茫茫人海中的一员。然而,“小”有着无穷的力量,“小”的力量在于“聚”。蚂蚁虽小,但成群的蚂蚁却能背负起老鼠这样的“庞然大物”;“一滴水”可算很小了,但无数滴水汇成的江海,却能载动万吨巨轮;相对于大自然来说,一个人的力量简直是太渺小了,只有齐心协力才能创造出更多更大的奇迹!我愿携手与你们共同去创造下一个再下一个奇迹!

我曾经想过什么东西是永恒的、历久弥新的?是帝王将相的盖世伟业,还是智者、学人一咏三叹的爱情?沙漠的沙子磨平了金字塔的尖顶,多少呼风唤雨的人物都销声匿迹了。我现在意识到,师生间的那份感动是我永恒的财富;虽然故事是短暂的,但它们留给人们的回忆却是永久的。

（天津市汇森中学　吕炎）

我们班的博客

我们班的班级博客开创之后,人气渐旺。它记录着我走上工作岗位近三年来的工作历程和学生们的成长足迹,收藏着我们每个人成长的喜怒哀乐和每一件平凡的小事,定格了班级成长的点点滴滴与精彩瞬间。

很快到了班干部改选的日子,我在博客上公布了班干部的选拔条件:一要有组织能力,品学兼优;二要心地善良,心胸开阔;三要思维敏捷,有正义感。这条消息很快得到了学生们的关注,大家纷纷留言发表自己的看法;有的学生毛遂自荐,有的学生推荐他人。

很快,在大家的推举中,桃桃脱颖而出。她的就职演讲让我们更觉得班长一职非她莫属。有这样一个能干的班长,班级大扫除分工明确,自习课秩序井然……

正当我为有这样的得力助手而兴奋时,却看到班级博客里的一段留言:“桃桃不以身作则,自习时不让别人说话,她却在说;不让我们带零食,她却偷着吃,别人说她还不听;仗着自己是班长,她想管谁就管谁……”

我看了后,跟她来了次语重心长的交谈。她是聪明的孩子,很快意识到了自己的不足,并保证以后一定改掉不足,做个称职的班长。

博客小空间,班级大体验。班级博客是心灵独白的港湾,让我们倾吐心声;是展示师生风采的舞台,让我们的生活五彩斑斓。我们在键盘上弹指,击出充满朝气的火花;在荧屏前留眸,解读生命的真谛。是班级博客载起我们心灵的小舟,使我们用激情扬起远航的风帆。

可没过多久,博客上又出现了很多有关桃桃的留言。我还亲眼见到自习课上桃桃嚼着口香糖与同学打闹的情景,其他同学不屑的眼神中充满了对她的无奈和失望。

我这次不客气地批评了她,桃桃面红耳赤地愣在那里,然后又愤愤地说:“这班长我不当了!”那漫不经心的神情,真令我火冒三丈,我停了她班长之职。

从那天起,桃桃变了,以前活泼开朗的她,变得像一只受伤的小鸟,课上总是无精打采的样子,班级博客里也再看不到她的留言。

班干部本应是班级的核心力量,是同学们的楷模。发生这样的事,我心里也很难受。晚饭后正想在博客中发表一下自己的想法,但令我惊讶的是,博客里面已经密密麻麻显示出很多学生的留言。

有的说："张老师以前不是说，孩子犯错误，连上帝都会原谅吗？希望大家能够宽容、理解桃桃。"

"桃桃最近不爱说话了……""我看到桃桃上课时偷偷擦眼泪。"

看到学生们稚嫩天真而又真诚质朴的留言，我的心绪一瞬间停滞了。

第二天，我找到那些对她反应较强烈的学生了解情况。他们毫不吝啬地讲到了桃桃当班长时负责任的一面，也毫无隐讳地提到了她对自己要求不严格的那些细节。同学们都一致认可她的权威、她的能力。

之后，我赶忙写下了一篇题为《致班长桃桃》的文章录入了班级博客："可爱的桃桃，虽然你只有 11 岁，但张老师已经从你的眼中感受到了你丰富的内心世界，你是一个像花儿一样夺人眼目的女孩儿！从学习到纪律再到卫生，从不用老师操一点儿心。孩子，感谢你的付出。早晨，当我走进教室，听到的是朗朗的读书声；中午，同学们都在安静、井然有序地写着作业，因为你早已布置好了一切；放学站队，大家都能排着整齐的队伍走出校门。我真为有你这样的好助手而骄傲。孩子，'爱之深，责之切'，你可了解老师对你的期望？我们的班级就是一艘大船，制度作桨，干部为帆，班级之舟才能乘风破浪、顺利远航。桃桃，你就是那船上的领航员，'其身正，不令则行；其身不正，虽令不从'。船头的风帆已被拉起，张老师和全班同学期待你重整旗鼓，你准备好了吗？"

文章转达了我和同学们对她最真实的评价，我悄悄地把桃桃请到计算机前，她默默地看了许久，晶莹的泪珠流满了她的脸颊。她呜咽着说："没想到大家还这么肯定我，信任我，我一定会努力改掉不足，从头开始。"

如今，桃桃克服了不足，把班长的工作干得更好了。

是班级博客让我了解了学生们的思想动态，我们用心与心之间在情感上的"零距离接触"奏响了班级的"同一首歌"。

（天津市红桥区文昌宫民族小学　张丽）

让我听懂你的语言

"让我听懂你的语言，让我融进你的世界……"

没想到这句歌词恰好能形容我现在的工作。曾经对美丽而神奇的新疆充满过想象,然而一切都在机缘之中,我自毕业后第一天上班,就满怀期待去迎接我所想象的学生——漂亮而又热情的维吾尔族孩子们……

推开民族管理部的门,听到的便是"喔……啊……"的几声喊叫,顿时我惊住了,看看这个女孩子的脸,黑黑的,胖胖的,我才知道不是所有的维吾尔族女孩儿都闪烁着一双灵动的大眼睛,乖巧动人;一转身,一个一米八的男生嘴里"噜噜啦啦"地冒出来一串儿东西,他瞪着大眼睛,在和别人吵架,再仔细观察一下,发现他满脸胡茬儿,毛发浓密,我才明白不是所有的维吾尔族男孩儿都帅气逼人。我深深地意识到,接下来将面对的是一个又一个挑战。

下午第一节课——我人生中的第一堂课,矛盾也就此展开。一进班,所有的学生都热烈鼓掌,瞪着大眼睛观察着我,嘴里不时地嘟囔着。此刻,我俨然成了观赏物!

"同学们好!"

学生没有反应,还在嘟囔。

"同学们安静,不要说话了!"

我的语气稍微严厉了些,有些学生回过神儿来,有的还在继续。

这时,我一拍桌子:"不许说维吾尔语!"

教室突然变得安静极了。随后,有同学便立即回应:"为什么?这是我们的母语,你没有剥夺我们说母语的权力!"我还没回应,有位学生便把书摔到桌子上,说:"凭什么?"其他一些学生附和着,一些同学看热闹。

我想,此时此刻我给他们讲什么大道理,他们都听不进去,因为他们认为我是那个要将他们的母语消灭掉的人,他们要捍卫自己的民族尊严。看到这种情形,我赶忙话锋一转:"既然关上了教室这扇门,我们就是一家人。我听不懂维吾尔语,那我们又怎样才能互相沟通,成为朋友,成为一家人呢?"

听了这话,学生们的表情立马高兴起来,有位学生说:"老师,不要着急,我们说汉语,我们会是一家人,会成为朋友!"学生们因我的甜言蜜语情绪有所缓和,我也因他们的甜言蜜语而感动。这一切告诉我,听不懂他们的语言,就无法融入他们的世界。

我下定的第一个决心,便是学维吾尔语。随后,每周我利用两个晚上先学会几个简单的生活用语,比如"你好""同学们好""再见""谢谢"等。

古尔邦节到了,这是穆斯林最盛大的节日,没有父母在身边,新疆来的学生们是何等的孤单,我理解他们,为此我特地准备了"礼物",希望他们能够找到家乡的味道。于是在表彰大会的简单开场白之后,我热情地说了一句话,那就是用维吾尔语祝大家古尔邦节快乐。接着是一阵经久不息的掌声。后来热依拉参加“感恩伟大祖国”演讲比赛,她还说:“听到老师用维吾尔语祝福我们,心里别提有多高兴了,好激动!”我知道她说的老师就是我。她脸上的笑容与幸福感便是对我的肯定,虽然语言不通,但我们的心却是相通的,我听懂了他们内心的“语言”。

今年的古尔邦节由学生主持,学生走向观众席,在我的身边停了下来,殷切地说:“老师,像去年一样,来句祝福吧!”虽然我还是简单的那一句维吾尔语祝福,但掌声还是像以前那样热烈,那样持久。

2014年,暴力恐怖袭击一桩又一桩,触目惊心,为了保障学生的安全,我们取消了周末购物。当我宣布这则通知时,教室出奇的安静,他们有些不理解。我知道他们在想我们如何看待他们。想了很久,我准备了一篇演讲稿。班会上,我的演讲开始了:“各位同学,大家好,今天我演讲的题目是《我眼中的新疆》。我眼中的新疆,山美水美人更美……”当我讲到我的表姐离开天津去新疆,最后在新疆定居时,他们不停地点头,表示赞同我表姐的正确选择。

演讲结束后,又是阵阵掌声。学生们你一句我一句地问我,我表姐到底还说过新疆的什么。他们似乎对这个素未谋面的表姐产生了浓厚的兴趣。我说,她一说起新疆,话便滔滔不绝,句句都渗透着“咱们新疆好地方”。有了这样的认同感,学生开始活跃起来。

我亲切地对大家说:“这就是我眼中的新疆!只是有些人选错了路,做了不该做的事儿,他们是糊涂的;而大家选对了路,来到天津求学,来寻梦,你们是明智的。希望你们能够圆梦天津,将来返回家乡建设新疆。”

又是一阵掌声。就这样,学生们内心的疑虑消除了,班里很快回到了以前的状态……我逐渐能听懂他们的“语言”了,也能看懂他们的每个动作和表情了,我终于融入了他们的世界。

(天津市第十四中学　高建伟)

化解尴尬事

在办公室刚喝完一杯茶,一个女生哭着跑进来。我一看,是大队长雯雯。这是怎么了?

我忙上前询问缘由。雯雯哭着说："王老师，刚才上体育课，我们做翻杠练习，全班都看着呢。我一翻，衣服全露了……好多……好多男生在起哄，我都不敢回班了。"

她哭得那样伤心，我问了都有哪些人起哄，她说了几个名字。我想，这怎么办呢？一来，现在学生们步入高年级了，即将进入青春期，学生面对这样的情况一定觉得很羞涩，其他的学生也比较敏感。二来，说轻说重都不好，如果只说说那几个起哄的学生，也起不到什么作用。想来想去，我决定陪雯雯一起回班。

一进班，学生们都沉默下来，他们知道雯雯去"告状"了，大事不好。那几个"坏小子"低着头正等着挨训呢。但是，等了半天，我并没有批评任何人。

"同学们，王老师上高中时发生过一件特别尴尬的事，你们想知道吗？"

学生们睁大眼睛看着我，尤其是那几个低着头的学生，都马上抬起了头。

"高二那一年，学校举办演讲比赛，我很荣幸地入围了。为了这场比赛我足足准备了一个多月，稿子早已背得滚瓜烂熟，牢记在心了。比赛那天，我特别兴奋。我看着摄像机，还有照相机，想象着自己获奖的瞬间……我的编号是 11 号，当主持人叫到 10 号的时候，我还在闭眼做着美梦呢。

"只听主持人在喊：'10 号'一次，'10 号'两次，'10 号'第三次……好，10 号选手没有来，现在请 11 号选手上场！

"旁边的同学推了推我，我才如梦初醒！一下子慌了神的我，脑子一片空白！匆忙上阵，站在演讲台上，我一句话也说不出来。"

讲到这里，学生们的表情都变得非常着急。

"怎么办呀，王老师！"几个学生喊了起来。

我说："同学们，你们能想到我当时的窘境吗？"

他们点点头。

"你们猜后来怎样？"

学生们忙问："快说呀，老师，您想起来了吗？"

"没有，我灰溜溜地从后台走了，跑回宿舍，失声痛哭，恨不得永远不走出那个房间一步！两节课过后，我想这样哭也不是办法，于是我走出了宿舍楼。从宿舍到教学楼并不远，我感觉所有人都在嘲笑我，我难过极了。回到班里，还有几个男生笑话我。"

"王老师，笑话你的人是谁？我们找他去！"小钊气冲冲地说。

"说实话，我也忘了是谁了。其实，从宿舍回来的路上根本没有人笑话我，只是自己这样感觉罢了。在我们生活中，都会遇到令人尴尬的事，我们不必在意别人的目光，因为，对他们来说，根本不会放在心上。释怀，是最好的解决办法。对自己来说，这是我们人生路上的一段小插曲，丰富了我们的生活。若干年后，当我们回忆起这段往事，只会笑笑，忆起年少时光。”

说到这里，学生们明白了我的用意，纷纷点头。

“你们想对遇到尴尬状况的人说些什么吗？”

“别难过，没人放在心上！”大卫说

“没事，谁都有这种情况。”佳文看着雯雯说。

“没什么大不了的，笑一个！”

哈哈，班上的气氛轻松了很多。雯雯也笑了。

“那么，有什么话想告诉那些嘲笑别人的人吗？”

“以后你自己遇到这样的事，我也笑话你。”

“冤冤相报何时了，这不是解决问题的办法！”我摸了摸子睿的头笑道。

“我要谢谢那些曾经嘲笑过我的人，是他们让我变得更加坚强！”佳艺说。

“说得太好了！”我对佳艺投去了赞许的目光。

“舒子，你说说。”我故意找到刚才起哄的那几个男孩中的一个。

“我们不应该在别人最难过的时候雪上加霜，那样太伤人了！”

是呀，多么聪明的学生。在我们工作的每一天，都有可能遇到许许多多这样的“小事”，可对学生而言这些可能就是他们人生中的“大事”，在他们的青春岁月中留下深深的印记。对于教师而言，严厉的批评并不是解决问题的最好方式，让学生们感同身受才会收获意想不到的结果。

此刻，我看了一眼坐在角落里的雯雯，她的眼里又有了往日的快乐。我知道这一刻她是真的释怀了。后来，我给学生们留了一项作业：写一篇小短文《一件令我尴尬的事》。我期待着他们给我别样的惊喜。

（天津市河西区天津小学　王昭璐）

“1”分的领悟

1 分，看似不起眼，其实很重要。多少人因 1 分之差，与自己心仪的大学失之交臂，懊悔终生；而又有多少人，能从 1 分中领悟生活给予我们的真知。

二年级语文学科竞赛——汉字听写大会开始了。对于大多数学生来说，这次竞赛很有意义，既检测大家近期的学习成果，又提升大家学习的劲头。大家铆足劲，做了充分的准备。

成绩出来了，学生们的面部表情各异，我看出了他们都有点紧张。我按照成绩由高到低的顺序依次公布。随着成绩的公布，有的学生露出兴奋的表情，有的学生似乎有些懊丧，还有的学生迫不及待地炫耀自己的成绩。

成绩刚念完，我班的"小霸王"就在座位上喊起来："张老师，陈盈哭了！陈盈哭了！"

他的喊声吸引了全班学生的目光。我也将目光投向陈盈的座位，看到平日里有些"男子汉"性格的小女孩，此时正趴在桌子上默默地流泪。我的心里一震，看来竞赛的成绩深深触动了孩子们的心灵。

在阅卷前，我认为，她应该是得满分的。当然，这样认为是有原因的，从一年级接班到现在，她的语文成绩几乎都是满分。所以，试卷刚拆封，我就先注意到她的试卷上哄骗的"骗"字马字旁书写不规范，第二笔提没有出尖，因此我决定减掉 1 分。

看着 99 分的试卷，再看看趴在桌上的她，我有些为难：她生性要强，自尊心也强。想了想后，我对她说："陈盈，下课来办公室找我，看看试卷吧。"

伴随着我的讲课，学生们的注意力集中到我的身上。不经意间朝陈盈望去，她也在听，但似乎没从刚才的伤心中走出来。

下课了，她来办公室找我。我问她："这么伤心是因为考试成绩不理想吗？"她想说"是"，但开口便是哭音，眼里满是泪水，似乎心里有许多的委屈、伤心。

看着她，我想，她的成绩在我班总是名列前茅，各项成绩优异，并且还帮助同学、团结同学，是大家的榜样。她一路走来，没有任何的挫折，一帆风顺。想到这，我拍拍她的肩膀说："这次考试被减了 1 分，张老师觉得对你来说是一件好事。张老师知道，这次竞赛前你做了充分的准备，但张老师要告诉你，遇事尽自己最大的努力是对的，但无论结果如何，我们都应该乐观面对，因为我们为之努力了，问心无愧。同时这件事也告诉你一个道理：努力了也不一定会成功。生活中、学习上，你还会遇到各种各样的挫折，平坦的小路上也会有凹凸不平的地方，所以你要学会面对：面对成功，面对困难，面对失败。"

她看了看我，点了点头。我相信她明白了我说的话。

等到放学的时候，我再看到她，似乎没发生刚才的事似的，她正很开心地在和好朋友聊天。看到这样的情景,我很开心:起码学生的心情好了。但又一想:刚才我对她说的话,她明白了吗?

故事到这里并没有结束。近期,学校组织了一个活动,让学生们写写自己心中“最美的教师”。陈盈写的是我,所写的故事正是上边说的这件事。她这样写道:“张老师,谢谢您!是您让我明白了一个道理:学习的路,不会一帆风顺,总会有挫折。以后,我会勇敢面对的。”

看到她的话,我知道了,我的话她明白了,听懂了。我更知道了,我的学生长大了,懂事了。

是啊,在关注学困生成绩的同时,优等生的情绪变化同样应该留心观察,并给予他们适时的疏导。每个学生都有自己不一样的地方,我们应该给予学生们最需要的帮助,有时是知识上的,有时是人际关系上的,有时还会是情绪上的。只有这样,一个班集体才能共进。

(天津市南开区中心小学　张烨)

三次“啊”

无意中,看到学生们在QQ空间里转发的信件:“终于找到发明作业的罪魁祸首了!”下面附着一张意大利教师Roberto Nevills的照片。学生们纷纷点赞并回应,表示此人“罪大恶极”,对此人简直“恨之入骨”。

莞尔之余,我不禁想到:我们为什么不改变一下作业的形式,让学生从此爱上作业?受身边老师的启发,我在班里实践了三次“创意”作业,引发了三次“啊”的惊叹——

第二周。

“大家打开家校联系本……”随着我的逐一说明,学生们按部就班地记着作业内容和要求。

“接下来还有一项特殊作业——刷碗!”

原本低着的小脑袋纷纷抬了起来,然后是“啊”的声音,紧接着是一阵窃窃私语。

第二天一早,我问学生:“刷碗了吗?”

学生们异口同声地做了肯定的回答。于是我引出话题:“说说感受吧!”

“我刷了半天才刷完,碗也太多了!”

“我妈嫌我刷得不干净,又刷了一遍!”

“原来刷碗这么麻烦!”

……

学生们七嘴八舌地说着,这样的体验,对于他们而言是那么新鲜。

等他们平静下来,我又问:“你们知道我为什么要留这个作业吗?”

“体会父母的辛苦!”

“锻炼我们做家务!”

“帮父母干点儿活。”

……

孺子可教也!

第三周。

当学生们已经淡忘了上一周的特殊作业时,我又布置了第二个特殊作业:“你为什么要学习?”话音刚落,教室中又响起了一声声“啊”。

我补充道:“理由至少写四条。”

“这也叫作业吗?”一个学生的声音传来。

“这怎么写呀?”另一个学生紧接着抱怨。

我脸一绷,用不容置疑的语气强调:“想清楚想明白再写!”学生们不说话了。

第二天,翻开家校联系本,学生们写的有关为什么学习的五花八门理由令我大开眼界。虽然偶尔会看到一个“奇葩”理由,但是大部分学生写的的第一个理由都是为了自己和未来而学习。让人感动的是,大部分学生都认为学习是为了将来能有一个好工作,不让父母操心,能好好照顾父母。学生们很懂事,即使他们将来没有什么大成就、大作为,也会成为孝敬父母、自强自立的人。

第四周。

两周的特殊作业不知道会不会让学生们有所期待。这天,我又要布置作业了。学生们打开笔记本,拿着笔,齐刷刷地望着我,等着我“一声令下”。

“今天的作业是——”我顿了一下,“自己给自己留作业!”

愣了一秒神,学生们异口同声地发出一声惊叹:“啊?”

“什么都可以?”

“嗯,可以。”

“能发练习册吗?”

“哦,早上刚收上来,我还没判……好吧,发!”

“要留几项呀?”

“你看着办!”

……

一时间,有的学生热情高涨,摩拳擦掌;有的学生抓耳挠腮,不知所措;有的学生低头沉思,一语不发。渐渐地,嘈杂声小了,所有的学生慢慢安静下来。

韩宗悄悄地问我:“张老师,你为什么总有这么稀奇古怪的想法?”

“你不觉得很有意思吗?”我反问道。

“别的班的老师也这样吗?”

我笑而不答……

在学生们眼中,我这个老师是个“奇葩”,留的作业更是“莫名其妙”,然而他们却不知道,在每一次“特殊”的作业之后,他们都或多或少地明白了一些道理,实践了一些想法,反思了一些作为。成长,就在这一次又一次地“啊”声中,慢慢地渗透进他们的心灵,刻印在他们的身上,让他们在不知不觉中,跨出一步又一步。

(天津市津南区咸水沽第六小学　张君)

“顺其自然”的风波

一天,我如往常一样在离校前去了一趟教室,眼前的一幕让我大吃一惊。同以往放学后较为干净整洁的教室相比,此时的教室简直可以用“猪窝”来形容,甚至还不如“猪窝”:七扭八歪的桌椅,扫了一半的地面,一堆还没有收完的垃圾里还掺杂着可乐瓶子和辣条袋。这种班里的“违禁品”散落在讲台前,还有一杯不知是什么时候买的粥洒落在地面,而当天的值日生早已不见了踪影。我的天呐,这是什么情况?瞬间,一团怒火从心中升起,我暗想:明天一定要好好教育一下这些学生!

过了片刻,火气渐渐减小了,面对这一片狼藉,我还能做什么?收拾呗。之前我拿出了手机把教室里脏乱的情景逐一照了下来,半小时后,教室又恢复了从前的干净整洁。

第二天晨会,我把照片给学生们看,又指出垃圾中出现的“违禁品”。

前一段我特意利用一节班会课讲解多喝可乐等碳酸饮料及食用辣条等食物的危害,让学生了解身边的食品安全问题,并制定了教室内不得出现上述食物的班规。

经过简单询问,我了解到前一天是新的值日组负责做卫生,有几个值日生不知道,走了,剩下两个负责人干了一半便心生不满也走了。对于“违禁品”,却没有人敢承认。

了解到情况后,我想不妨先让学生谈谈看法。叫起来几个学生他们也没说出什么可行的办法,其他学生都不是很专注地听看。就在这时,号称我班“智多星”的一位学生嘴里却嘟囔着什么,于是我把他叫起来。

“于老师,我觉得您最近管得太多了。看看其他班的老师,哪儿有跟您一样的呀?别的班在教室里都随便吃东西,更没有所谓的‘违禁品’之说。至于班里卫生,何必这么较真儿,顺其自然得了。”

我听出了他对之前班规的不认可。此时我偷眼观察了一下其他学生,不少学生都向他投去赞许的眼光,里面还有一部分班委。这可这么办?强行“镇压”?不行,表面“镇压”下去了,学生们还会跟我“打游击战”。同意学生的观点?更不行,一群十二三岁的孩子,他们还没有形成正确的人生观和价值观,一味地对他们顺从反而会害了他们。怎么办?怎么办?如何才能让这些学生真正从内心里认同班规,让他们真正明白我的用意,真正地维护班里的卫生……各种想法、措施在我脑子里飞快地闪现,同时又一个个地被否定掉。

突然一句话出现在我的脑海里——置之死地而后生。

“好吧,我同意你们的‘顺其自然’,试行一周。”

话一出口,立即响起了鼓掌声。绝大多数学生的脸上出现了喜悦的笑容。

“顺其自然”的第一天开始了。早上,几个学生带着“违禁品”来到了教室,我没有制止;下午放学后的值日我也没过问,值日生没做值日全都跑了。

第二天早上,更多的学生买了更多的“违禁品”来到教室,教室里开始有了一些难闻的味道,身处教室的学生似乎还闻不到这股气味。垃圾桶已经满了,不少垃圾散落在周围,值日生仍旧不做值日,同其他学生一起回家了。对此,我依旧没有管。

第三天早上,大量的“违禁品”被带了进来,教室里的味道加浓加重,坐在教室里的学生都已经闻到了,招呼着开窗户。垃圾桶周围的垃圾开始蔓延。与前两天不同的是,放学时有人留下来了,对教室简单地进行打扫,并把垃圾桶搬出教室,将垃圾倒掉了。

第四天早上,依旧有人带着“违禁品”来上学,但数量大幅减少。有一部分学生跑到我面前，让我停止这个“顺其自然”，说他们有些受不了了。放学后值日生全留下来了，认真地做着值日，教室又如之前一样干净整洁。

第五天的早上，只有一两个学生带着零散的“违禁品”进入教室，又有不少学生跟我提出终止所谓的“顺其自然”。看到这种情景，我暗暗得意，随即布置了一项作业——每人写一篇关于“顺其自然”的感想，放学前交上来。还没等到中午，不少学生所写的感想已经交到了我的手里。绝大多数学生已经不再赞同“顺其自然”了，指出“顺其自然”严重地影响了环境卫生，间接地影响了听课效果。学生们为这几天来的所作所为后悔。

“顺其自然”活动提前结束了，它的结束也宣告了原来的班规继续执行。学生们明白了环境卫生的重要性，更明白了没有规矩不成方圆。

（天津市杨柳青第三中学　于增强）

运动会上的失利

刚刚进入4月，海棠花刚开成一片花海，同学们就开始筹备一年一度的春季运动会了。班会课上，推选和确定运动员的环节让我和同学们颇费思量。

“我选琪琪，她一定会取得好成绩，为班级争光。”

琪琪第一个被提了出来，这并不奇怪：小学五年，她多次代表班级参加运动会，都不辱使命，可以说是战绩辉煌、功劳显赫。

我望了一眼琪琪，她正喜形于色，沾沾自喜呢。琪琪真能如大家所愿吗？对此我并不十分认同。因为这学期以来，我注意到这个女孩儿对什么事都不放在心上，马马虎虎、大大咧咧的毛病越来越严重。多次对她进行说服教育，都不见起色，这令我们几位老师一筹莫展，十分着急。但面对大家的热情，我不动声色，郑重其事地把琪琪的名字写在黑板上。我注意到，她立刻喜笑颜开。

运动会上，那激情澎湃的运动员进行乐曲奏响了，这让每一个参赛队员热血沸腾，跃跃欲试。琪琪参加的铅球项目开始检录了。我走上前照例拍着她的肩膀对她说：“加油，琪琪，祝你成功！”

“没问题。”她满脸都是胜券在握、胸有成竹的表情。

操场中间就是铅球场地，从看台上各个角度都能看得十分清楚。只见琪琪虽然个头儿不高，但确实很有实力。两轮预赛结束后，她毫无悬念地进入了决赛。决赛有三次机会，琪琪很快投完。没等结果公布，她已经兴冲冲跑回我班营地，信心满满地跟同学们拍胸脯。我试探地问她结果如何，她嘴角向上一翘说："应该是冠军，我估计比(2)班的小丽远出一截。"我说："你说的是估计，一切要等成绩出来才能确认，大家一起等好消息吧。"

"没问题。"

学校的广播站公布成绩了："女子铅球：第一名，五年(2)班小丽；第二名，五年(3)班琪琪……"

"什么？第二名！"这难道是真的吗？要知道琪琪在铅球赛场上从来不会失利，一直是绝对冠军的呀。琪琪蹲在一旁，目瞪口呆，根本无法接受这个事实。不一会儿，她竟掩面哭泣起来。

其实，这一结果我刚才已经看得很清楚，而且根据她近期的表现，这也是意料之中的。我抚摸着她微微颤动的肩膀，平静了一会儿，轻声问她："这到底是怎么回事呀？"

她一头雾水："我也不知道，预赛时我是第一名进的决赛，她怎么会超过我呢？"

"琪琪，赛场上最忌讳的就是轻敌，轻敌只会让你放松警惕，放松对自己的要求。本来进入决赛的选手能力相差无几，你这样轻敌，难免失败。另外，一个人自信很好，但过分的自信就等于自大呀！骄兵必败就是这个道理。《龟兔赛跑》的故事，你不是没听过呀。"

她不哭了，睁着大眼睛认真地听着。我把握时机，继续说："做人就要踏踏实实，无论做任何事情，我们都应该认真，你说对吗？琪琪。"

此时，琪琪脸上的不惑和委屈完全消失了，随之而来的是满脸愧疚："老师，我知道错了。怎么办呢？我给班级丢分了，同学们一定会瞧不起我。"

我笑了："没关系，哪里摔倒咱就哪里爬起来，一次失利不算什么，只要你接下来摒除私心杂念、全力以赴，老师相信你一定能把失掉的分夺回来。"

"老师，我再也不和以前一样了，我一定会给班级争光的。"琪琪坚毅地说。

运动会进行到最高潮，4×100米接力赛开始了。琪琪又站到了赛道上，我走到她身边，又一次给她加油。这一次，她神情严肃，语气坚定："老师，您放心吧。"

"啪！"随着一声发令枪响，运动员们个个都像离弦的箭一样冲了出去，赛场上立刻沸腾起来了。第一棒交接时，我们班的选手和一班的选手齐头并进。接力棒交到了琪琪的手中，只见她奋力奔跑，脚下如踏上风火轮，眨眼间超过了对手;最后,对手足足让她拉下十多米。胜券在握,同学们发出一片欢呼声。

运动会结束了,琪琪好像脱胎换骨,变了一个人,就连她每次做的作业都变得格外工整秀丽。老师们都说:“琪琪突然长大了!”我心里乐融融的,我知道这源于运动场上的那次失利。

(天津市滨海新区大港太平镇第一小学　尚淑华)

走出迷茫

“别理我!烦着哪!不会问浩亮去!他是大队长,全班就他牛!我是什么?一个小小的中队委!”

所有在场的人都被这刺耳的声音惊呆了。虽然是课间休息时间,班内突然变得静得出奇。

“晓晨!有你这么跟同学说话的吗!”我严肃地批评她,“同学向你请教问题是对你的信任;再说,作为队委,帮助同学也是应该的。”

晓晨低着头一言不发,脸涨得通红,还哽咽起来。

“叮铃铃……”上课铃响了。

回到办公室,在批阅学生的周记时,我发现了晓晨反常举动的原因:“为什么老天这么不公平,偏偏让厄运降临到我的头上!当我知道自己落选,就像寒冬骤临,整个人都被冻僵了。仿佛我的心从半空掉下来,一下子就被摔得粉碎。”“为什么我会落选?我的条件并不比他差。我比他有责任心,学习自主,乐于助人。凭什么他能当选,而我却与大队委这个职务说‘再见’了呢!”“这几天,食不下咽,寝不安席,那个开朗、自信的我消失得无影无踪。我觉得生活变得黯淡,没有任何希望了。”

我的心变得沉重起来,我没想到事态竟如此严重。改选后,晓晨上课时心不在焉,参与课堂活动也不那么积极了;课下,她一副心事重重的样子,还显得特别烦躁。本来我想,凭她开朗的性格,也许过几天就会好起来,可没想到……

当天放学后,我留下了晓晨。

“这次的落选对你触动很大,是吗?”

她点点头,泪水在她眼睛里打转转,好像很委屈的样子。

“有什么想法跟老师说说,好吗?”我递给她一张纸巾,“也许我能帮你把心中的疙瘩解开。”

“为什么浩亮能当上大队委,我却不能?我的成绩不比他差,我的工作能力,我的学习……态度,我对同学的帮助,我……”她哽咽着并失声哭了起来。

显然,上周的改选结果让晓晨无法接受,产生了嫉妒心理。有了嫉妒心,有的人以退缩、抱怨的方式表现出来,有的则以攻击对方、嘲笑对方、指责对方等形式发泄。

等她情绪平静下来,我帮她分析了她现在的心态,谈了妒忌的危害。我语重心长地说:“晓晨,我告诉过你,你和浩亮都是品学兼优的好学生,都有竞争大队委的优势。班干部只是一种职务,只要你尽到职责并在荣誉的激励下不断进步,那就达到目的了。是不是?”

晓晨点点头。我趁热打铁:“你有很强的上进心,但它不同于爱慕虚荣,它强调的是一个人要清醒地去查找自身的缺点和不足,并努力改正,不断超越自己。”

我把椅子向她又拉近了一些:“晓晨,我说的这些,可能你一时不会理解,希望你回去之后好好想想。如果还有想不通的地方,我们再聊,好吗?”

那时,我们正在学《将相和》这篇课文,有一项教学内容是扩写“负荆请罪”的故事。这不正是一个好机会吗!我立即决定举行课本剧表演赛,学生以小组为单位,在组长的带领下利用课余时间排练。

戏剧家曹禺先生说:“演戏里的人,必须理解他们的思想与感情。”于是,我引导晓晨对主人公的内心进行细致入微的感悟,让她揣摩人物对话时的动作、神情、语气,体验廉颇从嫉妒蔺相如处处为难他到认识到自己的错误并勇于改正的心理过程。

我发现晓晨与同学们聚在一起,商量着、交流着、讨论着、试演着,格外认真。我相信,这会使她领悟嫉妒害人害己的恶果,体验廉颇羞愧、内疚与后悔的内心世界。

表演完毕,晓晨的组表演得惟妙惟肖,十分精彩。面对全班同学热烈的掌声,一种自豪的神情溢满晓晨那幸福的脸庞。那一刻,作为一名观众,我也情不自禁鼓起掌来。学生们虽然表演仍显稚嫩,但是他们在表演中收获着,在体验中感悟着,在实践中成长着。

演出后,原本懂事、明理的晓晨很快调整了状态,还给我写了一封信:

王老师:您好!

几天的思考,让我清醒了许多。的确是虚荣心在作怪。现在我知道了,“尺有所短,寸有所长”,我要取他人之长补己之短,做最好的自己。

王老师,我想通了:一个人应该有宽广的胸怀,上进心不等于爱慕虚荣。我要给自己重新定位,通过不懈的努力,超越自己。那个热心为同学服务、勤奋学习、活泼可爱的晓晨一定会回到您身边的。

您永远的学生 晓晨

看了她的信,再想想她这几天的状态,我一颗悬着的心终于放了下来。

(天津市红桥区雷锋小学　王德欣)

等待花开的声音

在我心中,每个孩子都是一朵会开的花,或迎风招展,潇潇洒洒;或含苞欲放,羞羞答答……需要我们用心去呵护。尤其是孩子犯错误时,更需要我们怀着耐心等待,我们一定会听到世界上最美的声音——花开的声音!

班里有个叫晓白的女生,课上十分听话,课下十分活泼;成绩不理想,学习不踏实,爱背后议论同学。有好几次同学发生矛盾都是她挑起的。我想:担任毕业班班主任多年了,对于这种类型的学生我应该从家访入手。跟家长沟通多了,她自然会跟老师亲近。通过家访,我了解到晓白的妈妈在武清开发区上班,下班很晚,爸爸在外地开拉煤车。平时晓白早晨和中午买饭吃,晚上自己在家做饭。两次家访时晓白都在家,但她对我的态度很冷淡,一副拒我于千里之外的神态。

一天,上午课间,当我进班例行巡查时,听到一个人在班里大声喊叫。我从教室后门走进去的时候,见到晓白正在发表她的言论:“……同学们,就说咱们的班主任杨老师,每天沉着个脸,打开学到现在我都没见她笑过,就好像别人欠她钱似的。”一个初三毕业班的学生,大庭广众之下敢诋毁自己的班主任,不一般。晓白还没有意识到我进来了,同学们急忙给她使眼色;直到我轻咳了一声,晓白才停止“诋毁”。此时她脸色很囧,似乎意识到等待她的将是一场疾风骤雨。

当时我很气愤,但多年的班主任工作经验使我淡定下来。回到办公室,我向其他老师说了这件事,他们纷纷出谋划策,说了不少应对办法,但我说:“这些方法对其他学生管用,对晓白未必适用,总感觉有些‘治标不治本’。”那天中午我没回家,一直在思索这件事。晓白背后议论我,很明显她对我不满意。我作为她的班主任,可能的确过于严肃了,我要改变一下。

下午上班，我直接到班里找到晓白，告诉她下第二节课课后到我办公室来。我回到办公室，赶紧向同事借了两块德芙巧克力。下了第二节课，她很准时地来到办公室。“晓白，你很准时，证明你是尊重老师的，奖励你一块巧克力；再送你一块，告诫你上午的事是最后一次。”我没有再多说什么，就让晓白走了。她很诧异：为什么没批评她一顿？临走时她小心翼翼地说：“谢谢杨老师。”

下午第三节班会课，我召开了主题班会——“说说我们的班主任”。学生们有的低头窃窃私语，他们不敢在班会课上谈论老师。我说：“同学们，咱们用写信的方式来交流吧，也不用写上自己的名字，把你们想对老师说的话都写下来。然后抽签选择十名同学，他们会收到老师的信；其他没有抽中的同学本周内也会收到老师的信。”

学生们纷纷开始写信。我事先在抽签的纸条上做了标记，使我很容易抽到晓白。我这样给她写道：“你是个有号召力的学生，你上午在同学面前说老师过于严肃，给老师提了个醒，老师接受你的意见。可是晓白，‘聚众发表不当言论’是不可取的，‘背后议论’更要杜绝。对人对己都要光明磊落，为了使长大后的你能有理智、积极的一面，你需要克制自己，改正自己，坚强地走过破茧成蝶的过程。老师期待着和你一起进步。”我把信纸叠成一个心形，送给了晓白。看得出，她很感动。

“叮铃铃……”，下课了，我没有等来晓白递给我的纸条。第三天放学了，学生们都走了，我留下来关教室的门窗，回头一看，发现晓白还没走。她低着头，默默地走到我身边，红着脸低声说：“杨老师，对不起。谢谢您给我写信，提醒我做一个善良正直的人，不要背后议论人。我向您保证，类似的错误以后不会再犯了！老师，您笑起来很好看。”

我心里长长地吁了一口气：经过漫长而又短暂的三天等待，“议师事件”终于得以解决。我对她说：“孩子，老师把过大的压力传染给你们，让你们在紧张中也感受到了压力，老师也应该改正。”她使劲地点了点头。我笑了，她也笑了……

教育的等待并非守株待兔，它是一种积极主动的无声呼唤，是一种智慧的等待。“孩子犯错，就是上帝也会原谅”，我们有什么理由不去耐心等待呢？等待是一种爱——一种需要爱心与信心的爱。

晓白以优异的成绩升入了高中，拿到录取通知书后，晓白和她的家人特意到学校来看我。

（天津市武清区泗村店镇初级中学　杨文婧）

找奶奶

我们新疆内职班高二年级37名学生全都来自新疆和田地区,刚到天津时,学生们因思念家乡,普遍情绪低落,打不起精神。

班里有一名男生叫麦尔丹,一天,他接到奶奶突然去世的消息,按照民族惯例,他穿上了黑色衣服,戴上了民族帽子,一个星期不能参加文体活动。一周过去了,他依旧闷闷不乐,沉浸在极度的悲痛之中。我多次劝慰他、关心他,也嘱咐同宿舍的同学多注意他的思想动态。他却哭着说:“都因为奶奶太挂念我了,才得病去世的。现在我很是内疚,所以无心学习,只想回家。”他告诉我他是家中的长孙,奶奶很疼爱她。离开家乡时,奶奶舍不得他走,哭得很伤心。每次打电话,奶奶都是千叮咛万嘱咐。

看着他红肿的双眼,我也落了泪……我开导他说:“你们能来到天津学习深造是为了给新疆培养人才和新疆未来的发展,也是亲人们的嘱托和希望所在。只有加倍努力学习,更好地完成学业,才不会辜负家人的重托,告慰逝去的奶奶。”

有什么办法让他摆脱心中痛苦呢?我突发奇想:离学校不远的地方有个养老院,那里住着不少老人,也希望人们关爱。我立即想到麦尔丹:何不给他找个奶奶,帮他尽快从悲痛中走出来呢?

这样想着,我带着麦尔丹来到了敬老院。我先找到院长,说明来意,他欣然同意了。他很快介绍了一位李奶奶,她今年78岁了,10年前儿子和儿媳在一次车祸中离开了人世,老伴也在前两年离开了她,现在只有一个在海外留学的孙子是她在这个世界上唯一的亲人。奶奶日夜思念远方的孙子,只有在接到越洋电话时,她心里才感到一丝安慰。

我和麦尔丹安慰着李奶奶,李奶奶目不转睛地盯着麦尔丹看,不时地还伸手抚摸他的脸庞。麦尔丹也深情地望着老人,陷入了默默的沉思。

回到学校,麦尔丹突然问我:“老师,该如何帮助可怜的李奶奶?”我高兴地告诉她:“想要奶奶高兴起来,就要知道奶奶需要什么?”

几次去看望李奶奶,得知她年轻时很喜欢唱歌、跳舞,麦尔丹脸上满是笑容,急切地说:“奶奶,我们维吾尔族最擅长唱歌跳舞了。”奶奶高兴得一个劲儿地点头。

我们精心准备《打起手鼓唱起歌》《吐鲁番的葡萄熟了》等人们较为熟悉的歌曲,还特意编排了舞蹈,并把伴奏舞曲下载到了手机上。再去看李奶奶的时候，麦尔丹特意穿上了自己民族的服装，给李奶奶进行了表演。奶奶听着熟悉的歌曲还跟着打拍子一起哼唱，脸上不时露出许久不见的笑容。

麦尔丹看到奶奶有了笑容，备受鼓舞，他在回校的路上忙问我："下一步该做什么？"我告诉他："奶奶喜欢你的歌舞，你可以和她聊聊你的经历，告诉他你奶奶去世了，你很怀念远在新疆的亲人们。"

麦尔丹再次来到养老院，动手为李奶奶打扫了房间，还和奶奶说了心里话。李奶奶听着听着眼睛湿润了，连忙拉起了他的手说："孩子，要是你不嫌弃的话，就把我当成自己的奶奶吧！"

麦尔丹吃惊地愣住了，赶忙喊了一句："李奶奶，我愿意！"那天他回到学校高兴得一晚上没睡好。转天他告诉我，他在想下一步该为老人做些什么。

从那以后，李奶奶特别喜兴，特意给麦尔丹买了新衣服，孙子寄来的吃的和用品也主动送给他，每次都鼓励他好好读书，将来做一个对家乡对国家有用的人。他一扫心中的阴霾，逢人便说李奶奶真跟自己的奶奶一样关爱自己。

麦尔丹自从找到了"奶奶"，整个人都变了，不仅学习很努力，对班集体的大事小情也很上心，常常和同学们提起老师为他找了位好奶奶。

通过麦尔丹找奶奶，我也带领其他同学一起去敬老院陪伴孤寡老人，和他们谈心，为老人们精心编排节目，邀请老人和我们唱新疆歌曲，还教他们跳少数民族舞蹈，教老人折纸，为老人捶背按摩，给老人们做卫生，整理房间，还把家乡寄来的特产葡萄干、枣带给他们品尝。老人们则给孩子们买学习用品，鼓励他们好好学习。每个维吾尔族孩子都找到了汉族的爷爷奶奶，老人与孩子们成了"忘年交"。

学生们都说好像回到了家，见到了自己的亲人。老人们则说："孩子们来了，给我们送来了欢乐，这里变得热闹多了，新疆的大枣和葡萄干真甜呀。"孩子们原来称呼"王奶奶""刘爷爷"，现在都直接喊"爷爷""奶奶"了。每次告别时，爷爷奶奶们都依依不舍地送孩子们到门口。

（天津市北辰区中等职业技术学校　薛少谨）

给友爱打开一扇窗

"李昆要转学去体校，下周一就去报到了。"我的搭档赵老师见我没吱声，又接着说："唉，咱班又少了一个。"其实，我也没想到，今天就是他跟大家在一起的最后一个下午了。

我没接话，是因为我又想起了我们班的另一个学生——郝一辉。他是我们班的“三好生”，学习好，人缘也好。可是，因为他父母要回老家工作，所以，开学没几天就转学走了。那天上课时看到空着的座位，他就这样悄无声息地从大家的生活中消失了。我想，四年的同学时光让他舍不得离开大家，所以不愿和大家道别吧。

而让我意外的是，全班学生就好像失忆了一样，我竟然没有听到任何人再提起他的名字，包括平时和他很要好的几个男生。难道是他们心里没有“友爱”，也不懂得“同窗之谊”吗？不可能！他们一定是还没有找到表达这种情感的方法，绝对是！这次可不能让李昆也这样无声无息地走了。我要让学生们把心中的“友爱”说出来！

打定主意，我对搭档说：“这节午自习咱俩一起上吧，咱们给李昆办个欢送会！”

“啊，来不及准备了呀！”

“来不及，那就不用准备。”

“哦——”搭档一脸茫然。其实，我只是想让学生们互相说一说告别的话，别的不用准备，只要给他们一些时间就好。

我俩一进教室，就引起了一阵小小的骚动，学生们都在猜测是不是有人犯了什么大错，两位老师才一起出现，要“三堂会审”。一双双充满狐疑的目光在那几个“祸头”的身上扫来扫去。而那几个呢，有点儿心虚，但却佯装无辜，一脸纠结的表情。

我一开口，教室里立刻鸦雀无声。

我接着说：“李昆，你周一就要去体校报到了，现在你有没有什么话要和大家说？”

李昆的头垂得越来越低，讷讷地半天也没说出一个字。

我扶着他的肩，低声问：“不知说什么好？”

他还是低着头不敢看我，也不敢看大家，只轻轻点了点头。从他红红的耳朵可见他内心有多么纠结。还是先别为难这个平素就不善言辞的学生了。

“好，那你先想想。”我抬头对大家说：“李昆去体校，对于他来说是件好事，这样他的体育特长就有用武之地了。我们一起相处了四年多，你们一定有祝福的话要说给他听，咱们一个一个按顺序来！”

瞬间，班里静得都能听见心跳声，谁也不愿意第一个说。“爱就一个字”，可说出来怎么就这么难？

我不得不点名：“王智伟，你先来。”

“嗯——我祝你——学习——进步！”虽然他说得有些艰涩，但却是一个好的开始。

“你以后住校，照顾好自己。”

“你可别忘了我们，常回来看看！”……

其间，有人含泪，有人哽咽，但是心里的话总算说出来了！那一句句满溢着祝福、饱含着真情的话说出来了。虽然学生们表情依然凝重，但是教室里的气氛却不再像开始时那么压抑了。

“35 个人，34 句祝福，李昆该你了！”

我拍拍他的肩，他还是低着头。沉吟了好久之后，他向大家深深鞠了一躬！学生们立刻明白了这个动作的含义，给他报以热烈的掌声。不错，这正是我所要达到的目的：无论是用语言，还是用行动，心中有爱，就要表达出来。

刚好下课了，我示意搭档一起离开教室，把告别的空间留给学生自己。谁知，还没打上课铃，班长和体委就来到办公室，邀请我和赵老师与他们一起上最后一节体育课。

等我们到了操场上，看到的是：全班男生合力把李昆扛在肩头，然后，一起用力把他抛起来，再接住，再抛起来……看着那一双双泪眼和那一双双用力举起的双手，我心中一动：谁说“00 后”都不会爱，他们不正在用行动表达着心中那浓得化不开的惜别之情吗？

后来，李昆只要一有时间就会回学校来看大家：校运动会他来看比赛；年级足球赛他在场下助阵；就连生病回家治疗，也会先来看大家，在教室里和大家一起上一两节课再回家。他对这个集体的依恋之情可见一斑。而其余同学呢，仿佛一下子长大了不少；那几个“祸头”也不再那么淘气了，因为他们不想给班级抹黑，不想在同学心里留下坏印象。这次“欢送会”不仅让学生们懂得了珍惜友情，学会了正确表达情感，还提高了他们的集体意识，增强了班级凝聚力，可谓一举多得！

爱就一个字，可以用语言表达，也可以用行动表示。老师要为学生们打开一扇窗，让他们的友爱之心跳出自我的狭小空间，去拥抱身边的每一个人，拥抱生活，拥抱世界！

（天津市北辰区东堤头小学　张玲莉）

一场赌出来的胜利

2016 年 5 月 11 日，高一(4)班的第二场篮球赛如约而至，对手是高一(5)班。因为第一场小组赛以 1 分之差被高一(3)班绝杀，大家都憋着一肚子气；对于这场比赛，队员们摩拳擦掌、势在必得。拉拉队也喝足了水，等着比赛时呐喊助威。

随着主裁判一声哨响，比赛开始，我方队员竭尽全力，每球必争。无奈对方人高马大，认准了我们的控球后卫小闯实施双人包夹；小闯无法传出球，只能自己处理，突破被断球，投篮不沾筐，更要命的是另外几个队员责怪小闯不传球，小闯反过来怨他们跑动不积极。结果可想而知，高一(4)班大比分落败。

队员们个个涨红了脸，气急败坏。只见我们班唯一的校篮球队队员大泽，把矿泉水瓶狠狠地摔在地上，嘴里吐出来一个脏字，转身愤然离开。

输球又输人，作为班主任的我心中五味杂陈。

时间来到晚上，微信响个不停，原来是大泽发来七八条消息，大意是数落小闯的各种不是，还说其他几个队员也都烦死小闯了，并一再强调自己明天罢赛。我想了一会儿，回了两句话，一句是说小闯不是斯蒂芬·库里，他无法把球在双人包夹的情况下传出去，第二句是说他作为班里唯一的校篮球队队员，应该打出自己的血性。

看着楼下车水马龙，我陷入了深思。我决定明天找小闯聊聊。

第二天早晨，我特意来得很早，因为小闯会在。他一见到我就非常激动，责怪其他队员太不给力，并把矛头指向大泽，说换上任何一个校篮球队队员，都肯定能拿下比赛，还一再说自己如何如何优秀。我见缝插针地说："小闯，敢与我打赌吗？如果上半场你不上场，咱们班只要比分不落后，你就做十个俯卧撑，否则我做二十个。"他不假思索地爽快答应了，脸上露出得意的笑容。

令人窒息的时刻到了，比赛开始，高一(4)班其他队员见小闯不上场，个个像打了鸡血；尤其大泽，在大家的助威声中，一次次杀到篮下。中场结束，高一(4)班与高二(2)班打平，小闯冲我喊："老师，我给他们动力了！"虽然赌输了，但这次他脸上分明是发自内心的笑。我当机立断——换上小闯。

小闯一上场分外卖力，一次次传出好球。对手傻了眼：怎么还有一个最佳第六人啊，高一(4)班越打越顺，一举拿下比赛。全班同学都非常兴奋，就好像我们班篮球队已经出线了一样。

放学的铃声响起，我走进教室。小闯站了起来，当着全班同学的面在教室过道里做了十个俯卧撑，然后笑着说："一个好汉三个帮，一个篱笆三个桩，团结就是力量。"我总结道："胜败乃兵家常事，输也要站着输。今天的比赛我们打出了自己的血性，全体队员团结一心，拿下了比赛，那就一个字——'爽'！请大家再一次为我们的队员鼓掌！"教室里顿时响起了经久不息的掌声。

晚上回到家，静下心来，我思索良久：十六七岁的孩子正值青春期，容易冲动，再加上在家里被娇生惯养，很少能站在对方的角度思考问题，同学之间难免会出现矛盾，甚至会因此发生冲突。

如何处理这种矛盾，对于班主任来说就显得非常重要。我不得不承认我处理矛盾的一贯做法就是把几个人叫到一起，让大家把话说开了，以为这样一切就好了。可是很多时候学生们只是表面和解，内心的怨气并没有根除。

这次矛盾顺利解决归功于两点，第一点是让学生先冷静下来，冷静是处理矛盾的最佳方式，所以我选择第二天处理。第二点是抓住活动契机解决矛盾，第二天的比赛恰恰是我要抓住的良机，利用活动处理矛盾，不仅使有矛盾的学生冰释前嫌，而且能让同学们关系更融洽。

作为一名教育工作者，我们所实施的教育要像水一样柔美，像水一样润物细无声，滋润学生们的心田。看到晚上大泽发来的信息——"老师您太厉害了，我和杨闯关系更铁了"，我开心地笑了。

（天津市滨海新区塘沽滨海中学　王玉北）

戴"红领巾"的变形金刚

时光如白驹过隙，一转眼教师节又到了，小刚又带着鲜花来学校看我。面对这个"臭小子"，我感觉很亲切，他和我总有说不完的话。我们谈学习、谈生活、谈理想，不知不觉中，又谈到了那个戴"红领巾"的变形金刚。于是，记忆的窗纱又轻轻撩开，我们仿佛又回到了那个寒冬。

那是一个深冬的傍晚，当送走最后一个学生，天已经黑了。我回到家，简单地吃了饭，就开始批改作文。突然，一阵急促的电话铃声响起来，我拿起话筒，耳边传来小磊妈妈生气的声音："闫老师，您班上的小刚太不像话了，今天把我家徐磊打得鼻子都流血了，说是因为一个什么破变形金刚。明天您一定要叫上他的父母,当面把事情说清楚!哪儿有这么欺负人的?”

听了小磊妈妈的话,我急忙安慰她说:“您别生气,现在孩子怎么样……没事就好,明天我一定给您一个满意的答复。”

小刚是个家境优越的小男孩。他父母从商,由于脑子灵活,没过多久便打下了一片天下。孩子要钱给钱,要物给物,不愁吃不愁喝。据我了解,别说一个变形金刚,就是再贵的东西,小刚也不会放在眼里。虽然说平时他有些性格孤僻,但打架欺负人的事情还是第一次听说。那今天到底是怎么回事呢?不行,我必须亲自找小刚问清楚!

我顺手抓了一件外套,带着疑问冲出家门,骑车前往小刚家。不知什么时候下起了雪,雪花漫天飞舞,街上车少人稀,昏黄的路灯闪烁着迷离的光线。飞雪打着脸颊,让我几乎睁不开眼。

当我扶着自行车艰难地来到小刚家门口时,看到房间的灯亮着,灯下小刚坐在桌前,不知在鼓捣着什么。

我悄悄走进小刚的房间。看到头顶雪花“从天而降”的我,小刚先是一惊,随后下意识地用手捂住了桌上的东西。

“小刚,干什么呢,这么认真?用不用我帮忙啊?”

听到我这么问,小刚把手挪开了,我看到桌上是一个散了架的变形金刚,约有二十厘米长,是当时流行的战警机器人。

我看了一眼,终于明白了。二话没说,我拿起桌上的强力胶,认真地粘了起来(幸亏和我买给自己孩子买的一模一样,不然我还真不知道怎么修理)。看到我上手了,小刚放下了戒备之心,配合我一起做。虽然我很仔细,可粘到最后,在机器人的胸前还是能看到一道裂缝,怎么办?

看到小刚有些失望的神色,我安慰他说:“别担心,老师一定有办法,还你一个漂亮的机器人。”

我环视四周,看到一个礼品包装盒,上面还有红飘带……有了,就这么办。我让小刚找来剪刀,把红飘带剪成一条“红领巾”,并让小刚亲自给机器人戴上,然后用胶轻轻地固定在机器人的胸前。你还别说,佩戴上“红领巾”的机器人既威武又精神,还把胸前的小裂缝挡得严严实实。

看到这儿,小刚脸上浮现出满意的笑容。

看到时机已到,我很认真地看着小刚,轻声说:“小刚,你难道没有什么话要对老师说吗?”

小刚听后，马上低下了头，略带哭腔地说："这个变形金刚是我为自己买的生日礼物。"

"哦？为自己买的生日礼物？"我追问了一句。

"今天是我生日，爸爸妈妈都忙，没时间陪我，给了我二百块钱，我就给自己买了一个变形金刚。可小磊偏要玩儿这个变形金刚，我怕他给弄坏了，就不给他；他就抢，结果变形金刚掉在了地上……于是我就打了他……"

明白了，小刚的父母只顾挣钱，在他们看来，只要能给孩子提供优越的生活条件，其他的都不算事，他们完全忽视了孩子心灵成长的需要。

我没有责备小刚，而是马上给还没吃晚饭的小刚做了一碗打卤面。

"小刚，生日快乐！祝你长命百岁，生活愉快，学习进步！"

小刚甜甜地笑了。

吃过饭，我又拉着小刚的手，对他说："今天虽然是小磊招惹你在先，可他对你的情况不了解……他呢，也只是好奇，才和你抢……所以……"

"老师，我错了，我打人是不对的！我现在就给小磊打电话，向他道歉。"

不等我再说什么，小刚立刻拨通了小磊家的电话。小刚向小磊和他的爸爸妈妈道了歉，取得了他们的谅解。两个同学之间的矛盾得到了圆满解决。

临回家，我又语重心长地对小刚说："孩子，以后有什么问题随时和老师说；有什么困难，无论是生活的烦恼，还是心里的委屈，都可以来找我，老师一定能帮到你！要知道：你并不孤独。还有，老师回头和你父母好好聊聊，让他们以后多陪陪你。相信老师，也要相信自己。"

小刚重重地点点头。

那个变形金刚，据小刚说，已经被他用心收藏了起来。每当遇到困难，他都会凝望着它，每每都能从中获得灵感，进而战胜困难。

（天津市武清区杨村第七小学　闫秀华）

让"暗恋"在空中飞一会儿

中学生的恋爱大多是始于玫瑰终于眼泪的游戏，身为班主任，要特别审慎地对待学生心中萌发的性意识。其一，要态度和蔼，语言幽默，这样学生才会愿意将自己最隐秘的感情向老师倾诉；其二，方法巧妙，避免说教，给学生留下足够的思索余地，促其内省；其三，合理监督，促使学生冷静，避免学生往歧路上前行。下面所讲的就是一场发生在我们班里的“早恋风波”。

“老师，我有一件心事想跟您谈谈。我暗恋上了咱班的学习委员。”我做梦都没有想到，我一向看重的班长志豪，竟会在面临考试的节骨眼儿上说出如此让我大跌眼镜的话。这下好了，两个优秀的学生很可能在班级内上演一场“蓝色生死恋”，一连串的麻烦将让我焦头烂额。

正在我冥思苦想应对策略之际，教育家爱默生的一句话陡然在心底浮现：“教学生怎样对待爱情，这是教育工作中最细腻的一面，它要求教师有真知灼见，把教育技巧和教育艺术结合起来。”想到这里，我心里有了办法。

我对志豪呵呵一笑，故作轻松地打趣道：“你眼光挺不错啊，你俩还真是一对才子佳人的绝妙组合呢。”

志豪脸上露出一丝欣喜又羞愧的神色，他不好意思地继续说道：“老师，她确实不错，漂亮，文静，又多才多艺，成绩还这么好。如果您也觉得我们合适，我明天就向她表白。”

想不到现在的孩子做事还挺有主见的，而且雷厉风行，即使我们成年人都羞于启齿的两性交往，在他们眼里相当稀松平常。这无形中给我们的说服教育工作带来了巨大的压力。

“表白？你觉得喜欢一个女孩子就非要向她表白吗？好吧你说说看，如果你向她表白的理由充分，老师支持你。”

我依然不表明自己的态度：身为班主任，我当然知道在青春期里学生产生爱慕异性的情感是再正常不过的事了；虽然心知肚明初中生早恋是一场只开花不结果的游戏，是令当事双方疲惫不堪、伤痕累累的痛苦体验，但太直接、太决绝的回应，却一定不会带来好的教育效果。这就好像是伊甸园的青苹果，外表看起来甜美，任谁都不会相信它的味道竟那样苦涩。

“我也知道自己向她表白的理由不充分，但我不表白闷在心里，就像有个小兔子在心里跳个不停。”他声音低低地说。

“这种感觉老师读高中时也有过，这叫做怦然心动。青春期的男女大概都有这种体会，不足为奇，只不过你比当年老师要早熟啊！”我进一步打趣道，他不好意思地笑了。

我见他似乎有所醒悟，进一步点拨道：“让老师跟你一起假设一下你表白后的两种情形吧。情形一：她对你也情有独钟，这就叫心有灵犀一点通了，自此，你们沉溺于卿卿我我的浪漫生活中。但早恋难免会出现矛盾和冲突，使你们无时无刻不在感情和道义的双重选择中苦苦挣扎。你们不敢正视现实，逃避众人目光，会造成你们双重人格障碍，这势必会影响你们的学习质量乃至未来所从事事业的质量。爱情取代不了面包，你们总有面对现实生活的一天，如果有那么一天，她后悔当初对你的轻率应允，义无反顾地离你而去，你这不是赔了夫人又折兵吗？如果你觉得为了摘取青涩橄榄牺牲一生的事业和追求值得的话，你明天就向她表白吧。”

他沉默半晌，说道：“这样的牺牲未免也太大了吧，我不能这么快就向她表白，至少明天。”

我笑笑，为他的顿悟。

但他没有完全死心，追问道：“那另一种情形呢？老师。”

“另一种情形是，对方对你根本一点儿感觉也没有，你突然表白，一个正派的女孩子一定受不了，她一定会从心底鄙视你、远离你，自此视你为路人，好端端的同学关系因而蒙上阴影，你愿意面对这样的局面吗？”

他无可奈何地笑笑，求助似地问道：“老师，难道就没有别的选择了吗？这感情就这样夭折了吗？”

“难道她在你眼中就没有缺点吗？试着观察，也许时间会给你答案。”

半个月后的一天，志豪又找到我，极其认真地对我说：“老师，想不到您的办法还挺管用的。我渐渐发现，她特别爱哭鼻子，一点儿小事儿就哭得稀里哗啦的；吃完食物，剩下的东西还总乱扔，挺让人受不了的。现在，我发现自己不是那么喜欢她了。”

我高兴地说：“孩子，你长大了，能独立解决生活中的难题了。每个人都有优缺点，你还是以一个普通同学的眼光来看待她吧。”

他重重地点点头。

现在他们已经毕业，依然保持着纯洁友好的同学关系，按志豪的话说，这多亏了当初我那招——对假设情形的推断。

面对早恋，班主任板着脸对学生说教和训斥，只会推波助澜，使学生越陷越深。假设某种情境，由此推出情理之中的结局，让学生悬崖勒马，不再飞蛾扑火做不必要的牺牲，这才是智慧的态度。

（天津市集贤里中学　杨霜菊）

卷九　学习面向未来　不断丰富自身

主编絮语

学生喜欢老师,还有一个重要原因,那就是好学、善学。学生们会想:老师都如此,我何以不学？老师学什么？当然是育人的本领、专业的知识,还有无边无际的学识。

新时期各项事业快速发展,知识更新极快。随着时代发展,学生也在变,他们是追新一族。于是我们在工作中总感觉有点儿"本领危机":新办法不会用,老办法不管用,硬办法不敢用,软办法不顶用。当下,光凭有热情、年轻和有经验已经不行了,要循规律、凭专业,所谓"术业有专攻"。专业,包括专业道德、专业知识、专业能力和专业情感等,都需要重新学习,正所谓学无止境。正如宋人黄山谷所云:"三日不读书,便觉言语无味,面目可憎。"

其实,教师比学生更需要学习,尽管我们比学生年长,人生经历比学生多,所掌握的知识比较丰富。当年我们从学校毕业时,知识是当时最新的,技能也是当时最新的,但是,它们能支撑你三十几年吗？社会在发展,知识在变化,不学习怎么行？何况教育观念也在变,若不学习,总用陈旧的思路、老的教育方法对待新的学生,肯定对不上号,不是走偏便是碰壁。何况学生总有新问题询问老师,学生问一次,老师说不会,不要紧;二次还不会,也可能就那样过去了;可三次还说不知道,学生便不再问了,认为老师是"贫瘠的土地,枯竭的海洋"。何况你面对的是几十个学生,他们的智慧加起来,肯定胜于老师。前有形势相逼,后有学生追兵,新时期当一个合格的教师,当一名合格的"老板",不练就一身绝活儿是不行的,绝活就是善学,要始终站在知识前沿,始终处于学习状态。

学问是心灵的慧眼,学习是永恒的主题。首先要广泛读书,正所谓"腹有诗书气自华",一个人的眼光、胸襟、气质和风度都可以随读书的深度与广度而改变。"男儿欲遂平生志,六经勤向窗前读。"一千多年前,宋真宗就写下了这样的劝学诗句。我们要让读书成为我们的生活方式,成为我们备课的内容。别总强调忙，推说没时间，鲁迅先生早断了这种理由的后路——时间就像海绵里的水，只要愿挤，总还是有的。我们要有忙里偷闲、闹中取静的本领。古代典籍介绍过欧阳修读书的“三上”法，“三上”即枕上、马上、厕上。

“三人行，必有吾师焉。”学习是广泛的，要向同事学习，向先进人物学习，向学生家长学习，向教育外行学习，他们都有丰富的、多角度的思想和知识，也有许多成功的可以借鉴的经验。虽然好多领域我们不了解、不懂，但隔行不隔理。我们还要向我们的教育对象学生学习，做到教学相长。

我们正在进行的奔向“学习大国”的实践是全新的，历史经验告诉我们，只有认真学习才能开创新世界，善于学习是我们的秘密武器，是我们化解各种矛盾的新钥匙。学习上的落后是最大的落后，最根本的落后，未来社会唯一可持续的竞争就在于学习能力。因此班主任应把学习当成奠基石，以学固本，以学立德，以学增志，以学兴教，做一个学习型的班主任。

1871 年普法战争后，普鲁士总参谋长毛奇说过这样一句话：“普鲁士的胜利，早在小学教师的讲台上就决定了。”今天，在实现中华民族伟大复兴中国梦的征程上，我们面向未来，披荊斩棘，爬坡过坎；让我们的学生茁壮成长，就是为了不久的未来他们取得一个又一个胜利。教师要一个肩膀挑着学生的未来，一个肩膀挑着民族的未来，做“梦之队”的筑梦人。这里，千万不要忽视了学习。

向我的学生学习

记得刚刚毕业时的我，天天想着去外企做白领，不屑于当个平凡的“孩子王”。上班第一天，我就被安排做班主任。班主任——这个在我的记忆里不苟言笑、敬而远之的角色，现在该我充当了。大学时爱说爱笑的我，穿上了西装，收起了笑脸，开始做眼前这个新集体的大家长。光阴荏苒，我做班主任已经有十个年头，学生何尝不是我成长路上的最好伴侣！在这条路上，我没有丝毫的厌倦与懈怠，而是津津有味地欣赏着沿途一个个令我驻足的美景，用心采撷每一片风景的瑰丽。向学生学习，与学生携手共进，我还得感谢我的学生。

我向学生学会了平等

开学第二天，学校号召为灾区捐款。开学第三天，当我把同学们的捐款交给会计的时候，却被告知其中有一张假币。望着那张主席像模糊的 50 元假币，我怔住了。我赶忙回到班里声色俱厉地问全班学生:“是谁交了张假币?”现在想起来,当时的做法真幼稚可笑,在那种情况下有人承认才怪呢!

我接受了这次教训,每次收费都让学生在人民币上写上名字,类似的事情再也没出现过。直到有一天,一个女生怯怯地对我说:“老师,在人民币上写字是违法的。”我愕然,她的话带给我的冲击不仅是我认识到自己法律知识的匮乏,更是一个小小公民在维护法律尊严方面对我提出建议。

我开始反思:在人民币上写名字这种做法无形中告诉学生们,他们是不可信的。其实这都是我自以为是的思想在作祟。学生的批评是对的,我为什么不能放下架子向我的学生学习呢?我思索了很久,决定在全班学生面前当众道歉,并终止类似伤害学生自尊心的做法。就是这次经历让我意识到,班主任不是高高在上的“班级大家长”,而是班级大家庭的一员,我与学生共同遵守着同一个社会法则——平等。集体中我应与学生互动共进。

我向学生学会了理解

一天,学生放学了,我只留下班干部开例会和一个犯错误的男生一起解决问题。这个男生的家庭生活特别困难,父亲带着他们兄弟两个,只靠修自行车赚取微薄收入维持生计。我那时还是单身,经常用课余时间为他辅导功课,有时还去他家帮他洗洗衣服。

可那天,他却跟外班一个同学打起架来,下手还非常重。我当时情绪异常激动,把手在桌子上拍得山响,恨他不争气!该男生深深地把头埋下,眉头紧蹙。我气得说不出话来,竟管不住自己的眼泪,让它恣意模糊了我的视线。我竟丢下了那群躲在角落等待开会的班委和那个男生,夺门而出。

我默默地骑着自行车,想着那个男生的不争气,我的视线又模糊了。我不得不停下来,坐在天塔湖边冷静一下。湖面上静静地映着我的影子,我怅然若失。

就在那一刻,影子突然多了起来,一个、两个……一共八个。我们班的七个班委一个不少都到齐了。我怔住了,不知道他们都是从哪儿冒出来的。起大风了,湖面上的影子仿佛跳起舞来。班长开玩笑地说:“刘老师,您离湖远点儿,可别想不开呀!”我笑了,抱着我的班委们激动地笑了。呼啸的风绕过了我们身体吹走了,留下的只有我这颗被温暖的心。

天已经黑了我才回到家。刚一进屋,电话铃就响了,那位男生的爸爸焦急地说他儿子还没回家。我挂了电话,下意识地朝窗外望去,只见那男生笔直的身躯正在大风中站立着,我匆匆抓起一件衣服朝楼下跑去。

夜晚，想着自己的冲动和学生们的善解人意，我感觉自己是如此的渺小。我的学生能够这样理解我，我却比他们还孩子气。那位男生正值青春期，血气方刚，我为什么不能站在他的角度理解他呢？我为什么不能给他一份温柔的体贴呢？学生们又给我上了一课，我从学生那里学会了理解。

我向学生学会了尊重

一个学生长得很丑，生活自理能力很差，同学们都不爱理他，刚开始的时候我也不大注意他。有一次圣诞节，他送给我一张贺卡，上面写着："刘老师，我是一只丑小鸭，请不要抛弃我。"那时我才深深地意识到，自尊心对一个学生来说是多么重要！当时，我非常后悔，便回赠了他一封信："我相信，丑小鸭总有一天会变成白天鹅的，你一定能够成功！"是啊，当我们想要得到别人尊重的时候，我们首先要学会尊重别人。

有时候，我觉得自己就像个"大孩子"，不断地被小孩子们感染着，教育着。我自认为专业知识过硬，课堂形式丰富多彩，学生们都很喜欢上我的课。但是在一次讲课前的"五分钟发言"活动中，我遇到了从未出现过的问题。以前从活动的组织设计到内容安排，学生都主动参与，积极性很高。但这次活动，为了让每个学生都能有话可说，我主观地把内容定为"介绍'我'亲身经历的一件事"。可没想到，发言的学生站起来就说了一句："我没有什么可说的！"我一听生气极了：自己经历的事怎么可能没有可说的，小学不知写过多少这样的作文了，分明是态度问题！心里这么想，口中依然是循循善诱，启发他思考。就这样，五分钟的活动延长到了十分钟，他依然一言不发，最终只能给他判零分了。

事后，我深深反思到底是在哪个环节上出了问题。此时，是专家讲座中一句苏霍姆林斯基的话提醒了我："只有教师关心学生的人的尊严感，才能使学生通过学习而受到教育。教育的核心究其本质来说，就在于让儿童始终体验到自己的尊严感……"我面对的活动主体是具有不同性格的人，我怎能要求学生们都按照我的方式思考问题？每个学生都有不同的性格、不同的思想，此刻那个不肯发言的学生可能是怕同学嘲笑，也可能是对发言活动的内容不感兴趣，更可能是他那天心情不好。活动是学生们自己的，我应该尊重他们每个人的思想和个性，尊重他们的主体地位。

之后我才了解到，那个男生是因为父母闹离婚而心情不好。那是个有思想的男生。后来我与他沟通，他给我讲了对班级管理举措的看法，还给我提了很多意见，最后他说了一句最令我感动的话："刘老师，您真的挺值得我尊重！"其实，是他让我学会了尊重，是学生们让我更深地理解了教育家的论述。学生们又让我进步了！

我向学生学会了完善自我

就这样，我与学生的关系越来越融洽，班主任工作也越来越得心应手了。但那次经历让我知道我要完善的地方还很多，因为我的一言一行都可能是学生效仿和学习的对象。

新学期伊始，已经毕业的学生回来看我。他随口一句："刘老师改塑料杯了，这个可禁摔。"我一时没反应过来，没想到他又补了一句，"还记得当年您批评我时气得要命，把杯子给摔烂的事吗？"我不禁一怔，想到刚刚记下的那句很通俗的话："要把学生造就成一种什么样的人，自己就应当是什么样的人。"回忆以前，自己的脾气真的很不好。摔杯子的情节我已经淡忘了，但学生还记忆犹新，这会不会影响他以后为人处世的方式？我真不知道。从此，我的办公桌玻璃板下面多了两个字："制怒"。

有一次上课时，我在黑板上写下了"尴尬"二字，有学生说："刘老师，您写错了，左边不是'九'。"我想都没想就斩钉截铁地告诉学生："没错，就是'九监九介'，我的老师以前就是这么教我的。"下课后，学生抱着字典跑到办公室给我看，上面赫赫然印着是"尤"字部。我顿时红了脸，这回我可真是尴尬了。学生走后，我心里不禁感激他。学生本可以上课就指出我的错误，但他选择了单独找我。我想，那是替我保住面子，但他也要看看我如何处理这件事。

第二天课上，我再一次在黑板上写下了这两个字，并对学生们说："今天，我来举例说明这个词的意思。"然后，我就将事情的原委给学生讲了一遍，我诚恳的态度学生们接受了，没有一个嘲笑我。对这个词，我和他们都记忆深刻。

以前考完试，我总免不了对某某学生说："你怎么考得这么差？"某某总是说："我没复习好。"现在想一想，学生总是勇于承当责任，寻找自己的问题，而不是问我："你怎么没教好？"我却总是推卸责任，没有反思自己教得如何，反而质问人家怎么没考好。从此，每次检测后我和学生们都各找各的原因，我和他们都有各自的收获。学生作文写不好，我不再埋怨他们，而是跟他们一起写，大家一起找亮点和不足，一段时间后学生们都喜欢上了写作。

就这样，我在与学生们的相处中不断完善自己，跟他们学会热情，学会谦虚，学会真诚，学会诚恳，学会了许多许多。我完全投入了我的工作角色，爱上了班主任这个岗位。没有为身在外企白领朋友的奚落而动摇，没有为工作中的困难而退缩,没有因自己体弱而放弃,更没有因有了自己的孩子而让我对这些学生的爱减少一分一毫。我爱着我的学生,向我的学生学习,享受着我的学生带给我的快乐,时刻谨记:只有不断完善自我,才能帮助学生们更好地成长。我挚诚地对所有学生们说:“谢谢你们让我享受到这个角色的幸福,谢谢你们在我成长的路上教会我许多许多!”

(天津市滨湖中学 刘倩)

他为什么爱玩水

我坐在计算机前,迎着朝阳给每个学生写着评语,忽然,小天这个名字映入我的眼帘,我不禁回想起这学期他给我带来的一连串难题,他的“屡教不改”曾让我烦恼不已。

新生入学半个月了,小天还是没有长进,天天东西散落在各处,什么也找不到,就会哇哇哭,等着别人帮忙。我在办公室中抱怨:家长总强调孩子年龄小,天天宠着也不训练他,既不会自理,又不听老师的话。我只好手把手地教他收拾文具,教他整理书包。

随着时间的推移,单兵教练的次数有所减少,我正高兴他逐渐适应了小学生活,谁知好景不长。

10 月的一天,下起了秋雨,天很凉。学生们都在教室中玩,只有他站在房檐下,仰着头,兴致勃勃地拿条小毛巾接雨水玩。看着雨水从毛巾上流下来,他挺兴奋,可他的衣服却淋湿了一多半而不自知。我从十四班上完课回来,赶紧把他带到办公室,一面教育他不该玩水导致淋雨,一面给他换上我为学生专门准备的衣服,结果转天他还是发了烧。

原以为这次生病能让他长点儿记性,哪承想,没过几天,他在厕所玩水又上瘾了。同学反映:他在厕所里,一遍一遍地按动水龙头开关,也不洗手,痴痴地看着流水,忘了上课……我很生气,没有让学生去叫他,打算让他自己承担一下后果。当他回来时,同学们已经听写完词语了,我告诉他,没完成的任务只能留校补做。

我百思不得其解:为什么他对水这么感兴趣?我去向我的师傅王老师请教,师傅告诉我:“你经常给他补课,所以留校补做听写词语,对他来说没有什么教训可言。而且你也批评过多次了,没有效果,说明我们方法还有问题。大禹治水不是疏而不堵吗,得找找问题的根源;从根上理顺了,才能解决问题。”

是啊,他为什么对流水这么情有独钟呢?得弄清原因才好对症下药。下午放学时,我问他:“你在厕所里研究什么呢?”没等他说话,来接孩子的他的爸爸先答道:“他就是爱看‘哗哗’,奇怪这水去了哪。”

我建议:“那就让他了解一下污水处理过程。”

他忽然接了一句:“流下水道里去了。”

“您上网帮孩子搜索一下污水处理的全过程,让他清楚地了解了,彻底明白了,也就没那么好奇了。”他爸爸勉强答应试试。然后我又告诉孩子在上操前去厕所,这样有上操的音乐催促着,能减少逗留在厕所的时间。我还派了同学和他一起去厕所,好督促他。双管齐下之后,上述情况没有再发生。

疏比堵要有效,我很庆幸自己找到了解决方法。

意想不到的事又发生了。这天,辅导老师抓着小天,风风火火来找我:“你看,他在饮水机前接水,接一瓶倒一瓶,然后再接再倒,弄得自己衣服湿了一大片,地上也都是水,他却乐在其中。”

由接雨水,到跑进厕所玩水,现在居然浪费饮用水,逐步升级呀!我怒气冲冲地问他为什么,他只会摆着手说:“下回不这样了。”其他什么也说不出来,简直比幼儿园的小孩儿还幼稚。

接二连三的问题,我一筹莫展,一时也想不出什么好的解决办法,我绞尽脑汁,冥思苦想,忽然记起了《捕捉儿童敏感期》这本书。对,书中提到过玩水玩沙对于1~12岁儿童都具有强大的吸引力,特别是6岁之前。我喜出望外,似乎找到了灵丹妙药。回家后,我赶紧打开那本《捕捉儿童敏感期》,认真地读起来。

我读着读着,渐渐地清楚了一点:儿童每天花时间用心研究一个对象,这不正是科学家的雏形吗。几乎所有儿童天生都有一些科学家的特质,不幸的是,很多情况下,这种研究我们成年后就夭折了。

我明白了:小天酷爱看流水,不是成心捣乱违纪,应该是在进行自己的研究。只是大人觉得他年幼不懂事,一再地打断他,而他并不满足于水流进下水道了这么笼统的答案,于是他看流水的爱好才不断地变换形式。虽然不善于表达,但是他也有自己独立的思想。还有,他在美术课上不按学习任务要求剪窗花,而是把彩纸剪成小碎片;不画画,而是把纸努力地撕成正方形……这些“异常的表现”可能是由于他幼儿时期总是在爷爷奶奶的呵护下,在幼儿园老师一对一的看护下,失去了各种敏感期发展的机会。现在没有人时刻守着他，环境宽松了，他开始弥补一件件敏感期要干的事。现在我虽然不能界定他属于哪个敏感期在发展，但我知道如果敏感期发展得不好，会导致他的心理畸形。

我灵光闪现，立即向家长建议：大人在家里可以用水管和大盆与孩子一起玩儿水，模拟流水的情境，给孩子一个研究的空间。放假了，带孩子去看瀑布或去海边看海，让孩子充分地玩儿水。

小天的爷爷挺高兴，他说："他在家玩儿水可着迷了，把各种能盛水的瓶瓶罐罐都放进水盆里，让大人帮他连接水管，舀过来，倒过去。还说徐老师支持他进行'科学研究'，高兴极了。"他的'科学研究'有了光明正大的渠道，心理需求得到了满足，果然没有再出现在学校里浪费水的现象。

我把那本书借给了小天爸爸，希望他也从心里接受其中的教育理念，共同帮助孩子顺利发展。他爸爸终于恍然大悟，总说："多亏遇到了徐老师，连大人带孩子跟着您一块儿长知识，一起进步。"我十分开心，说了一句："小天也许会成为新一代的爱迪生呢！"

还得感谢读书。细细回想起来，正是一个个问题的出现，一次次促使我去学习，去请教，去实践，在一回回解决问题的过程中，我在不断地成长、进步，现在我不再把那些有"异常表现"的学生视为另类，而是给予他们更多的爱和耐心，去探究他们的心理与其行为的联系，他们也成了我进步的阶梯。

（天津市河西区闽侯路小学　徐蕙）

一本书辐射的故事

上小学的儿子看完《窗边的小豆豆》一书后说："妈妈，我想去小豆豆这样的学校上学。""为什么？"我不解地问。"我喜欢这样的学校。"此时他的眼中闪烁着渴望的光芒。于是我也拜读了这本书。读完，我十分感慨：是呀，这样的学校令孩子向往，更令老师振奋。

小豆豆是一个因淘气一年级就被退学的孩子。他来到巴学园，在小林校长的引导下，"怪孩子"变成了"乖孩子"，奠定了他一生成功的基础。小林校长那种强烈的责任心和充满爱的教育深深感染着我。

今年我接手了七年级的新班，班中有一个很特别的学生，名字叫赵发。从小学老师那里得知,他平时不爱说话、爱打架,上课不在状态,成绩不好;老师们付出了不少努力,但效果不佳。又听说前不久他父母离异,之后又分别再婚,这对他的打击很大。同学们都用异样的眼光看他,他的自卑可想而知。

我突然想到小林校长在面对残疾孩子自卑心理时,采用让他游泳的方法,让他证实自己能行,从而得到别人的尊重,增强了自信。于是我跟赵发商量:“老师想把你的事写成一个故事讲给全班同学听,你同意吗?”起初他有点儿反感,后来他同意了。

我对全班学生讲完他的故事后,学生们愕然,都对他深表同情,都愿意对他伸出友爱之手。不想这一招真让他感到了被尊重和被理解,自信心增强了。

赵发只能跟着年迈的爷爷奶奶生活,可想而知,孩子缺少父母之爱。有一次,赵发告诉我,他不想上学了。我一听,这哪行!骑着自行车就去了他家。他家的住房是矮小的农村平房,一进门,他见到我来了,一下子就钻到屋子里。奶奶在院子里,向她询问了一些情况后,我慢慢地走进屋里,“喵”的一声,他不经意地转过头;我们四目对视,都笑了。

我摸着他的头,说:“好孩子,爷爷奶奶没有挣钱的能力了,你一定要体谅,不能因为没有新鞋就埋怨他们;再说,同学们也不会因为你的鞋破了就笑话你,更不应该不去上学。”他低头不语。我说:“对了,上次给我儿子买的鞋有点儿大,我来看看你的脚,应该正好。”话音刚落,他睁大了眼睛,瞬间又低下了头。我明白他的想法。

看到他可怜的样子,我的心都碎了,一把把他搂在怀里说:“没关系,以后你可以把我当成妈妈。”一瞬间孩子的泪水浸透了我的衣服,奶奶在一旁也泪流满面。后来他接受了我为他买的新鞋,而且十分珍惜。他对我很信任,什么事都来跟我说,我真的不亚于他的妈妈了。

一天,赵发与同学发生口角并动手打了人家。事后被打同学一句句埋怨,而他只是低头不语。我很生气,可是又一想:他缺失家庭温暖,比别的孩子更敏感。于是我把他留下,没有批评他,而是问:“你们两个不是朋友吗?”

他终于开口了:“我和他才不是朋友呢!”

“为什么?”

这一问,他把从小学六年级到现在的事一股脑儿地全都倒出来了,足足说了一节课的时间。我没有打断他,一直认真地听着。我想起,小林校长倾听了“小豆豆”四个多小时的自言自语。我耐心地听完了他的表述,接着,我没有说任何批评他的话语，只是在纸上写下“学会包容”四个字送给他，并让他回教室。走到办公室门口，他忽然停下脚步，转过头来，眼含热泪地说：“老师，从来没有人听我说话这么长时间。”

“是吗？那我很幸运呀！”

也许孩子并没有那么丰富的语言表达，但可以通过表情直接呈现内心的感受。此时他笑了，可不一会儿脸上又充满了懊悔。他说：“老师，我错了，以后绝对不会打架了，我保证！”

“相信你！”打这以后，他学会了包容，能够正确处理和同学的关系了。

《窗边的小豆豆》所折射出的爱与责任，是我们向往和追求的真教育。我希望能在自己平凡的教师岗位上，把“教孩子一年，为孩子想一辈子”作为座右铭，努力前行。

（天津市宁河区大贾中学　宋健丽）

给思想做个美容

书是思想的营养品，它萃取思想精华，涤荡心灵。我爱书，也爱看书。究其原因，还得从我班上的男生小安说起。

开学第一天，做了简单的自我介绍后，我便根据学生们的身高重新调整座位。这时，一个细微的女声传入了我的耳朵：“可有机会和他分开了！”我目光一扫，发现了教室靠窗的第一排的一个小男生。只见他，朝同桌的女生努着嘴，还抠了块橡皮头朝她砍去。他见我快步上前，便眯着小眼，露出一脸求饶的神情，嘴里嘟囔着：“老师，我错了，我错了！”从这些举止中，我看到了他是个认错“老手”。

“你叫什么名字？”我笑着问。

“李安！”

李安？没进班，前任班主任就跟我介绍，他可不是“既来之则安之”的学生，学校评比就属他给班里扣分最多。此时，他竟然像坐滑梯似的，脖子一仰，两腿一伸，差点儿把桌子拱翻。

我开始对他严加“防范”：课间，委派男班长陪他去厕所；中午吃饭让他坐在我身边，就连走路队我都手牵手领着他。也许是我给他带来的新鲜感，也许是他想好好在我面前表现，这一天他没有违纪。我照方抓药，他却越发随意起来：课间，他去厕所与班长玩起躲猫猫，打上课铃了也不进教室；课上，他不举手就抢着发言，甚至下座位。再看看班上的其他男孩子，哪里有女生那么听话懂事呀，也是个个不让我省心：有的一下课就在教室里亮开架势格斗，有的站没站相、坐没坐相，上课经常走神更是以男生居多。小安就是他们的“整合体”呀！

以往印象中，多数惹是生非的“熊孩子”与家庭教育不当有关。可当我看到小安的父母都是高学历，都是各自单位的主管领导，我心里充满疑惑：这样的家庭怎么会把孩子管教成这样！于是我拨通了小安妈妈的电话。小安妈妈上来便说：“孩子准是又淘气了？”真是知子莫若母啊！短短几分钟的谈话，我感到小安的爸爸妈妈虽然很忙，但对小安的教育却是认真的。

我想，对儿童的了解也有二十年了，可面对小安我却还是一头雾水！除了耐心教导，静待花开，我还能做些什么呢？

为寻找教育小安的良方，我走进了书店。一本揭示男孩成长秘密和危机的书——《拯救男孩》，跳入了我的眼帘。“拯救”“拯救什么”……一连串问号敲击着我的心。该书的作者是一直从事儿童教育和研究的孙云晓先生。他剖析说，由于人们对男孩从生理到心理等方面发展的不了解，从而走进教育误区，很大程度上抑制了男孩的正常发展。有研究表明五岁男孩的大脑语言区发育水平只能达到三岁半女孩的水平。即使是整个小学阶段，男孩的生理和心理发展总体上仍落后于女孩。从生物学角度来说，男孩一天至少需要四次较为充足的课外活动。他们喜欢活动、竞争、攻击、冒险。读至此，我被震撼了！我想到了班里的那些男生“淘气包”——下课不会规规矩矩地走，上课坐不住，回答问题结结巴巴，这正是他们生理发育晚于女孩的体现；而活泼、好动，不是他们的毛病，而是他们的天性。小安更是他们中的典型！

我一下眼界大开，这使我对教育男生的认识又上了一个新台阶。于是，《拯救男孩》进入了我的背包。我开始更理解他们，善待他们。教育方式也随之悄然改变。课上，小安一旦走神我就提醒他；课下，我尽量抽出时间带他和小伙伴谈心交流。他喜欢语文课，虽然写作业时字写得像虫子爬，但我知道这“可能是他小手的肌肉群还没有力量”。

书中尤其提到男孩的学习方式更倾向于“体验式”，他们对单纯的知识灌输感到厌烦，但往往对动手实验兴趣盎然。我开始打造充满活力和乐趣的课堂，并在班级中开展多项运动竞赛活动，让男生们尽情释放他们的活力，并动手动脑积极参与。可明白教育要关注性别差异，绝不能一刀切；应允许男生开始的“落后”，尽可能多让男生活动、运动，从中增长才智；要理解男生好动、顽皮的天性，对于他们的不安分要给予更宽容的处理；看到他们动手、操作、推理、想象的能力需要提高时，可采用竞赛等手段，帮他们找回自信。课间，我组织大家跳长绳，以前一下课就满处跑的小安成了长绳队的主力，一次次轻盈如燕地从绳子上跳过。回到教室，他也能和大家一样安静地坐在座位上听讲。渐渐地，他变得守纪律了，学习成绩也大幅提高。

我还像关注小安那样，了解并研究班上的其他男生，让他们一同成长，共同进步。我利用班级微信群夸赞孩子们的进步，还将自己的教育感想和读书收获与家长们分享。

小安和同学们的变化，让我尝到了读书的甜头。读书提高了我的专业素养，丰富了我的教育手段。让读书再一次给我的思想做个美容。

（天津市河北区新程小学　周瑾）

后记

近几年，我市中小学班主任认真学习教师专业理论，密切联系教育实际，核心素养及教育观念、教育方法有较大提升，从书写教育故事的质量就可见一斑。天津市中小学德育工作者协会2014年和2016年两次面向全市征文，并通过其他多渠道征集，共有近2000份教育故事备选，经逐篇阅读，择优汇集成这本书。它是我市班主任教育故事之荟萃，有一定的学习与借鉴价值。

在征集过程中，编者还分别到河西、河北、河东、津南等区进行辅导，讲解如何写教育故事，并与一些班主任座谈研讨。但因本书篇幅有限，在此向未选入及经修改仍未选入的文章的作者表示歉意。

在此，向天津市中小学德育工作者协会和各区县教育局德育科有关人员所付出的辛勤劳动深表衷心谢意。由于编者水平有限，在遴选、修改、编辑等方面难免有不足之处，恳请广大班主任及读者提出宝贵意见。

编者

2016年7月